OTTO HABSBURG

KARL V.

VERLAG HEROLD · WIEN · MÜNCHEN

CIP-Kurztitelaufnahme der Deutschen Bibliothek

Habsburg, Otto:
[Karl der Fünfte]
Karl V./Otto Habsburg – 3. Aufl. – Wien, München: Herold 1979
Einheitssacht.: Charles Quint ⟨dt.⟩

ISBN 3-7008-0163-7

Originalausgabe „Charles Quint", Librairie Hachette Paris

3. Auflage 1979

Druck: Herold, Wien VIII, Printed in Austria

ISBN 3-7008-0163-7

INHALT

Ich wurde nicht mit der Kaiserkrone belehnt,
um über eine noch bedeutendere Anzahl
von Gebieten zu herrschen, sondern um den Frieden
der Christenheit zu festigen
und so alle Mächte zum größten Wohl
des christlichen Glaubens im Kampf
gegen die Türken zu einen.

Kaiser Karl V.

Vorwort

Das Bild, das die Nachwelt sich von vergangenen Jahrhunderten macht, ist nicht starr und unveränderlich, sondern nahezu endlosen Schwankungen unterworfen. Nur der Tod ist Starre. Die Geschichte jedoch, das heißt die Deutung unserer Vergangenheit, bildet einen wesentlichen Bestandteil unserer Gegenwart, deren Fundament sie ja ist. Deshalb sieht jede Generation sie unter einem anderen Aspekt. Jede Nation, jede Kulturgemeinschaft und jede Kirche beurteilt vergangene Epochen von ihrem eigenen Gesichtspunkt aus, selbst dann, wenn die einzelnen Fakten allgemein anerkannt sind.

Das Abendland verfügte nur im Mittelalter über eine einheitliche Geschichtsauffassung. Ideologische und nationale Einflüsse, ja sogar lokale Faktoren spielten damals nur eine sehr untergeordnete Rolle; denn die weltanschauliche Formung durch die Kirche und die Kontinuität einer Tradition, die bis in die ältesten Zeiten zurückreichte, waren übermächtig. Dieses einheitliche Denken umfaßte logischerweise das gesamte menschliche Leben. Sogar, ob jemand ein Held oder ein Schurke war, unterlag einheitlichen Kriterien und nicht parteiischen Anschauungen oder der Solidarität von Rasse und religiösem Bekenntnis. Das Wissen war ein harmonisches und geordnetes Ganzes. Im Zentrum stand die Theologie, um die Philosophie, Jurisprudenz, Staatswissenschaft und auch die Naturwissenschaften kreisten.

Mit dem Untergang des christlichen Mittelalters zerbrach diese Einheit. Die Naturwissenschaften lösten sich aus der Bindung ans Transzendente; nur was man messen, zählen und wägen konnte, galt ihnen als Realität. Dann kam es zur Autonomie der Rechtswissenschaften und folglich der Politik. Die Theoretiker des Absolutismus wandten dem Naturrecht entschlossen den Rücken, und ihr Totalitarismus entfesselte Kräfte, die ihre Theorie unvermeidlich bis an die Grenze des Absurden trieben. Die Philosophie ging einen ähnlichen Weg. Und am Ende des 18. Jahrhunderts stand die Theologie, einst die Königin der Wissenschaften, völlig isoliert, fast zum Aberglauben degradiert. Man war der Überzeugung, früher oder später würde sie ganz verschwinden.

Auf historisch-politischer Ebene kündete der Konflikt zwischen Kaiser und Papst das Ende eines Zeitalters an. Die Päpste rechtfertigten ihren Herrschaftsanspruch in Europa mit dem göttlichen Ursprung ihres Amtes, die Kaiser betrachteten sich kraft einer Sonderberufung durch den Allmächtigen dem römischen Pontifex nicht nur als gleichgestellt, sondern in manchen Fällen sogar als überlegen. Der erbitterte Kampf des Hohenstaufers Friedrich II. gegen seine Rivalen auf dem Stuhl des heiligen Petrus führte zu einer ideologischen Auseinandersetzung, die eine neue Epoche anzeigt. Vor allem die kaiserliche Partei brachte Argumente ins Treffen, die mit der Weltbetrachtung des Mittelalters nichts mehr gemein hatten. Der Denker Jakob Burckhardt nannte Friedrich II. mit Recht den ersten modernen Menschen auf dem Kaiserthron.

Mit dem Ende des Mittelalters drangen neue Gedankenzüge in das Weltbild der Menschheit, deren antichristlicher Gehalt anfänglich nicht ins Auge fiel. Der heidnische Kern der Renaissance veränderte, oft nahezu unmerklich, die Ansichten über Wesen und Ziel des Menschen und schuf unweigerlich ein neues Geschichtsbild.

Das Erwachen der europäischen Nationen hatte zur Folge, daß sie – oft unbewußt – der Vergangenheit einen Sinn unterlegten, der wohl den praktischen Zielen ihrer im Entstehen begriffenen Gemeinschaften angepaßt war, nicht aber der umfassenden und großzügigen Idee vom Orbis Europaeus Christianus des Mittelalters. Diese Entwicklung ging nur schrittweise vor sich, und lange Zeit existierten beide Welten nebeneinander. So standen gegen das Jahr 1500 Humanismus und Renaissance noch immer Seite an Seite mit der tiefen

Gläubigkeit des christlichen Mittelalters, während in der Politik das alte Konzept des kollektiven Lebens gegen die neuen nationalen Ideen rang.

Karl von Burgund, der letzte Weltenkaiser des Abendlandes und Begründer eines neuen Reiches jenseits der Meere, gehört in Glauben und Philosophie dem Mittelalter an. Obwohl er mit seinem wendigen und scharfen Geist auf vielen Gebieten Ideen verfocht, die für die neue Epoche geradezu typisch waren, mußte er als Repräsentant der alten Tradition vom abendländischen Imperium, von der Einheit der Christen und der Kulturgemeinschaft der europäischen Länder sogar bei seinen Zeitgenossen oft auf Unverständnis stoßen. Die weitere Entwicklung der modernen Ideen brachte es mit sich, daß die folgenden Jahrhunderte unfähig wurden, die Welt eines Karl V. zu begreifen, in dem die Anhänger der neuen Gedanken den Erzfeind ihrer Weltanschauung sahen.

Seine Größe, seine tatsächliche Rolle in der Geschichte waren vergessen. Nicht einmal die Gegenreformation und schon gar nicht die Aufklärung konnten ihm Gerechtigkeit widerfahren lassen. Im 19. Jahrhundert mußte allein der Gedanke an diesen tiefgläubigen Christen schockieren, denn die Menschheit ging nunmehr daran, den Himmel zu erobern. Staat oder Rasse wurden auf Gottes Thron gesetzt, die Nation zum höchsten Wert erklärt – was sollte der Nationalismus mit einem Menschen gemein haben, der in Burgund geboren, in den Niederlanden aufgewachsen und König von Spanien geworden war? Der die Eigenschaften dieses Landes tief in sich aufgenommen hatte, das, an der Grenze Europas gelegen, die Brücke zu anderen Kontinenten schlug. Was sollte der Nationalismus mit einem Herrscher, der die deutsche Krone trug und als römischer Kaiser ständige Verbindung zur italienischen Nation unterhielt, der Französisch, Holländisch, Spanisch und Deutsch gleichermaßen fließend sprach und schrieb und dessen politischer Horizont von Amerika bis zu den äußersten Grenzen des Fernen Ostens reichte, wovon sein Interesse am Schicksal der Indianer in den

Anden, seine Beziehungen zum Schah Sophi von Persien und seine Suche nach dem legendären Priester Johannes Zeugnis ablegen. Mit einem Wort, Karl V., der die sich verengenden Grenzen eines in Auflösung befindlichen Abendlandes überschritt, konnte von den Ideologen des 19. Jahrhunderts nicht verstanden werden, die wie der Frosch in der Fabel die Berge nicht mehr sehen konnten, weil sie über die Grasbüschel ringsum nicht hinauszuschauen vermochten.

Diese kurzen Vorbemerkungen lassen bereits erkennen, warum die Gestalt Karls V., die früheren Generationen unverständlich war, in unserer Zeit stark an Aktualität gewinnt. Das Interesse an ihm wächst, und zahlreiche Historiker befassen sich mit ihm. Die Ideen, die in dieser zweiten Hälfte des 20. Jahrhunderts zum Durchbruch kommen, zeigen überraschende Ähnlichkeit mit den Plänen und Problemen Karls V. Nach drei Jahrhunderten der Aufsplitterung gelangen wir allmählich wieder zu einer Tendenz des Miteinander und zu einem einheitlichen Konzept.

Die stürmische, mitunter explosive Entwicklung der Naturwissenschaften zeigt uns mit jedem Tag eindringlicher, daß es Kräfte jenseits der materiellen Welt gibt. Die Wissenschaft bestreitet nicht mehr – wie um 1860 – die Existenz eines Schöpfers, eines Prinzips, das die Welt bewegt. Hat sie das einmal anerkannt, so werden alle Zweige menschlichen Wissens sich dieser Perspektive zuordnen. Wenn Heisenberg von der Fundamentalgleichung der Materie spricht, gibt er uns damit eine erste Formel dieser neuen Einheit. In philosophischer Hinsicht hatte Teilhard de Chardin sie schon vorausgeahnt, als er die Grundlagen einer Synthese zwischen Glauben und Evolution legte. Die Idee eines Vereinten Europa beweist – trotz aller Schwierigkeiten und unvermeidlichen Rückschläge –, daß auch in der Politik ein neuer Abschnitt beginnt. Und so wird – dem Rhythmus der historischen Evolution folgend – Karl V., in dem die „Modernen" des vergangenen Jahrhunderts den letzten Kämpfer einer Nachhut sahen, plötzlich zum Vorläufer. Tatsächlich findet unsere Zeit der spirituellen, technischen und soziologischen Umstürze auf vielen Ebenen die Positionen wieder, die einst das christliche Mittelalter innehatte. Wie in den Tagen des Weltenkaisers streben die Menschen vor allem nach Frieden, Einheit und Glauben.

Einer der großen Propheten unserer geistigen Revolution, der Philosoph Friedrich Nietzsche, sagte: „Wir sollen der Geschichte nur soweit dienen, als sie dem Leben dient." Eine neue Generation wird kaum am Beispiel eines Europa lernen, das sich zerstückelt und in blutigen Bürgerkriegen vernichtet hat; wir brauchen keine Schismen und nicht die Pseudoreligion des Nationalismus. Unsere Epoche findet ihre Triebkräfte in der Geschichte der Einheitsbestrebungen, die – oft in naiver Weise – den mittelalterlichen Menschen bewegten und sich zum letztenmal vor unserer Zeit in der Gestalt, im Denken und in der Politik Karls V. verkörperten.

Sein ganzes Leben lang kämpfte der Kaiser für die religiöse Einheit. Es war sein glühendster Wunsch, ein Konzil einzuberufen, das die Spaltung verhindern und die Einheit der Kirche retten sollte. Die Tatsache, daß er lediglich ein Konzil zustande brachte, das nicht alle Christen erfaßte, war für ihn eine schmerzliche Niederlage. Denn er wußte, daß die solcherart begonnenen Diskussionen wohl die Schäden eindämmen, gleichzeitig aber, vor allem im Norden Europas, die Gegensätze in den theologischen Fronten verhärten würden.

In unserer Zeit hat die gesamte Menschheit mit leidenschaftlichem Interesse das Auf und Ab eines anderen Konzils verfolgt. Die ökumenische Frage berührt zutiefst die Gemüter und bewegt die Gespräche der Gläubigen wie der Nichtgläubigen. Das erinnert an die Bemühungen eines Kaisers, rechtzeitig eine allgemeine Versammlung der Kirchenväter einzuberufen, um den Bruch zu verhindern. Heute geben die besten Köpfe aller Konfessionen einstimmig die verheerenden Folgen der Spaltung zu und möchten sie endlich heilen.

Damals, vor Jahrhunderten, hat Karl V. auch noch ein anderes Problem erkannt, das auch die Konzilsväter des Zweiten Vatikanums beschäftigen sollte: die Kirche in der Welt von heute, das heißt: die Aktualisierung unveränderlicher Glaubenswerte in jeder neuen Epoche. Nicht aus Opportunismus riet der Herrscher der römischen Kirche zur Reform. Er war von der absoluten Notwendigkeit einer Erneuerung zutiefst überzeugt. Wenn heute Theologen und Bischöfe gewisse Tendenzen der alten Kirche streng kritisieren und viele Irrtümer der Vergangenheit freimütig verurteilen, wird klar, daß der Kaiser, der sogar gegen manche Päpste hart ankämpfen mußte, um eine Verständigung herbeizuführen, als wahrer Christ im vollsten Sinn des Wortes handelte.

Neben der Ökumene ist die Einheit Europas das Hauptproblem unserer Zeit. Auch hier treffen sich unsere Bemühungen mit den Ideen Karls V. Trotz der bestehenden Rivalitäten hat der Kaiser niemals versucht, Frankreich zu unterjochen und eine deutsche, spanische oder italienische Vorherrschaft aufzurichten. Niemals hat er eines seiner Königreiche einem anderen vorgezogen. Lange vor dem Ende seiner Regierung vollzog er innerhalb der Familie jene Teilung, die so klar zeigt, daß seine Politik weder unterwerfen noch beherrschen wollte, sondern im Gegenteil auf die Errichtung einer in Freiheit bejahten Gemeinschaft gleichgestellter Partner abzielte. Er hatte es sich zum Ziel gesetzt, eine Allianz zu schaffen, deren Völker unter Beibehaltung ihrer Eigenart und ihrer Sonderrechte in der Einheit der Kirche und in der Verteidigung des Abendlandes gegen den Islam ein gemeinsames Band hätten finden können. Der Islam war bis ins Herz Europas vorgedrungen und bedrohte vom Mittelmeer aus die Küsten der christlichen Nationen.

Noch auf einem dritten Gebiet erwies sich Karl V. schließlich als echter Vorläufer unserer Zeit: mit seiner Politik in den neuentdeckten Ländern. Der Kaiser wollte nicht, daß die Völker in Übersee der kolonialen Ausbeutung zum Opfer fielen – „kolonial" im Sinne des Imperialismus des 19. Jahrhunderts. Er trachtete vielmehr, ihnen die Möglichkeit zu geben, sich organisch dem Niveau des Mutterlandes anzupassen. Seine soziale Gesetzgebung, die verhindern sollte, daß die Eroberer die Einheimischen übervorteilten und die Ureinwohner unterdrückten, bleibt für immer das sichtbare Zeugnis einer wahrhaft christlichen Haltung gegenüber unterentwickelten Völkern.

Heute und zu Lebzeiten unserer Generation muß das 16. Jahrhundert mit seinen großen Persönlichkeiten – Karl V., dem letzten Weltenkaiser, und Philipp II., dem treuen Bewahrer des väterlichen Erbes – aufs neue beispielhaft und inspirierend wirken. Ihre Kämpfe und ihr Leben, ihre Erfolge und ihre Enttäuschungen weisen uns den Weg, um jenseits der tiefreichenden Unterschiede zwischen jetzt und damals die Wiederherstellung der Einheit Europas, die Befriedung der Welt, die Gemeinschaft der Christen und das Einverständnis aller Gläubigen wiederzufinden. Nur auf diese Weise wird eine Ordnung geschaffen werden, die uns vor den destruktiven Kräften des Unglaubens, des Materialismus und der Menschenvergötzung bewahren kann. Denn in einer Epoche, in der den Sterblichen die Allmacht im negativen Sinn gegeben ist, symbolisiert durch nukleare Massenzerstörungswaffen, bleiben uns einzig und allein die moralischen Kräfte zu einer wirksamen Verteidigung. Ob wir überleben werden, wird von unserer geistigen Erneuerung abhängen, die um so dringlicher ist, als wir über die Zeit hinaus sind, da die Macht eines Tyrannen noch durch die Leistungsfähigkeit seiner Pferde oder die Gunst der Winde auf hoher See begrenzt war.

KAPITEL I

DAS ERBE DER AHNEN

Das Haus Österreich

Der Erbe, der am 24. Februar 1500 als Sohn des Erzherzogs Philipp von Österreich, Herzogs von Burgund, und seiner Gemahlin Johanna, Infantin von Kastilien, das Licht der Welt erblickte, war der Sproß eines alten historischen Geschlechts. Das Haus Habsburg – das Haus Österreich, wie es meist genannt wurde – spielte im Weltgeschehen bereits seit mehr als zwei Jahrhunderten eine der ersten Rollen.

1273 hatten die deutschen Kurfürsten, zum Teil wohl unter dem Druck der römischen Kurie, einen König gewählt, um dem langen Interregnum nach dem Erlöschen des Geschlechts der Hohenstaufen ein Ende zu setzen. Die Wahl war auf den Grafen Rudolf von Habsburg gefallen, einen angesehenen und reichen Edelmann, in der ganzen damaligen Christenheit wohlbekannt, obgleich er nicht zu den Reichsfürsten zählte.

Dem Begründer der Dynastie gelang etwas, was man für nahezu undurchführbar gehalten hatte: die Wiederherstellung der Ordnung im deutschen Reich. Bei seiner Thronbesteigung war dieses ein Chaos, bestenfalls ein geographischer Begriff. Achtzehn Jahre später herrschte wieder die kaiserliche Autorität und damit Rechtssicherheit. Die entscheidende Wende, die den Erfolg gewährleistete, war der Sieg über den mächtigsten Reichsfürsten, König Ottokar II. von Böhmen, der sich gegen die neue Ordnung aufgelehnt hatte. So gelang es dem ersten Habsburger auf dem kaiserlichen Thron, die Herzogtümer Österreich und Steiermark, die Ottokar nach dem Tod des letzten Babenbergers seinem Hoheitsgebiet annektiert hatte, dem eigenen Haus zu sichern.

Die Politik Rudolfs I. enthüllte bereits jene wichtigsten Grundsätze der Kunst des Regierens, denen seine Nachkommen jahrhundertelang treu blieben: Jede einzelne Tat basierte auf Verträgen oder legitimen Ansprüchen; die Hausmacht wurde nicht durch Kriege, sondern durch kluge Politik oder, besser noch, durch Heiratsdiplomatie gestärkt. Großzügig gegen den besiegten Feind, war Rudolf von unerbittlicher Strenge gegen jene, die sich gegen die geltende Rechtsordnung verfehlten. Er fühlte sich als König seines ganzen Volkes, nicht als Souverän einer besonderen, privilegierten Klasse.

Rudolf gelang es nicht, seinem Haus das Nachfolgerecht im Kaiserreich zu sichern. Dazu hätte er gesalbter Kaiser sein müssen, denn nach dem Gewohnheitsrecht des Mittelalters konnte der römische König – der vom Kaiser gewählte Nachfolger – erst bestimmt werden, wenn sein Vorgänger aus den Händen des Pontifex maximus die Kaiserkrone erhalten hatte. Eine Reihe unglückseliger Zufälle verhinderte die Salbung Rudolfs, die er unablässig anstrebte. Daher konnte er zu Lebzeiten die Wahl seines ältesten Sohnes, des Herzogs Albrecht von Österreich, zum römischen Kaiser nicht durchsetzen; nach seinem Tod fiel daher die Wahl des Nachfolgers in die Hände der Kurfürsten zurück.

Die Kurfürsten fürchteten die Habsburger – ihrer Ansicht nach waren sie zu mächtig geworden – und wählten einen Edelmann von geringerem Einfluß zum König, den Grafen Adolf von Nassau. Bald entbrannte ein Streit zwischen dem Herzog von Österreich und König Adolf. In der Entscheidungsschlacht verlor Adolf von Nassau das Leben, und der Sieger wurde einmütig als Herrscher anerkannt.

Albrecht regierte zehn Jahre lang. Es war das beste Jahrzehnt jener Epoche, in ihm erfuhren Macht und Einfluß der Krone eine bedeutende Stärkung. Dennoch mußte Albrecht den sehr zweifelhaften Ursprung seiner Macht wie ein schweres Gewicht mit sich schleppen, und sein Ende war ein Musterbeispiel vergeltender Gerechtigkeit: Durch Gewalt auf den Thron gelangt, mußte er ihn unter Mörderhand verlieren. Der Mord war mehr ein persönlicher Racheakt als eine politische Tat. Johann von Schwaben, ein Neffe Albrechts, fühlte sich in seinen Rechten verletzt und verbündete sich mit Abenteurern, um seine Freveltat zu vollbringen. König Albrecht wurde im Anblick der Habsburg, des Schlosses über der Aar, das seinem Haus den Namen gegeben hatte, niedergeschlagen. Die Ermordung Albrechts war einer jener unvorhersehbaren Schicksalsschläge, die mitunter einen wichtigen Wendepunkt in der Geschichte herbeiführen. Im Laufe der Jahrzehnte erlebte das Haus Österreich wiederholt ähnliche Geschehnisse. Jedesmal jedoch nahm das Geschlecht nach kürzerer oder längerer Unterbrechung die politische Tradition wieder auf und setzte, manchmal unter ganz anderen Umständen, das Werk dessen fort, dem das Schicksal den Erfolg versagt hatte.

Nach dem Tod Albrechts wählten die Kurfürsten den Nachfolger aus einem anderen Geschlecht: Heinrich von Luxemburg, der als Dantes Kaiser in die Geschichte einging. Der große italienische Dichter, ein glühender Anhänger der Ghibellinen, stellte sich dem neuen König mit der ganzen Macht seiner Persönlichkeit und seiner Wortgewalt zur Verfügung. Dantes Traum sollte jedoch nicht in Erfüllung gehen, obwohl es Heinrich gelang, vom Papst gekrönt zu werden. Der junge Kaiser starb sehr bald, an einer Vergiftung, wie man munkelte. Aber derlei im Mittelalter sehr häufige Behauptungen sind mit Vorsicht aufzunehmen. Sie wurden jedesmal laut, wenn eine politisch wichtige Persönlichkeit unerwartet verstarb und die zu jener Zeit noch sehr primitive ärztliche Kunst die Todesursache nicht angeben konnte.

Die nun folgende Königswahl führte zu einem Engpaß. Jahrelang stritten Friedrich von Österreich, der Sohn Albrechts, und sein Vetter Ludwig von Bayern um die Krone. 1322 besiegte schließlich der Bayer seinen Gegenspieler in der Schlacht bei Ampfing und Mühldorf. Friedrich wurde gefangengenommen. Trotz seines Sieges gelang es Ludwig jedoch nicht, die unzähligen Probleme des Reiches zu lösen, und vor allem war er außerstande, den jüngeren Bruder Friedrichs, Leopold, zu bewegen, das Königtum der Wittelsbacher anzuerkennen. Diese seltsame politische Phase endete mit einem Kompromiß, der in der Geschichte wohl einzig dasteht: Ludwig der Bayer anerkannte seinen alten Feind und Gefangenen Friedrich von Österreich als Mitregent. Die Staatsakten wurden von beiden unterzeichnet. Diese Zwiespältigkeit währte nicht lange, denn der Österreicher starb, und wieder einmal hatte das Haus Habsburg die Kaiserkrone verloren.

Nach dem Tod Ludwigs gelangte neuerlich das Geschlecht der Luxemburger auf den Thron des Reiches. Karl von Böhmen verlieh ihm als Karl IV. neuen Glanz und festigte den Einfluß seines Hauses in den östlichen Gebieten Mitteleuropas. Bis zum Jahr 1437 sollte die Krone des Heiligen Römischen Reiches, von einer kurzen Unterbrechung abgesehen, beim Hause Luxemburg verbleiben. Die Habsburger schienen endgültig in den Südosten des germanischen Europa abgedrängt. Ihre Verbindungen zur Mitte und zum Westen wurden immer geringer, je mehr ihr Einflußbereich in der Schweiz im Verlauf fortgesetzter Kämpfe mit den Eidgenossen abbröckelte. Ein Herzog von Österreich, Leopold III., fiel in der Schlacht von Sempach im Kampf gegen Schweizer Bauern.

Trotz dieser Schicksalsschläge gelang es dem Haus Habsburg selbst in diesen Jahren, dank einer klugen und geduldigen Politik, seine Zukunft vorzubereiten. Die hervorstechendste Persönlichkeit jener Epoche war Rudolf IV., Sohn der Elsässerin Johanna, der Erbin der Grafen von Pfirt, und Schwiegersohn Karls IV. Während seiner verhältnismäßig kurzen Regierung steckte er die Richtlinien für den späteren Ausbau einer starken österreichischen Macht im Donautal ab. Man könnte ihn den Vater des österreichischen Staatsgedankens nennen. Es ist bezeichnend, daß diese wichtige Tatsache von den Historikern erst etliche Jahrhunderte nach seinem Tod erkannt wurde. Dieser ehrgeizige, überaus intelligente Herrscher war erfüllt vom Gedanken seiner Sendung. Als Begründer der Universität Wien erhielt er den Beinamen „der Stifter". Er legte aber auch den Grundstein zum Dom von St. Stephan, heute noch das Wahrzeichen Österreichs. Außerdem führte Rudolf IV. in der Verwaltung wie in der Finanzgebarung Reformen durch, die zu seiner Zeit revolutionär wirkten. Was die große Politik betrifft, schloß er mit dem Haus Luxemburg einen Nachfolgevertrag ab, der nach seinem Tod den Lauf der Geschichte beeinflußte. Er schuf für Österreich eine Sonderstellung im Schoß des Reiches. Die Privilegien – das ist wahr – basierten auf Fälschungen, aber das änderte nichts an ihren schwerwiegenden Folgen. Das *Privilegium maius* ist nicht nur ein Denkmal der Politik und Diplomatie des späten Mittelalters – einer Epoche, die im allgemeinen keine Skrupel kannte, wenn es galt, zweifelhafte historische Tatsachen und mehr oder minder phantastische Rechtstitel in Anspruch zu nehmen –, es wurde auch zur Magna Charta der Unabhängigkeit Österreichs. Ein Nachfolger Rudolfs, Kaiser Friedrich III. aus dem Haus Habsburg, legitimierte viel später dieses Dokument, das seither zu den Staatsgrundgesetzen zählt. Rudolf IV. schmückte den österreichischen Fürstenhut mit einer Krone und verlieh dadurch seinem Haus einen Rang, ähnlich wie die Kurfürsten ihn innehatten. Er verwendete als erster den Titel Erzherzog, den später alle Prinzen dieses Hauses führten und der laut Protokoll der europäischen Dynastien als ranghöher anerkannt wurde als alle anderen Titel der Fürsten und ungekrönten Herrscher.

Entgegen diesen politischen Erfolgen – der wichtigste war die Vereinigung Österreichs mit Tirol – schwächte das Haus Habsburg von Zeit zu Zeit selbst seine Macht durch Aufteilung des Landes unter die Söhne der regierenden Herzöge. Nach mittelalterlichem Recht galten alle Söhne als gleich erbberechtigt, und die Länder waren Domäne des Herrscherhauses.

Es gab eine Zeit, in der das Haus Österreich drei regierende Linien aufwies. Im allgemeinen wurden bei der Teilung die geographischen Grenzen berücksichtigt. Man unterschied die sogenannten österreichischen Fürstentümer, Nieder- und

Oberösterreich, die gemeinsam mit den Herzogtümern Steiermark und Kärnten *Innerösterreich* bildeten. Tirol und die Besitzungen in Süddeutschland, die sich bis ins Elsaß erstreckten, nannte man *Vorderösterreich.*

Immer wieder wurde versucht, den durch diese Teilungspolitik entstehenden Schaden einzudämmen, und es gelang wiederholt, dem Primat der ältesten Linie des Hauses allgemeine Anerkennung zu verschaffen. Als gleichzeitig einige Seitenlinien erloschen, war der Weg zur Wiedervereinigung frei. Zu Beginn des 15. Jahrhunderts gab es noch immer drei Linien. Zum Glück für das Herrscherhaus starb 1457 die österreichische und 1496 die Tiroler Linie aus. Nur die steirische blieb übrig. Ihr war es gelungen, im Jahr 1439 die Kaiserkrone zu erringen, die Albrecht von Österreich keine zwei Jahre lang getragen hatte.

Albrecht, der zweite Kaiser seines Namens, war der Schwiegersohn Sigismunds, des letzten luxemburgischen Kaisers. Unter dem Rechtstitel aller Verträge Rudolfs IV. und testamentarischer Bestimmungen seitens Sigismunds erbte er nach seinem Schwiegervater die Krone Ungarns und Böhmens. Zum erstenmal in der Geschichte waren die drei Länder der künftigen Donaumonarchie – Böhmen, Ungarn und Österreich, mit Ausnahme der Herzogtümer Steiermark und Kärnten sowie Süddeutschlands – in einer Hand vereint. Fast schien es, als sollten die großen Pläne, die Ottokar II. von Böhmen und Karl IV. von Luxemburg einst entworfen hatten, endlich Wirklichkeit werden. Da fiel Albrecht II., dieser energiegeladene und dynamische Monarch, ganz plötzlich einer Epidemie zum Opfer, als er in Ungarn gegen die Türken kämpfte.

Kurze Zeit nach dem Tod des Herrschers schenkte seine Witwe einem Sohn das Leben, den die Zeitgenossen Ladislaus Posthumus benannten. Herzog Friedrich V. von Steiermark, der als Friedrich III. zum Kaiser des Heiligen Römischen Reiches gewählt worden war, hatte nicht die Kraft, die Vormundschaftsrechte zugunsten des Jünglings durchzusetzen, und als Ladislaus unerwartet im Alter von siebzehn Jahren starb, gingen die böhmische und die ungarische Krone für Habsburg verloren. Das große Donaureich zerfiel. In Böhmen wie in Ungarn bestiegen nationale Herrscher den Thron, denen es jedoch nicht gelang, Dynastien zu gründen. Gegen Ende des 15. Jahrhunderts wurden die beiden Länder von einem König aus dem polnischen Haus der Jagellonen wieder vereinigt. Tatsächlich wurden sie aber von der Oligarchie einiger Feudalherren regiert. Das Bürgertum litt schwer unter den Ausschreitungen des Adels. Die Rechtsordnung war erschüttert und der Staat verlor an Autorität. Dieses an Anarchie grenzende Chaos gab den Türken, deren Macht im Ansteigen war, die Chance, in Mitteleuropa Fuß zu fassen. So nahm das Hauptproblem künftiger Generationen seinen Anfang, das die Hauptsorge des jungen Habsburgers sein sollte, der im ersten Jahr des neuen Jahrhunderts in Gent geboren wurde.

Die Kaiserkrone war von Albrecht II. an Friedrich von Steiermark gegangen, den die Kurfürsten für schwach und unfähig hielten. Doch Friedrich entpuppte sich als eine der interessantesten Gestalten in der langen Ahnenreihe seines Hauses, ja sogar unter allen Herrschern des ausklingenden Mittelalters. Die widersprechendsten Eigenschaften finden sich in seinem Charakter vereint: Unentschlossenheit bis zum Müßiggang, unzähmbare Energie und eine erstaunliche Zähigkeit bei der Verteidigung seiner Rechte. Trotz allen Zögerns, das seine Freunde zur Verzweiflung trieb, wußte der Kaiser sehr gut den richtigen Moment zu wählen: Die Stunde, in der es zu handeln galt. In solchen Augenblicken überraschte er alle Welt durch seine schnelle Entscheidungskraft. War der Kampf unausweichlich, so bewies er großen Mut und unermüdliche Energie; plötzlich schien er wie ausgewechselt. Doch kaum war der Sieg errungen, verfiel er wieder in Einsamkeit und Lethargie. Wo es ihm an sichtbaren Erfolgen im praktischen Leben fehlte, tröstete er sich mit seinem grenzenlosen Vertrauen in die göttliche Vorsehung, die – seiner Ansicht nach – das Haus Habsburg zur Weltherrschaft berufen hatte. Er schmückte Bauten und Dokumente mit fünf geheimnisvollen Buchstaben, AEIOU, denen er die verschiedensten Deutungen gab; manche dieser Interpretationen haben sich bis in unsere Tage erhalten: *Austria erit in orbe ultima* oder auch *Austria extenditur in orbem universum.* Friedrich III. war ein eifriger Sammler wertvoller und magischer Steine. Er hatte tiefes Verständnis für die Künste und erwies sich, sooft es ihm möglich war, als großzügiger Mäzen. Er war gebildet, ja gelehrt, wie sein Briefwechsel mit dem Humanisten Aeneas Piccolomini beweist, jenem Piccolomini, der als Pius II. den Thron Petri bestieg. Übrigens verfügte Friedrich fast in allen Disziplinen seiner Zeit über profunde Kenntnisse und zeigte großes Interesse für okkulte Wissenschaften und kabbalistische Deutungen des Weltgeschehens. Er liebte gute Gesellschaft und wählte seine Gäste sorgfältig. Dann blieb er oft bis spät in die Nacht mit ihnen beisammen, diskutierte über wissenschaftliche Fragen oder politische Angelegenheiten. Bei solchen Gelegenheiten erwies er sich als blendender Redner. Er war bemerkenswert gut informiert und hatte einen scharfen Blick für das Wesentliche in der europäischen Politik.

Friedrich III. war zuweilen so arm, daß er nicht die Mittel aufbrachte, Hof zu halten. Er lebte als Gast auf den Schlössern seiner steirischen Vasallen und zahlte seine Schulden mit Wechseln auf eine ungewisse Zukunft. Ins Reich begab er sich so selten, daß die Kurfürsten ernstlich daran dachten, den Präzedenzfall vom Jahr 1400 zu wiederholen und ihn abzusetzen, wie damals Wenzeslaus von Luxemburg. Gegen Ende seiner Regierung aber trat der noch nie dagewesene Fall ein, daß nicht der Kaiser die Wahl eines Nachfolgers vorschlug, sondern die Kurfürsten selbst darauf bestanden, rechtzeitig die Kontinuität zu sichern. So wurde der einzige Sohn Friedrichs III., Maximilian, auf Drängen der Reichsfürsten und fast gegen den Willen seines Vaters zum römischen König gewählt.

Der Kaiser war von Natur mißtrauisch und verteidigte eifersüchtig den Rest an Macht, der ihm verblieben war. Dennoch besaß er in ungewöhnlichem Ausmaß ein tiefes Verständnis für das unvergleichliche Amt und die Autorität des Kaisers. Das war der Grund, weshalb er keine Ausgabe scheute, wenn es galt, die höchste Würde der Christenheit in der Öffentlichkeit mit dem ihr zustehenden Prunk zu umgeben. Als er sich in Begleitung seines jungen Sohnes zum Reichstag nach Augsburg begab, beeindruckte sein glänzendes Gefolge die Bürger der Stadt und die Chronisten. Überall, wo der – für gewöhnlich so bescheidene – Kaiser sich in der Öffentlichkeit zeigte, trat er als Weltenkaiser auf, wie Dante ihn erträumt hatte. Das machte ihn äußerst populär. Außerdem beherrschte er wie die meisten seiner Vorfahren die Kunst, mit den kleinen Leuten in ihrer Sprache zu reden. Noch als Greis ließ er bei einem Aufenthalt in Nürnberg die Kinder auf den Marktplatz einladen, verteilte Kuchen und Süßigkeiten an sie und plauderte lange mit ihnen.

Der Kaiser hatte seine Gemahlin aus einem fernen Land geholt; in Rom – wo er auch die Kaiserkrone empfangen sollte – ehelichte er Eleonore, Prinzessin von Portugal. Friedrich III. war der letzte Kaiser, der in der Ewigen Stadt gekrönt wurde.

Eleonore schenkte ihm einen Sohn: Maximilian. Die Kaiserin konnte sich niemals an das rauhe Klima Österreichs, vor allem der Steiermark, gewöhnen. Sie litt hart unter dem Heimweh nach der strahlenden Sonne ihres Vaterlandes und den weiten Horizonten der atlantischen Küste. Auch ertrug sie nur schwer die Armut am Hofe ihres Gemahls und die ständige Gefahr, bedingt durch innere Unruhen im Lande und dauernde Bedrohung durch die Türken.

Zu Beginn seiner Regierung mußte Friedrich sich gegen seinen Bruder Albrecht und gegen einen Teil der Wiener Bürger verteidigen, die eine Zeitlang seine Residenz, die Hofburg, belagerten. Die Rebellen boten ihm freies Geleit für die Kaiserin und den kleinen Prinzen. Der Kaiser lehnte ab; das hätte gegen die Tradition seines Hauses und gegen seinen Ehrbegriff verstoßen. Eine alte Sage berichtet, daß die Rebellen Eier und Weißbrot passieren ließen, damit das kaiserliche Kind zu essen habe. Das unerschütterliche Gottvertrauen, der Glaube und die Geduld, die der Kaiser während der Belagerung wie auch in den nachfolgenden Krisen unter Beweis stellte, erwiesen sich letzten Endes stets als gerechtfertigt. Trotz aller Schicksalsschläge hatte Friedrich Glück und wurde immer im letzten Augenblick aus den verzweifeltsten Situationen gerettet. Er war jener Kaiser, dessen Regierungszeit am längsten währte: 53 Jahre. Das veranlaßte die Historiker zu dem Ausspruch, Friedrich habe alle seine Feinde besiegt, indem er sie überlebte.

Als Friedrich III. im Jahre 1493 in Linz starb, hatte sich seine eigene Lage und auch die seines Hauses von Grund auf geändert. Das große Wunder des Hauses Österreich begann sich abzuzeichnen. Friedrichs alter Widersacher, Matthias Corvinus von Ungarn, war tot, der römische König Maximilian hatte die Ungarn aus Wien zurückgeschlagen und war sogar über die Grenzen des Reiches des heiligen Stephan vorgedrungen. Wenn es ihm auch noch nicht gelungen war, die ungarische Krone zu erringen, so konnte er sich doch mittels Vertrags das Nachfolgerecht sichern. Im Reich war die Kontinuität des Hauses Habsburg seit Jahren dank der Wahl Maximilians garantiert. Vor allem aber hatte die burgundische Heirat das Gebiet der Habsburger bis zur Nordsee und zum Ärmelkanal ausgeweitet. Durch die Verbindung mit einer der reichsten Erbinnen Europas hatte sich das Interessenzentrum der Dynastie vom Donautal in das Gebiet zwischen Maas und Schelde verlagert. Unermeßliche Möglichkeiten taten sich auf.

Das ist einer der bemerkenswertesten Wendepunkte der Geschichte. Eine Dynastie, deren Herrschaft, ja deren Existenz im sechsten Jahrzehnt des 15. Jahrhunderts gefährdet schien, stand eine Generation später an der Schwelle der Weltherrschaft. Es ist nicht uninteressant, festzustellen, daß die Fahrt des Christoph Kolumbus und die Entdeckung der Neuen Welt im Jahre 1492, deren Tragweite Friedrich III. gewiß nicht erfaßte, noch zu Lebzeiten und unter der Regierung des alten Herrschers vor sich gingen, der für einen Großteil seiner Untertanen bereits zu einer legendären Gestalt geworden war. Sein Grabmal im Dom zu St. Stephan in Wien, ein Meisterwerk der Renaissance, vermittelt einen Begriff von der Größe und Würde, die den Kaiser trotz seiner Armut und der vielen Schicksalsschläge umgaben. Diese äußeren Zeichen – so oft bekrittelt – waren dennoch eine historische Realität. In den langen Regierungsjahren Friedrichs III. wurzeln die konstitutiven Elemente einer Entwicklung, die erst nach seinem Tod sichtbar werden sollte.

Maximilian I. war ganz anders als sein Vater. Nur die überströmende Phantasie und die Vorliebe für Kunst und Gepränge hatte er mit ihm gemeinsam. Maximilian war rasch von Entschluß, während Friedrich ein Zauderer war. Er war unbeständig und gab einen Plan nicht nur auf, wenn er undurchführbar war, sondern sobald ein verlockender Gedanke seinem ewig regen Geist entsprang. Bis ins höchste Alter blieb er aufgeschlossen für neue Ideen, abenteuerliche Projekte und für alles, was Leben und Künste seines Jahrhunderts ihm an Anregung und Freuden bieten konnten. Mit Recht hätte Maximilian den Ausruf Ulrichs von Hutten zu seiner Devise wählen können: „O Jahrhundert, o Wissenschaft, eine Freude ist's, zu leben!“ Genialität und ein außergewöhnlicher persönlicher Mut stürzten den Kaiser in die gewagtesten Abenteuer. Das war der Grund, weshalb Volk und Literatur ihm den schmeichelhaften Beinamen „der letzte Ritter“ gaben. Er steckte voller Widersprüche, und gerade das war sein großer Charme. Dem Historiker aber gibt sein Leben schwere Rätsel auf. Maximilians Politik und Lebenswerk werden verschieden beurteilt, ja nachdem, wer sich damit befaßt und zu welchem Zeitpunkt er das tut. Seine Persönlichkeit aber steht nie in Frage. Maximilian wird immer mit dem Glorienschein der Sympathie umgeben. Zu seinen

Lebzeiten war er bei allen Volksschichten so populär, daß man sagen darf, er war der meistgeliebte Herrscher seit Rudolf I. Nach seinem Tod ging er in die Legende ein, und die Geschichten, die man sich über ihn erzählt, sind ebenso schmeichelhaft wie zahlreich. Am bekanntesten ist wohl die seiner wunderbaren Errettung aus der Martinswand bei Innsbruck: Der Kaiser hatte sich auf der Jagd in den steilen Felswänden verstiegen; als er weder vor noch zurück konnte und verloren schien, stand plötzlich ein Jüngling vor ihm, wies ihm einen unbekannten Steig und verschwand am Fuß der Felswand.

Nur aus dem persönlichen Charme Maximilians erklärt es sich, daß dieser Fremdling im Land seiner Gemahlin mit derart frenetischer Begeisterung aufgenommen wurde. Und nur sein Stolz und sein Mut befähigten ihn, seine Position auch nach dem Tod der Erzherzogin zu halten und die Macht der Rebellen zu brechen.

Die Heirat mit Maria von Burgund machte aus dem Haus Österreich das Haus Österreich und Burgund, wie Maximilian selbst und seine unmittelbaren Nachfolger sich nannten. Die Änderung beschränkte sich nicht allein auf eine geopolitische Machtverschiebung. Es geht hier auch um eine Geisteshaltung und um alte Traditionen, die sich den Nachkommen vererben sollten. Auch der sprachliche Faktor muß in Rechnung gestellt werden. Maximilian bediente sich in seinen Briefen und im Gespräch mit seinen Kindern bereits des Französischen. Dazu kam noch, daß die burgundische Lebensart in Österreich – und auch in Spanien – tief eindrang.

Diese Neuerung zeigte sich bereits in der Namenswahl für die Söhne und Enkelsöhne Maximilians. Philipp von Burgund war der erste Habsburger, der nach einer der großen Gestalten des Altertums benannt wurde, wie es dem Geschmack der französischen und burgundischen Humanisten entsprach. Sein Name erhielt sich in der spanischen Linie. Philipps Sohn erbte den Namen seines Großvaters mütterlicherseits, Karls des Kühnen. Durch ihn fand der Vorname

Karl, der im Haus Valois Tradition war und an die älteste Geschichte des Kaiserreiches gemahnte, Eingang in das Haus Habsburg. Obwohl der Enkelsohn Maximilians als Herzog von Burgund und Erzherzog von Österreich der erste seines Namens war, wird er von der Geschichte Karl V. – in Spanien Carlos Quinto – genannt, und er hat oft betont, daß er ein Nachkomme der Valois sei. Nicht nur einmal hat er sich als Mitglied der königlichen Familie von Frankreich deklariert, und das in einem Ton und in einem Zusammenhang, die deutlich bewiesen, daß er damit einem tiefen und echten Gefühl Ausdruck verleihen wollte. Denn die burgundischen Niederlande, wo er geboren worden, und die Freigrafschaft Burgund, die so oft die Drehscheibe seiner wichtigsten politischen Entscheidungen sein sollte, lagen zwischen den beiden großen Reichen der West- und der Ostfranken, zwischen Germanien und Gallien, eine lebende Synthese der physischen und psychischen Eigenschaften der beiden großen Völker und Reiche des Abendlandes. Nur wenn man in Betracht zieht, welchen entscheidenden Einfluß die burgundische Heimat auf die Persönlichkeit, die Bildung und die Politik Karls V. ausgeübt hat, kann man sein Wesen, seine Träume und seine Politik verstehen.

Der Faktor Burgund

Als im Jahre 843 die Enkel Karls des Großen und Söhne Ludwigs des Frommen in Verdun die große Teilung des Reiches beschlossen, entstand zwischen den beiden fränkischen Reichen im Westen und im Osten ein Staat, der auf den ersten Blick unnatürlich wirkte. Anfangs besaß er nicht einmal einen eigenen Namen. Man bezeichnete ihn nach seinem Herrscher Lotharingia, das Reich Lothars. Der Name blieb erhalten, doch umfaßte er bald nur mehr einen Teil des Gebietes, das einst dem ältesten Sohn Ludwigs des Frommen zugefallen war.

Ein echtes Land der Mitte und des Übergangs fand damit Eingang in die Geschichte. Es erstreckte sich von der Mündung der Maas und des Rheins, die Flußtäler von Maas und Saône entlang und schließlich rhôneabwärts bis zum Mittelmeer. Außer dem alten Burgund, das zur Zeit der Merowinger ein Teil des Frankenreiches war, umfaßte es Aquitanien im Südwesten, Neustrien zwischen Loire und Schelde, und im Osten jenes Gebiet des deutschen Reiches, das damals Austria hieß.

In geographischer Hinsicht verstand man unter Burgund im Laufe der Geschichte verschiedene Gebiete, die nicht genau dem Zug der germanischen und burgundischen Rasse entsprachen, welche ihnen den Namen gab. Die Burgunder waren ein recht eigenartiges Volk, und man weiß auch heute noch nicht mit Sicherheit, welchem germanischen Stamm sie angehörten. Sie traten erstmals am Mittellauf des Rheins auf, wo sie ein bleibendes Andenken hinterließen, obwohl sie nur kurze Zeit dort verweilt hatten. Dann finden wir sie jenseits der Burgundischen Pforte im alten gallischen und helvetischen Gebiet und vor allem in der römischen Provincia Narbonensis, die wenig später Provence genannt wurde. Hier entstand in der Nachfolge des Regnum Lothari ein Königreich Burgund, das zweigeteilt wurde: in Hochburgund, das sich bis zum Genfer See erstreckte, und Niederburgund, das sogenannte Königreich von Arles.

Niederburgund spielte eine Zeitlang als dritter Partner des Römischen Reiches neben Deutschland und Italien eine Rolle. Unter den Saliern und Hohenstaufen wurde es der kaiserlichen Krone einverleibt, wenn auch nur sehr lose Bande es mit den beiden Königreichen verbanden. Seine strategische Lage hatte logischerweise zur Folge, daß in demselben Maß, in dem die Macht der römischen Kaiser abnahm, die französischen Könige den alten burgundischen Landen ihre Befehlsgewalt aufzwangen. Im Verlauf dieser Entwicklung ging der Name Burgund auf die nördlicher gelegenen Regionen über. Das Herzogtum Burgund, eines der reichsten und wichtigsten Lehen der französischen Krone, liegt nicht mehr an den Küsten des Mittelmeers und an der Mündung der Rhône, sondern im Weinland zwischen dem Jura und den Quellflüssen der Seine. Diesem Gebiet blieb die Bezeichnung Burgund bis zum heutigen Tag erhalten.

Lange vor Karl V. wurde dieses Burgund neuerlich in ein französisches Herzogtum Burgund und in die Franche-Comté, ein Lehen der deutschen Krone, unterteilt. Die Grenze verlief von Norden nach Süden über das Plateau von Langres, eine der wichtigsten Wasserscheiden Frankreichs. Dijon war die Hauptstadt des Herzogtums, Besançon die der Franche-Comté. Als die Herzöge von Burgund, die auch die Franche-Comté als deutsches Lehen besaßen, ihre Oberhoheit auf weite Gebiete der Niederlande ausdehnten, verliehen sie auch den Landstrichen an Schelde, Maas und Rhein den Namen Burgund. Die Residenz der Herrscher sowie ihr politisches Machtzentrum lagen von nun an in Brabant und Flandern. Als das Haus Habsburg auf dem Schauplatz erschien, verstand man unter Burgund weniger die Weinhänge an der Saône als vielmehr die reichen Provinzen an den Küsten des Ärmelkanals und der Nordsee. Nur die Grabstätte der Herzüge verblieb im Kartäuserkloster zu Dijon. Erst nach Ende der habsburgischen Herrschaft in den Niederlanden wurden jene Gebiete nicht mehr Burgund genannt, und diese Bezeichnung bezog sich neuerlich ausschließlich auf das alte Herzogtum.

Worin liegt die eigentliche Ursache der ungeheuren Bedeutung Burgunds, dieses Reiches der Mitte? Geopolitisch umfaßte es die Landstriche beiderseits der großen Durchzugsstraße von der Nordsee zum Mittelmeer, der kürzesten und auch bequemsten Verbindung zwischen den beiden Meeren, die in jener Zeit die politische Drehscheibe der Welt waren. Weiter gegen Osten bildeten die hohen Züge der Alpen ein nur mühsam zu überwindendes Hindernis zwischen den germanischen und den lateinischen Ländern; weiter gegen Westen drohte die schwierige Querung des Zentralmassivs. Außerdem ließ sich die burgundische Straße dank der Flüsse noch intensiver und rationeller nutzbar machen; Rhein, Maas und Mosel und jenseits der Wasserscheide Saône und Rhône waren schiffbar.

Außer diesem an sich schon äußerst wichtigen Faktor ist dieses Reich der Mitte auch das gegebene Durchzugsland für den Verkehr zwischen West- und Mitteleuropa. Durch seine Ebenen wie über die sommers und winters leicht zu überquerenden niederen Bergzüge wanderten seit urdenklichen Zeiten ganze Völker, Karawanen, Warenzüge und auch die Armeen der Römer, der Germanen, die Heere Karls des Großen und später die der französischen und deutschen Herrscher. Die wichtigste Verbindungsstraße führte von altersher über die Hochebene zwischen den Vogesen und dem Jura, durch die sogenannte Burgundische Pforte, die man später das „Belforter Loch“ nannte. Wer immer dieses Durchzugsland von Maastricht und Lüttich über Metz, Verdun und Lyon bis nach Avignon und Arles sowie von Vézelay über Dijon nach Belfort beherrschte, konnte in der europäischen Politik eine entscheidende Rolle spielen, vorausgesetzt, er war geschickt genug, sich von Frankreich und Deutschland nicht in die

Zange nehmen zu lassen. Das ist eine augenscheinliche Tatsache, die heute noch gilt; denken wir nur an die Bedeutung der Beneluxstaaten in der Europäischen Gemeinschaft.

Wie bereits erwähnt, lag die größte Gefahr für dieses Reich darin, von den mächtigen Nachbarn überrannt oder geteilt zu werden. Die Geschichte lehrt, daß das alte Lotharingien abwechselnd von Frankreich und dem deutschen Reich besetzt und annektiert wurde. Nichtsdestoweniger erstand auf diesem Territorium immer wieder ein unabhängiger Staat. Das hat viele Ursachen. Bald war es dem Erfolg einer geschickten Politik der Fürsten und Herrscher zu verdanken, bald waren die beiden großen Nachbarn klug genug, selbst einen Pufferstaat zu schaffen und sich auf diese Weise um des Friedens willen voreinander zurückzuziehen. Mitunter kamen aber auch dritte Mächte ins Spiel, solche, die versuchten, in den Niederlanden Protektorate zu errichten, um im Spiel der beiden großen Machtblöcke Europas mitmischen zu können. Spanien verfolgte diese Politik, und viel später auch Großbritannien.

Was für einen wichtigen Faktor die Niederlande, und mit ihnen Lothringen und Burgund, in geopolitischer und strategischer Hinsicht darstellen, wird vor allem aus der Tatsache ersichtlich, daß der Großteil der militärischen Entscheidungen, die einen Wendepunkt im Geschick Europas herbeiführten, zwischen Maas und Saône, dem Ärmelkanal und der Burgundischen Pforte fielen. Das begann mit dem Sieg Cäsars über die Germanen und Gallier und gilt noch heute, wie der Zweite Weltkrieg zeigt. Neben der böhmischen Ebene, der Umgebung Wiens und Oberitalien ist das niederländisch-burgundische Gebiet das vierte große Schlachtfeld der europäischen Geschichte.

Kaum nach Burgund gekommen, wurden die Habsburger von der Dynamik, dem Genius des Landes mitgerissen. Burgund bedeutete für sie Zugang zu unendlichen Reichtümern, zu Macht- und Kulturreserven, aber auch das Erbe fast unausgesetzter Kriege gegen die Könige von Frankreich, die ja trachten mußten, dieses Land zu kontrollieren, wollten sie nicht Gefahr laufen, ihrer eigenen Oberherrschaft verlustig zu gehen. Seit Ende des 14. Jahrhunderts bedeuteten die Niederlande außerdem für England einen Brückenkopf auf dem Kontinent zum Schutz der britischen Inseln.

Die ausgedehnten Gebiete dieses Reiches waren aber nicht nur als Schlachtfelder und Streitobjekte wichtig, nicht nur als Vormarsch- und Rückzugslinien der Armeen und wandernder Volksstämme, sondern auch – und vor allem – als Wiege großer Kulturen. Es ist gar nicht leicht, die tieferen Gründe dieser historischen Tatsache aufzudecken. Die Ursache mag darin liegen, daß zahlreiche Völkerschaften hier zusammentrafen, sich mischten und ihre Werte austauschten; das bereichert nicht nur die Gedankenwelt des einzelnen, sondern führt auch zu fruchtbaren und originellen Synthesen. Es mag auch sein, daß der Boden selbst eine geheimnisvolle Kraft ausstrahlt, wie wir es häufig in den Gegenden sehr alter Kultur finden, ohne letztlich einen Grund dafür angeben zu können. Was immer es auch sei, dieses Grenzland zwischen dem Reich der Westfranken, die seit dem 9. Jahrhundert fast zur Gänze latinisiert waren, und dem Reich der Ostfranken, die deutsch geblieben waren, spielte in der Entwicklung der Sprache, der Künste und der Literatur Europas eine entscheidende Rolle. Seit Römerzeiten finden sich hier wichtige Kulturzentren, wie Trier im Moseltal. Unter den Merowingern und Karolingern reichte die Bedeutung von Städten wie Reims, Verdun, Metz und Straßburg bereits weit über ihre unmittelbare Umgebung hinaus. Übrigens stammten die Karolinger, so wie viele andere Dynastien, aus Burgund, nämlich aus Heristall bei Lüttich. In Straßburg wiederum schwuren die Söhne Ludwigs des Frommen einander angesichts ihrer Armeen Frieden; damit alle Soldaten Zeugen dieses feierlichen Aktes sein konnten, leistete Ludwig der Deutsche den Eid in französischer, Karl von Frankreich ihn in deutscher Sprache. Der Text ist übrigens eines der wichtigsten Dokumente der Sprachgeschichte des frühen Mittelalters und spielt beim Studium des Ursprungs der deutschen Sprache eine große Rolle; die jüngsten Forschungsergebnisse deuten an – oder lassen doch zumindest die Hypothese zu –, daß es sich dabei um die Verwaltungs- und die Befehlssprache des Reiches handelte und daß das Wort „deut" *(diet)* in Wirklichkeit die fränkische Armee bezeichnete.

Der lebhafte Austausch zwischen französischem und deutschem Kultur- und Gedankengut führte im burgundischen Raum zu staunenswerten Ergebnissen. Die große geistige Bewegung der kirchlichen Erneuerung im 11. Jahrhundert ging allerdings von Cluny aus, das nicht zu Burgund gehörte; die großen Reformklöster fanden sich im Osten wie im Westen des Landes, die meisten auf lothringischem Gebiet. Der deutsche Kulturhistoriker Albert Brinkmann betont zu Recht, daß die aus der Reform von Cluny hervorgegangenen Kunstformen in Burgund zur Vollendung und größten Verbreitung gelangten. In seinen Studien zeigt Brinkmann auf, welchen Weg jene Ideen durchlaufen mußten, die den Wandel der Kunst beeinflussen und schließlich den sogenannten gotischen Stil hervorbringen sollten. Im Raum zwischen Reims und Straßburg erreichte die Gotik ihren Höhepunkt; von dort aus eroberte sie die Länder westlich und östlich von Burgund und wurde schließlich zu einem wesentlichen Bestandteil der europäischen Kultur. Aus Burgund kamen auch die wichtigsten Baumeister jener Epoche, die von den Fürsten in alle Lande gerufen wurden, um dort ihre Meisterwerke zu schaffen. So berief Karl IV. Meister Matthias von Arras nach Prag und ließ von ihm die Pläne für den berühmten St.-Veits-Dom entwerfen, eines der ersten Denkmäler deutscher Gotik im Osten. Einer allerdings nicht belegbaren Überlieferung zufolge war der Nachfolger des Matthias von Arras in Prag, Peter Parler aus Schwäbisch-Gmünd, Abkömmling einer niederburgundischen Familie. Der Name „Parler" soll angeblich eine Verballhornung der Bezeichnung „von Arles" (d'Arles) sein, was die ursprüngliche Herkunft der Familie bestätigen würde.

Auch die Kunst der Troubadoure stammt aus Burgund, aus jenem Teil, der ans Mittelmeer grenzt. Von dort gelangte sie vor allem Ende des 12. und Anfang des 13. Jahrhunderts nach Norden und in der Form des deutschen Minnesangs nach Osten. Diese Poesie formte sehr stark die Vorstellungswelt des Mittelalters, besonders der abendländischen Ritterschaft. Ihre epischen Gesänge inspirierten sich teils am Erbe der Antike, wie im Alexanderlied, teils an den Sagen aus der Zeit der Völkerwanderung, wie in der Artussage, oder auch an der Gestalt Karls des Großen, wie im Rolandslied.

Im Lauf des 13. Jahrhunderts wurde die ritterliche Kunst und Poesie von der bürgerlichen Kultur der Städte verdrängt. Auch sie nahm in burgundischen Landen ihren Anfang und hielt sich dort länger als anderswo. Die reichen Handelszentren der Niederlande schufen die wirtschaftliche und finanzielle Basis, auf der sich ein intensives geistiges Leben entwikkeln konnte. Hier herrschte jene Atmosphäre der Freiheit, christlicher Frömmigkeit und unternehmenden Wagemuts, die in der Architektur, der Malerei und der Skulptur des späten Mittelalters ihren adäquaten Ausdruck fand.

Mit der Gründung des Habsburgerreiches verbreitete sich die burgundische Kultur – von einer solchen können wir im 14. Jahrhundert bereits mit Recht sprechen – über die ganze damalige Welt, Südamerika mit inbegriffen. Sie war eine harmonische Synthese zwischen dem überfeinerten Lebensstil des ausklingenden ritterlichen Zeitalters und der jungen, starken Geisteskraft der aufblühenden Städte. Johan Huizinga hat diese Epoche als „Herbst des Mittelalters“ bezeichnet. Dieses glücklich gewählte Wort verweist auf die überquellende Ernte, die jene Zeit hielt, ebenso wie auf die reichen Farben des Herbstes und trägt doch auch den melancholischen Unterton eines verdämmernden Tages in sich und den kaum angedeuteten Hauch des Morbiden, der der burgundischen Ritterschaft wie auch den letzten Generationen dieses Standes im gesamten Abendland anhaftete. Die Entwicklung, welche die burgundische Ritterschaft nahm, war die Folge eines ökonomisch-sozialen Phänomens. Im übrigen Europa lebten die Herren abseits der Städte auf ihren starken Burgen. Sowohl in Deutschland wie in Frankreich beschleunigte die beginnende Geldwirtschaft daher den Untergang des Rittertums seit Anfang des 13. Jahrhunderts. Häufig führte dieser Niedergang bis zum Verfall, wie wir an den Raubrittern im Reich sehen. In Burgund hingegen gelang den Herren die Synthese zwischen ihrem Leben auf den Burgen und der städtischen Kultur, und es kam zu einer in Europa einzig dastehenden Verschmelzung der beiden Lebensarten.

Diese typisch burgundische Entwicklung wurde mit der Gründung des Ordens vom Goldenen Vlies gekrönt. Die Idee, eine internationale Bruderschaft der Ritter „Vom Leiden Christi" zu gründen, mit dem Ziel, das Kreuzzugsideal neu zu beleben, ging auf Philippe de Mézières zurück. Im Jahr 1396, nach der Niederlage der Christen in der Schlacht bei Nikopolis, richtete er an den Herzog von Burgund, Philipp den Kühnen, die Einladung, sich an die Spitze des Ordens zu stellen. Wenn man heute die Schriften Philippe de Mézières' liest, so erkennt man die Gedanken und Formulierungen der Statuten des Ordens vom Goldenen Vlies wieder. Der Herzog begeisterte sich wohl für diesen Plan, konnte ihn aber nicht mehr zu einem guten Ende bringen; Philipp der Kühne starb. Johann ohne Furcht nahm den Plan wieder auf und stand knapp vor dessen Verwirklichung, als er am 10. September 1419 auf der Brücke von Montereau ermordet wurde.

Sein Nachfolger, Philipp der Gute, begeisterte sich für das Ideal der Kreuzzüge. Kaum hatte er die Regierung übernommen, entsandte er Ritter in den Osten, um die Schwächen des Türkenreiches erkunden zu lassen. Philipp war der einzige christliche Herrscher, der den Versuch unternahm, dem Kaiser von Byzanz zu helfen, als das Oströmische Reich unterging. Seine Flotte zwang die Moslems, die Belagerung von Rhodos abzubrechen, griff aktiv in die Verteidigung der Dardanellen ein und stieß sogar kühn durch den Bosporus ins Schwarze Meer vor – in die Heimat des Goldenen Vlieses. Es überrascht uns daher nicht, daß gerade dieser Herrscher den Traum Philippe de Mézières' verwirklichte. Durch den Ruhm und das Ansehen des Ordens hoffte er den Rang des Herzogs von Burgund so sehr zu erhöhen, daß er zum Heerführer eines Kreuzzuges berufen würde und die anderen christlichen Fürsten veranlassen könnte, sich seinem Zug anzuschließen.

Die Inschrift auf dem Grabmal des Herzogs in Dijon spricht diese religiöse Grundhaltung des Ordens klar aus:

„Pour maintenir l'Eglise qui est de Dieu Maison,
J'ai mis sus le noble ordre, qu'on nomme la Toison."

Der Gründungsakt selbst war – nach einer derart langen Planungsperiode – ein Meisterwerk burgundischer Diplomatie. Burgund hatte sich mit England gegen den französischen König verbündet; nun wollte der englische Regent, der Herzog von Bedford, Philipp den Hosenbandorden verleihen. Das hätte Folgen gehabt, und es galt, diese Geste zu verhindern, ohne den Verbündeten zu brüskieren. Deshalb beschleunigte der Herzog anläßlich seiner Verehelichung mit Isabella von Portugal im Jänner 1430 die Gründung des Ordens vom Goldenen Vlies und fügte den Statuten eine Bestimmung ein, derzufolge den Mitgliedern untersagt war, einen anderen, von einem fremden Herrscher verliehenen Orden anzunehmen. Die eigentliche Geburtsstunde des Ordens war etwa zwei Jahre später, am 27. November 1431, als in Lille das erste feierliche Kapitel stattfand, an dem vierundzwanzig vom Herzog bestimmte Ritter teilnahmen.

Die Versammlungen, die Statuten und die jeweiligen Unternehmungen des Ordens während der folgenden Jahre dienten in erster Linie dazu, den Wirkungsbereich endgültig festzulegen. Gegründet, um sich an die Spitze eines Kreuzzugs zu stellen, mußte der Orden sehr bald einsehen, daß die Zeit für derartige Unternehmungen vorüber war. Die Aufgaben, die sich ihm im europäischen Raum stellten, entschädigten ihn jedoch in höchstem Maß für den Verlust des ursprünglichen Zieles.

Während der letzten Jahre des Herzogtums Burgund trug der Orden viel zum Ruhm des Landes bei. Als Chef und Souverän des Ordens war der Herzog den höchsten abendländischen Monarchen gleichgestellt, und seine Macht reichte weit über die Grenzen seines Landes hinaus.

Der persönliche Eid, der die Ritter an den Souverän band, festigte die Beziehungen innerhalb des Landes und stellte fruchtbare Kontakte nach außen her. Von Anfang an wurden Ritter aus dem gesamten Abendland in den Orden aufgenommen.

Wenn auch die nichtburgundischen Ritter in erster Linie ihrem natürlichen Herrscher Treue schuldeten, so bewirkte die Zugehörigkeit zum Orden doch eine Bindung, die dem Frieden diente.

Dasselbe Ziel verfolgte eine Bestimmung, die in der Welt einzig dasteht: Der Herzog durfte nur mit Zustimmung des Ordenskapitels den Krieg erklären. Die höchste Staatsentscheidung war also an die Zustimmung eines übernationalen Organismus gebunden. So konnte man hoffen, die gemeinsamen Interessen der Christenheit würden über rein partikularistische Bestrebungen siegen und die Gewalt käme nur zugunsten einer gerechten Sache ins Spiel. Auch wenn diese Vorschrift in der Praxis wiederholt ignoriert wurde, so ist doch schon die Idee an sich von außerordentlichem Wert.

Die übernationale Tendenz der Ordensstatuten atmet burgundischen Geist, wo immer sie sich auch auswirken mag. Und das erklärt, weshalb eine internationale Bruderschaft nicht an eine geographische Oberhoheit gebunden sein darf – eine Ansicht, die selbst heute noch akzeptiert wird: Dieses Charakteristikum des Ordens vom Goldenen Vlies wurde nach dem Ersten Weltkrieg von den alliierten Mächten und nach 1945 von der österreichischen Regierung neuerlich anerkannt.

Die großen Feste mehr „weltlicher“ Natur, meist mit Turnieren verbunden, waren für die burgundische Ritterschaft typisch. Die Kunst des Turnierkampfes hatte ihr eigenes Zeremoniell und ihre eigenen Regeln. Sie war bei den Adeligen sehr beliebt, forderte aber oft harte Opfer. Beim Lanzenstechen gingen nicht nur Pferde verloren, häufig waren auch Menschenleben zu beklagen. Stolz und mutig maßen sich die burgundischen Ritter gerne mit den Deutschen und den Franzosen. Ein Vorfall beim Reichstag zu Worms gibt uns ein anschauliches Bild vom Lebensstil jener Zeit: Mitten in der Versammlung fordert ein Burgunder mit einer einzigen Geste sämtliche deutsche Herren und Ritter heraus. Kaiser Maximilian selbst nimmt die Herausforderung an. In einem berühmt gewordenen Zweikampf besiegt er seinen Vasallen. Wahrscheinlich hat Maximilian sich in seiner Wahlheimat Burgund zum gefeiertsten Turnierkämpfer seiner Zeit herangebildet. Als viel später Karl V. mit einem großen burgundischen Gefolge nach Spanien kam und der dort herrschende Fremdenhaß sich sehr bald gegen die Umgebung des Herrschers richtete, gewannen die Heldentaten der Ritter in den Turnieren den Respekt der kastilischen Krieger. Bald verband eine freundschaftliche Solidarität die niederländischen Herren mit den Spaniern, und diese Tatsache sollte im Leben des Kaisers eine bedeutende Rolle spielen.

Nach den Turnieren versammelten sich die Ritter zu üppigen Banketten. Im Gegensatz zu den Gewohnheiten der alten Ritterschaft vereinten die burgundischen Festgelage Tafelfreuden mit künstlerischen und geistigen Genüssen. Die Heiterkeit dieses Herbstes des Mittelalters zeigte sich nicht nur in den raffinierten kulinarischen Meisterwerken, sondern vor allem auch im kunstvollen Anrichten der Speisen. Der niederländische Handel steuerte der burgundischen Küche die Ingredienzen bei, seltene Gewürze aus Indien und dem Orient. Man servierte die Fasane im Federkleid, anderes Wildbret ins Fell gehüllt, so daß es schien, als lebten die Tiere. Dann wieder richtete man die Speisen inmitten riesiger Blumenarrangements an. Die Tafel war kunstvoll mit kostbarem Silber gedeckt. Die Gespräche der Tafelgenossen, die rezitierten Verse und die Gesänge handelten von den Sagen der Vorzeit und der christlichen Epoche, bald getreu der historischen Überlieferung, bald mit dichterischer Phantasie ausgeschmückt. So fanden sich in Burgund die drei Elemente vereint, die notwendig sind, damit eine wahrhaft kultivierte Gesellschaftsschicht aufblühen kann: Grundlegende Werte, Ideale und Wissensvermittlung bildeten einen integrierenden Teil des Gemeinschaftslebens.

Der Orden vom Goldenen Vlies und seine Insignien, die ihn mit der Argonautensage verbinden, spiegeln den „romantischen" Geist jener Zeit wider. Immer wieder tauchte der Plan für einen Kreuzzug auf. Diese Sehnsucht war in Europa niemals völlig geschwunden und wurde um das Jahr 1400 durch die neuerliche Bedrohung aus dem Osten sehr aktuell. 1389 hatten die Türken in der Schlacht auf dem Amselfeld das serbische Reich zerschlagen und in kürzester Zeit fast den ganzen Balkan erobert. 1396 war Sigismund, König von Ungarn, der später römischer Kaiser werden sollte, in der Schlacht bei Nikopolis an der Donau vernichtend geschlagen worden. Nur mit knapper Not gelang es ihm, der Gefangennahme durch die Ungläubigen zu entgehen. Eine große Zahl von Rittern aus den edelsten Familien des Abendlandes war dem König auf seinem Kriegszug gefolgt. Der Ausgang der Schlacht hatte gezeigt, daß ihre Kampfesweise nicht auf der Höhe der neuen Kriegskunst stand, wie die türkischen Armeen sie bereits anwendeten. Dieses Ereignis übte entscheidenden Einfluß auf die Entwicklung jener Epoche und namentlich der Ritterschaft. Maximilian I. und sein Enkel Karl V. zogen aus der Niederlage bei Nikopolis die Lehre. Sie taten ihr möglichstes, eine moderne Armee zu schaffen, die ritterliche Tugend und alle taktischen, technischen und moralischen Erfordernisse einer neuen Zeit in sich vereinte.

Der burgundischen Ritterschaft war es nicht vergönnt, den Traum vom Heiligen Krieg gegen die Türken zu verwirklichen; da halfen weder Reichtum noch Mut, weder Ehrgeiz noch Frömmigkeit. Auch der Orden vom Goldenen Vlies vermochte hier, trotz seiner Aktivität auf anderen Gebieten, keinen entscheidenden Anstoß zu geben. Der Wunsch Philipps des Guten, die gesamte Christenheit, oder doch zumindest die gesamte Ritterschaft, in einem Kreuzzug gegen die Türken zu einen, sollte niemals Wahrheit werden. Im 15. Jahrhundert errangen die christlichen Mächte einen einzigen bedeutenden Sieg über die Türken: in der Schlacht bei Belgrad, 1456. Ihr Ausgang glich einem Wunder, denn diese Schlacht wurde mit einer Armee geschlagen, die mehr einer Horde glich und deren Taktik und Strategie mit den klassischen Grundsätzen der Kriegführung kaum etwas gemein hatten. Der Sieg war in der Hauptsache zwei Faktoren zuzuschreiben: erstens der Begeisterung und dem nahezu fanatischen Glauben, entflammt vom großen heiligen Prediger Johannes Kapistran, und zweitens dem Geschick des Johann Hunýady. Bei Belgrad kämpfte keine gewöhnliche Formation. Diese Truppe nahm den Aufstand der Massen vorweg, der etliche Jahrhunderte später den französischen Revolutionsheeren zum Sieg verhelfen sollte.

Auf den burgundischen Burgen sprachen die Ritter noch immer vom Kreuzzug. Nach dem Fall von Konstantinopel, 1453, leisteten sie kollektiv den Eid, zur Rückeroberung der byzantinischen Kaiserstadt aufzubrechen. Es kam niemals dazu, denn ein dramatisches Geschehen lehrte die Ritter bald darauf die Grenzen ihrer Kräfte kennen: die vernichtende Niederlage Karls des Kühnen gegen die Schweizer. Bei der Schlacht von Guinegate hingegen, 1479, verdankte Maximilian den Sieg seines Heeres über Ludwig XI. dem Zusammenwirken von ritterlichem Mut und moderner Taktik. Er selbst stieg vor der Schlacht zu Pferd und zwang damit die edlen Herren, gleich ihm inmitten des Fußvolkes zu kämpfen. Auf diese Weise unterstrich Maximilian die Vorherrschaft einer Waffe, die – von den Rittern verachtet – zur Königin der Schlachtfelder wurde, der es bis dahin jedoch an Beispiel und Führung gefehlt hatte.

Der Orden vom Goldenen Vlies, aber auch die ganze Lebensweise der burgundischen Ritterschaft, ja sogar ihre Feste, wie zum Beispiel die „fête des faisans", erwiesen sich in politischer, administrativer und moralischer Hinsicht als äußerst nützlich. Das Wetteifern der Edelleute untereinander und der häufige persönliche Kontakt mit ihnen ermöglichten es dem Souverän, aus den Reihen des burgundischen Adels eine Elite von Generälen und Diplomaten auszuwählen.

Kaiser Maximilian war noch ein Jüngling, als er an der Seite seines Vaters zum erstenmal mit Karl dem Kühnen und der burgundischen Ritterschaft zusammentraf. Er war kaum erwachsen, als er zu seiner Verlobten nach Burgund zog. Karl V. hingegen lebte wie sein Vater, Philipp, vom zartesten Kindesalter an in diesem Land. Er nahm an den großartigen Aufzügen der Ritterschaft, an den Jagden, Turnieren und Festen teil, er sprach die verfeinerte, reiche Sprache dieser kultivierten Elite. Und – in bezug auf die Politik noch wichtiger – er teilte ihre Ideen, er sah die Welt aus der Sicht der Niederlande, von jenem Standpunkt aus, wo die großen Kraftlinien aus Paris und London, vom Niederrhein und aus Österreich einander kreuzten. Die Bedeutung dieses Reiches der Mitte im geopolitischen Dreieck des Abendlandes zwischen Brüssel, Rom und Madrid war ihm seit jeher bewußt.

Burgund hat vom Beginn seiner Geschichte bis in unsere Tage seine Eigenart bewahrt. Das ist ein fast einzigartiges politisches Phänomen. Die burgundischen Grenzen folgten nicht geographischen Gegebenheiten, die burgundischen Lande waren verstreut. Stark vereinfachend könnte man von zwei, durch das Herzogtum Lothringen getrennten Hauptgebieten sprechen. Verglichen mit anderen politischen Gebilden des späten Mittelalters besaß dieser Staat eine gewisse Einheitlichkeit. Trotzdem waren die Rechtsansprüche, auf die sich die Herrschaft der Herzöge von Burgund in dem bunten Gemisch ihrer Städte und Lehen gründete, verschiedenen Ursprungs und sehr verschiedener Natur. 1363 hatte der König von Frankreich, Johann II. der Gute, einen seiner jüngeren Söhne, Philipp den Kühnen, mit dem Herzogtum Burgund belehnt. Die Herzöge von Burgund waren also eine Nebenlinie der französischen Dynastie. Sie galten als die ersten Vasallen der Krone und nahmen somit denselben Rang ein wie die Könige von England. Letztere hatten tatsächlich weite Gebiete des Königs von Frankreich zu Lehen, dem sie daher lehenspflichtig waren, während sie ihm als Herrscher von England im Rang gleichstanden. Diese bereits komplizierte Situation wurde noch schwieriger, als England nach der französischen Krone trachtete. Das war eine der entscheidenden Ursachen des Hundertjährigen Krieges.

Bald sollte auch das Herzogtum Burgund das Haus Valois bedrohen. Philipp der Kühne hatte durch seine Heirat mit der Tochter des Grafen von Flandern und durch den Erwerb der Franche-Comté, einem Lehen der deutschen Krone, seinen Herrschaftsbereich beträchtlich ausgeweitet, der sich nun von der Küste des Ärmelkanals bis zum Genfer See erstreckte. Die fast unausgesetzte Rivalität zwischen älteren und jüngeren Linien der französischen Dynastie wandelte sich in offene Feindschaft, als 1407 Johann von Burgund den Herzog Ludwig von Orléans, den Bruder des Königs von Frankreich, ermorden ließ. Gemeinsame Interessen führten zu einem Bündnis zwischen Burgund und England, das – mit vielen Schwankungen, wie sie der Lauf der Geschichte mit sich bringt – zu einem echten Leitmotiv der burgundischen Politik wurde. Wir begegnen ihm erneut in der Epoche Karls V., ganz besonders im diplomatischen Konzept seiner Tante, Margarete von Österreich, Regentin der Niederlande.

1416 anerkannte Burgund den König Heinrich V. von England als König von Frankreich. Wenige Jahre später wurde Johann ohne Furcht (1404–1419) auf der Brücke von Montereau ermordet, als er wegen Friedensverhandlungen mit dem Dauphin zusammentreffen wollte. Es ist ziemlich sicher, daß der französische Prinz nicht der Initiator dieser Freveltat war, die sein Gefolge vollbrachte. Nichtsdestoweniger verschärfte dieses neuerliche Blutvergießen das gespannte Verhältnis zwischen den Häusern Valois und Burgund, das schon seit der Ermordung des Herzogs von Orléans einer *vendetta* gleichkam. Erst sechzehn Jahre später, 1435, wurde zwischen Karl VII. von Frankreich und Philipp dem Guten der Frieden von Arras geschlossen.

Für Burgund war es ein vorteilhafter Frieden. Vor allem gelang es dem Herzog, einen großen Teil seines Gebietes aus der Lehenshoheit des französischen Königs zu lösen. Der Streit über die Legitimität der solcherart erhaltenen Zugeständnisse sollte in den Konflikten zwischen Kaiser Maximilian I. und Ludwig XI., Karl V. und Franz I. von Frankreich noch eine Hauptrolle spielen.

Die größte Ausdehnung und damit den Höhepunkt seiner Geschichte erreichte Burgund unter Karl dem Kühnen (1467 bis 1477). Zum Herzogtum Burgund, falls man – historisch ungenau, aber der Einfachheit halber – mit diesem Namen alle Gebiete bezeichnen darf, über welche die Herrschaft der burgundischen Dynastie sich erstreckte, gehörten die Lehen der französischen Krone mit dem Zentrum Dijon: Flandern, Artois und die Picardie mit den Städten Arras, Lille, Ypern, Gent und Brügge. Die deutschen Lehen umfaßten außer der Franche-Comté mit Besançon auch Brabant mit Brüssel und Löwen, Malines und Antwerpen und erstreckten sich bis Hertogenbosch an der Maas; dazu kamen noch der Hennegau, die Gebiete von Bergen und Valenciennes, Namur, Luxemburg und Limburg. Im Rheindelta und nördlich davon hatten die Burgunder von den Wittelsbachern Holland und Seeland geerbt, mit Amsterdam, Leyden, Delft, Middelburg und Den Haag. In diese Gebiete eingestreut lagen große kirchliche Besitzungen, die reichen Orden gehörten und, wie zum Beispiel die Klöster in Cambrai, Lüttich und Utrecht, den Herzögen von Burgund wichtige Lehensdienste leisten mußten. Ein Sonderfall war die Grafschaft Geldern, die nicht unter burgundischer Hoheit stand, mit der das regierende Haus jedoch bereits eng verbunden war. Unter den Habsburgern wurde sie den Niederlanden angeschlossen.

Derart verwickelte Rechte und Titel mußten unvermeidlich zu juristischen Schwierigkeiten führen. Am besten zeigt das die seltsame Tatsache, daß für Flandern auch nach der Abschaffung der französischen Lehenshoheit im Frieden von Arras das Parlament in Paris noch mehr als ein Jahrhundert lang Oberster Gerichtshof war. Erst Karl V. machte dieser Anomalie ein Ende.

Abenteuerlustig und ehrgeizig hatte sich Karl der Kühne das politische Ziel gesteckt, die burgundischen Länder im Norden und Süden Lothringens zu vereinen und gleichzeitig das Herzogtum mit einzugliedern. Strategisch betrachtet, war die Idee richtig, aber ihre Durchführung endete mit einer Niederlage. Anstatt sich auf das Nächstliegende zu konzentrieren, zersplitterte Karl seine Kräfte, indem er gleichzeitig um Geldern und um Lothringen kämpfte; und da er zu früh seine Absichten hinsichtlich der habsburgischen Besitzungen laut werden ließ, alarmierte er auch noch die Schweizer Eidgenossen. Dieser politische Fehler verstrickte ihn in einen völlig unnützen Feldzug, als er Lothringen bereits in Besitz hatte. Leichtsinnig riskierte er alles und verlor dabei sein Leben. Dieser Rückschlag setzte der Ausdehnung Burgunds nach dem Süden, zumindest vorübergehend, eine Schranke.

Schon dieser kurze Blick auf die historische und rechtshistorische Entwicklung Burgunds zeigt uns, wie sinnlos es wäre, wollte man versuchen, das Wesen dieses Landes mit den Augen eines Nationalisten des 19. Jahrhunderts zu erkennen. Das machte es für die Historiker vor dem Zweiten Weltkrieg – mit sehr wenigen Ausnahmen – unmöglich, selbst auf rein politischer Ebene, die wahre Bedeutung des burgundischen Reiches zu erfassen und zu beurteilen. Unsere Zeit jedoch mit ihren übernationalen Bestrebungen – der Montanunion, dem Gemeinsamen Europäischen Markt, den Bemühungen um ein politisch geeintes Europa – vermag Geist und Eigenart Burgunds zu würdigen.

Die Uneinheitlichkeit des Gebietes und die große Verschiedenheit in konstitutioneller Hinsicht hätten diesen

Schmelztiegel unregierbar machen können, aber gewisse sichtbare und unsichtbare Bande schufen aus Burgund ein politisches Ganzes, das durchaus lebensfähig war.

An erster Stelle steht hier der dynastische Gedanke. Die persönliche Loyalität des Vasallen gegen seinen Lehensherrn, die Grundlage der politischen Struktur des Mittelalters, ehe der moderne Begriff der Souveränität in Erscheinung trat, spielte in Burgund noch eine große Rolle. Erst seit Beginn des 14. Jahrhunderts werden in Europa die personalen Bindungen vom Prinzip der territorialen Zugehörigkeit abgelöst. Die burgundische Dynastie scheint diese Entwicklung sehr früh erkannt zu haben. Deshalb schuf sie für die Regierung ihrer Gebiete ein mächtiges und modernes Band: die Verwaltung. Von Anfang an wachte sie über deren Einheitlichkeit, was um so leichter war, als die meisten Beamten aus demselben Gebiet kamen: aus der Franche-Comté. Schließlich brachte das Haus Burgund mit Erfolg seine zahlreichen außerehelichen Söhne, die, wie in Frankreich, höchst angesehen waren, auf den Bischofssitzen unter, wo sie dem Herrscherhaus wichtige Dienste leisteten. So wurden die illegitimen Söhne Philipps des Guten, David und Philipp von Burgund, Bischöfe von Utrecht, während der Bruder des Herzogs, Johann von Burgund, Bischof von Cambrai war und seinerseits eine stattliche Anzahl Kinder hatte, von denen jedes ein Benefizium erhielt. Genau wie im damaligen Italien spielte die Moral, wie wir sie verstehen, nur eine sehr untergeordnete Rolle, was zu einer höchst absonderlichen, aber für jene Zeit durchaus verständlichen Synthese zwischen der tiefen Frömmigkeit des Mittelalters und dem Geist der Renaissance führte. Das änderte sich, als die Habsburger kamen. Diese hatten wohl auch illegitime Kinder, aber bedeutend weniger als die Valois und die Bourbonen. Und im allgemeinen gaben sie ihnen keine wichtigen Ämter, obzwar sie ihre Zukunft sicherten, indem sie ihnen Pfründen verschafften.

Der Klerus bildete ein weiteres Element der burgundischen Politik. In Geisteshaltung und sozialer Stellung war er den

Beamten ähnlich, deren juristische Bildung mit der theologischen viel gemein hatte. Spirituell wie materiell waren die Geistlichen an der Stabilität des Staates interessiert. Das galt speziell für die Niederlande. Modern und sehr reformfreundlich, waren sie sich bewußt, daß ein großer Staat mit reichen Handelsstädten für den neuen religiösen Geist ein fruchtbareres Erdreich abgab als ein kleines, auf sich selbst bezogenes Gebiet, das allzu leicht ins Provinzlerische absinken und den unentbehrlichen großzügigen Schwung verlieren konnte. Noch ehe das Land sich zum Staat entwickelt hatte, gaben der Humanismus und das Aufblühen der ritterlichen wie der städtischen Kultur ihm eine historische Bedeutung, die den Mangel einer geographischen und konstitutionellen Einheit wettmachte.

Je mehr die ritterliche Kultur in den Städten Fuß faßte, desto stärker beeinflußte und formte sie auch den Bürger. So feierte die neue Malkunst in Brügge, Brüssel und Gent ihre ersten Triumphe. Es waren Meisterwerke, wie die Gemälde von Memling, einem Rheinländer, der in Flandern ansässig geworden war. Die Literatur des beginnenden 16. Jahrhunderts, wie zum Beispiel der „Damenspiegel" des Ritters Claude Bouton, der 1520 erschien, war noch im höfischen Stil gehalten. Doch schon bald fand mit der Buchdruckerkunst eine Fülle neuer Themen Eingang in die Literatur. Selbstverständlich besteht zwischen den burgundischen Stundenbüchern und den Gemälden der Brüder van Eyck ein großer Unterschied. Hier haben wir ein Beispiel für einen Gegensatz, wie er für Burgund typisch ist. Und diese Gegensätzlichkeit trug Früchte, denn sie führte – zumindest in wesentlichen Dingen – zu einer Synthese der Werte. Bürger und Adel, Herrscherhaus und Klerus hatten noch gemeinsame Ideale und konnten einander inspirieren. Die Spannung zwischen den Polen war nicht die Folge eines negativen Faktors, des Neides, sondern das positive Element eines gesunden und freundschaftlichen Wetteiferns. Eine derartige Atmosphäre, in welcher – in einem Klima der Freiheit – die geistige Gemeinsamkeit vorherrschte, war in jener Blütezeit des Humanismus ein stärkeres Band als eine rein politische Idee.

Es ist daher nicht verwunderlich, daß der deutsche Humanismus seine schönste Blüte in den Niederlanden entfaltete. Eine Gestalt wie Erasmus von Rotterdam, einer der einflußreichsten Ratgeber Karls V., ist dafür der beste Beweis. Man könnte diesen Niederländer als den Urtyp eines Humanistentheologen bezeichnen: in einer Person Priester, Erzieher, Schriftsteller und Politiker im edelsten Sinn des Wortes, kurz – ein *uomo universale*.

Die Summe dieser Werte hatte Burgund wahrhaft zu einem auserwählten Land gemacht. Zum Glück für das Haus Habsburg war die Verlobung Maximilians mit der burgundischen Erbin bereits beschlossene Sache, als Karl der Kühne nach den Niederlagen bei Grandson und Murten vor Nancy fiel. Immer wieder hatten Krisen die sich endlos schleppenden Verhandlungen zwischen dem Kaiser und dem Herzog von Burgund unterbrochen, die dem Familienereignis vorangingen. So hatte Friedrich III. in einem seiner seltenen Anfälle von Energie und Entschlossenheit die Streitmacht des Reiches aufgeboten, um Karl den Kühnen zu zwingen, die Belagerung von Neuß abzubrechen und sich zurückzuziehen. Auch über die Wahl Karls des Kühnen zum römischen König war mehrmals verhandelt worden sowie über die Verleihung des Königstitels an Burgund, was zum Ziel gehabt hätte, in dem aus so verschiedenartigen Gebieten mit divergierender Rechtsprechung zusammengewürfelten Staat eine unanfechtbare und einheitliche Oberherrschaft zu begründen. Das war nun hinfällig. Karl der Kühne war tot und hatte keinen männlichen Erben hinterlassen.

In den Niederlanden nützten die Stände die entstandene Lage und zwangen die erst neunzehnjährige Maria von Burgund, ihnen das „Große Privileg" zu gewähren. Die Stadt Gent, die aufrührerischeste unter den reichen Städten Flanderns, ging sogar noch weiter und ließ zwei Ratgeber des verstorbenen Herzogs, Hugonet und Humbercourt, hinrichten.

Vergeblich hatte die junge Herzogin die Stände gebeten, doch nicht das Blut zweier Freunde ihres Vaters zu vergießen. Offenbar wollte die Stadtbehörde mit dieser brutalen Tat von Anfang an den Einfluß der jungen Herrscherin und ihres künftigen Gemahls schmälern. Das Gegenteil geschah. Gerade dieses Ereignis rief Maximilian auf den Plan. Es war ihm anfangs gar nicht so eilig, in die Niederlande zu reisen; denn er hatte kein Geld. Außerdem hielt ein Liebesabenteuer ihn in Österreich fest. Der Gewaltstreich der Genter rüttelte ihn auf. Er erkannte, wo seine Pflicht und die Chance seines Lebens lag. Gleichzeitig erwachte in ihm jene Abenteuerlust, die ihm bis zum Tode treu blieb. Ohne noch länger zu zögern, zog er im Triumph durch das Rheinland, und als er die Niederlande erreichte, steigerte sich die Begeisterung des Volkes von Stadt zu Stadt. Es kam zu stürmischen Ovationen für den Erzherzog, der die Masse der Bevölkerung einfach durch seine Erscheinung gewann, durch seinen Charme, den man unwiderstehlich nannte, durch seine volkstümliche Art und sein ritterliches Wesen, das dem burgundischen Ideal entsprach, wie es sich in den Bürgerhäusern und auf den Adelsburgen erhalten hatte. Bei Maria, die ihren Verlobten zum erstenmal sah, war es Liebe auf den ersten Blick. Das junge Paar wollte nicht einmal mehr den schon bestimmten Tag, die festgesetzte Stunde abwarten, sondern ließ sich um Mitternacht trauen, um einander gehören zu dürfen. Ihr gemeinsames Leben war kurz, aber sehr glücklich.

Maximilians Hauptaufgabe war es nun, die Rechte seiner Gemahlin gegen Ludwig XI. zu verteidigen, der seit dem Tod Herzog Karls Burgund zu erobern trachtete. Ein skrupelloser Herrscher, schlau, intrigant und energisch, war er seit Philipp Augustus sicher der bedeutendste König Frankreichs. Seine Kollegen, die Fürsten Europas, nannten ihn „die Spinne", was nicht sehr schmeichelhaft war, aber charakteristisch für die Furcht, die er einflößte. Inmitten seines Netzes lauernd, bereitete er sein Tun mit unendlicher Geduld vor und schien entschlossen, die benachbarten Länder und Königreiche sich untertan zu machen, genauso wie er seinen großen Vasallen den Gnadenstoß versetzt hatte. Er war ein Herrscher von Format, betrieb eine kluge Politik den Städten gegenüber und machte sich um die Kriegskunst verdient, indem er die von seinen Vorgängern geschaffene Militärintendantur weiter ausbaute. Als großem Taktiker gelang es ihm, seine Gegner den eigenen Zielen dienstbar zu machen. Es gehörte der sorglose Mut eines Maximilian dazu, diesem großen König die Stirn zu bieten. Entgegen allen Voraussagen siegte der Habsburger bei Guinegate, vor allem dank seiner Bravour und auch dank seiner neuen Taktik, die Ritter einzusetzen, um die Moral der Fußtruppe zu heben. Für den Augenblick war Burgund gerettet, Maximilian hatte seiner Gemahlin das Erbe bewahrt.

In der Folgezeit kamen jedoch die Schwächen der burgundischen Struktur zum Vorschein – Schwächen, die Burgund mit zahlreichen Staaten jener Epoche teilte. Der Herrscher konnte nicht nach Gutdünken über die militärischen Kräfte verfügen. Die Stände aber hatten kein Interesse, den jungen Fürsten zu mächtig werden zu lassen, und verweigerten ihm daher die Mittel, den Krieg mit aller Energie fortzusetzen.

Dem unendlichen Glück Maximilians folgte ein harter Schicksalsschlag. Maria von Burgund starb vierundzwanzigjährig an den Folgen eines Reitunfalls. Sie war auf die Jagd geritten, obwohl sie ein Kind erwartete, war gestürzt und hatte aus falscher Scham nicht sofort ärztliche Hilfe in Anspruch genommen. Mehrere Tage litt sie grausame Schmerzen. Sie wußte, daß es für sie keine Rettung gab, und erwartete tapfer den Tod. Umgeben von ihrem Hofstaat starb sie am 27. März 1482 und wurde in der Kirche Ons lieven Frouwen zu Brügge beigesetzt. Die Grabinschrift gibt Zeugnis von der tiefen Liebe ihres Gemahls.

Maximilian trauerte lange. Erst nach Jahren wagten seine politischen Ratgeber, ihm von einer neuen Heirat zu sprechen. Endlich gab er ihrem Drängen nach und ehelichte die Italienerin Maria Sforza. Die Arme litt ihr Leben lang darunter, daß der Kaiser eifersüchtig das Andenken seiner ersten Gemahlin hütete und ihr keinerlei Zuneigung zeigte.

Maria von Burgund hatte zwei Kinder hinterlassen: Philipp, geboren 1478, und die um zwei Jahre jüngere Margarete. Zu Lebzeiten Marias hatten die Stände Maximilian als Prinzgemahl bestimmte Herrscherrechte zugebilligt. Nach dem Jahre 1482 besaß er keinen Rechtstitel mehr, außer als Vater des legitimen Erben, seines vierjährigen Sohnes. Bald schlugen die Feindseligkeiten gegen den Vormundregenten in offene Rebellion um.

Es ist nicht leicht, die wahren Hintergründe zu erkennen, warum es in Städten wie Gent, Brügge, Brüssel und Löwen zu von Gewalttaten begleiteten Aufständen kam, während andere, wie Antwerpen und auch die südburgundischen Städte, auf Maximilians Seite standen. Daß es um wirtschaftliche Fragen ging, ist wenig wahrscheinlich. Die Hauptursache war vielmehr der Unabhängigkeitsdrang der Bürgerschaft, die jede über den städtischen Rahmen hinausgehende Oberhoheit ablehnte. 1488 erreichte die Rebellion in Brügge ihren Höhepunkt. Maximilian, der inzwischen zum römischen König gewählt worden und damit der künftige Träger der Kaiserkrone war, wurde dort gefangengesetzt und schwebte in Lebensgefahr. Auch hier bewährte er sich wiederum dank seinem persönlichen Mut und der wahrhaft königlichen Würde, mit der er der wütenden Menge entgegentrat. Man hatte ihn getäuscht und ein gegebenes Wort gebrochen; nun mußte er gefaßt sein, auch das Leben zu verlieren. Trotzdem lehnte er es ab, sich zu ergeben und auf die Bedingungen einzugehen, die man ihm stellte. Inzwischen erwachte Friedrich III. aus seiner Teilnahmslosigkeit. In der Person Maximilians war nicht nur die Dynastie, sondern auch – und vor allem – die Autorität des Reiches gefährdet. Die deutschen Fürsten, für gewöhnlich sehr langsam, wenn es galt, der Krone zu Hilfe zu kommen, erinnerten sich plötzlich ihrer Pflicht, als sie erfuhren, daß der eben gewählte König am Leben bedroht war. Auch der Großteil des burgundischen

Adels stellte sich auf seine Seite. Maximilian wurde befreit, die rebellierenden Städte mußten kapitulieren. In manchen Fällen, besonders in Brügge, waren die Strafen hart. Da sie jedoch den Gepflogenheiten entsprachen und sich streng im Rahmen des Gesetzes hielten, schufen sie keine neuen unversöhnlichen Feindschaften.

Von diesem Augenblick an war die Oberhoheit der Habsburger in Burgund gesichert, um so mehr, als Erzherzog Philipp ein junger Mann geworden war, der nun daranging, selbst seine Rechte auszuüben. Gewiß versuchten so manche Burgunder, und vor allem die Niederländer, den jungen Fürsten gegen den römischen König auszuspielen. Es ist interessant zu beobachten, wie Vater und Sohn einander immer mehr als gleichrangige Herrscher behandelten; besonders Philipp betonte gern die gesetzmäßige Distanz, die ihn von seinem Vater trennte. Erzherzogin Margarete aber wurde die starke Stütze und kluge Ratgeberin des Kaisers.

1493 starb Friedrich III. Von diesem Tag an übte Maximilian die kaiserliche Herrschaft aus, obwohl ihm der Titel „Romanorum Imperator electus" erst viel später offiziell zuerkannt wurde.

Die neue Würde hob in Deutschland das Ansehen Maximilians, das allerdings bald wegen der phantastischen Verwirrung um seine Heirat mit der bretonischen Erbin einen schweren Schlag erhielt. Die Prinzessin wurde dem Kaiser per procura angetraut und wenig später vom König von Frankreich entrissen, ungeachtet des Protests, ihre Ehe mit dem Habsburger sei völlig legitim. Militärische und diplomatische Erfolge stellten Maximilians Ansehen wieder her.

Im Todesjahr Friedrichs III. wurde der nunmehr fünfzehnjährige Philipp für majorenn erklärt. 1494 hielt er in Anwesenheit der Stände und der burgundischen Ritterschaft seinen prunkvoll-fröhlichen Einzug in Löwen; ein echtes Volksfest, von dem man von der Schelde bis zum Rhein und auch im übrigen Europa noch lange redete. 1496 kam Johanna, Infantin von Kastilien, die Verlobte des jungen Habsburgers, in die Niederlande. Zwischen ihr und dem Erzherzog, der als einer der schönsten Männer seiner Zeit galt, wiederholte sich jene Szene, die einst zwischen Maximilian und Maria gespielt hatte. Die Hochzeit wurde vorverlegt, die Feierlichkeiten improvisiert. Belustigt berichten die Chronisten, daß vor allem die Infantin nicht länger warten wollte. 1498 bekam das junge Paar eine Tochter, Eleonore, die später auf die Geschicke Karls V. großen Einfluß gewann. 1500 gebar Johanna den sehnlich erwarteten Erben, der den Namen seines Großvaters, Karl, erhielt.

Philipps Heirat mit der Infantin von Spanien war gleichzeitig eine Doppelhochzeit der Häuser Burgund und Kastilien-Aragon. Denn Philipps Schwester, Margarete, war 1497 auf dem Seeweg nach Spanien gereist, um Johannas Bruder, Don Juan, zu ehelichen. Der Prinz und Erbe der spanischen Krone starb jedoch bereits 1498. Die junge Frau wurde in zweiter Ehe mit Philibert von Savoyen vermählt, aber auch dieser Ehe war keine lange Dauer bestimmt. Margarete, mit vierundzwanzig Jahren zweimal Witwe, entschloß sich, keine Heirat mehr einzugehen. Sie spielte eine große Rolle im Leben ihres Neffen Karl.

Durch den Tod ihres Bruders war Johanna Erbin der Katholischen Majestäten von Kastilien und Aragon geworden. Im Jahr 1500, dem Geburtsjahr Karls V., starb Don Miguel, der gleichfalls Anspruch auf die spanische Krone erheben konnte. Er war der Sohn der älteren Schwester Johannas, der Königin von Portugal. Die Zahl der Erben des mächtigen spanischen Reiches hatte sich beträchtlich reduziert.

Die Augen Europas, das heißt die Augen der Fürstenhöfe, der Kirche und des hohen Adels, wandten sich naturgemäß nach Burgund, interessiert, ambitioniert und neiderfüllt. Der junge Prinz, der dort seine ersten Gehversuche unternahm, würde eines Tages die wichtigsten Länder der Welt erben. Seit den Tagen der Hohenstaufen hatte der Gedanke eines Weltreiches noch nie so große Aussicht auf Verwirklichung gehabt wie an der Wende vom 15. zum 16. Jahrhundert.

KAPITEL II

KINDHEIT UND JUGEND

Die Erziehung eines Herrschers

Nach Eleonore und Karl von Burgund schenkte Johanna noch vier weiteren Kindern das Leben: 1501 wurde Isabella geboren; im März 1503 Erherzog Ferdinand in Spanien; 1506 Maria in Brüssel und schließlich, 1507, Katharina in Torquemada. Diese Jüngste verlebte eine unglückliche Kindheit, denn sie, die Letztgeborene, mußte ihre Mutter auf Schloß Tordesillas begleiten, wo Johanna unter strenger Bewachung stand, halb eine Gefangene, halb eine Kranke.

Ihr Gemahl, Erzherzog Philipp – der als Philipp I. in der Reihe der spanischen Könige gezählt wird, obwohl er nur in Kastilien und nicht in Aragon seine Rechte ausübte –, war im Jahr 1506 plötzlich gestorben.

Das Geheimnis um den Tod des erst fünfundzwanzigjährigen Fürsten wurde niemals völlig aufgeklärt. Wie meist in derlei Fällen nahm man an, er sei vergiftet worden. Sogar die krankhafte Eifersucht Johannas wurde als mögliches Motiv des Verbrechens genannt. Anderseits behauptete man auch, die Verzweiflung über die Untreue ihres Gatten habe Johanna in den Wahnsinn getrieben. Wahrscheinlich wäre Philipp dem Mißtrauen seiner Gemahlin auch nicht entgangen, wenn er die ehelichen Tugenden mit aller Strenge geübt hätte; sie verdächtigte ihn ohne Unterlaß, ließ ihn nicht aus den Augen und wollte ihm niemals gestatten, sich aus ihrer unmittelbaren Umgebung zu entfernen. Allerdings war Philipp von Burgund ein außergewöhnlich schöner Mann und lebte durchaus nicht wie ein Einsiedler, worin er übrigens der Sitte seiner Zeit folgte. Aber trotz aller Mißhelligkeiten zwischen den beiden Gatten war der Tod des Fürsten mit größerer Wahrscheinlichkeit auf eine natürliche Ursache zurückzuführen, und allein die Unfähigkeit der Ärzte, diese Ursache aufzudecken, gab verleumderischen Gerüchten Raum.

Kaum Witwe geworden, verfiel Johanna völlig dem Wahnsinn. Sie wollte sich nicht von dem Toten trennen, ließ seinen Sarg überallhin mitführen und ihn von Zeit zu Zeit öffnen. Ihre Umgebung fürchtete ihre Schmerzensausbrüche und ihre Zornanfälle. Es blieb keine andere Möglichkeit, als sie in der Einsamkeit von Schloß Tordesillas zu konfinieren.

Johannas Unglück wurde für Spanien zu einem ernsten politischen Problem. Sie blieb Königin, auch wenn sie nicht regierungsfähig war. Unter Berufung auf das Nachfolgerecht Johannas stellten die Feinde Ferdinands von Aragon eine Gegenpartei auf. Selbst nach der Thronbesteigung Karls anerkannten die Gegner des Hauses Österreich die wahnsinnige Königin, bis zu ihrem Tod im Jahr 1555, als die alleinige legitime Herrscherin im Reich der katholischen Majestäten.

Der Erzherzog und Infant Ferdinand wurde am aragonischen Hof seines Großvaters erzogen. Er war der Liebling des alten Königs, der in ihm lange Zeit seinen Nachfolger in Aragon, wenn nicht gar in beiden iberischen Königreichen sah. Trotz dieser Zukunftspläne war Ferdinand von Aragon scheinbar überzeugt, er habe noch lange Jahre vor sich. Er hatte sich mit Germaine de Foix, die später den Kurfürsten von Brandenburg heiratete, vermählt und hoffte auf einen Sohn.

Karl und seine drei Schwestern, Eleonore, Isabella und Maria, standen unter der Vormundschaft ihrer Tante, der Erzherzogin Margarete. Als die Burgunder nach dem Tod Philipps Kaiser Maximillian baten, einen Regenten einzusetzen, zögerte der Kaiser keinen Augenblick. Er hätte keine bessere Wahl treffen können. Margarete war eine der klügsten Frauen und einer der besten politischen Köpfe ihrer Zeit; eine der markantesten Gestalten des Hauses Habsburg, könnte man sie eine Vorläuferin der Kaiserin Maria Theresia nennen. Wahrscheinlich war sie nicht so temperamentvoll wie diese, aber sie hatte den gleichen nüchternen, realistischen Verstand. Sie war gebildet, energisch und besaß – in demselben Grad wie die habsburgische Kaiserin des 18. Jahrhunderts – die beiden für einen Herrscher notwendigsten Eigenschaften: Menschenkenntnis und den Mut, qualifizierte Männer – selbst wenn es sich um unbequeme Ratgeber handelte – auf den Platz zu stellen, der ihren Fähigkeiten entsprach.

Im Jahre 1504 hatte Margarete ihren zweiten Gatten, Philibert von Savoyen, verloren; seinem Andenken ließ sie eine der bedeutendsten Bauten der Alten Welt errichten: die Kirche von Brou, das Meisterwerk des Konrad Meit aus Worms. Von nun an kannte die junge Witwe keinen anderen Ehrgeiz mehr, als ihrem Land und ihrer Familie zu dienen: Burgund und dem Hause Habsburg. Sie hatte sehr genaue Vorstellungen von einer guten, den Interessen beider entsprechenden Politik. Mit seltener Zähigkeit hielt sie ihr ganzes Leben lang eine gerade Linie ein, ohne jemals ihre Theorien über praktische Notwendigkeiten zu stellen. Sie kannte die Schwächen ihrer Zeit, in der man allzu leicht Freundschaften und Bündnisse brach und die unerwartetsten Kombinationen einander ablösten, als sei die Politik ein Schachspiel. Margarete verstand, daß es hier galt, mit aller Kraft an einigen wesentlichen Grundsätzen festzuhalten. Diese Einstellung war um so notwendiger, als Kaiser Maximilian sehr impulsiv war. Er hatte so viel Freude daran, immer neue Kombinationen auszudenken, daß Margarete ihrer ganzen Kaltblütigkeit bedurfte, um ein Gegengewicht zu bilden und das Unheil zu verhindern, das die geniale und gleichzeitig so gefährliche Politik ihres Vaters oft heraufbeschwor.

Die Freundschaft mit England war die Grundlage ihrer Diplomatie. Persönliche Beziehungen begünstigten diese Haltung. Dazu kamen noch gefühlsmäßige Bindungen: das Andenken, das die Witwe Karls des Kühnen, Margarete von York, die Großmutter der Erzherzogin, in Burgund hinterlassen hatte, und die Verwandtschaft mit den Tudors. Das waren jedoch nur sekundäre Faktoren, verglichen mit den kaufmännischen Interessen der niederländischen Städte, die eine englandfreundliche Politik begünstigten. Der Wohlstand der flämischen Städte war tatsächlich vom Wollhandel mit England und von der Vermittlerrolle zwischen dem Kontinent und der Insel abhängig. Ein Konflikt mit der britischen Krone konnte diese Handelsbeziehungen gefährden. Margarete war ihren Untertanen sehr nahe und ergriff deren Partei, um so mehr, als sie von der Notwendigkeit einer großen Allianz der Seemächte überzeugt war. Es ist nicht uninteressant, hier ein analoges Phänomen in Deutschland zu erwähnen: seit dem Mittelalter stand die Bürgerschaft von Köln mit ihrem Fürsterzbischof an der Spitze der proenglischen Gruppe; später ging die Initiative an die Hansestädte über.

Auch die Verbindung des Hauses Burgund mit Spanien sprach für eine Freundschaft mit England. Die Reisen der Herrscher und ihrer Diplomaten, schon gar größere Truppenverschiebungen, wie sie unter Philipp und Karl V. stattfanden, waren nur mit England als Zwischenstation möglich, die wichtigsten Verkehrswege also von der wohlwollenden Haltung Londons abhängig. Das erklärt in etwa die Politik Karls und auch Philipps II. zu Beginn seiner Regierung, und das war auch die Ursache, warum die Spanier nach der Vernichtung der Armada auch in den Niederlanden unterliegen mußten.

Schließlich hatten die strategischen Erfahrungen der letzten Jahrhunderte gezeigt, daß die Grafschaften zwischen Schelde und Ärmelkanal, um die es in diesen Kriegen meist ging, leichter zu verteidigen waren, wenn die meerseitige Flanke der burgundischen Armeen von den britischen Marinestreitkräften gestützt wurde.

Daß es zuletzt unmöglich war, die Freundschaft mit England aufrechtzuerhalten, war für Margarete die größte politische Enttäuschung. Die Ursache dieser Entwicklung lag primär nicht auf politischer Ebene, sondern in der Person und im Verhalten Heinrichs VIII.

Die Sympathie für Großbritannien, oder besser: die Überzeugung, daß ein Bündnis mit diesem Land für die Niederlande die naturgegebene politische Ausrichtung war, führte jedoch keineswegs zu einer antifranzösischen Haltung der Erzherzogin. Margarete entsprach der Einstellung des burgundischen Adels, als sie alles nur denkbar Mögliche unternahm, um den Frieden mit Frankreich zu erhalten. Vereinfachend könnte man sagen, sowohl in Burgund wie in den Niederlanden wünschten die Städte eine Allianz mit England, während der Adel franzosenfreundlich war. Diese Bestrebungen begünstigten eine allgemeine Friedenspolitik. Darüber hinaus wollte die burgundische Ritterschaft keinen Krieg gegen Christen; die Hauptaufgabe des Abendlandes lag ihrer Ansicht nach in einem Kreuzzug gegen die Türken. Mittlerweile genügten die oft blutigen Turniere, um ihre Kampfeslust zu stillen und ihre kriegerischen Tugenden unter Beweis zu stellen.

Bei Margarete, wie übrigens auch bei Karl, spielte die Verwandtschaft mit dem französischen Königshaus eine nicht zu unterschätzende Rolle. In den vorhergehenden Generationen der Habsburger und der Valois hatte es diese Blutsbande nicht gegeben. Auch Maximilian spielte mitunter noch auf eine Unvereinbarkeit der Grundsätze und eine, wie er meinte, erbliche Feindschaft zwischen seinen Ländern und Frankreich an. In einem Brief an den jungen Erzherzog Karl, 1513, nannte er die Franzosen die „anchiens et encoures naturels ennemis de nostre maison de Bourgogne" (die alten und auch natürlichen Feinde unseres Hauses Burgund). Karl V. jedoch hielt trotz aller Enttäuschungen, die seine Beziehungen zu Frankreich ihm brachten, an der Überzeugung fest, daß dieses Land keineswegs der Erbfeind, sondern vielmehr ein Brudervolk und der gegebene Verbündete Burgunds war. Margarete teilte die Ansicht ihres Neffen; sie hatte erkannt, daß Burgund die Aufgabe hatte, Mittler zwischen Frankreich, England und dem deutschen Reich zu sein. Man könnte noch weiter gehen und Margarete die Begründerin des belgischen Staatsgedankens nennen, ungeachtet der Tatsache, daß es in ihrer Zeit den Begriff der Geopolitik und politischen Geographie noch gar nicht gab.

Margarete schlug ihre Residenz in den Niederlanden nicht in einer der großen Städte von Flandern oder Brabant auf, sondern in Mecheln; dort ließ sie einen Palast erbauen, der einem neuen Stil zum Durchbruch verhalf. Im Gegensatz zu den Gepflogenheiten der Renaissancefürsten war es keine monumentale Residenz; der Palast in Mecheln gemahnt vielmehr an den Stil einer Epoche, die uns näher liegt: an das Rokoko. Er war weitläufig genug, den Hofstaat des jungen Prinzen und die Amtsräume der Regentin zu beherbergen. Doch der Prunk, mit dem die Herrscher in Paris und Rom, aber auch die kleinen Fürsten und Potentaten ihre Zeitgenossen und künftige Generationen beeindrucken wollten, fehlte vollständig. Soweit wir über die Inneneinrichtung informiert sind, soll sie geschmackvoll, aber nicht sehr luxuriös gewesen sein. Niederländische Tapisserien und Gemälde sollten zur Bildung der Kinder beitragen und ihren Kunstsinn wecken.

Die Erziehung Karls V. hielt ein gesundes Gleichgewicht zwischen der Ausbildung in den wissenschaftlichen Disziplinen und der körperlichen Ertüchtigung eines Ritters und Kriegers. Karl interessierte sich bedeutend mehr für Pferde und Waffen als für die Wissenschaften. Darin folgte er der Familientradition. Die Chronik berichtet, der junge Maximilian habe für das Studium der Philologie nicht das geringste Interesse gezeigt, während er im Fechten und Reiten vom zartesten Kindesalter an alle seine Gefährten übertraf.

Der Ahne war übrigens von viel robusterer Konstitution als der Enkel, von dem die Zeitgenossen meinten, er sei „zart und schwächlich", während die Ärzte sich besorgt fragten, ob das Kind genug Kraft haben werde, die kritischen Jahre zu überstehen. Daß Karl überlebte, war mehr seinem eisernen Willen zuzuschreiben als seiner physischen Konstitution. Dieser Wille setzte die Chronisten von Anfang an in Erstaunen; sie fügten jedoch stets hinzu, daß diese vorherrschende Eigenschaft bei Karl V. durch seinen Sinn für Maß und Gleichgewicht gemildert werde.

Karl wurde gemeinsam mit einigen sorgsam ausgewählten

jungen Edelleuten erzogen. Deutschland war durch Johann von Schwaben und Friedrich von Fürstenberg vertreten, Italien durch Maximilian Sforza und Burgund durch den jungen Balancon. Die Oberaufsicht über Erziehung und Unterricht war dem qualifiziertesten Mann jener Zeit anvertraut: Hadrian von Utrecht, Dechant von St. Peter in Löwen und Vizedirektor der Universität. Er gehörte zu den Brüdern vom Gemeinsamen Leben und war somit ein Vertreter der *devotio moderna,* der in seiner Person die Frömmigkeit des Mittelalters mit dem Humanismus und dem Wunsch nach einer Reform der Kirche vereinte. Hadrian wurde in seiner Aufgabe von Robert de Gand, Hadrian Wiele, Juan de Anchiata, dem Gelehrten Luis Vaco und – in der körperlichen Ertüchtigung – von dem Burgunder Karl von Poupet, Seigneur de la Chaulx, unterstützt.

Abgesehen von diesem begrenzten Kreis seiner Lehrer übte noch ein Mann tiefen, oft entscheidenden Einfluß auf Karl aus und trug mehr als alle anderen zur Formung seiner politischen Ideen bei: der Kämmerer und Ratsherr Guillaume de Croy, Seigneur de Chièvres. Dieser burgundische Edelmann genoß seit langem das absolute Vertrauen der Dynastie, und es war ihm gelungen, auch die Achtung des französischen Königshauses zu erringen. Als er, 1509, berufen wurde, die Erziehung des jungen Prinzen zu überwachen, nahm er in der burgundischen Politik bereits eine unanfechtbare Stellung ein. Mit außerordentlichem Weitblick begabt, war Chièvres ein fähiger Diplomat, ein klarsichtiger und energischer Staatsmann und zog alle, die mit ihm zu tun hatten, in seinen Bann. Nichts beweist dies besser als der nahezu unbedingte Gehorsam, den der Prinz seinem Lehrer jahrelang leistete. Guillaume de Croy verkörperte das burgundische Ideal jener Zeit: Ein Ritter im wahrsten Sinn des Wortes, zeigte er – im Gegensatz zum Großteil der Edelleute – keine Vorliebe für Spiel und Prunk. Seine intellektuelle Strenge und der nüchterne Lebensstil wurzelten in einer tiefen Gläubigkeit und auch in seiner humanistischen Bildung. Diese Eigenschaften gewannen ihm die Zuneigung eines Jünglings, der zur Melancholie neigte und laut Pedro Martyr bereits im Alter von sechzehn Jahren den Ernst eines Greises hatte.

Auch die Geistlichen der Hofkapelle spielten eine nicht zu unterschätzende Rolle in der Erziehung des Prinzen. Hier war Spanien vorherrschend. Zu diesen Priestern zählte der große Gelehrte Dr. Mota, der Karl V. in politisch entscheidenden Augenblicken seine Dienste lieh, weiter Alfonso Manrique, Bischof von Badajoz, und Michel Pavye, der Beichtvater des Infanten. Trotzdem scheint Karls religiöses Leben anzuzeigen, daß letztlich Rat und Einfluß Hadrians von Utrecht überwogen.

Den Gepflogenheiten der Zeit folgend, beschäftigte man sich seit der frühesten Jugend des Prinzen mit seiner künftigen Heirat. Bereits im Jahre 1501 hatte man eine Braut für ihn gewählt: Claudia von Frankreich, die Tochter Ludwigs XII., die später seinen großen Gegenspieler, Francois d'Angoulême, heiratete, der als Franz I. von Frankreich in die Geschichte einging. Das war nur das erste einer langen Reihe mehr oder minder ernsthafter Heiratsprojekte.

1508 wollte Margarete in Verfolgung ihrer Annäherungspolitik an Großbritannien den jungen Burgunder mit der Prinzessin Mary von England, einer Schwester Heinrichs VIII., verloben. Dieser Gedanke hielt sich jahrelang, parallel mit anderen Plänen.

Als Karl das Alter von acht Jahren erreicht hatte, wurde er nicht mehr als Kind behandelt, sondern als junger Kavalier und ebenbürtiger Partner seiner Ratgeber akzeptiert. Der Kampf, der um seine Person entflammte, war sehr komplexer Natur, denn die burgundische Oberhoheit gründete sich auf verschiedene Ursprünge und jeder einzelne Teil des Gebietes hatte einen anderen juristischen Status. Der Kriegsausbruch zwischen England und Frankreich, 1513, zeigt das sehr deutlich. Kaiser Maximilian hatte die mehr als absonderliche Idee, sich gegen ein Taggeld von 100 Dukaten, zahlbar durch Heinrich VIII., in den Dienst der Engländer zu stellen. In dieser

Eigenschaft errang der Herrscher einen Sieg auf dem Schlachtfeld von Guinegate, wo er bereits einmal erfolgreich gewesen war. Ludwig XII. hingegen rief Karl als Vasallen der französischen Krone auf, an seiner Seite zu den Waffen zu greifen; allerdings dispensierte er ihn gleichzeitig auf Grund seines jugendlichen Alters vom Kriegsdienst. Dieses Recht der Lehenshoheit Frankreichs bestand übrigens längst nicht mehr. Trotzdem pochte Paris darauf, wenn auch nur mit symbolischer Geste.

Um das Jahr 1508 begann Spanien, genauer gesagt Karls Großvater, Ferdinand von Aragon, wachsendes Interesse für den jungen Infanten zu zeigen. Der König entsandte zwei Edelleute, Juan de Lanuza und Juan de Aragon, an den burgundischen Hof. Die beiden hatten nichts Eiligeres zu tun, als Intrigen gegen Chièvres zu spinnen, konnten jedoch dessen Stellung nicht erschüttern. Bald entdeckte man, daß die Aragonier mit dem französischen Hof so verdächtige Verbindungen unterhielten, daß einer ihrer Gefährten, Diego von Castro, inhaftiert wurde. Margarete, über diese Angelegenheit informiert, beschloß, die Lage energisch zu klären. Mit seltenem diplomatischen Geschick setzte sie den Erlaß von Lille vom 19. Oktober 1513 durch, welcher ein Triumvirat zur Leitung der Politik des jungen Prinzen schuf; dieses setzte sich aus den beiden Großvätern sowie aus dem König von England zusammen. Die Mitglieder dieses Rates sollten ihre Funktion mittels eines Vertreters bei Hof ausüben. Maximilian entsandte den Pfalzgrafen Friedrich, einen seiner treuesten Parteigänger im Reich, Ferdinand bestimmte den Herrn von Lanuza, der sich bereits in den Niederlanden befand, und der König von England ließ sich von Floris von Egmont, Herrn von Isselstein, vertreten.

Um die Freundschaft mit England zu unterstreichen und das Heiratsprojekt mit Mary wiederaufleben zu lassen, wurde Karl zu einem Staatsbesuch auf die Britischen Inseln gesandt. Der Besuch war ein voller Erfolg, zumindest schien es im Augenblick so.

Kurz nach der Rückkehr des Prinzen kam es zu einer ernsten Krise zwischen der Regentin und ihrem Neffen. Margarete ekelten die spanischen Intrigen an, und sie befahl schließlich die Verhaftung Don Juan Manuels, Herrn auf Belmonte, der unter den Spaniern in den Niederlanden eine führende Rolle spielte. Nun war dieser Ritter aber Mitglied des Ordens vom Goldenen Vlies. Diese Bruderschaft war eine politische Macht, die auf Grund ihrer Statuten und der bereits 75jährigen Tradition eine Sonderstellung einnahm und vor allem über eine eigene Gerichtsbarkeit für ihre Mitglieder verfügte. Bei der Nachricht von der Gefangennahme Don Juan Manuels erhoben die Ritter feierlich Protest und trugen ihre Beschwerde vor die Regentin. Margarete war sehr peinlich berührt, als sie an der Spitze der Delegation den Erzherzog und Infanten Karl von Habsburg sehen mußte, der sich damit – auf Grund der Ordensdisziplin oder aus eigener Überzeugung – gegen seine Tante stellte. Die Regentin war nicht gewillt, nachzugeben. Als die Edelleute von den Privilegien des Ordens sprachen, entgegnete sie zornig, wenn sie ein Mann wäre, würde sie die Herren zwingen, ihr die Statuten vorzusingen. Schließlich einigte man sich auf einen Kompromiß, der die Ritter befriedigte und die Autorität der Krone wahrte: Don Manuel wurde als Gefangener dem Kaiser überstellt, der ihn freigab.

Die Harmonie des Triumvirats sollte jedoch nicht von Dauer sein. Prinzessin Mary von England, seit langem Karl als Braut bestimmt, wurde 1514 mit Ludwig XII. von Frankreich vermählt. Ludwig starb bereits ein Jahr darauf, und Franz von Angoulême folgte ihm auf den Thron.

Abschluß und Bruch von Heiratsverträgen spiegelten in jener Zeit die Konflikte der Mächtigen wider. So genügte zum Beispiel eine geringfügige Schwächung der Position Chièvres', um seinen Plan, zwei habsburgische Prinzessinnen mit einheimischen Edelleuten, Karl von Egmont und dem Herzog von Lothringen, zu vermählen, zum Scheitern zu bringen. Dank dieser Hochzeiten hätten sich die Pläne Karls des

Kühnen hinsichtlich Lothringens auf friedlichem Weg durchführen lassen. Nachdem dieser Plan vereitelt worden war, sandte man 1514 die achtjährige Erzherzogin Maria nach Österreich, wo sie bald darauf Gegenstand des letzten großen Heiratsprojektes Kaiser Maximilians werden sollte: des Planes, sein Haus mit der Dynastie der Jagellonen zu vereinen. Erzherzogin Isabella wurde per procuram mit Christian II., König von Dänemark, verheiratet.

Am 5. Januar 1515 wurde Karl von Österreich im Sitzungssaal der Generalstände zu Brüssel für großjährig erklärt. Auf ausdrücklichen Wunsch Ferdinands von Aragon sollte der Erbe jedoch erst nach vollendetem 25. Lebensjahr den Thron von Kastilien besteigen und so dem Großvater ermöglichen, noch weitere zehn Jahre lang zu regieren.

Mit einem ebenso höflichen wie im Grunde unverschämten Schreiben hatte Franz I. von Frankreich den Herzog von Burgund als seinen edelsten Vasallen zu seiner Krönung geladen; die Entsendung einer Vertretung war einer der ersten Regierungsakte des neuen Herrschers. Diese Geste verhinderte einen Bruch, während Karl sich gleichzeitig taktvoll von den Anmaßungen der französischen Krone distanzierte. Trotz zunehmender Schwierigkeiten verfolgte Chièvres unermüdlich seine profranzösische Politik; um neue Beziehungen anzuknüpfen, schlug er eine Heirat zwischen Karl und Renée von Frankreich, einer Schwägerin Franz' I., vor. Dadurch kam es zu neuerlichen Spannungen zwischen Burgund und Ferdinand von Aragon, zwischen Enkel und Großvater. Tatsächlich intrigierte Ferdinand sogar in Paris gegen die Pläne Karls, um die Hand der jungen Prinzessin für seinen Lieblingsenkel, Erzherzog Ferdinand, zu gewinnen. Es war ein persönlicher Erfolg Chièvres', als man im Frieden von Paris, der am 2. April 1515 in Notre-Dame beschworen wurde, Karl seinem jüngeren Bruder vorzog. Auch dieser Heiratsplan war nicht von Dauer und endete wie zahlreiche ähnliche Projekte zwischen Habsburg und Frankreich. Der burgundischen Diplomatie gelang es jedoch, eine andere Vereinigung herbeizuführen, deren Tragweite keiner der Zeitgenossen voraussehen konnte: Der 32jährige Witwer Heinrich von Nassau ehelichte die Gräfin Claudia von Marollais, die nach dem Tod Philiberts de Chalon vor den Mauern von Florenz die Herrschaft Oranien erbte. So kam das Haus Nassau in die Stadt Oranien, deren Namen es jahrhundertelang führen sollte. Es ist nicht uninteressant, hier anzumerken, daß Karl V. das Prestige der Oranier noch hob, als er nach dem Tod Johanns von Egmont den Grafen Heinrich als Gouverneur von Holland, Seeland und Friesland berief. Dieser Machtzuwachs der Nassauer wurde dem Haus Habsburg ernsthaft gefährlich, als Wilhelm von Oranien schließlich zum Rivalen Philipps II. aufrückte. – Innenpolitisch bestätigte sich in den Augen aller die Stellung Wilhelms von Croy, den sein Schüler zusammen mit Hadrian von Utrecht und Jean de Souvage in den Staatsrat berief.

In all den wechselvollen Ereignissen hielten die burgundischen Generalstände und Karl unverrückbar an dem politischen Ziel fest, zu einem Abkommen mit Frankreich zu gelangen. Aus diesem Grund verhielt Karl sich wohlwollend neutral, als Franz I. kurz nach seiner Thronbesteigung durch den Vormarsch der Schweizer auf Mailand in einen gefährlichen Krieg verwickelt wurde. Wenige Tage nach der Schlacht bei Marignano, am 23. September 1515, schrieb Karl an Franz und dessen Mutter, Louise von Savoyen, beglückwünschte sie zum Sieg und bot ihnen seine Vermittlung an.

Zu dieser Zeit schien zwischen Burgund und Aragon eine gespanntere Situation zu herrschen als zwischen Burgund und Paris. Karl entsandte Hadrian von Utrecht nach Spanien, um einen fähigen Mann an Ort und Stelle zu haben, dessen Treue erprobt war. Da änderte sich plötzlich die Lage: König Ferdinand von Aragon starb. Am 23. Januar 1516 wurde der Herzog von Burgund und Erzherzog von Österreich in der Kirche St. Gudula zu Brüssel als König von Kastilien und Aragon ausgerufen. Dadurch wurde übrigens der Regierungsdualismus sanktioniert.

König von Spanien

Das große Königreich, dessen Regierung Karl nun übernahm, war ganz anders als die burgundische Heimat, sowohl seiner Geschichte wie auch der ethnischen und sozialen Struktur nach und in der Auffassung seiner Sendung auf dieser Welt. Spanien hatte erst seit der Heirat Ferdinands von Aragon mit Isabella von Kastilien seine nationale Einheit erreicht. Bis dahin hatten die beiden Königreiche im Laufe einer bewegten Vergangenheit jedes für sich seine Geschlossenheit, seine Eigenart und eine sehr unterschiedliche Tradition entwickelt.

Aragon, das nach dem Mittelmeer orientiert war, wandte sich gegen Osten. Schon seit langem eine beachtliche Seemacht, hatte es die Balearen, Sardinien, Sizilien und schließlich das Königreich Neapel erobert. Man muß die Mittelmeerpolitik, die in Karls Leben eine wesentliche Rolle spielen sollte, aus dieser aragonischen Perspektive beurteilen. Schon immer stand Aragon in engem Kontakt mit Frankreich: Das Katalanische ähnelt der Sprache, die auf den Nordhängen der Pyrenäen gesprochen wird; die Grafschaft Roussillon bildete einen Brückenkopf des Königreiches Aragon jenseits des Gebirges; das aragonische Brauchtum war weitgehend von den Mittelmeerländern, vom fröhlichen, bunten Treiben der großen Hafenstädte und von den Wechselbeziehungen mit Südfrankreich und Süditalien beeinflußt.

Kastilien hingegen war ein Binnenstaat, dessen Seele in der großen *Reconquista*, der Wiedervereinigung Spaniens im Zeichen des Kreuzes, geformt worden war. Der Charakter Kastiliens spiegelt sich im düsteren Ernst seiner unfruchtbaren Hochebenen, in der strengen Tradition eines Volkes, das in jahrhundertelangen Kämpfen gegen die Mauren hart und stolz geworden war, gewohnt, Tag für Tag Gefahren und

Entbehrungen die Stirn zu bieten. Verschiedene Teile Aragons hatten zeitweise zu Frankreich gehört, und Karl der Große hatte über die spanischen Marken bis zum Ebro geherrscht; Kastilien hingegen bewahrte fünf Jahrhunderte lang die Tradition der Goten. Die Kräftelinie der *Reconquista* zielte auf Cordova und Granada; sie war kontinental.

Dieser Unterschied in der Wesensart gibt uns die Erklärung, weshalb die beiden Königreiche so lange voneinander getrennt jedes sein eigenes Leben führten. Der politischen Union unter den katholischen Königen folgte nicht unmittelbar eine Verschmelzung: Man unterschied sehr genau zwischen Kastilien, das Isabella, und Aragon, das ihrem Gemahl zugehörte. Die Ritter und Edlen beider Reiche wachten eifersüchtig über ihre Sonderrechte und Privilegien. Der hohe Klerus hingegen trat für engere Beziehungen ein; er wollte eine Kirche des vereinten Spanien schaffen, um seine Unabhängigkeit Rom gegenüber zu behaupten und die diplomatischen Winkelzüge der Kurie zu vereiteln, die Aragons Bischöfe gegen die Bischöfe von Kastilien ausspielte, um ein geteiltes Land beherrschen zu können.

Zu dieser klerikalen Tendenz kam noch ein strategischer Faktor. Durch die Wiedereroberung Granadas unter Isabella im Jahr 1492 und durch die Vertreibung der Mauren aus Europa war für Kastilien der Weg zum Mittelmeer frei geworden; die afrikanische Küste stand nunmehr im Blickfeld der Spanier, und Cartagena wurde neben Valencia und Barcelona zu einem Hafen ersten Ranges.

Noch wichtiger für die künftige Position Spaniens als Weltmacht war eine Entscheidung, die Isabella vor den Mauern von Granada 1492 getroffen hatte: Sie vertraute einem Seefahrer, einem Abenteurer genuesischer Herkunft, Christoph Kolumbus, drei Schiffe an, damit er eine Fahrt nach Indien unternehmen könne. Kolumbus hatte – unter noch immer nicht restlos geklärten Umständen – den portugiesischen Dienst quittiert und sich bereit erklärt, das Schlaraffenland Indien mit seinem unermeßlichen Reichtum nicht auf der von den lusitanischen Seefahrern erforschten Ostroute unter Umschiffung Afrikas zu erreichen, sondern nach Westen zu segeln. Das bedeutete die Eroberung der unendlichen Weite des Ozeans, eine Fahrt ins Ungewisse, die nach den Erkenntnissen jener Zeit an die Grenzen der Welt führen könnte, falls die nicht erprobte These von der Kugelgestalt der Erde sich als falsch herausstellen sollte. Ein kühnes Unternehmen, gegründet auf den tiefen Glauben an die Wissenschaft. Als Kolumbus seine Route auf jener Weltkarte festlegte, die der Florentiner Toscanelli nach den Angaben Marco Polos gezeichnet hatte, irrte er sich lediglich bei der Umfangberechnung der Weltkugel. Deshalb glaubte er sich in Indien, als er auf den Antillen landete, und war überzeugt, jenseits der Mündung des Orinoko erstrecke sich die Küste Japans, des legendären Landes Zipangu. Auch die ersten Konquistadoren, die Kolumbus folgten, erkannten nicht seinen Irrtum. Erst der Spanier Vasco Nuñez de Balboa, der am 23. September 1513 die Küste des Stillen Ozeans erreichte, wurde sich bewußt, daß sein Land auf halbem Weg nach Indien einen neuen Kontinent entdeckt hatte.

Später erbrachte der von Karl V. finanzierte und protegierte Portugiese Ferdinand von Magellan den Beweis für die tatsächliche Kugelgestalt der Erde und demonstrierte auf einer vier Jahre lang währenden Fahrt, 1519 bis 1522, daß eine Erdumsegelung möglich war.

Dank Kolumbus war Spanien unter den seefahrenden Nationen Europas an die Seite Portugals aufgerückt. Mit überraschender Schnelligkeit entwickelte es sich zu einem ernstzunehmenden Rivalen des Königreichs der Seefahrer, das seit langem auf dem Gebiet der Forschungsreisen zu Wasser führend gewesen war. Damit sicherte sich Spanien zumindest einen beträchtlichen Teil der großen Eroberungen jener Zeit, die mehr als alle anderen Entdeckungen den Horizont der Menschheit erweitern sollten. Am 7. Juni 1494 hatte Papst Alexander VI. durch seinen berühmten Schiedsspruch die neuentdeckten Länder zwischen Spanien und Portugal aufgeteilt. Die von ihm gezogene Linie konnte freilich künftige Streitigkeiten nicht verhindern, denn die Landkarten, Globen und Berechnungen, deren der Papst sich bediente, waren noch sehr ungenau. So kam es, daß ein Teil Südamerikas portugiesisch wurde, da dieser Kontinent weiter im Osten lag, als man angenommen hatte, während die Spanier in Ostindien Fuß fassen konnten.

Als später die venezianischen Brüder Caboto die in Vergessenheit geratene Wikingerroute wieder aufspürten und die Küsten Nordamerikas neu entdeckten und erforschten, wurde die Frage laut, ob Spanien nicht zufolge des päpstlichen Schiedsspruchs legitimer Besitzer dieser Territorien sei. Man ließ diese Ansprüche rasch fallen, sie zeigen jedoch, daß die politischen Fragen, mit denen Karl V. sich auseinandersetzen mußte, wirklich die gesamte Welt umfaßten.

Der bedeutende Anteil Spaniens an den Entdeckungsfahrten und der glückliche Zufall, der dem Land – dank Kolumbus – den meistversprechenden Weg in die Neue Welt eröffnet hatte, machten für die spanische Politik ein Bündnis mit Portugal erstrebenswert. Dazu kam noch, daß Spanien schon vor der Reconquista an Besitzungen in Süditalien und an der Kontrolle des westlichen Mittelmeeres interessiert gewesen war. Um dieses Ziel zu erreichen, mußte es der Rivalität mit Portugal sowohl auf dem europäischen Kontinent wie in den neuentdeckten Ländern ein Ende machen.

Die Bedeutung der Küsten Marokkos und Algeriens wie auch des Hinterlandes drängte sich der Iberischen Halbinsel sozusagen von selbst auf. Südspanien und Nordafrika bildeten in der Geschichte sehr oft eine politische und strategische Einheit. Bis zur Reconquista war die Meerenge von Gibraltar keine Grenze, sondern ein Bindeglied zwischen zwei Küstenländern. Die Eroberung Nordafrikas wäre nach dem Fall von Granada, sozusagen im Schwung der letzten Offensive, leicht möglich gewesen; sie mußte jedoch hinter dringenderen europäischen Notwendigkeiten zurückstehen. Es galt aber, Verteidigungsmaßnahmen zu treffen, um die Freiheit der

Schiffahrt zwischen Spanien und Neapel zu gewährleisten und die stets von Einfällen barbarischer Piraten bedrohte Südküste zu sichern. Das führte zur Errichtung zahlreicher spanischer Brückenköpfe entlang der marokkanischen Küste. Zu diesen mehr nationalen Überlegungen kamen noch die großen Probleme der Christenheit: die Hoffnung auf einen Kreuzzug und – auf abendländischer Ebene – das Konzept eines gemeineuropäischen Abwehrkampfes gegen die Türken.

Der plötzliche Aufstieg der atlantischen Schiffahrt hatte den Hafenstädten Sevilla und Palos einen mächtigen Impuls verliehen. Wäre das nicht gewesen, so hätte Spanien sich wohl stärker gegen das Mittelmeer hin orientiert, wo das reiche, an der Küste gelegene Valencia eine geeignete Hauptstadt abgegeben hätte. Bei der entscheidenden Rolle, die in den Plänen Karls V. die Apenninenhalbinsel spielte, würde es fast selbstverständlich scheinen, wenn der Souverän getrachtet hätte, Spanien nicht von seinem geographischen Zentrum, sondern von einer der großen aragonischen Städte aus zu regieren, die näher zu Neapel und Palermo lagen. Der Entschluß, Toledo und später Madrid als Haupstadt der vereinigten Königreiche zu wählen, war eine logische Folge der wachsenden Bedeutung der Meerenge von Gibraltar und des Atlantik; außerdem mußte man sich in der Nähe der Seewege nach Burgund und England halten, deren Ausgangspunkte die Hafenstädte der Bucht von Biscaya sowie Santander und La Coruña waren. Zugunsten Toledos sprachen die gotische Tradition und die strategische Lage der Stadt. Im Zentrum Kastiliens gelegen, beherrschte es von der Felsenhöhe aus die Ebene, schon in Römerzeiten ein neuralgischer Punkt. Wie wir wissen, hat Toledo mit seinem Alcázar auch in unserem Jahrhundert eine heroische Rolle gespielt. Madrid wiederum lag in eine bezaubernde Landschaft eingebettet am Fuß der Sierra de Guadarrama, wo Philipp II. später in tausend Meter Höhe den Escorial erbauen ließ. Auch diese Stadt war leicht zu verteidigen. Außerdem hatte sie noch den Vorteil, daß sie im natürlichen Mittelpunkt des Landes lag, im Schnittpunkt der wichtigsten

Verbindungswege zwischen den Küsten und Grenzen Spaniens.

Im Gegensatz zu Burgund, wo man stets von Kreuzzügen redete, ohne je zu einem aufzubrechen, war in Spanien die *Cruzada* gegen die Mauren noch sehr lebendig. Die Ältesten unter den Granden und Hidalgos hatten noch an der Belagerung von Granada teilgenommen, und die Erinnerung an die Veteranen und Toten des großen Feldzugs war in den Familien noch nicht erloschen. Der strenge Mut der spanischen Ritterschaft hatte nichts von der Verspieltheit ihrer burgundischen Standesgenossen. Als der spanische Hof das burgundische Zeremoniell einführte, gestaltete er es daher Schritt für Schritt um, bis es schließlich zu einem feierlichen Protokoll geworden war. Die leuchtenden Farben der Burgunder, ein Produkt der regen Phantasie flämischer und brabantischer Weber, wichen allmählich dunkleren Tönungen und ließen zum Schluß nur das mit Kardinalrot verbrämte Schwarz übrig. Diese Farbtöne dominierten auch in Wien, bis zu dem Augenblick, als die Lothringer zur Zeit Maria Theresias und des Rokokos dem strengen Zeremoniell eine heitere Note hinzufügten. In Spanien verschmolz das burgundische Wesen mit der Eigenart des Landes, etwa so, wie ein Gewürz sich mit den Speisen mischt: es ließ seine Spuren zurück, doch ohne die Grundhaltung des Landes und seiner Menschen im geringsten zu ändern.

★

Karl V. erkannte nicht sofort die Tragweite dieser Widerstandskraft Spaniens gegen fremde Einflüsse. Anfänglich folgte er weiterhin dem Rat seines Lehrers Chièvres, der aus Spanien ein mächtiges Nebenland Burgunds machen wollte. Es kam zu Krisen, bis Karl schließlich die Eigenart seines Volkes verstehen lernte und – wie viele seiner Biographen behaupten – selbst zum Spanier wurde.

Ist diese Behauptung richtig? Wir berühren hier eine Frage, die in den letzten Jahrzehnten von Historikern und Psychologen leidenschaftlich erörtert wurde, vor allem von jenen, die sich mit der Theorie der Erbfolge befassen: Sind die Habsburger in Burgund Burgunder, in Spanien Spanier, in Wien Österreicher, in Deutschland Deutsche geworden oder haben sie nicht vielmehr alle diese Länder nach ihrem eigenen Bild umgestaltet? Eines steht fest: In allen ihren europäischen Residenzen – sei es Brüssel, Prag, Budapest, Wien oder Innsbruck, Madrid, Toledo oder Mailand – sind die Habsburger Habsburger geblieben. Selbst als die männliche Linie der Dynastie erlosch, blieb dieser Charakterzug bestehen und setzte sich im Hause Lothringen fort. Diese Veranlagung befähigte die Habsburger, über rein nationale Interessen hinaus den Einklang zwischen ihren Ländern zu wahren, diese mit dem kulturellen Erbe der Nachbarn zu bereichern, das Gemeinsame zur Enfaltung zu bringen und doch die Eigenart des einzelnen zu respektieren. So wurden die Habsburger seit ihren großen Heiraten im 15. und 16. Jahrhundert zu einem wesentlichen Element der kulturellen und politischen Integration Europas.

Dank seiner spanischen Erzieher beherrschte Karl V. die Landessprache und wußte um die fundamentalen Gegebenheiten des Königreiches und der Bevölkerung Bescheid. Das gab ihm wohl ein technisches Rüstzeug, aber noch nicht jene Seelengemeinschaft, die erst aus dem lebendigen Kontakt im Land selbst erwächst. Er kannte die Namen der großen spanischen Familien, der Manuel, Enriquez, Belasco, Manrique de Lana, de la Cueva, Hurtado de Mendoza, um nur einige der bedeutendsten zu nennen. Neben dem Hochadel waren die Würdenträger auf den wichtigsten Bischofssitzen ein bedeutender Faktor.

Auch die drei Ritterorden Spaniens, Santiago, Alcántara und Calatrava, spielten eine nicht zu unterschätzende Rolle in der Politik. Schon bald kam noch der burgundische Orden vom Goldenen Vlies hinzu, dessen Satzungen die gesamte Christenheit umfaßten und sich daher ohne Schwierigkeiten im spanischen Boden verwurzeln ließen.

Und schließlich die Städte. Wie in Frankreich und lange Zeit auch im deutschen Reich bildeten diese auch in Spanien eine Stütze des Königshauses gegen die Feudalherren. Die Bürger aber waren, wie die Erfahrung lehrte, nicht leicht zu regieren. Wenn es um ihren Vorteil ging oder wenn sie gerade keinen Schutz gegen den grundbesitzenden Adel benötigten, machten sie skrupellos von ihrer wirtschaftlichen und finanziellen Macht Gebrauch, um dem König Zugeständnisse abzupressen. Außerdem verfügten sie in Spanien über zwei Organisationen, die ihre politische Macht noch vervielfältigten: die Cortes, eine Körperschaft, in der die Städter eine entscheidende Stimme hatten, und der Städtebund, die „heilige Hermandad", der auf die Zeit der Reconquista zurückging. Das erinnert an ähnliche Gruppierungen in Deutschland, vor allem an den „Schwäbischen Bund", bis zur Zeit Karls V. ein gewichtiger Verbündeter der Habsburger, und an die „Hanse", deren Macht von Flandern bis zum Baltikum reichte. Jedoch handelte es sich bei diesen mehr um wirtschaftliche als um politische Machtblöcke. Wie groß die Macht der Cortes war und welche Gefahr die „heilige Hermandad" für ihn bedeutete, sollte Karl bald erfahren.

Der Stand der Staatsfinanzen hing von der Befugnis der Krone ab, die spanische Kirche mit Einverständnis des Papstes zu besteuern. Diese Steuer wurde *cruzada* genannt, denn sie hatte ursprünglich dazu gedient, die Kosten der Reconquista zu bestreiten. Nach der Vertreibung der Moslems von der Halbinsel waren der Kampf gegen die nordafrikanischen Piraten und die Türkengefahr, die vor allem die italienischen Besitzungen bedrohte, Grund genug, die cruzada weiterhin einzuheben. Das ökonomische Gesetz, demzufolge sogenannte provisorische Besteuerungen stets dazu neigen, sich in dauernde Lasten zu verwandeln, bestand also schon vor vielen hundert Jahren.

Seit Isabella besaß Spanien eine königliche Verwaltung, die sich auf ein Beamtenkorps von Juristen, die *letrados*, stützte. Diese in ihrer Zeit einmalige Organisation war das wesentliche Rüstzeug für die Modernisierung Kastiliens und daher Wegbereiterin für die Regierung Karls V.

Zwischen 1504, dem Todesjahr Isabellas, und dem Augenblick, da es Karl nach vielen Rückschlägen gelang, im spanischen Staat selbst die Zügel in die Hand zu nehmen, herrschte eine Art Interregnum. Die hervorstechendste Gestalt jener Zeit war nicht Ferdinand, Isabellas Gemahl und Mitregent, sondern der Kardinal-Erzbischof von Toledo, Ximenes de Cisneros, die stärkste Persönlichkeit Kastiliens seit der Reconquista. Ferdinand von Aragon war ein geschickter Politiker, ein Meister der Taktik, ehrgeizig, unternehmend, energisch und unermüdlich. Aber trotz dieser Eigenschaften und trotz aller Bemühungen besaß er in Kastilien wenig Einfluß. Isabella hatte ihn zeitlebens dominiert. Wäre es ihm gelungen, die Regierung ihres Landes in die Hand zu nehmen, so hätte das der spanischen Einheit auf die Dauer wahrscheinlich zum Schaden gereicht. Daß dieser Fall nicht eintrat, war das Verdienst des Kardinals Ximenes. Man kann über den Kardinal von Toledo – den Menschen und den Herrscher – sehr verschiedener Ansicht sein, je nachdem, welchen Standpunkt man einnimmt. Man kann ihn im Licht seiner politischen Erfolge als den Retter der Einheit des Königreiches sehen, aber auch als den Hauptverantwortlichen für die Vertreibung und Vernichtung der Mauren und spanischen Juden. Ximenes hielt diese Maßnahmen im Interesse der religiösen Einheit und der Staatsmacht für notwendig. Anfänglich richtete sich sein Vorgehen weniger gegen die Angehörigen fremder Rassen oder religiöser Minderheiten als gegen das falsche – oder vermeintlich falsche – Christentum der moslemitischen und israelischen Konvertiten. Der Religionswechsel war unter dem Druck der Regierung erfolgt, und so darf man sich nicht wundern, wenn er nicht aus voller Überzeugung vorgenommen wurde. Die jüngsten Forschungsergebnisse zeigen, daß gegen Ende des Mittelalters Kollaboration, Verstellung und rein äußerliche Annahme des Glaubens der Unterdrücker – ob Christen oder Moslems – bei den Juden nichts Zufälliges, sondern bewußte Politik war, die selbst der große Maimonides gutgeheißen hatte. Gegen diese falschen Konvertiten, die Marranos, die heimlich ihrer alten Religion anhingen, richtete sich anfänglich die Verfolgung. Aber wie das meist der Fall ist, wandte sie sich bald auch gegen die aus Überzeugung Übergetretenen und gegen jene, die ihrem alten Glauben mutig die Treue gehalten hatten. Man nimmt an, daß während der großen Verfolgung des Jahres 1492 die Zahl der Vertriebenen etwa 36.000 betrug.

Manche Autoren sind der Ansicht, daß diese Maßnahmen am Untergang der spanischen Weltmacht und am wirtschaftlichen Verfall der Iberischen Halbinsel die Hauptschuld trugen. Diese These scheint zumindest zweifelhaft. In England und Frankreich haben die – gewiß nicht so zahlreichen – Judenvertreibungen die wirtschaftliche Entwicklung keineswegs behindert. Außerdem begann der Niedergang Spaniens erst Mitte des 17. Jahrhunderts, und das Ende seiner Weltmacht war eine Folge des Friedens von Utrecht, fiel also in eine Epoche, die etwa fünf bis acht Generationen nach der Judenvertreibung beginnt. Die Maßnahmen waren aber, davon abgesehen, barbarisch und gereichten dem christlichen Geist der Verantwortlichen bestimmt nicht zur Ehre. Trotzdem darf man nicht vergessen, sofern man objektiv bleiben will, daß man zu jenem Zeitpunkt die Dinge anders sah als heute. Man stand am Beginn der Religionskriege, in denen in ganz Europa eineinhalb Jahrhunderte lang Katholiken und Protestanten erbarmungslos einander verfolgten und ihre Härte mit der Begründung rechtfertigten, sie müßten die Seelen ihrer Opfer retten.

Kardinal Ximenes festigte mit Erfolg die Macht des Königshauses in den Städten, indem er Vertreter der Zentralbehörde einsetzte. Deren Funktion wurde oft mißverstanden und mit jener der Podestà der italienischen Städte des 12. und 13. Jahrhunderts verglichen, die vor allem zur Zeit der Hohenstaufen Parteichefs und Bandenführer gewesen waren und sich nicht selten zu unabhängigen lokalen Tyrannen entwikkelt hatten. Diese Gefahr bestand in Spanien nicht. Der *corregidor* war Jurist, ein königlicher Beamter, der jederzeit abgesetzt oder versetzt werden konnte.

Ximenes verteidigte eifersüchtig die Interessen Kastiliens gegenüber Aragon, scheute jedoch nicht davor zurück, sich mit Ferdinand gegen den Adel zu verbünden. Der König seinerseits ernannte den Kardinal zu seinem Vertreter, als er sich vorübergehend nach Italien begeben mußte. Erst 1507, ein Jahr nach dem Tod König Philipps, kehrte Ferdinand in seine Länder zurück. Die Einheit des Königreiches war erhalten geblieben.

Eine der wichtigsten politischen Leistungen des Kardinals war die Okkupation des französischen Brückenkopfes Navarra im Jahre 1512. Damit war der Übergang über die Pyrenäen nach Spanien geschützt. Ximenes war auch der Begründer der kastilischen Kriegsflotte, die es später Karl V. erlaubte, in Nordafrika Krieg zu führen, die Stützpunkte im Mittelmeer gegen Frankreich zu halten, und die ihm schließlich den Sieg über die Türken in der Schlacht bei Lepanto ermöglichte.

★

Bald nachdem Karl in Brüssel zum König proklamiert worden war, machte sich in Spanien eine gewisse Unzufriedenheit bemerkbar. Diese Bewegung richtete sich weder gegen das Herrscherhaus noch gegen die Person des jungen Königs. Sie wurzelte vielmehr in der Furcht vor einer burgundischen Fremdherrschaft. Zweifellos wäre der Übergang auf das Haus Habsburg reibungslos erfolgt, wenn – nach dem Wunsch König Ferdinands – der junge Infant Ferdinand auf den Thron gelangt wäre. Karl verzichtete jedoch nicht auf seine Rechte. Eine neuerliche Teilung Spaniens in zwei unabhängige Staaten – falls man eine solche überhaupt ernsthaft in Betracht zog – wurde jedenfalls ohne weitere Diskussion abgelehnt.

Diese Entwicklung erforderte dringend die Anwesenheit

Karls in Spanien. Es ist bezeichnend für die Klugheit des jungen Herrschers – die mitunter an seinen Großvater mütterlicherseits, Ferdinand, gemahnt –, daß er mit Umsicht handelte und nichts übereilte, sogar auf die Gefahr hin, der Schwerfälligkeit bezichtigt zu werden. Die spanische Königswürde Karls bedeutete für Burgund und die Niederlande das Wiederaufleben des gesamten Fragenkomplexes um die Beziehungen zu Frankreich. Chièvres, einer der treuesten Verfechter der franco-burgundischen Freundschaft, wollte jedem Verdacht der Franzosen, die Personalunion bedeute eine Einkreisung ihrer Länder, zuvorkommen. Wieder einmal wurden Verhandlungen über eine franco-burgundische Heirat eingeleitet: mehr eine symbolische Geste des beiderseitigen guten Willens als ein ernstzunehmender Plan. Man schlug doch tatsächlich vor, der sechzehnjährige Karl solle die noch nicht ein Jahr alte Madame Louise, Tochter Franz' I., ehelichen oder auch eine jüngere Schwester, die erst noch geboren werden mußte. Von spanischer Seite aber forderte man, der künftige König müsse sich von Anfang an selbst vom Schein einer französischen Oberhoheit über seine burgundischen Länder befreien.

Trotz dieser Spannungen, die sich in der Zukunft auswirken mußten, war die europäische Lage im ersten Regierungsjahr Karls V. in Spanien so günstig wie noch nie. Die Bedrohung durch den Islam ließ die inneren Schwierigkeiten gering erscheinen, und der Gedanke an einen Kreuzzug lebte wieder auf. Kurz vor dem Auftreten Martin Luthers kam es zu einer europäischen Euphorie, einem neuen Geist der Einheit. Sogar bei den Festlichkeiten des Ordens vom Goldenen Vlies in Brüssel, am 16. November 1516, herrschte dieser Optimismus. König Franz von Frankreich hatte sich der illustren Gesellschaft zugesellt. Das große Unternehmen der Christenheit – ein Kreuzzug zur Wiedereroberung von Byzanz – schien der Verwirklichung nahe.

★

Ehe Karl nach Spanien aufbrach, traf er noch eine wichtige familiäre Entscheidung. Er verbot seiner Schwester Eleonore die Liebesheirat mit dem Pfalzgrafen Friedrich und verlobte sie mit dem König von Portugal. Die spanischen Interessen hatten in seinen Überlegungen bereits Vorrang.

Am 6. September 1517 stach Karl, begleitet von seiner Schwester Eleonore und einem zahlreichen burgundischen Gefolge, mit vierzig Schiffen in See. Seine Ankunft in Spanien stand unter einem ungünstigen Stern. Ein Sturm im Golf von Biscaya zwang die Flotte, vom Kurs abzuweichen. Man mußte in Villa Viciosa vor Anker gehen, einer kleinen Stadt an der Küste Asturiens, nicht weit von Oviedo. Auf seinem Zug quer durch den Nordwesten Spaniens vermied Karl die großen Städte, weil man ihm mitgeteilt hatte, daß sie ihm nicht günstig gesinnt seien. Chièvres wiederum fürchtete offensichtlich das Zusammentreffen des Herrschers mit dem mächtigen Kardinal Ximenes und tat sein Möglichstes, diese Begegnung hinauszuzögern.

Es war menschlich verständlich und politisch klug, daß Karl sich zuerst nach Tordesillas zu seiner Mutter begab, die er seit der Kindheit nicht mehr gesehen hatte. An der Schwelle der düsteren Gemächer, in denen die Königin lebte, ließ Karl Gefolge und Diener zurück. Man wollte ihm ein Licht bringen, aber er lehnte ab. Er benötigte keine Kerze. Wir wissen nichts Näheres über diese Zwiesprache von Mutter und Sohn, die nun – wenigstens dem Gesetz nach – das Amt des katholischen Königs von Kastilien und Aragon teilten. Die beiden Hauptakteure in diesem Drama vertrauten sich niemandem an; Karl war stets schweigsam, wenn es um familiäre oder Herzensangelegenheiten ging. Der Anblick der kleinen Katharina aber erschütterte Karl und sein Gefolge. Die Zehnjährige war vernachlässigt und scheu. Das Leben mit einer geisteskranken Mutter hatte ihr bereits schwere psychische Schäden zugefügt. Anderseits wollte man der Königin nicht den letzten Trost in ihrer Einsamkeit nehmen. Schließlich wurde beschlossen, der Infantin einen eigenen kleinen Hofstaat zu geben, der sie betreuen und auch ablenken sollte.

Nach dem Aufenthalt in Tordesillas konnte die Begegnung Karls mit dem Mann, der bis dahin der Mächtigste im Königreich gewesen war, nicht länger hinausgeschoben werden. Ximenes war dem König entgegengereist. In der kleinen Stadt Roa erkrankte der greise Kardinal und verschied am 8. November 1517, noch ehe Karl das Städtchen erreichte.

Das Zusammentreffen mit dem Infanten Ferdinand ging höflich, ja zeremoniell vor sich. Es war die erste Begegnung der beiden Brüder, die von nun an gemeinsam für ihr Haus, für ihr Reich, ihre Ziele und für die Einheit der Christenheit kämpfen sollten. Charakterlich waren sie sehr verschieden, und die Zusammenarbeit war nicht immer leicht. Es gab Meinungsverschiedenheiten, sogar Interessenkonflikte, aber das war Sache des Temperaments, niemals ein Gegensatz in grundsätzlichen Fragen. Kein einziges Mal machte der eine oder der andere aus Neid oder Unzufriedenheit gemeinsame Sache mit den Feinden des Bruders.

Im Gegensatz zu dem Ernst und der Schweigsamkeit des Älteren war Ferdinand fröhlich, sprach viel und freimütig, hatte großen persönlichen Charme und ein Sprachentalent, das ans Geniale grenzte. Scheinbar ohne Anstrengung führte er die schwierigsten diplomatischen und privaten Gespräche zu einem guten Ende. Man hat behauptet, Ferdinand sei tolerant gewesen, während Karl ein Fanatiker war. Die Tatsachen wissen es anders. Ferdinand war jedoch schneller zu Kompromissen bereit als Karl und gab, wenn nötig, eine Lieblingsidee leichter auf. War einmal die Entscheidung gefallen, so tröstete er sich rasch, während der ältere Bruder darunter litt und ein Aufgeben als persönliche Niederlage empfand.

Im Laufe des Gesprächs zwischen den Brüdern und ihrem Gefolge tauchte der Gedanke auf, Ferdinand als Vizekönig oder gar als König in Spanien zu belassen, während Karl nach Burgund zurückkehren und das österreichische Erbe antreten sollte. Der Herrscher wies diesen Plan sofort zurück. Ferdinand akzeptierte respektvoll die Entscheidung des Bruders und reiste in die Niederlande ab. Margarete nahm ihn mit offenen Armen auf. Er gewann sofort ihr Herz, um so leichter, als sie einander sehr ähnlich waren und beide viele Charaktereigenschaften von Maximilian geerbt hatten. Der Kaiser selbst interessierte sich lebhaft für den Enkel. Ferdinand spielte in seinen Plänen, die Verbindungen mit der ungarischen und der böhmischen Dynastie zu regeln und das Problem der Nachfolge im Reich zu lösen, eine große Rolle.

Um den Aufenthalt Karls in Spanien würdig zu feiern, veranstaltete der Hof ein großes Turnier. Der Herrscher nahm persönlich daran teil und trug auf seinem Schild die Devise „Nondum" – noch nicht. Das ritterliche Fest beeindruckte die Spanier. Mut und Kampfesweise der Burgunder riefen Bewunderung hervor. Zehn Pferde blieben auf dem Kampfplatz liegen; es gab zahlreiche Knochenbrüche und Verwundungen, und die mit blanker Waffe kämpfenden Ritter mußten oft mit Gewalt getrennt werden. Diese Entschlossenheit, sogar in einem Turnier das Leben zu riskieren, gefiel den spanischen Rittern, die ja selbst tapfere und mutige Krieger waren. Karl gewöhnte sich seinerseits rasch an den spanischen Nationalzeitvertreib: die *corridas.* Bald trat er selbst als Stierkämpfer in die Arena. Der Prunk und die Männlichkeit dieser Feste fanden wohl den uneingeschränkten Beifall der Spanier, aber sie fragten sich besorgt, woher das Geld kommen solle, eine derartige Hofhaltung zu finanzieren.

Aus dieser Zeit datiert ein Brief des jungen Monarchen an seinen langjährigen Freund Heinrich von Nassau, aus dem die seelische Verfassung Karls klar hervorgeht. Sichtlich beeindruckt von all dem Neuen, das er zu sehen bekam, hatte er doch Heimweh nach den Niederlanden und dem angenehmen Leben in Flandern und Brabant. Anscheinend gingen ihm auch die Damen seines Heimatlandes ab. Die Spanierinnen gefielen ihm nicht recht, mit Ausnahme einer einzigen, die sich zu seinem Leidwesen zu stark schminkte.

Die persönlichen kleinen Freuden und Sorgen mußten bald

ernsthafteren Erwägungen Platz machen. Karl, diesmal von Chièvres schlecht beraten, war bei der Besetzung spanischer Bischofssitze unklug vorgegangen. Hatte schon die Entsendung Hadrians von Utrecht böses Blut gemacht, so mußte die Berufung weiterer Burgunder zu hohen kirchlichen Würden als Provokation erscheinen. Aus Mißtrauen und Unbehagen wurde offene Oppositon. Zu dieser Zeit überreichte Pedro Ruiz de Villena dem König seinen „Fürstenspiegel"; äußerlich ein literarisches Kunstwerk, enthielt er in Wirklichkeit ein politisches Programm mit wertvollen Anregungen, Warnungen, ja sogar einer höflichen Kritik. Der Inhalt erinnerte an die aus 88 Punkten bestehende Bittschrift der Cortes, auf die der König freundlich geantwortet hatte, ohne sich ernsthaft zu binden. Es ist anzunehmen, daß Chièvres als kluger Staatsmann nunmehr Spanien in seinem Wesen zu erfassen begann. Ohne sich weiter in eine Diskussion über die Wünsche der Cortes einzulassen, begab sich der König im Frühjahr 1518 nach Aragon. Dort erwies er sich als so klug und umsichtig, daß einer seiner Biographen, Karl Brandi, folgendes Urteil über ihn fällte: „Wenn Klugheit und Zurückhaltung eine der Haupttugenden der Fürsten ist, so übte Karl sie, vielleicht unter dem Druck der Ereignisse, zum Besten der Sache."

Im Verlauf desselben Frühjahrs trat ein Ereignis ein, das einen wichtigen Wendepunkt im Leben Karls darstellte und neue Faktoren in Erscheinung treten ließ. Am 7. Juni 1518 starb Souvage, der Großkanzler von Burgund. Karl ernannte Mercurino Gattinara zum Nachfolger und verlieh ihm den Titel eines Großkanzlers aller Reiche und Länder des Königs. Der Italiener hatte sich bereits im diplomatischen Dienst seines – damals noch minderjährigen – Herrn bewährt, als er ihn 1509 in Valladolid vertrat. Er kam aus der unmittelbaren Umgebung der Erzherzogin Margarete, die ihn als Gemahlin Herzog Philiberts während ihres kurzen Aufenthaltes in Savoyen kennen und schätzen gelernt hatte. Sie war es, die ihn an den Hof von Burgund berief. 1510 hatte ihn Kaiser Maximilian, offensichtlich auf den Rat Margaretes, zu Ferdinand von Aragon gesandt, bei dem er ein Jahr lang als Gesandter des Kaisers tätig war. Aus Vercelli gebürtig, entstammte der Piemontese einem Land, wo die alte kaiserliche Tradition tief verwurzelt war. Er war ein gebildeter Mann und von einem tiefen Glauben an die Sendung der Kaiserkrone erfüllt. Die Krone war für ihn das Symbol, das die mittelalterliche Tradition und das humanistische Weltbild, in dem die klassische Antike noch lebendig oder wieder neu erstanden war, in harmonischem Einklang verband. Vom sakralen Charakter der Kaiserwürde überzeugt, verstand Gattinara es dennoch, diesen ideologischen Begriff durch ein realistisches Urteil auszugleichen. Er erwog die praktischen Möglichkeiten, im Europa des 16. Jahrunderts das Imperium zu verwirklichen. Er erkannte die Notwendigkeit, über eine ausreichende Macht zu verfügen, überschätzte seine Kräfte nicht und machte von Zeit zu Zeit auch Zugeständnisse. Selbst am Hof von Burgund blieb er der typische Repräsentant des Mittelmeerraumes. Niemals konnte er sich mit der Tatsache abfinden, daß seit Karl dem Großen die Wurzeln des Reiches nördlich der Alpen lagen und das politische Fundament zwischen Paris und Prag. Immer wieder versuchte er, Karl von der Wichtigkeit einer Achse Madrid–Rom zu überzeugen. Weder Burgund noch Deutschland noch Spanien waren seiner Ansicht nach die wichtigsten Länder des Hauses Habsburg. Die Kaiserkrone konnte man nur in Rom erlangen, und um das Herz der Ewigen Stadt zu gewinnen, müßte Karl sich mit den italienischen Fürsten verständigen, damit diese ihn als ihren natürlichen Gebieter und Schutzherrn anerkannten. Gattinara war es, der in dem jungen Prinzen den Wunsch weckte, nicht nur den Titel eines Kaisers, sondern auch die Krone zu erlangen. Dazu brauchte er nur auf der Grundlage, die Dr. Mota am Hof von Mecheln in die Seele seines Schülers gesenkt hatte, weiterzubauen. Es ist daher auch nicht erstaunlich, daß in den Instruktionen, die Karl bei der Abreise nach Spanien seinem Freund und Lehrer Hadrian hinterließ, es wörtlich heißt: Kaiser zu sein sei „etwas so Großes und Majestätisches, daß es alle anderen Würden der Welt überragt“. Der großzügige Geist Gattinaras befruchtete das noch scheue und zögernde Genie Karls und veranlaßte ihn, zu einem Zeitpunkt, da sich in Kastilien die ersten Vorläufer einer revolutionären Bewegung bereits bemerkbar machten, die spanischen Reiche zu verlassen, um die Kaiserkrone zu erwerben.

KAPITEL III

DIE GROSSEN PROBLEME DER ZEIT

Reich, Staat und Nation

In den letzten Jahrzehnten des 15. und zu Beginn des 16. Jahrhunderts bestanden in Burgund gute Aussichten für eine Erneuerung des Reichsgedankens, zumindest bessere als anderswo in Europa. Dank seiner Lage zwischen Frankreich und Deutschland war Burgund gezwungen, auf geistiger wie auf politischer Ebene eine gemeinsame Grundlage zu finden, eine Synthese zwischen den Erben Karls des Großen.

Das Genie Albrecht Dürers verlieh diesem Gedanken einer europäischen Sendung künstlerischen Ausdruck. Dieser Seher, der in einem seiner visionären Meisterwerke uns bereits die apokalyptischen Umrisse des Rauchpilzes einer nuklearen Explosion vor Augen stellt, zählte zu den Großen seiner Zeit. Als ihm einmal der Pinsel entfiel, hob ihn Kaiser Maximilian selbst auf und meinte dazu, Dürer sei ein Fürst im Königreich des Geistes und daher dem Kaiser ebenbürtig. Auf einem Gemälde des Nürnberger Meisters trägt Karl der Große die Krone des Heiligen Römischen Reiches auf dem Haupt, und darüber sind kleine Wappenschilde mit den französischen Lilien unter dem deutschen Adler zu sehen. Damit wollte der Künstler zeigen, daß es in Europa zwei Reiche gab, denen ein Nachfolgerecht in der Tradition des Heiligen Imperiums zustand. In Burgund trafen diese Erben aufeinander. Es war das einzige Gebiet, wo eine Verschmelzung der französischen mit der deutschen Reichsidee tatsächlich möglich war.

Hier war noch eine Tradition lebendig, die auf die Zeit der Karolinger zurückging. Die burgundische Kultur bewahrte eine Fülle historischer Elemente. Außerdem hatte sich nur in Burgund jene Gesellschaftsklasse ungeschwächt erhalten, die in der Blütezeit des Mittelalters die Elite und die tragende Schichte des Reiches gewesen war: die Ritterschaft. Hier lebten auch weiterhin die Ritterorden, die das Ideal des 12. Jahrhunderts verkörperten. In Frankreich waren die Templer hart mitgenommen und von Philipp dem Schönen vernichtet worden; in Deutschland hatte der Deutsche Orden sein Arbeitsgebiet in die fernen östlichen Grenzmarken verlegt, weit weg vom Zentrum des Reiches; der Johanniterorden schließlich verteidigte im Orient die letzten Bastionen der Christenheit. In Burgund hingegen hatte der *genius loci* mit dem Orden vom Goldenen Vlies ein neues Konzept geschaffen. Nicht in Art der herkömmlichen Bruderschaften wollte man wirken, sondern es ging um den Versuch, mit einem Bund der Ritter, geeint durch eine gemeinsame Idee und das christliche Ideal, neue Wege zu erschließen.

Die burgundische Ritterschaft war nicht degeneriert. Manche ihrer Formen schienen weithergeholt, wirklichkeitsfremd, ja sogar phantastisch; aber trotzdem hatte sie nichts mit dem spanischen Hidalgo des ausgehenden 16. Jahrhunderts gemein, der in der Weltliteratur in der tragikomischen Gestalt des Don Quijote weiterlebt. Gewiß gab es in Frankreich eine große Zahl edler und vorbildlicher Herren, wie Bayard, den „Ritter sonder Furcht und Tadel". Aber sie waren doch nicht zahlreich genug und hatten meist keinen Einfluß im Staatsrat ihres Souveräns. In Deutschland wiederum, wo die Krone dringend einer starken Stütze bedurft hätte, verringerte sich die Zahl der Reichsritter zusehends. Außerdem standen die letzten Vertreter der Hohenstaufen-Tradition auf verlorenem Posten; ihre kleinen Gebiete wurden zwischen der wachsenden Macht der Städte einerseits und der Landesfürsten anderseits aufgerieben. Ein typischer Repräsentant dieser todgeweihten deutschen Ritterschaft, dessen tragisches Schicksal das Geschick seines Standes widerspiegelt, war Franz von Sickingen, ein glühender Anhänger des jungen Kaisers Karl V. Anderseits begegnet uns ein Florian Geyer, der mehreren Herren diente, unter anderem als Diplomat dem König von Frankreich, und der später wieder die aufständischen Bauern anführte, um schließlich auf dem Schlachtfeld von der Hand seiner Standesgenossen zu fallen.

Götz von Berlichingen wiederum versuchte voll Kühnheit, der Ritterschaft des 16. Jahrhunderts wieder zu einer politischen Machtstellung zu verhelfen. Seine Bemühungen waren zum Mißerfolg verurteilt, denn es fehlte ihm an geeigneten Kräften, das eingeleitete Unternehmen bis zum Erfolg fortzusetzen.

In Burgund hingegen gelang es der Ritterschaft, mit der Zeit zu gehen und doch an ihren besonderen Tugenden und ihrer Tradition festzuhalten. Als hohe Militärs, Diplomaten und Ratgeber der Krone spielten die Ritter eine wichtige Rolle, vor allem am Hofe Karls V. Manche Mitglieder berühmter ritterlicher Familien übten auch als Gouverneure der herzoglich-burgundischen Lehen nachhaltigen Einfluß aus.

Ein junger Prinz, in Burgund erzogen, von Rittern umgeben, an deren Leben er physisch und psychisch teilhatte, in ständigem Kontakt mit dem Großbürgertum der Handelsstädte, mußte sich von frühester Jugend an über die praktischen Möglichkeiten einer Reichspolitik im klaren sein. Von denselben Ideen erfüllt, mußte er auf diesem Boden Männer finden, die der Fülle ihrer Aufgabe gewachsen waren und ihm in einer Politik großen Stils zur Seite stehen konnten. Die burgundischen Ritter waren nicht national im Sinne ihrer französischen oder deutschen Standesgenossen. Sie sprachen französisch, aber sie dachten abendländisch. Ihr Land verfügte über keine natürlichen Grenzen und über keine ethnische Einheitlichkeit. Das machte die Menschen aufgeschlossen und bereit, auch in geistigen Auseinandersetzungen ihren Mann zu stellen.

★

Das mittelalterliche Reich war keine territoriale Einheit wie der souveräne Staat des 18. und noch mehr des 19. Jahrhunderts. Gewiß mußte der Kaiser aus praktischen Gründen über ein eigenes Land verfügen. Aber seine Funktion als solche gründete den Herrscheranspruch nicht auf materiellen Besitz, sondern auf die übernatürliche, quasi religiöse Bedeutung der Kaiserwürde. Das verlieh ihm die zeitliche Gewalt über die gesamte Christenheit und beschränkt sich nicht nur auf ein einziges Land. Erst gegen Ende des Mittelalters, als die kaiserliche Autorität bereits erschüttert war, mußte der Herrscher für stärkere Stützen sorgen. Ohne Hausmacht, das heißt ohne eigenes Herrschaftsgebiet, riskierte er, ein Spielball in den Händen ehrgeiziger Kurfürsten zu werden. Zur Zeit Maximilians I. verringerte sich das Verständnis für die wahre Bedeutung der Krone Karls des Großen; neue Ideen bewiesen ihre Durchschlagskraft: das Prinzip des souveränen, auf ein Gebiet begrenzten Staates und der erwachende Nationalismus. Dennoch büßte das Kaisertum, was Rang und Würde betraf, seine Vorherrschaft nicht ein. Sogar zur Zeit seines Niederganges, als das Heilige Römische Reich kaum noch eine reale Macht darstellte, trachteten mächtige europäische Monarchen, wie Ludwig XIV. von Frankreich, nach dieser Würde, in der sie die höchste Stellung der Christenheit sahen.

Eine unbeabsichtigte Hilfe gegen die allgemeine Entwicklung und den Zeitgeist erhielt der Gedanke der europäischen Schicksalsgemeinschaft, des *Orbis Europaeus Christianus,* durch den Vorstoß des Islams im 15. und 16. Jahrhundert. Die abendländischen Nationen waren gezwungen, sich zu vereinen, um sich gegen den Vormarsch der Türken wirksam zu verteidigen.

Scheinbar genauso paradox, aber im Grunde logisch, war die Unterstützung des Reichsgedankens durch bestimmte große revolutionäre Bewegungen jener Zeit, besonders durch die Bauernaufstände. Liest man die Forderungen der deutschen Bauern in den „Zwölf Artikeln" und vergleicht man sie mit den fast gleichzeitig eingebrachten Wünschen ihrer spanischen Standesgenossen, dann könnte man an eine internationale Absprache glauben. Die Übereinstimmung ergab sich in Wirklichkeit aus demselben sozialen Problem, das – wie es auch heute noch geschieht – von einem Ende Europas zum anderen das gleiche war. Die Masse des Volkes spürte instinktiv, daß die Gerechtigkeit, die sie forderte, nur von einem mächtigen Kaiser gewährleistet werden konnte, der imstande war, das Recht des einzelnen zu wahren und die Christenheit auf Erden zu schützen. So wurde der Wunsch geboren, die Kaiserwürde möge wieder in jenem Glanz erstehen, den in den Augen des Volkes die großen Kaiser des Mittelalters ihr verliehen hatten, vor allem Rudolf I. von Habsburg, der dem Unwesen der Raubritter ein Ende gesetzt hatte. Dieser Wunsch wuchs um so mehr, je ungerechter die Landesfürsten herrschten. Die Unterdrückten hofften, der Kaiser werde den Despotismus der neuen Herren brechen und ohne Hintergedanken persönlicher oder dynastischer Interessen für das Reich Gottes eintreten, für die Gleichheit aller nach dem Evangelium und folglich für das Naturrecht. Die überströmende Begeisterung, mit welcher im Jahr 1520 zur großen Überraschung der Kurfürsten die Bewerbung des jungen Königs von Spanien um die Kaiserkrone aufgenommen wurde, brachte diese Stimmung lebhaft zum Ausdruck. Die Aufzeichnungen Karls V. beweisen, daß er sich über diese Mentalität im klaren war. Das Reich, nach dem er strebte, wurde weit mehr von moralischen Kräften zusammengehalten als von einer materiellen Macht. Trotz der Schwierigkeiten, die dieser Tatbestand auslöste, nahm der Herrscher die Aufgabe an, die ihm seine Untertanen übertragen hatten.

Vom Beginn bis zum Ende seiner Regierungszeit trat der Kaiser für die Erneuerung des christlichen Reiches und für die europäische Einheit ein. Oft schienen seine Bemühungen vergeblich, denn sie wandten sich entschieden gegen den damals herrschenden Begriff vom Sinn der Geschichte. Trotzdem wurde – von einem höheren Standpunkt betrachtet – Karl V. voll und ganz gerechtfertigt, nicht nur, weil er für die Wahrheit Zeugnis ablegte, sondern auch, weil sein Verhalten den nachfolgenden Generationen eine Richtschnur hinterließ und den Weg zu einem echten Frieden vorzeichnete. Der Friedensgedanke, der seine Wurzel in der Pax Romana der Antike und der Pax Christi der christlichen Philosophie hatte, war ja aufs innigste mit dem Reichsbegriff verknüpft. Er bedeutete den Frieden im Land, die „treuga“, die im Mittelalter eine sehr entscheidende Rolle gespielt hatte. Er bedeutete aber auch die Rechtsordnung, denn der Imperator Pacificus, ein Archetyp des Mittelalters, vereinte die gesamte Gerichtsbarkeit in seiner Hand: Schiedsrichter, Richter und Schwert der Gerechtigkeit.

★

Alle diese Begriffe, die wir eben genannt haben, übten auf Karl V. – auf den Menschen und auf sein Leben – nachhaltigen Einfluß aus. Oft hielten die Zeitgenossen sein Vorgehen für politisch unklug, und auch so manche Historiker finden vieles an ihm unverständlich, so zum Beispiel sein Verhalten gegen den gefangengesetzten Franz I. Unbestreitbar fehlte es dem Kaiser an Sinn für das Zweckmäßige, wenn er christliche und ritterliche Grundsätze über machiavellistische politische Erwägungen stellte. Diese Kritik vergißt jedoch, daß er die Krone eines heiligen Reiches repräsentierte. Diese Krone ist nicht in erster Linie ein Machtsymbol wie etwa ein Königsornat. Sie bedeutet vielmehr, daß ihr Träger der Gerechtigkeit und dem Frieden zu dienen hat und folglich dem christlichen Bruder und dem Guten im Menschen Vertrauen erweisen muß. Karl V. blieb dieser Aufgabe treu, selbst nach vielen Enttäuschungen.

Seit der Wahl Rudolfs I. zum Träger der Krone Karls des Großen war das Haus Habsburg mit dem Heiligen Römischen Reich dauernd und eng verbunden. Friedrich III. hielt treu an diesem Ideal fest, sogar in einer Zeit, da er nicht den geringsten machtpolitischen Rückhalt hatte, um seinem Recht Anerkennung zu verschaffen. Auch Maximilian mit seinen mitunter so phantastisch anmutenden Ideen gründete sein Konzept stets auf den Begriff vom Reich als einem Bund aller christlichen Nationen. Hätte Maximilian in der Kaiserwürde nicht ein sakrales Amt gesehen, so wäre sein – vorsichtig ausgedrückt: abenteuerlicher – Plan, sich zum Papst wählen zu lassen, unbegreiflich. Der Verfall des Papsttums um 1500 brachte es mit sich, daß viele Päpste zu weltlichen Machthabern wurden und ihr geistliches Amt vergaßen. Die Folge davon war eine stärkere Betonung der religiösen Seite des Kaiseramtes. Bei seinem Kampf um die Einberufung eines großen Reformkonzils geriet Karl V. bisweilen in eine Lage, die fast schon der Stellung eines Gegenpapstes gleichkam.

Autoren historischer Studien über Karl V. und seine Zeit fragen sich gerne, was geschehen wäre, wenn der Kaiser selbst sich an die Spitze der Reformation gestellt, mit Rom gebrochen und die neue religiöse Bewegung zu seinem politischen Werkzeug gemacht hätte. Eine überflüssige Gedankenspielerei wie alle Spekulationen über ein historisches „Wenn"; denn es gehört zur Natur der Geschichtswissenschaft, daß sie sich einzig und unwiderruflich auf Tatsachen stützt. Aber allein, daß derartige Hypothesen aufgestellt werden, beweist, daß Zeitgenossen und Historiker im Prinzip das Recht des Kaisers, eine religiöse Funktion auszuüben, anerkennen. Auch daraus ersieht man, daß das Kaisertum weniger zeitliche Macht bedeutete als vielmehr moralische und geistige Würde.

In diesem Sinne verstand Karl V. seine Sendung. Doch sein hoher Begriff vom Heiligen Römischen Reich paarte sich mit unerschütterlicher Treue zur religiösen Einheit des Abendlandes. Zweifellos war er sehr oft mit der Politik der Kurie nicht einverstanden. Aber als Christ, als Habsburger und als Kaiser trat er leidenschaftlich gegen alles auf, was die Einheit der Christen zerstören konnte. Man hat ihm vorgeworfen, ein Mensch des Mittelalters zu sein, ein Reaktionär, weil er sich weigerte, die deutsche Reformation anzuerkennen. Doch der Traum späterer Generationen, die Einheit des Glaubens wiederherzustellen und die tragischen Folgen der Spaltung zu beseitigen, die Begeisterung unserer heutigen Zeit für den ökumenischen Gedanken beweisen, daß der Blick Karls V. weit über seine Epoche hinausging. Jede andere Entscheidung wäre Verrat am Kaisertum gewesen.

Wie bereits erwähnt, war der neue politische Begriff vom souveränen territorialen Staat der mächtigste Feind des Reichsgedankens. Die ersten Anzeichen dafür zeigen sich bereits im 13. Jahrhundert. Um 1500, noch lange vor dem Höhepunkt, der erst vier Jahrhunderte später erreicht wurde, machte sich diese Entwicklung nicht nur bereits in bestimmten Gegenden Europas bemerkbar, sondern beeinflußte so gut wie überall das Denken der Fürsten und Herren. Die alten personalen Bindungen des Mittelalters, das Blutsband und die Treue, waren einer bodengebundenen Souveränität gewichen. Ein Verbrecher wurde nicht mehr nach den Gesetzen seines Stammes, sondern nach dem geltenden Recht des Landes, wo er seine Missetat verübt hatte, verurteilt. Zwischen dem 13. und dem 16. Jahrhundert wurde in fast allen Ländern Europas das römische Recht eingeführt oder erneuert. Nur England machte eine Ausnahme, und darin liegt der Grund für die autonome Entwicklung seiner staatlichen und gesellschaftlichen Einrichtungen.

Der Übergang zur neuen Staatsform und Rechtsprechung lastete schwer gerade auf den zahlenmäßig stärksten Schichten der Bevölkerung. Ihr Los hatte sich keineswegs gebessert, im Gegenteil. Hier finden wir eine der Hauptursachen für die großen Bauernaufstände in Frankreich und Deutschland, in Italien und Skandinavien.

In Frankreich, dem wirtschaftlich bestentwickelten Land, wo das römische Recht am frühesten wieder zu Ehren kam und der moderne Staat eher als anderswo sich durchsetzte, brachen die Bauernkriege, die *Jacqueries,* lange vor den Aufständen im deutschen Reich aus. Hier waren der allgemeinen Erhebung der Bauernmassen jedoch seit Anfang des 15. Jahrhunderts die Hussitenkriege vorangegangen, die Böhmen und die angrenzenden deutschen Länder mit Blut und Feuer verheert hatten.

Die strenge Festlegung der territorialen Grenzen und die daraus folgende Souveränität des Staates bedeutete jedoch nicht, daß der Fürst als Herrscher absolute Macht besaß.

Ganz im Gegenteil. Das Ende des Mittelalters zeichnet sich durch den Mangel an einer klar umgrenzten, stabilen obersten Autorität im Staat aus. Innerhalb der neuen Hoheitsgebiete entstand ein erbitterter Streit zwischen der Krone und den Ständen. Die neue Stadtwirtschaft führte folgerichtig zu einer immer stärker merkbaren sozialen Verschiebung. Zur Klasse der Großgrundbesitzer kamen nunmehr die Bürger hinzu. Auch innerhalb der Städte kam es zu neuen Abstufungen, vor allem zwischen dem Großbürgertum, den Patriziern, deren älteste Familien es häufig bereits dem Adel gleichtaten, und dem gewerbetreibenden Bürgertum, das die Privilegien der anderen meist nicht anerkennen wollte. Außerdem entstand seit dem 15. Jahrhundert allmählich eine neue Schicht: das Proletariat. Hier ging es vor allem um die Handwerksgesellen, die so gut wie nie Meister werden konnten und daher verurteilt waren, ihr Leben lang Lohnempfänger zu bleiben. Früher oder später gerieten in fast allen Ländern Europas diese drei Schichten der städtischen Bevölkerung aneinander; es kam zu blutigen Revolutionen, zu Machtergreifungen, zu Exil oder Tod der Unterlegenen. Die Brutalität dieses Aufeinanderpralls läßt sich aus dem allzu häufigen Mangel einer obersten Autorität erklären, stark genug, ihrem Schiedsspruch Geltung zu verschaffen. Der politische Leerraum, das Fehlen einer echten Rechtsmacht im Staat, wurde von den entrechteten Minderheiten schwer empfunden. Anderseits wehrten sich gewisse gehobene soziale Klassen – im Gegensatz zu den Bestrebungen des Volkes – erbittert gegen das Reich, das es wagte, ihrer Willkür Schranken zu setzen.

Auch auf dem Land hatten sich unter dem Einfluß der Geldwirtschaft und der Wiedereinführung des römischen Rechts die rechtlichen Beziehungen zwischen den Feudalherren und den Bauern gewandelt. Im Hochmittelalter mußte der unfreie Bauer seinem Herrn einen Tribut in Naturalien leisten, Zehent genannt, obwohl die Abgabe nicht immer genau zehn Prozent betrug. Je bedeutender das Nationaleinkommen wurde, wie zum Beispiel im Europa des 12. Jahrhunderts, einen desto höheren Zins hob der Herr ein. Doch der Wohlstand der Bauern stieg im selben Verhältnis. Übrigens wuchs im Deutschland des 13. Jahrhunderts der Lebensstandard des Bauern rascher als der des Grundherrn. Während der Ritterstand immer tiefer absank, nahm die Bauernschaft an Wohlstand zu. Die Edelleute versuchten daher, den üblichen Zehent in eine Geldsteuer zu verwandeln, was von ihrem Standpunkt aus vorteilhafter war. Bei dieser Neuordnung verlor die Mehrzahl der Bauern die alten Rechte freier Nutzung von Weide, Wald und Wasser. Einem Machtmißbrauch der Herren, die den Wandel durchführten, standen Tür und Tor offen. Das von der christlichen Moral losgelöste Recht und der Beistand der Rechtsgelehrten, der bis zur Mitschuld ging, standen auf seiten der Mächtigen. Daraus entsprang der abgrundtiefe Haß gegen die Juristen, dem man am Ende des Mittelalters in allen bäuerlichen Gemeinschaften Europas begegnete. Er drückte sich in Deutschland in dem Sprichwort aus, es sei noch kein Advokat in den Himmel gekommen. Wie die Handwerksgesellen in den Städten, so forderten auch die unterdrückten Bauern das Wiedererstarken der kaiserlichen Autorität, die sie gegen die neuen Tyrannen schützen sollte: gegen die Willkür eines Teils des Adels und auch des Klerus, der allzu häufig aus dem neuen Feudalismus Nutzen zog.

★

Die andauernden sozialen Kämpfe fanden erst im 17. Jahrhundert mit dem Beginn des Fürstenabsolutismus ein Ende. Die Epoche Karls V. war eine Übergangszeit. Schon zeichneten sich die ersten Konturen einer modernen Regierungsform ab, die es dem Souverän ermöglichen sollte, die Feudalherren in die Schranken zu weisen und seine Macht auf allen sozialen Klassen aufzubauen. Anderseits behauptete sich weiterhin der ständische Staat, der trotz seines Namens kein harmonisches Ganzes, sondern eine Vielzahl von Staaten im Staat darstellte.

Die Nachteile der alten Ordnung machten sich in den öffentlichen Finanzen am auffälligsten bemerkbar. Ständiger Geldmangel kennzeichnete die Regierungszeit Karls V., und viele politische Pläne konnten deswegen nicht zu einem guten Ende geführt werden. Das überrascht bei einem Herrscher, der so viele Länder regierte, von denen so manche – wie das Herzogtum Burgund und Spanien mit der Neuen Welt – über beträchtliche Reichtümer verfügten.

Dieser Widerspruch erklärt sich aus dem Fehlen eines geordneten Steuersystems. Die ersten Anzeichen einer Organisation sehen wir bald in zaghaften Versuchen, bald in Improvisationen, wenn die Notwendigkeit dazu zwang. Um die Ausgaben für die Exekutive bestreiten zu können, hatte der Herrscher nur die Wahl, je nach der oft schwankenden Situation der Krone, entweder bei den Ständen bittstellig zu werden oder sie durch Drohungen, ja mit Waffengewalt zu nötigen.

Letzte Ursache des Geldmangels aber war, daß Adel und Klerus von Steuerleistungen ausgenommen blieben. Dieses Problem stellte sich jedoch nicht mit derselben Schärfe in jenen Gebieten, wo der Fürst stark genug war, die privilegierten Klassen zu regelmäßigen Kontributionszahlungen zu veranlassen, oder dort, wo die Krone zumindest an unbeweglichen Gütern reich war.

In diesem Umstand ist die Hauptursache für die Macht der französischen Könige, ja für ihre Überlegenheit gegenüber den Rivalen aus dem Hause Habsburg zu suchen. In Frankreich hatte sich die Krone längst eine Kontrolle über die Einkünfte aus Kirchengütern gesichert und eine Art Interessengemeinschaft der politischen Macht und des Klerus, vor allem der Bischöfe, errichtet. Diese Symbiose gereichte letzten Endes beiden zum Vorteil. Die Krone sicherte sich regelmäßige Einnahmen, um die laufenden Ausgaben zu decken, und vermittelte als Gegenleistung zwischen dem französischen Episkopat und der Kurie. Der König schützte die Bischöfe Rom gegenüber; während einer bestimmten Periode des

14. Jahrhunderts, zu jener Zeit, als die Päpste in Avignon in französischem Einflußgebiet residierten, hatte er sogar das Papsttum seiner Macht unterworfen.

Das Königreich von Frankreich verfügte also, im Gegensatz zu Deutschland, über entsprechende, zumindest aber bedeutende Einnahmen. Ludwig XI., der die Macht der Feudalherren brach, bereicherte die Krone noch durch die Schaffung eines echten Staatseigentums. Auf politischer Ebene war nicht so sehr die Höhe dieser Einkünfte ausschlaggebend als vielmehr die Gewißheit, daß sie regelmäßig eingingen. Dadurch ließ sich ein regelrechtes Budget aufstellen. Erst unter dem Nachfolger Karls kam man zumindest in Spanien gleichfalls so weit, die großen Reichtümer des Landes zum Zwecke öffentlicher Interessen flüssigzumachen.

Die Ratgeber Karls V. hingegen mußten unendlich viel Zeit opfern und grenzenlose Geduld aufbringen, um die Finanzen zu ordnen. Daß dieses Ziel zu des Kaisers Lebzeiten nicht erreicht wurde, daran trugen seine zahlreichen Kriege und politischen Unternehmungen, seine Reisen und vor allem die unterschiedliche Rechtslage in den diversen Ländern Schuld. Außerdem verschlangen die höfische und ritterliche Lebensweise in Burgund, die Feste und Turniere, die Erhaltung der Gebäude, die Besoldung des Heeres sowie die Hofhaltung beträchtliche Summen, die – ohne entsprechende Gegenleistung – die bescheidenen Einkünfte weit überstiegen.

Die Habsburger finanzierten ihre Kriege, indem sie bestimmte Einnahmequellen verpfändeten, wie zum Beispiel die Silberbergwerke in Tirol oder – nach der Vereinigung der Wenzels- und der Stephanskrone mit Österreich – die Bodenschätze Böhmens und Mährens sowie Oberungarns. Diese gingen in die Hand der großen Bankhäuser, vor allem der Fugger und der Welser, über. Das Auftauchen dieser neuen Klasse finanzkräftiger Kapitalisten, an Zahl gering, aber mächtig an Einfluß, war ein Phänomen, das nicht auf die Staaten des Hauses Habsburg beschränkt blieb. Auch in Italien gab es ein gutentwickeltes Banksystem. Im Frankreich des

15. Jahrhunderts spielten die königlichen Pächter eine große Rolle, wie die Geschichte des berühmten Jacques Coeur beweist. Daß es dem Staat gelang, ihm wegen Veruntreuung den Prozeß zu machen, ist ein weiterer Beweis für die Macht der französischen Krone.

Die Unzulänglichkeit des Finanzsystems verhinderte in weiten Teilen Europas die Schaffung einer wohlgeordneten Verwaltung, das heißt, die Aufstellung eines entsprechend und regelmäßig entlohnten Beamtenkorps. Was für das zivile Leben galt, galt um so mehr auch für militärische Angelegenheiten.

Neben der vorteilhaften Finanzgebarung verfügte die französische Krone durch ihre Verbindung mit der Sorbonne, der Universität von Paris, auch über ein beträchtliches wissenschaftliches und geistiges Arsenal. Die großen Theologen und Juristen, die an der Sorbonne lehrten, wurden in der ganzen Welt anerkannt und geachtet, vor allem zur Zeit des Konzils von Konstanz, dessen Aufgaben sie erfolgreich durchführten. Dieselben Gelehrten lieferten den Königen die wissenschaftlichen Argumente, deren sie bei ihren Streitigkeiten mit dem Papst, den Bischöfen und dem französischen Adel bedurften. Als Karl IV. im Jahr 1348 die Universität Prag gründete, verfolgte er scheinbar in erster Linie die Absicht, sich ein Werkzeug zu schaffen, ähnlich jenem, das der König von Frankreich besaß. Auch Karl IV. wünschte die Unterstützung der intellektuellen Elite, wie er es im Königreich der Valois in seiner Jugend kennengelernt hatte.

Diese historische Tatsache zeigt übrigens schlagartig den großen Unterschied zwischen Frankreich und Deutschland. Die deutschen Fürsten hatten nichts Eiligeres zu tun, als der kaiserlichen Universität sofort Konkurrenz zu machen. Der Schwiegersohn Karls IV., der Habsburger Rudolf der Stifter, gründete 1365, also nur 17 Jahre nach Prag, die Universität Wien. Andere folgten seinem Beispiel. Es ist bedeutsam, daß die letzte in der Reihe der großen Universitätsgründungen, die Universität Wittenberg, aus dem Jahre 1509, bestimmt war, das deutsche Gegen-Rom zu werden, Ausgangspunkt und Zentrum der lutherischen Lehre. Als zahlreiche deutsche Fürsten sich der Reformation anschlossen, Landeskirchen gründeten und sich bischöfliche Macht anmaßten, rechneten sie fast immer mit dem intellektuellen Beistand der Universitäten. Das hatte eine ganze Reihe von Neugründungen zur Folge. Was hingegen fehlte, war eine Reichsuniversität. Der Träger der Kaiserkrone mußte, was die wissenschaftliche und theologische Argumentation zugunsten seiner Politik betraf, mit der freiwilligen Unterstützung der von den verschiedenen Landesfürsten geschaffenen Institutionen vorliebnehmen.

Die Kirche

Kein anderes Ereignis unter der Regierung Karls V. hat das Leben des einzelnen wie des Staates, kurz die gesamte europäische Ordnung, so sehr erschüttert wie die Glaubensspaltung. Sie wirkte sich in allen Lebensbereichen aus. Mit Orkangewalt brach die Revolution gegen den alten Glauben und vor allem gegen den Papst und die römische Kirche in Deutschland aus und verbreitete sich in unterschiedlicher Stärke über die ganze christliche Welt. Ihre Triebkraft war nicht ausschließlich die Religion. Auch zahlreiche nationale Beweggründe und soziale Forderungen zählten zu den tieferen Ursachen.

Der neue Begriff der Nation als Gemeinschaftskonzept und seine Folgeerscheinung, der erwachende Nationalismus, drückten dieser Epoche ihren Stempel auf und zeitigten ein anderes Menschenbild als das des Mittelalters. Selbstverständlich hatte es auch in früheren Jahrhunderten nationale Spannungen, sprachliche Unterschiede und sogar Ausbrüche eines Nationalismus oder seines Nebenproduktes, des Fremdenhasses, gegeben, besonders bei Völkern, die unter Fremdherrschaft lebten. Aber das waren nur vorübergehende Erscheinungen. Die politische Kraft, die zu Beginn des 16. Jahrhunderts auf den Plan trat, hatte jedoch im Gegensatz dazu etwas Endgültiges. Typisch für diesen neuen Geist war die Reaktion der Spanier auf den jungen König und sein Gefolge, als Karl, eben erst ins Land gekommen, Burgunder und Niederländer den Kastilianern vorzuziehen schien. Die Erhebung der deutschen Protestanten gegen Rom und die Päpste war von ähnlichen Gefühlen getragen. Luther beseelte religiöser Eifer, als er sein Anathema gegen Rom, die „babylonische Hure", schleuderte, ein Wort, das in der antikatholischen Polemik der Protestanten jahrhundertelang eine große

Rolle spielen sollte. Dennoch sprengte die revolutionäre Triebkraft der Reformation bei weitem den Rahmen moralischer und geistiger Erwägungen. Bei den Anhängern des neuen Glaubens – und vielleicht sogar im Herzen Luthers selbst – spielte der Haß gegen das Lateiner- und Italienertum, kurz, gegen alles typisch „Römische", eine wesentliche Rolle. Diese Einstellung hat sich in Deutschland seit den Tagen der Reformation zu einem Gutteil erhalten, bald im Unterbewußtsein, bald offen zutage tretend. Noch im Laufe der ersten Jahrzehnte des 20. Jahrhunderts schienen die antikatholischen und antirömischen Komplexe weiterzuschwelen.

Die deutsche Reformation wurzelte, vom Nationalismus abgesehen, zutiefst in der Wirtschaft und in einer Politik, die weit mehr von einer Revolution der Fürsten als der Theologen gekennzeichnet war. Das ist nicht weiter erstaunlich. Die verschiedenen Gebiete menschlicher Tätigkeit lassen sich nicht in streng abgezirkelte Sektoren teilen. Immer führt die Aktion zur Reaktion, und niemals liegt der Fehler ausschließlich auf einer Seite. Auch die Reformation läßt sich zumindest teilweise aus bestimmten unleugbaren Mißbräuchen Roms erklären.

Gewaltige Summen gingen aus Deutschland in die Ewige Stadt. Dieser Geldstrom war unter den ersten Päpsten aus dem Hause Medici noch angeschwollen. Die Ausschreibung von Heiligen Jahren und Ablässen nahm in einem Maß zu, das an Mißbrauch grenzte. Luther, der die Ewige Stadt besucht und dort den Luxus und Reichtum der Renaissance kennengelernt hatte, sprach später gern davon, daß das deutsche Geld dazu diene, Marmorpaläste und prunkvolle Kirchen zu bauen, die die Residenz des Papstes schmückten. Er stand mit diesem Gedanken nicht allein. Der Neid traf sich auf halbem Weg mit dem Wunsch, sich die Kirchengüter anzueignen und durch Zurückhaltung der Gelder, die bislang nach Rom gegangen waren, gute Geschäfte zu machen. Es ist bezeichnend, daß der unmittelbare Anlaß für die Trennung ein Streit war, der um den unwürdigen Ablaßhandel entbrannte. Wer Sinn für Geschichte hat, wird gewiß von der Tatsache beeindruckt worden sein, daß gerade die deutschen Bischöfe 1965, beim ökumenischen Konzil in Rom, mit aller Energie eine Reform, ja beinahe die Abschaffung des Ablasses forderten.

Diese Gründe wären jedoch noch nicht ausschlaggebend gewesen, wenn nicht, wie das oft geschieht, der Nationalismus sich in konsequenter Steigerung zum Fremdenhaß entwickelt hätte. Waren diese Instinkte einmal entfesselt, so mußte es leicht sein, über die Habgier und niedrigen politischen Interessen vieler Machthaber den Mantel der Redlichkeit zu breiten, während man die große Masse in Atem hielt.

Karl V. war kaum zum deutschen König gewählt, als die Fürsten dieses Landes bereits das Schlagwort von der „spanischen Knechtschaft" verbreiteten, das sich lange nicht ausrotten ließ. Ihr erstes Anliegen war, wie gesagt, ihre wahren politischen Ziele zu tarnen, indem sie vor dem Volk als Verteidiger nationaler Interessen gegen fremde Ansprüche auftraten. Dieselben Fürsten aber, die den spanischen Einfluß ablehnten, scheuten sich nicht, vom französischen König Bestechungsgelder zu nehmen. Sie traten ihm sogar die Bistümer Lothringens ab und rechtfertigten diese politische Transaktion mit einem Argument, das, historisch betrachtet, revolutionär war und wenige Jahrzehnte früher undenkbar gewesen wäre. Sie erklärten mit Nachdruck, in Metz, Toulon und Verdun habe man stets französisch gesprochen, und folglich gehörten diese Städte legitimerweise der französischen Krone. Mit dieser neuen Auffassung vom internationalen Recht kehrten die Fürsten dem übernationalen Gedanken – Grundlage des Heiligen Römischen Reiches – wie auch den föderalistischen Grundsätzen des „Regnum Teutonicum" den Rükken. Man kann sogar noch einen Schritt weiter gehen und sagen, daß diese Deklaration die Geburt des deutschen Nationalismus war, der im Laufe des 19. und 20. Jahrhunderts so viel Leid über die Bewohner des Reiches und aller Nachbarländer bringen sollte.

In Frankreich erwachte das Nationalgefühl bereits zur Zeit der Jungfrau von Orléans und ihrer Siege über die Engländer. Der Impuls, der von ihr ausgegangen war, wurde durch das Streben der englischen Könige nach der französischen Krone noch genährt. Die Tatsache, daß das Erwachen des Nationalismus das Werk der Heiligen aus Domrémy und ihres Märtyrertodes war, verlieh diesem Gefühl den Nimbus des Religiösen. In Deutschland jedoch entstand dieselbe Bewegung aus dem großen Verrat am Reichsgedanken und an der säkularen Sendung der Ostfranken. Daher haftete ihm eine Aura des Sündhaften an.

Diesen allgemeinen Erwägungen müssen wir noch hinzufügen, daß Frankreich in kirchlichen Dingen eine Sonderstellung einnahm. Die Rechtslage, die den französischen Klerus gegen die Kurie begünstigte, gestattete dem König, Geldsendungen nach jenseits der Alpen wirkungsvoll zu beschränken. Folglich fand der Neid, welcher der Reformation in Deutschland so viel Auftriebskraft verlieh, westlich des Rheins keinen ähnlich fruchtbaren Boden.

Ein zusätzlicher Faktor zugunsten des steigenden Nationalismus lag in der sozialen Umschichtung. Der Einfluß des Bürgertums, das sich im täglichen Leben wie auch bei seinen Geschäften der Muttersprache und nicht mehr des Lateinischen bediente, war beträchtlich gestiegen. Schon vor Gutenberg mehrten sich in allen Ländern Europas die Anzeichen einer Erneuerung der Schriftsprache: in Italien finden wir einen Boccaccio, in England Chaucer, in der deutschsprachigen Welt entstanden die humanistischen Gedichte des Akkermanns aus Böhmen. Mit der Erfindung der Buchdruckerkunst begann die große Masse des Volkes allmählich mehr Bücher zu kaufen und zu lesen. Man verbreitete daher literarische Werke in deutscher, französischer, englischer und italienischer Sprache, denn deren Absatz entsprach den finanziellen Interessen der Verleger, während der Verkauf von lateinischen Bibeln und klassischen Schriftstellern ziemlich begrenzt war. Auf diese Weise erhielt die nationale Bewegung einen beträchtlichen, vielleicht sogar den entscheidenden Impuls. Das Lateinische, das so lange die gemeinsame Sprache der europäischen Völker gewesen war, blieb bald auf die zahlenmäßig kleine Schicht der Intellektuellen beschränkt. Auch die ätzende Kritik der Humanisten am barbarischen Latein der Mönche – wie die berühmten „Epistolae Virorum Obscurorum" (Dunkelmännerbriefe) – trug dazu bei, daß man sich immer weniger des Lateinischen bediente. Wer die klassische Sprache nicht vollendet beherrschte, fürchtete schließlich, sich lächerlich zu machen, und wagte nicht, sich auf ein Gespräch einzulassen, das seine Unwissenheit ans Licht bringen konnte.

Außerdem hatte das Lateinische manchmal tückische, meist erbitterte Feinde in jener Gruppe von Humanisten, die fanatisch für das eben erst wiederentdeckte Griechisch Partei nahmen. Ihre Haltung zeigte eine seltsame Mischung von wissenschaftlichem Dilettantismus und unbewußten Ressentiments. So griff zum Beispiel Luther nicht aus rein religiösen und theologischen Erwägungen auf die griechischen Texte der Heiligen Schrift zurück, während er die Vulgata der Fälschung des Gotteswortes anklagte, sondern auch aus dem einfachen Grund, weil das Lateinische die Sprache der Päpste und Roms war. Daneben freilich mußte die Verwandtschaft des Griechischen mit dem Deutschen in einem Sprachgenie, wie der Vater der Reformation eines war, eine echte Vorliebe hervorrufen.

Im romanischen Europa spielten diese Motive dagegen nur eine untergeordnete Rolle. Das ist mit ein Grund – und einer der wichtigsten –, weshalb die religiöse Spaltung häufig auch einen nationalen Bruch nach sich zog. Sie teilte Europa in ein germanisches und ein lateinisches Gebiet. Gegen Ende des Konzils von Trient zum Beispiel befanden sich nur noch sehr wenige deutsche Bischöfe unter den Konzilsvätern. Karl V. mußte mehr als einmal erkennen, daß auch die kirchlichen Würdenträger Deutschlands, nicht nur die Fürsten, dem Konzil in offener Feindseligkeit gegenüberstanden. Anderseits interessierte sich die Kurie erst von dem Augenblick an für das Konzil, als es, dank des freiwilligen Fernbleibens der Deutschen, zu einer fast ausschließlich lateinischen Angelegenheit geworden war.

Die Reformbestrebungen des 14. Jahrhunderts gingen in erster Linie von den Theologen aus. John Wyclif übte über seinen Schüler Jan Hus in Böhmen größeren Einfluß aus als im heimatlichen England. Die leidenschaftlichen Streitgespräche der Gelehrten während der Dauer des großen Konzils von Konstanz und in der Folge die Kirchenversammlungen zu Pisa und Basel interessierten letztlich nur die Fürsten, Professoren und Bischöfe; an die Masse des Volkes kam das kaum heran. Die Forderung nach einer echten Erneuerung wurde erst im 16. Jahrhundert volkstümlich, als ihre Wortsprecher die religiösen Forderungen mit nationalen Bestrebungen verquickten.

Zu einem früheren Zeitpunkt und örtlich eng begrenzt hatte sich ein ähnliches Phänomen bereits in einer Bewegung gezeigt, die die Reformation sozusagen vorwegnahm: in den Hussitenkriegen kurz nach 1400. Als der Reformator sein Leben auf dem Scheiterhaufen einbüßte, trugen nationaler Haß und Rachsucht wie auch der Wunsch nach einer Sozialreform zumindest ebensoviel zur Verbreitung seiner Lehre bei wie die eigentlichen religiösen Belange. Wir wollen hier gleich hinzufügen, daß die Vorläufer von Hus in Prag und die Professoren, die seine Lehre in ihre dogmatische Form kleideten, zum überwiegenden Teil Deutsche waren. Hus selbst hingegen hatte seine Laufbahn mit einer „nationalen" Tat begonnen: Er hatte König Wenzel veranlaßt, mittels des Edikts von Kuttenberg die Überlegenheit der Tschechen an der Universität Prag gegenüber den anderen „nationes", den Bayern, Sachsen und Polen, zu sichern. Ein Jahrhundert später hatte der nationale Gedanke, nunmehr dem Nationalismus schon bedenklich nahe, so sehr an Boden gewonnen, daß der Funke, den Luther in seiner religiösen Leidenschaft gegen eine erstarrte Dogmatik und eine veraltete Liturgie warf, einen

Brand entfachte, der zum Erstaunen aller weit mehr als nur die Kirche ergriff.

Unter den Zeitgenossen Karls V. war Martin Luther unbestreitbar die markanteste Persönlichkeit. Im Hinblick auf seine historische Rolle und die Auswirkungen seiner Lehre könnte man hinzufügen, er war der gefährlichste Rivale des Herrschers, obwohl er sein Leben lang Karl V. Sympathie, ja Hochachtung entgegenbrachte. Der Reformator war siebzehn Jahre älter als der Monarch. Er kam aus dem Kleinbürgertum oder, wie man heute sagen würde, aus dem intellektuellen Mittelstand, einer Klasse, die damals eine wichtige Rolle spielte, genauso wie ihre Nachfolger, die Technokraten des 20. Jahrhunderts. Sein Vater war Bergmann. Man darf diesen Beruf nicht in der Perspektive der letzten Jahrhunderte sehen. Die Bergleute jener Zeit waren eine streng organisierte Klasse und in der Gesellschaft sehr angesehen. Sie verfügten meist über eine höhere Bildung, denn noch unterschied man nicht zwischen Ingenieur und Arbeiter, und der „Bergmann" mußte die Fähigkeiten beider in seiner Person vereinen. Selbstverständlich zählte er sich daher zur Elite, und die Masse des Volkes teilte diese Ansicht. Hier spielte zweifellos ein unterbewußtes Relikt aus der heidnischen Vergangenheit herein. Der Knappe stieg in den Schoß der Erde hinab und stand mit den unsichtbaren Mächten, die im Erdinneren herrschten, in Verbindung. Offiziell durfte ein Christ nicht an solche Mythen glauben. In der Phantasie des Volkes aber waren sie eine Realität, die in den Sagen, Märchen und mündlichen Überlieferungen weiterlebte. Das hinderte übrigens nicht, daß die Mitglieder der Knappschaften für ihre tief verankerte Frömmigkeit bekannt waren. Es ist daher anzunehmen, daß Luther bereits im Schoß seiner Familie jene enge Beziehung zum Übernatürlichen vorfand, die – mitunter schon hart am Aberglauben – später seine Jugend, sein Mannesalter und seine Laufbahn als Lehrer charakterisierte. Deshalb übten Ereignisse, wie der jähe Tod eines Freundes oder der Blitzschlag, dem er sozusagen durch ein Wunder entging – laut Luther dank dem besonderen Schutz der heiligen Anna –, so tiefen Einfluß auf seine geistige und religiöse Entwicklung aus. Jahrelang war der Reformator auf der Suche nach einem barmherzigen Gott: Angst vor der Verdammnis und das Bewußtsein der eigenen Unvollkommenheit trieben ihn zum Studium des Neuen Testaments und zur Schriftauslegung. Diese geistigen Qualen spiegeln sich in seiner Lehre und in seinem Tun.

Abgesehen von seinem Glaubenseifer ließ der Meister von Wittenberg sich auch vom Nationalgefühl befeuern. Einer der entfernteren Gründe für die Haltung liegt zweifellos in der Tatsache, daß er in den Marken im Osten des Landes geboren worden war, im Grenzgebiet des germanischen Raumes, das schon unter slawischem Einfluß stand. Alle Grenzvölker neigen dazu, sich mit Nachdruck, ja mit Gewalt zu behaupten, viel mehr als die Bewohner des Binnenlandes, die keine direkte Berührung mit einem Nachbarn fremder Rasse oder Zunge kennen. Zwei Ereignisse waren bestimmt, das nationale Empfinden Luthers zu wecken: die Fühlungnahme mit dem Rom der Renaissance und die Begegnung mit Ulrich von Hutten.

In Rom vermochte der Augustinermönch mit seinen provinzlerischen Ansichten nicht die positiven Elemente einer geistigen und religiösen Macht zu begreifen, die im Laufe der fünfzehn Jahrhunderte ihres Bestrebens das Erbe der antiken Kultur zur Gänze angetreten, es umgestaltet und für künftige Generationen bewahrt hatte. Er war außerstande, die verfeinerte Lebensart zu würdigen, den guten Geschmack und die großen Kunstwerke, die jenen des klassischen Altertums nicht nachstanden, ja ihnen sogar überlegen waren. Die Kunst der Politik, deren die Kurie sich befleißigte, war für ihn nichts weiter als Schurkerei. Kurz, er verdammte alles, was andere seiner Zeitgenossen begeisterte. Luther sah nur die Dekadenz, die Unmoral, den – wie er glaubte – Verrat an der Sendung der Urkiche, an der Botschaft Christi. Er hatte kein Verständnis für historische Gegebenheiten. In den Augen des Reformators war Rom ein neues Babel, ein Sündenpfuhl, Schlupfwinkel des apokalyptischen Ungeheuers; der Papst war für ihn der Diener eines falschen Gottes, der „großen Hure". Überdies war er fest überzeugt, daß alle diese prachtvollen Paläste, die prunkvollen Kleider, die glänzenden Festlichkeiten, die Juwelen der Kurtisanen und der Luxus der Kardinäle mit dem Geld der deutschen Christen bezahlt wurden, die in ihrem naiven und reinen Glauben sich des ewigen Lebens versichern wollten, indem sie der Kirche Spenden zukommen ließen. Luther kehrte aus der Weltmetropole als deutscher Nationalist, der gegen die „Korruption" der Lateiner rebellierte, zurück. Nietzsche spricht boshaft von dem „stumpfen deutschen Mönchlein", blind für die Größe der Antike und deren Erbe in der Renaissance. Ohne in dieses Extrem verfallen zu wollen, läßt sich doch nicht leugnen, daß Luther auf Rom so reagierte, wie es für einen kleinbürgerlichen Patrioten aus der Provinz eben typisch war.

Die Begegnung mit dem Ritter und Dichter Ulrich von Hutten bedeutete für den Begründer des Protestantismus einen entscheidenden Wendepunkt. Auch Luther machte auf seinen Gesprächspartner einen unauslöschlichen Eindruck. Ulrich von Hutten ist wahrscheinlich der erste echte deutsche Nationalist oder zumindest der erste Publizist, der sich von der Lutherschen Lehre inspirieren ließ. Sein Schlagwort vom französischen Erbfeind, von der altüberlieferten Feindschaft zwischen Galliern und Germanen, machte Schule und vergiftete jahrhundertelang das Denken der Deutschen. Die geschichtliche Wahrheit verlangt jedoch hinzuzufügen, daß diese bösartigen Tendenzen nur dank der französischen Politik unter Richelieu, Ludwig XIV. und Napoleon so stark Fuß fassen konnten.

Hutten verwies Luther auf die Wechselbeziehung zwischen der von ihm erstrebten religiösen Reform und der deutschen nationalen Bewegung. Von diesem Tag an fühlte sich der Augustinermönch nicht mehr bloß als religiöser Erneuerer, sondern auch als eine historische Gestalt, berufen, sein Volk wachzurütteln und aus dem italienischen Joch zu befreien. Alte, zur Legende gewordene Erinnerungen, wie der Kampf der Germanen gegen die Legionen der Cäsaren, erwachten im Herzen des Sachsen zu neuem Leben und ließen ihn im Widerstand gegen die Spanier eine moderne Wiederholung der ruhmvollen Vergangenheit sehen. Wenn man nun weiß, daß derartige Komplexe für Karl V. überhaupt nicht existierten, er sie wahrscheinlich gar nicht verstanden hätte, dann begreift man, welche Kluft diese beiden starken Persönlichkeiten trennte. Trotz der Achtung, die sie einander zollten, war der Konflikt unvermeidlich.

Wie bereits erwähnt, zeigten die lateinischen Völker relativ wenig Interesse für die Reformation, während das germanische Europa von ihr zutiefst aufgewühlt war. Betrachtet man die – ebenso ehrlichen wie komplexen – Beweggründe Luthers, dann findet man auch jenseits des nationalen Faktors eine Erklärung für dieses Phänomen. In den Mittelmeerländern assimilierte das Christentum viele Elemente der heidnischen Klassik. Sie nahmen teilweise den Platz des Alten Testaments ein, das daher in der religionshistorischen Tradition niemals eine Sonderstellung, ja nicht einmal eine tragende Rolle innehatte. Der Humanismus bestärkte nur noch diese Tendenz, als er die klassische Antike zu neuem Leben erweckte. Zu den Chören der Engel, den glorreichen Heiligen und den ungezählten Seligen, die den Himmel bevölkern, gesellten sich in harmonischem Nebeneinander die wunderliche Welt des Olymp und die Heroen der antiken Sagen.

In den germanischen Ländern hingegen wurden die Götter der heidnischen Epoche zu Dämonen, während der rächende Gott des Alten Testaments im Bewußtsein zahlreicher Christen eine wichtige Rolle spielte. Vor ihm zitterte Luther, der sich verlassen fühlte, sich selbst ausgeliefert, hilflos. Er rief die Erinnerung an das alte bayrische Epos „Muspilli“ wach, eine Beschreibung des Jüngsten Gerichts, bei dem die menschliche Seele allein vor dem Angesicht des göttlichen

Richters steht, getrennt von Verwandten und Freunden, auf deren Unterstützung sie vor einem irdischen Tribunal hätte rechnen können. Genau das Gegenteil dieser dunklen Furcht wird in den Worten laut, die der Priester an den sterbenden Karl V. richtete: Die heiligen Apostel Matthias und Matthäus, die himmlischen Patrone des Tages seiner Geburt und seines Todes, würden ihm vor Gottes Thron zur Seite stehen.

Trotz seiner Verehrung für die Allerseligste Jungfrau und die heilige Anna konnte Luther nicht daran glauben, daß der Mensch durch die Verdienste anderer gerettet werden könne. Und nun, inmitten dieser Gewissensqual, fand er Erleuchtung in jenem Wort aus dem Römerbrief, der Mensch werde durch den Glauben gerechtfertigt, nur durch den Glauben und den Kreuzestod Christi. Von dieser Entdeckung zutiefst bewegt, wollte er seine neue Erkenntnis an die jungen Theologen in Wittenberg weitergeben. Von diesem Gesichtspunkt aus betrachtet, scheint es selbstverständlich, daß Luther voll Unwillens, ja mit Heftigkeit auf die Predigten des Ablaßhändlers Tetzel reagierte, der mit einer mehr als zweifelhaften Auslegung der kirchlichen Lehre den Gläubigen versprach, sie würden dem Fegefeuer entgehen, wenn sie nur eine hinreichend große Anzahl Ablaßzettel kauften. Es ist richtig, daß eine gewisse protestantische Propaganda hier grob übertrieb, wenn sie behauptete, Tetzel habe den Seelen das ewige Heil zugesichert, sowie sie nur bezahlt hätten: „Wenn der Kreuzer im Kasten klingt, die Seele aus dem Feuer springt." Aber leider war diese Darstellung immerhin das Zerrbild einer Wirklichkeit, die dem christlichen Ideal nicht entsprach. Diese Übergriffe veranlaßten einen relativ jungen, von religiöser Begeisterung erfüllten Mann, die friedliche Atmosphäre seines Hörsaals zu verlassen, um sich ins öffentliche Leben zu stürzen.

Trotz der Konzilsentscheidungen und der Maßnahmen, die im 15. Jahrhundert von den Päpsten ergriffen wurden, blieben in der Kirche zahlreiche Mißstände bestehen. Ob es in Deutschland schlimmer war als in anderen christlichen

Ländern, ist schwer zu sagen. Aus der italienischen und französischen Literatur des 15. und 16. Jahrhunderts scheint freilich hervorzugehen, daß es sich um ein allgemein verbreitetes Übel handelte. In Frankreich stand die Kirche jedoch in weitem Ausmaß unter der Gewalt der Krone, so daß Reformen leichter als anderswo durchgesetzt werden konnten. Die Bischöfe waren keine Reichsfürsten, und die Sorbonne wachte aufmerksam über die Reinheit der Lehre. In Italien hingegen wurden die Anzeichen der Dekadenz, von denen die Literaten sprechen, im allgemeinen nicht tragisch genommen. Diese geistig rege, ein wenig zynische Nation amüsierte sich lieber darüber. Das Volk schöpfte sogar noch Mut aus den menschlichen Schwächen seiner Priesterschaft, denn sie gaben den Laien eine stichhaltige Entschuldigung, die ihnen eines Tages vor dem Gericht Gottes von Nutzen sein würde. Der ernsthafte Deutsche, dem es allzuoft an Humor mangelt, und ebenso der fanatische Slawe, mit dem typischen Beispiel des Nationalhelden Jan Hus und der Hussiten, reagierten ganz anders. Man registrierte die menschlichen Schwächen der Kirche mit Schmerz und Zorn, tadelte in erster Linie den hohen Klerus und sah in allem letztlich den Tatbestand und die Folge der Vorherrschaft Roms.

Ein Gutteil der Verantwortung für die Krise fällt aber auch auf die Humanisten zurück, die in ihrem intellektuellen Dünkel sich gerne über die geringe Bildung der Theologen lustig machten, vor allem über deren mitunter fehlerhaftes Latein. Diese Angriffsmethode machte allerdings auf die große Masse wenig Eindruck. So war man gezwungen, im Kreuzfeuer der Polemik Klerus und Mönche anderer Missetaten zu beschuldigen: der Unmäßigkeit, der Völlerei, der Trunksucht und der Mißachtung des Gelübdes der Keuschheit. Bestimmt gab es in dieser Hinsicht viele Mißstände. Die Nüchternheit der „Devotio moderna", die strenge Askese, hatte ihr Gegenstück: die Freude am überströmenden Lebensgenuß, der mit den Kardinaltugenden der offiziellen Lehre wenig gemein hatte.

Zu diesen Schwierigkeiten trug noch die damalige wirtschaftliche Struktur der Kirche das Ihre bei: Sie zwang die Mitglieder des Klerus, sich aktiv mit weltlichen Dingen zu befassen. Wenn der Pfarrer eine Schankwirtschaftskonzession besaß, von der die Existenz seiner Pfarre abhing, dann war es schwer für ihn, Nüchternheit zu predigen. Führte er eine Herberge, so mußte er bei den damaligen Zuständen unvermeidlich ab und zu ein Auge zudrücken. Es ist also durchaus nicht ausgeschlossen, daß die Geistlichkeit bei bestimmten Gelegenheiten aus dem Laster Nutzen zog.

Trotzdem wäre es völlig falsch, aus den Quellen jener Epoche zu schließen, die Verderbtheit, von der berichtet wird, sei die Regel gewesen. Der Historiker weiß, daß der Chronist nicht die alltäglichen Vorkommnisse vermerkte, sondern sorgfältig alles Ungewöhnliche verzeichnete. So werden hundert tugendhafte Pfarrer mit Schweigen übergangen, aber der eine, der seiner Pfarre ein schlechtes Beispiel gab, geht in die Geschichte ein.

Die polemische Literatur, die zu Beginn der Reformation anschwoll, hat mit offensichtlicher Übertreibung die moralischen Zustände in der alten Kirche geschildert, als handle es sich um einen Haufen Kehricht. Erst das große, unvollendet gebliebene Werk des Johannes Janssen beschreibt nicht nur die negativen Seiten, sondern auch das blühende kulturelle Leben im Deutschland des 15. Jahrhunderts, die sozialen Einrichtungen der Kirche, die bemerkenswerten Leistungen der Orden und vieler Weltpriester. Seit dem Erscheinen dieser Studien herrscht ein ausgeglicheneres Urteil über jene Zeit vor, die – wie jede Zeit – ihre Größe und ihr Elend hatte.

Zusammenfassend kann man sagen, daß das Zusammentreffen verschiedenster Faktoren zum Ausbruch der Reformation führte: humanistischer Geist, Erwachen des Nationalismus, Kritik an der Politik und an der Religion und daneben auch die neue Frömmigkeit, die „Devotio moderna". Luther wurde zum Katalysator dieser unterschiedlichen Bestrebungen. Aber die Bewegung, der er den ersten Anstoß gab, ging bald weit über das hinaus, was er selbst je erhofft oder gewollt hatte.

★

In den ersten Anfängen der Reformation hatte Kaiser Maximilian gehofft, das „Mönchlein von Wittenberg" gegen den Papst ausspielen zu können; er war der Ansicht, dieser Konflikt zwischen den Theologen könnte durch die weltliche Macht gesteuert und in die gewünschte Bahn gelenkt werden. Wenig später stand sein Nachfolger vor einem Phänomen, das er anfangs gar nicht zu begreifen schien; er erkannte jedoch bald, daß man es nur beherrschen konnte, indem man alle Kräfte des Abendlandes aufrief, um die Einheit des Glaubens und der Kirche zu wahren. Diesem Ziel maß er so große Wichtigkeit bei, daß er ihm Vorrang gegenüber allen sozialen, nationalen und persönlichen Interessen gab.

Im Dienste dieses hohen Ziels wurde Karl V. mitunter von Männern unterstützt, von denen man das kaum erwartet hätte, wie zum Beispiel von einem Erasmus von Rotterdam. Unglückseligerweise widersetzten sich die entscheidenden Köpfe, die deutschen Fürsten und die römische Kurie, in blindem Eigensinn der Einberufung eines Konzils und den Bemühungen des Kaisers, zwischen beiden Extremen einen gerechten Kompromiß zu finden. Als Schüler Hadrians von Utrecht und Mensch der Niederlande hatte Karl ein offenes Ohr für jeden Wunsch nach einer kirchlichen Reform. In seinen Heimatprovinzen hatte bereits vor längerer Zeit eine Glaubenserneuerung eingesetzt, die jedoch weder die politischen Gegebenheiten ändern noch eine neue Religion begründen wollte. Jeder sollte für sich handeln, nach seinem eigenen Gewissen. Die Brüder vom Gemeinsamen Leben bewahrten noch das Erbe der „Devotio moderna", jener Frömmigkeitshaltung, die den Menschen des 14. Jahrhunderts so tief berührt hatte. Die Beginen, eine vor allem in Flandern stark verbreitete Bewegung, verfolgten eine ähnliche Tendenz. Wir wissen heute, daß die Brüder vom Gemeinsamen Leben aus der Gegend der Rheinmündung und aus Holland mit dem Augustinerkloster in Erfurt in regem Gedankenaustausch standen, wo Luther während seiner schweren Krise, als Glaubensangst und Glaubenszweifel sein ganzes Sein zutiefst erschütterten, für seine Seele Frieden suchte. Aus diesem rheinisch-niederländischen Gebiet stammt übrigens auch ein Schriftwerk, das bis zum Pietismus auf die Christen einen fast ebenso entscheidenden Einfluß ausübte wie die Bibel: die „Nachfolge Christi" des Thomas a Kempis.

In dem würdigen, stillen und prunklosen Palast der Erzherzogin Margarete in Mecheln herrschte weder starrer Dogmatismus noch moralischer Nihilismus, wie er Luther im Rom der Mediceer begegnete. Karl war zu einem guten Christen erzogen worden, und er blieb ein guter Christ sein Leben lang, was immer geschah. Was ihn an dem Mönch, dem er in Worms begegnen sollte, am meisten beunruhigte, war der Fanatismus, hinter dem er weniger edle Motive argwöhnte als die Reaktion echten Glaubenseifers auf den Ablaßhandel und die Vorherrschaft des Papstes. Der Monarch mißtraute der Egozentrik Luthers, der oft den Anschein erweckte, als halte er sich für einen unfehlbaren Propheten; denn unter Berufung auf die alleinige Autorität seines Gewissens leugnete er alles, auch die Zuständigkeit des Konzils. Karl befürchtete, diese Lehre, die dem Individuum schmeichelte und das Kollektiv zerstörte, werde das gemeinsame Haus der Kirche in Brand stecken, in dem die Christen seit fünfzehn Jahrhunderten miteinander gelebt hatten. Dazu kam die schwere Sorge des Kaisers, der Reformator werde die wesentliche Grundlage der Sicherheit des einzelnen unterminieren: den Lehrsatz, daß der „Consensus omnium" in der Kirche die Stimme Gottes ist. Karl V. begünstigte vorbehaltlos eine wahre Reform und forderte sie sein ganzes Leben hindurch. Aber er konnte die Weigerung, die Autorität des Konzils anzuerkennen, ebensowenig hinnehmen wie die Vorstellung, daß mehrere Kirchen nebeneinander bestehen könnten. Sein ganzes Wesen, seine Erziehung, sein tiefer und unerschütterlicher Glaube verboten ihm, in diesem Punkt Zugeständnisse zu machen; denn die religiöse Welt des Kaisers gründete auf der Idee von einer einzigen Kirche und einem einzigen Papst.

In religiösen Fragen – wie auch in vielen anderen Problemen eines langen politischen Lebens – stand Karl V. entschieden jenseits der Parteien, ja sogar jenseits seiner Zeit. In einer glänzenden Studie über das Wesen der Habsburger, „Das Geschlecht Habsburg", erwähnt Erich von Kahler, es sei eine der typischesten Charaktereigenschaften dieser Dynastie, immer über ihrer Zeit zu stehen, sich niemals an eine bestimmte Epoche zu binden, zu den Tagesereignissen große innere Distanz zu wahren und in vom Augenblick unabhängigen Kategorien zu denken. Einen ähnlichen Gedanken sprach Egon Friedell in seinem Buch „Kulturgeschichte der Neuzeit" aus, und selbst Grillparzer läßt seinen Rudolf II. sagen, daß sein Haus „im Mittelpunkt der eig'nen Schwerkraft der Rückkehr harrt der Geister, welche schweifen".

Dank seiner Erziehung und der Verbindung mit den markantesten Persönlichkeiten seiner Zeit gehörte Karl V. der humanistischen Schule an. Das zeigt sich in seinen Sprachkenntnissen, seinen wissenschaftlichen Interessen, seinem Verständnis für die Tradition der Antike und in seiner zutiefst humanen Haltung. Dadurch unterscheidet er sich von einem Heinrich VIII. von England, der zweifellos gleichfalls sehr gebildet, aber kaltherzig und grausam war. Der Humanismus des Kaisers war durch und durch von christlichem Gedankengut beseelt; Zweifel, wie sie zahlreiche Angehörige des Klerus, so auch einen Erasmus von Rotterdam, quälten, kannte er nicht. Aber Karl war auch ein Mensch der Renaissance, wie seine Vorliebe für klassische Formen, der Stil seiner Briefe und Aufzeichnungen, aber auch der Bauten, die er aufführen ließ, und überhaupt sein Geschmack und Kunstsinn bewiesen. Trotzdem schien der Kaiser gegen den Größenwahn, der viele seiner Zeitgenossen befallen hatte, immun zu sein. Er war ein „uomo universale", aber in einem ganz anderen Sinn als jene gewissen Renaissancegestalten, die dem machiavellistischen Ideal entsprachen. Niemals hätte man über ihn und seinen Hof eine Satire verfassen können, wie Rabelais sie über den großen Rivalen des Kaisers, König Franz I., schrieb. Wir könnten Karl mit dem größten Künstler seiner Zeit, mit Michelangelo Buonarrotti, vergleichen: Im vollsten Sinn des Wortes ein Meister der Renaissance, blieb dieser durch die vollständige Hingabe an sein Werk, durch seine Demut, die Art, wie er sich in seinen Briefen, seinen Gedichten und vor allem in seinen Kunstwerken darstellt – so in dem monumentalen Fresko vom Jüngsten Gericht, wo er sich als Letzter unter die Sünder reiht –, ein Mensch des christlichen Mittelalters.

Man könnte einwenden, die Devise des Kaisers „Plus ultra" zeuge von übertriebenem Ehrgeiz. Aber sein Leben beweist, daß er immer die Grenzen einzuhalten verstand, die er selbst sich gesetzt hatte, während er als ganz junger Mensch noch das „Non plus ultra" zum Leitmotiv gewählt hatte. Als er auf den Rat des Humanisten Marliano die Negation wegließ, geschah es in der Vorstellung, daß er, treu seiner Mission und seinem Lebensziel, niemals aufhören werde, für seine Ideale als Christ, Kaiser und Sohn des Hauses Habsburg-Burgund zu kämpfen.

In der Kunst- und Kulturgeschichte gilt die Frage, ob das Wort Renaissance auch auf die Länder nördlich der Alpen angewendet werden könne, als schwieriges Problem. Logischerweise trifft der Begriff einer Wiedergeburt, eines „Rinascimento", nur auf jenen Boden zu, wo die antike Kultur tatsächlich existiert hatte. Was wir in Deutschland, in den Niederlanden, ja sogar im nördlichen Frankreich an „Renaissance" zu sehen bekommen, unterscheidet sich wesentlich von der Ausdrucksform der Mittelmeerländer. Nördlich der Alpen finden wir eine autonome Weiterentwicklung der Gotik, bereichert um verschiedene Elemente der italienischen Kunst und vor allem um den technischen Fortschritt, wie zum Beispiel die Perspektive. Aber nirgends verspüren wir hier die tiefe, lebendige, leidenschaftliche Liebe zur heidnischen Antike, zu jener Philosophie, die den Menschen zum Maß aller Dinge, zum Herrn der Schöpfung, ja beinahe zu einem Gott machte, der legitimerweise jenseits von Gut und Böse steht. Aus diesem Blickwinkel betrachtet, scheint es verständlich, daß Nietzsche die Renaissancepäpste zutiefst bewunderte, die für ihn das Ideal des Übermenschen mit seiner Herrenmoral verkörperten. Ebenso wie man die Gemälde eines Matthias Grünewald nicht als Meisterwerke der Renaissance im Sinne der italienischen Maler bezeichnen kann, wäre es auch falsch, Karl von Burgund ohne weiteres als Renaissancemenschen hinzustellen. In seiner Seele, in seinem Geist waren das Mittelalter, die Gotik, die Christenheit vor ihrer großen Geisteswende noch lebendig. Der tiefe Zwiespalt seines Seins, das eigentliche Problem seiner historischen Gestalt, ergab sich aus der Tatsache, daß er im Vordergrund einer Entwicklungsphase stand, der er seinem Wesen nach nicht angehörte. Er war der Träger eines großen Erbes; seine Zeitgenossen wollten es zerstören, er selbst aber war entschlossen, es für künftige Generationen zu retten. Er lebte zwischen zwei Zeitaltern, jenseits seiner Zeit, wie „ein Bote aus der Ewigkeit in einer vergänglichen Welt". Der mönchische und pazifistische Charakter seiner letzten Wohnstatt auf Erden verweist bereits auf das Barock, obwohl er kein Mensch des Barocks war und dessen Überschwang nicht mehr kennenlernen sollte. Karl V. trug äußerlich die Züge seiner Zeit. Aber unter der Ritterrüstung wie unter dem Gewand des Großbürgers, die er auf den Gemälden Tizians im Prado zu Madrid und in der Münchener Pinakothek trägt, verbirgt sich ein Mensch, dem es bestimmt war, jenseits der vergänglichen Welt den Archetyp des imperialen Denkens zu suchen und danach zu streben, ihn nach besten Kräften in seinem Leben zu verwirklichen.

Die Armee und die neue Kriegskunst

Wie in der Politik, der Philosophie und den Künsten war das Zeitalter Karls V. auch in militärischer Hinsicht eine Zeit des Neben- und Gegeneinander der mittelalterlichen und der modernen Kampfesweise.

Tatsächlich waren vom Mittelalter nur noch wenige Spuren übrig, aber die moderne Auffassung hatte sich noch nicht durchgesetzt. Die wesentlichsten Grundsätze befanden sich noch im Anfangsstadium und waren noch kaum theoretisch formuliert worden; daher die Scheu vieler Kriegsführer, sie in die Praxis umzusetzen. Seit bald zwei Jahrhunderten büßte die Ritterschaft nach und nach ihre militärische Vorrangstellung ein. Die berühmte Schlacht bei Kortrijk, 1302, in der die Bürgerschaft von Brügge, verbündet mit dem Grafen von Flandern, den Sieg über die Armeen des Königs von Frankreich davontrug, bezeichnete in Wirklichkeit den Beginn einer neuen Epoche der Kriegsgeschichte. Dann folgte die Vernichtung der österreichischen und schwäbischen Ritter bei Morgarten und Sempach. Was bei den Bürgern begonnen hatte, setzte sich bei den Bauern fort. In den Hussitenkriegen traten neue taktische und strategische Phänomene in Erscheinung, und mit den Kriegen der Schweizer Eidgenossen gegen die Burgunder war schließlich der Höhepunkt dieser Entwicklung erreicht.

★

Im Zeitalter Karls V. hatte das Heer im allgemeinen noch keinen nationalen Charakter, sondern bestand in erster Linie aus Söldnern. Die militärische Vormachtstellung und die fast unerschöpflichen Reserven der Könige von Frankreich bedeuteten nicht, daß das französische Heer den Armeen der benachbarten Länder überlegen war, sondern sie waren auf die Finanzkraft des Landes zurückzuführen, die es gestattete, sich ständig der Dienste ausländischer Soldaten zu versichern.

Die Söldner jener Zeit rekrutierten sich für gewöhnlich aus zwei Gebieten, in denen das Kriegshandwerk zur Tradition geworden war: aus der Schweiz und aus Oberdeutschland. Selbstverständlich gab es im 16. Jahrhundert auch Soldaten aus anderen Ländern. Mit Ausnahme der Spanier aber waren sie den deutschen Landsknechten bei weitem unterlegen.

Das strategische Hauptproblem der Epoche bestand darin, die kriegerischen Tugenden der Ritter mit dem militärischen System des Söldnerheeres in Einklang zu bringen. Wie bereits erwähnt, hatte Kaiser Maximilian in der Schlacht bei Guinegate die neue Taktik angewandt, deren Hauptmoment weniger in der militärischen Technik als in der Kampfesmoral der Truppe lag. Diese wahrhafte Revolution in der Denkweise hatte sich bereits angekündigt, als derselbe Herrscher kurze Zeit vorher zu Fuß an der Spitze seiner Landsknechte in Brüssel eingezogen war.

Bis dahin bildeten der Ritter und sein Pferd eine unteilbare Einheit. Der Umstand, daß ein Ritter auf dem gewappneten Streitroß in den Kampf zog, während der Landsknecht zu Fuß kämpfen mußte, entsprach durchaus den sozialen Vorstellungen des Mittelalters. Nur ein Herr hoch zu Roß repräsentierte die Elite, die herrschende Klasse. Der Abstand zwischen ihm und dem Infanteristen beeinträchtigte freilich den Kampfgeist des Fußvolkes.

Man hatte bereits wiederholt versucht, das Fußvolk unabhängig von der Reiterei einzusetzen. Aber man mußte immer wieder die Feststellung machen, daß der Erfolg ausblieb. Der Fußsoldat tat sein Teil nur dann, wenn er unmittelbar in der Gefolgschaft eines Ritters kämpfte, etwa ein oder zwei Fußleute zwischen zwei Reitern. Hatten sie diese Unterstützung nicht, so ergriffen die Soldaten nur allzuoft die Flucht. Dieser

Zustand änderte sich in manchen Gegenden, als die Bürgerschaft sich ihrer sozialen Würde bewußt wurde, die mit der persönlichen Freiheit des einzelnen eng verbunden war, und als es gleichzeitig den Zünften gelang, den Städtern eine gewisse Disziplin aufzuerlegen. Daher war es möglich, bei einer Erhebung der Städte das kämpfende Fußvolk mit so viel Zuversicht zu erfüllen, daß es den Armeen der Ritter erfolgreich Widerstand leisten konnte. Die Weber von Brügge, mit ihren langen Wurfspießen, den Goedendags, ausgerüstet und unter den Befehl ihres Zunftmeisters Pieter von Koninck gestellt, bildeten ebenso wie die Fleischer mit ihren Beilen unter der Führung von Jan Breydel eine disziplinierte und in jeder Mutprobe standhaltende Truppe. Auch die Schweizer Eidgenossen waren freie Männer und konnten, mit Hellebarden und Piken bewaffnet, jedem Angriff der schweren Kavallerie trotzen.

Diese neue Armee der Bauern und Bürger diente jedoch in der Regel nur der Verteidigung. Vor allem die Bürger fanden wenig Vergnügen daran, die Nacht nach der Schlacht auf dem nackten Erdboden zu verbringen; das Abendessen wünschten sie am Familientisch einzunehmen. Auch die Schweizer entfernten sich kaum von ihrem Ausgangspunkt, während die Armeen der Ritter stets bereit waren, lange Zeit und in entfernten Gebieten Krieg zu führen.

Dazu ist allerdings zu sagen, daß die rein defensive Kriegführung der Schweizer erst zur Entwicklung der Söldnerheere führte. Zur Zeit Karls V. spielte sich jenes Ereignis ab, das den entscheidenden Wendepunkt in der Schweizer Kriegsgeschichte bezeichnete. Statt fremden Herren zu dienen, hatten die Eidgenossen vesucht, eine unabhängige Militärmacht zu schaffen, um zu Eroberungszügen jenseits ihrer Grenzen aufzubrechen. Sie versagten dabei vollständig. In der zwei Tage lang währenden Schlacht von Marignano wurden sie von der Armee des französischen Königs aufgerieben, die sich aus deutschen Landsknechten und nur zum geringsten Teil aus Franzosen zusammensetzte. Nach dieser Niederlage gaben die Schweizer jeden Gedanken an einen Offensivkrieg für immer auf. Wer kämpfen wollte, der verdingte sich in Spezialeinheiten im Sold fremder Herren.

Es war typisch für diese Übergangsperiode in der Kunst der Kriegführung, daß es weder Karl V. noch seinen Gegnern gelang, einen entscheidenden und damit endgültigen Sieg zu erringen. Sogar ein scheinbar so vollkommener Triumph wie der Sieg von Pavia bestimmte höchstens den Ausgang eines Feldzuges, vielleicht eines Krieges; unter die endlosen Streitigkeiten zwischen den beiden Staaten setzte er keinen Schlußpunkt, nicht einmal für die Dauer einer Generation.

In der ersten Hälfte des 16. Jahrhunderts wurde in den Niederlanden und in Spanien eine neue Angriffstaktik entwickelt, die im Laufe der folgenden Jahrzehnte zur Bildung von Berufsheeren führte und die Kriegskunst der Spanier und Niederländer, der Schweden und Franzosen beeinflußte. An der Ausarbeitung des modernen Konzepts hatte der „Gran Capitan" Karls V., Gonzalvo de Cordoba, bedeutenden Anteil, der seine Söldner im Verlauf des Krieges gegen Neapel systematisch geschult hatte. In Cerrignola, 1503, konnte er bereits die ersten Früchte seiner Mühe ernten. Allerdings wurden die Spanier 1512 bei Ravenna geschlagen. Aber selbst diese Niederlage trug zu ihrem Ruhm als einer erstklassigen Fußtruppe bei. Es ist kein Zufall, daß das Wort „Infanterie" vom spanischen *Fanteria* kommt.

Zur selben Zeit bezeichnete man in Frankreich das Fußvolk immer noch als „l'extraordinaire de la guerre", Nebentruppe, während die Kavallerie „l'ordinaire de la guerre", die Regulärtruppe, hieß. In diesen Ausdrücken spiegelte sich die Denkweise der klassischen Kriegskunst wider, die noch immer die Reiterei als Hauptmacht ansah. Beide Waffengattungen standen jedoch vor demselben schwer zu lösenden Problem: Wie sich vor dem feindlichen Feuer schützen, ohne die grundlegende Taktik zu ändern, deren entscheidender Faktor immer noch der massive Block der Lanzenträger war? Deren Vorstoßen betrachtete man als letzten Keulenschlag, während das Feuer der Tirailleure nur zur Vorbereitung diente; es sollte den Feind schwächen, indem es Verwirrung in seine Reihen brachte oder einen Gewaltstreich des Gegners unterband.

★

Karl V. interessierte sich lebhaft für militärische Angelegenheiten, wie aus seinen Briefen und den Berichten über taktische Fragen zu ersehen ist. In diesem Zusammenhang ist es aufschlußreich, seine Studie über die Verteidigungspläne für Wien im Jahre 1532 nachzulesen. Die von ihm empfohlene Truppenaufstellung scheint ein wenig kompliziert; sie konnte in der Praxis nicht erprobt werden, da die Türken sich kampflos zurückzogen. Man muß jedoch zugeben, daß die taktischen Schwierigkeiten beträchtlich waren und es eines erfinderischen Geistes bedurfte, sie zu lösen. Ein Brief Ferdinands I. an seine Schwester ergänzt die Abhandlung des Kaisers; der König von Böhmen und Ungarn beschreibt bis ins einzelne den tatsächlichen Stand und die Aufstellung der Armee. Die von ihm genannten Zahlen scheinen der Wahrheit näher zu kommen als die so mancher Chronisten, die oft sehr stark von den offiziellen Berichten abwichen. Eine Armee von 80.000 Mann Fußvolk und 6000 Mann Reiterei sollte in Schlachtordnung aufgestellt werden. Schärtlin von Burthenbach spricht von 65.000 respektive 11.000 Mann. Die Träger von Wurfspießen, „Pikeniere“ genannt, bildeten drei große Vierecke, 140 bis 150 Mann lang und breit. Zwischen ihnen standen in derselben Breite die Reiter. Fünf Reihen Tirailleure, Schützen, umschlossen diese Aufstellung, während die Artillerie im Schutz der leichten ungarischen Kavallerie vor der Front aufgestellt war. Hans Dellbrück vertritt in einer wissenschaftlichen Studie dieses Entwurfes die Meinung, es handle sich eher um Anweisungen für eine Parade als um eine Schlachtordnung. Vielleicht hat er recht; nichtsdestoweniger bleibt aber die Tatsache bestehen, daß dieses Zurschaustellen der militärischen Kräfte sein Ziel erreichte: Beim Anblick des

Feindes gab Sultan Soliman seinen Truppen nicht das Zeichen zum Angriff, sondern trat den Rückzug an.

Aus den Aufzeichnungen Karls V. geht auch hervor, welche große Bedeutung er der Kriegsgeschichte beimaß. Mit höchster Aufmerksamkeit studierte er die Schlachten Cäsars und verfaßte Kommentare zu dessen Schriften. Er entsandte sogar eine wissenschaftliche Kommission nach Frankreich, die die römischen Schlachtfelder des Gallischen Krieges besuchen und eingehend beschreiben sollte. Als Resultat ihrer Arbeit überreichten die Sachverständigen dem Kaiser nicht weniger als vierzig Schlachtpläne.

Als Krieger bewies der Monarch persönlichen Mut und bewahrte in der Schlacht stets seine Kaltblütigkeit. Er war bis ins letzte mit den Geheimnissen der Taktik vertraut, ohne je den Überblick über großangelegte strategische Operationen zu verlieren. Diese Gaben zeigten sich in besonderem Maße bei dem Feldzug, der mit der Schlacht von Mühlberg seinen Höhepunkt erreichte. Die große Schwäche des Kaisers lag auf ökonomischer Ebene, denn meist war er gezwungen, aus Geldmangel seine Söldner zu entlassen und neue anzuwerben, wenn die Notwendigkeit eines Heeres wiederum gegeben war. Das machte es nahezu unmöglich, auf lange Sicht zu planen – eine Tatsache, deren verheerende Folgen wir erkennen, wenn wir die Politik und das Lebenswerk Karls V. als Ganzes betrachten. Anläßlich der Eroberung von Tunis stellte der Herrscher übrigens auch seine erstaunlichen Kenntnisse der Seeschiffahrt unter Beweis. Die Niederlage vor Algier war nicht die Folge militärischen Versagens, sondern hatte ihre Ursache in den starken Stürmen, die eine günstige Landung verhinderten.

Wie bereits betont, handelte es sich hier um eine Zeit des Überganges. Solche Perioden stellen die Anpassungsfähigkeit und die Geradlinigkeit des Denkens ihrer führenden Persönlichkeiten auf die Probe. Karl V. stand den Notwendigkeiten der neuen Ära aufgeschlossen gegenüber. Mit realistischem Blick bemühte er sich, ein originelles militärisches System zu erarbeiten, das es gestattete, gewisse ritterliche Grundsätze zu bewahren, sie dem technischen Fortschritt zu integrieren und gleichzeitig den neuen soziologischen Gegebenheiten Rechnung zu tragen. Die Einführung der neuen Feuerwaffe, des Terzerols, wirkte revolutionierend, denn sie verlieh der Kavallerie ungewohnte Einsatzkraft, da man vom Sattel aus auf den Feind schießen konnte. Die Gefechtsformationen – wie zum Beispiel die schnecken- oder schachbrettförmige Aufstellung der Truppen, die unter den Bezeichnungen „caracol" respektive „spanische Brigade" in die Geschichte einging – scheinen uns manchmal gekünstelt. Trotzdem müssen wir anerkennen, daß diese vielfältigen Versuche künftigen Entwicklungen den Weg bahnten.

Die moderne spanische Kriegskunst, die zum Teil auf die Bemühungen des Kaisers zurückzuführen war, sollte mehr als ein Jahrhundert lang allen europäischen Staaten zum Muster dienen und verhalf der spanischen Infanterie für lange Zeit zum Ruf der Unbesiegbarkeit. Karl V. erlebte noch die Freude, Zeuge des Sieges bei St. Quentin zu sein, den die Generäle seines Sohnes erfochten, die aus seiner Schule gekommen waren und nun die neuen Grundsätze anwandten, die er sie gelehrt hatte.

Eine der großen Tragödien unter den zahlreichen Schicksalsschlägen, die den Kaiser trafen, war der elementare Ausbruch von Disziplinlosigkeit unter den Söldnern, der als „Sacco di Roma" bekannt wurde. Die Dokumente und Schriften jener Epoche bezeugen, daß Karl V. und seine Generäle nicht dafür verantwortlich zeichneten, obwohl der Kaiser politische Vorteile daraus zog. Das grausame Geschehen bewies, wie gefährlich es war, Landsknechte anzuwerben, wenn man ihnen dann aus Geldmangel den Sold schuldig bleiben mußte. Was not tat, war ein stehendes Heer, gut ausgebildet und diszipliniert, das dank seiner Qualität – und nicht dank zahlenmäßiger Überlegenheit – in der Lage war, den Plan des obersten Befehlshabers zu verwirklichen.

Im Vergleich zu seinem berühmten Zeitgenossen Niccolò

Machiavelli war Karl V. in militärischer Hinsicht weitblikkender. Der Sekretär der florentinischen Staatskanzlei, Philosoph und Autor verschiedener Schriften über Politik, Staatswesen und Regierung, hatte in seiner Heimatstadt eine Miliz organisiert, die anfänglich bemerkenswerte Erfolge erzielte, denn es gelang ihr, Pisa zu unterwerfen. Trotzdem wurde die florentinische Streitmacht 1512 in der Schlacht von Prato von den Spaniern geschlagen, ja geradezu vernichtet, als sie sich nach der Niederlage auf dem Rückzug befand. Den Leuten mangelte es an Disziplin, der wichtigsten Voraussetzung für eine wohlgeordnete Truppe. Machiavelli, der in seiner Staatslehre für einen skrupel- und schrankenlosen Machtwillen eintrat und tatsächlich Vorläufer der Jakobiner und der rechts- und linkstotalitären Regime unserer Zeit war, war der Fehler unterlaufen, zu glauben, in einer Armee von Bürgern könnten Befehlsgewalt und Zwang von oben eng abgegrenzt werden.

Karl V. war der festen Überzeugung, daß ritterliche Gesinnung, uneigennütziger Mut, Disziplin und Selbstverleugnung die Schlagkraft einer Armee ausmachten. Deshalb stellte er die Militärmacht Spaniens und Burgunds auf diese Grundlage. Ein barmherziges Schicksal bewahrte ihn davor, erleben zu müssen, wie sich in der zweiten Hälfte des Jahrhunderts die Erben seines Gedankenguts, seine Schüler, als Feinde auf dem Schlachtfeld gegenüberstanden. Nach seinen Auffassungen herangebildet, kämpften sie auf beiden Seiten voll Zähigkeit und Geschick. Die Niederländer bewiesen schließlich die größere Wendigkeit, sich den geänderten Verhältnissen anzupassen. Das verlieh ihnen den entscheidenden Vorteil über die Spanier – zumindest in diesem Teil Europas.

★

Um nochmals auf Machiavelli zurückzukommen: Das lebendige Ideal seines „Principe“ wurde in jener Epoche fast ausschließlich von den Gegnern Karls V. repräsentiert. Will man sie beim Namen nennen, so könnte man Männer wie Franz I. von Frankreich, Heinrich VIII. von England, Moritz von Sachsen, einige Päpste jener Zeit, etliche diplomatische Vertreter der Kurie und, neben Moritz, zahlreiche deutsche Fürsten aufzählen. Vielleicht gehörte es zur Tragik des Kaisers, daß er – im Gegensatz zu seinen Feinden – Staat, Politik und Krieg in der Perspektive eines Ritters, Kaisers und Christen sah. Aber auch seine Mißerfolge – und gerade sie – trugen wesentlich zur historischen Größe Karls V. bei. Übrigens kann man die machiavellistischen Fürsten nicht eigentlich als Schüler des Philosophen von Florenz bezeichnen; der Philosoph deutete vielmehr getreulich die Ideen seiner Zeit, deren Repräsentanten die Fürsten waren.

KAPITEL IV

KAISER VON DEUTSCHLAND

Die Kaiserwahl

Die Nachricht vom Tod Kaiser Maximilians, die Karl Ende Januar 1519 in Lerida erreichte, war der unmittelbare Anlaß für die Abreise des Herrschers aus Spanien.

Beim Reichstag zu Augsburg hatte der bereits vom Tod gezeichnete Kaiser sich noch tatkräftig für die Wahl seines Enkels zum König von Rom eingesetzt, aber die ablehnende Haltung der Fürsten zeigte ihm deutlich, daß er ohne entsprechende Mittel, das heißt ohne Gold, sein Ziel nicht erreichen konnte. Maximilian, von Natur großzügig, hatte das Geld niemals halten können; kaum hatte er welches zur Verfügung, so gab er es auch schon aus. Er litt sein Leben lang an Geldknappheit, und kurz vor seinem Tod war er vollständig verarmt. Wechsel, die seine Unterschrift trugen, waren völlig wertlos. Die lange Reise von Augsburg nach Österreich in einer unwirtlichen Jahreszeit, die weiten Strecken, die zu Wagen oder in kleinen Booten zurückgelegt werden mußten, beschleunigten wahrscheinlich das Ende des Kaisers. In Wels verließ ihn die Kraft zur Weiterreise, und Maximilian starb dort am 11. Januar 1519. Er wurde nicht in dem prunkvollen Grabmal, das er in der Innsbrucker Hofkirche hatte errichten lassen, beigesetzt, sondern in der Georgskapelle der Residenz zu Wiener Neustadt. Dort liegt sein Grab direkt unter dem Altar, und der Priester steht während der heiligen Messe genau über seinem Herzen. Maximilian ging wohlvorbereitet in die andere Welt. Während der letzten Wochen hatte er sich von allem Unwesentlichen zurückgezogen und nur noch für das Jenseits gelebt.

Kaum war der Kaiser verschieden, da setzte auch schon die Jagd nach der Krone ein. Wenn Karl ernstlich die Nachfolge seines Großvaters antreten wollte, mußte er auf raschestem Weg in die Niederlande reisen, um den Geschehnissen näher zu sein. Dennoch sollte ein ganzes Jahr vergehen, ehe das Schicksal des Reiches sich entschied.

Anfangs sahen die Spanier in der Bewerbung ihres Königs um die Kaiserkrone lediglich einen Schritt, der den Souverän noch weiter von seinem Land entfernte. Unruhe breitete sich aus und wurde durch gewisse Kreise noch geschürt. Die drei Punkte, die von den Cortes als *Conditio sine qua non* ihrer Zusammenarbeit mit dem Königshof proklamiert worden waren, gewannen auf die öffentliche Meinung immer stärkeren Einfluß. Die Volksvertretung forderte nichts Geringeres, als daß der König Spanien nicht verlassen, weder Gold noch Silber ausführen und keinen Landesfremden mit einem öffentlichen Amt betrauen dürfe. Um zu einem Übereinkommen zu gelangen, ohne die Forderungen akzeptieren zu müssen, berief Karl die Cortes ein; verweigerten sie ihm das Geld, so löste er sie jedesmal auf und berief sie in einer anderen Stadt des Königreiches neuerlich ein.

Karl wußte sehr genau, daß es sinnlos gewesen wäre, nach Deutschland zu gehen, ohne zumindest über ein paar hunderttausend Taler zu verfügen, um dem Patriotismus der Kurfürsten aufzuhelfen. Mittlerweile vermehrte sich die Anzahl der Bewerber um die Kaiserkrone. Eine der stärksten Positionen hielt Franz von Frankreich, aber auch König Heinrich von England war an der Krone interessiert. Die römische Kurie bewahrte anfänglich den Anschein der Neutralität. Nur unter der Hand spann sie heimlich Intrigen gegen das Haus Habsburg. Schließlich stellte Rom sich jedoch offen auf die Seite des Königs von Frankreich, nicht ohne zuerst noch den Versuch zu unternehmen, den Kurfürsten von Sachsen, Friedrich den Weisen, zu veranlassen, selbst zu kandidieren. Von allen Reichsfürsten verdiente der Sachse die höchste Achtung. Seine Gerechtigkeit, Frömmigkeit, Toleranz, Ehrlichkeit und sein rechtschaffener Sinn waren bekannt. Friedrich der Weise schützte Martin Luther, der an seiner Universität einen Lehrstuhl innehatte, einzig auf Grund seiner Überzeugung, daß es ungerecht sei, die Gewissensfreiheit eines ehrenwerten Menschen zu verletzen. Der Kurfürst selbst blieb übrigens bis zu seinem Tod den Dogmen des alten Glaubens treu, obwohl sein Land zum Zentrum der Reformation wurde. Er zählte sogar zu den größten Reliquiensammlern seiner Zeit, das heißt, daß er Gegenstände religiöser Verehrung sammelte, die der neue Glaube als Werkzeuge der Abgötterei verwarf. Er besaß 8000 Reliquien, die er zum Großteil auf einer Pilgerfahrt zu den heiligen Stätten erworben hatte; darunter befanden sich Kuriositäten wie zum Beispiel Heu aus der Krippe Christi. Daß Kurfürst Friedrich sich trotz gegnerischer Intrigen für das Haus Habsburg einsetzte, bedeutete den entscheidenden Wendepunkt im Kampf um die Kaiserkrone.

Auf Karls Wunsch beteiligte Erzherzogin Margarete sich in aller Stille an den Wahlvorbereitungen. Wieder einmal stellte sie ihr außerordentlich diplomatisches Geschick unter Beweis und mobilisierte mit Erfolg den weitgespannten Kreis ihrer persönlichen Freunde. Aber auch sie mußte dem Neffen berichten, daß er nicht die geringste Aussicht auf Erfolg habe, sofern er nicht über beträchtliche Summen verfüge.

Mittlerweile hatte Karl in Spanien zum letztenmal die Cortes einberufen, und zwar nach La Coruña, einem Hafen der Provinz Galicia, von wo er sich nach den Niederlanden einschiffen konnte, sobald das gewünschte Resultat erzielt war.

Karl hatte aus den vorhergegangenen Mißgeschicken gelernt und daher beschlossen, sich vor den Cortes nicht durch einen Fremden wie Chièvres oder Gattinara vertreten zu lassen. Er wählte einen Spanier, den Bischof Dr. Mota, seinen einstigen Erzieher, der nunmehr zu den Ratgebern zählte, auf die er am meisten hörte. Der Kirchenfürst kannte seine Landsleute, und die Rede, die er bei der Eröffnungssitzung vor den Ständen hielt, war ein diplomatisches und psychologisches Meisterstück. Er pries vorerst die Größe Spaniens und seines Monarchen, ehe er geschickt den Gedanken einfügte, daß die Wahl Karls zum Römischen Kaiser eine große Ehre bedeute, nicht nur für den Herrscher, sondern noch mehr für das ganze Land. Denn seit eh, bekräftigte er, waren nur die Könige der Franken und der Deutschen zur höchsten politischen Würde der Christenheit gelangt. Zum erstenmal hatte ein Spanier echte Aussichten auf den Thron Karls des Großen. Als Kaiser sei der Spanier König der Könige; sein Ruhm werde auf alle Spanier zurückstrahlen. Mota verwies auf die Geschichte und rief seinen Landsleuten in Erinnerung, daß ihre Heimat einst ein bedeutender Teil des Römischen Reiches gewesen war, dem es drei seiner ruhmreichsten Herrscher schenkte: Trajanus, Hadrianus und Theodosius. Nun sei der Augenblick gekommen, diese Tradition wieder aufzunehmen.

Die Ansprache des redegewandten Bischofs wirkte Wunder. Sofort wurde abgestimmt, und die Cortes bewilligten die von ihnen geforderten Gelder. Mehr als 400.000 Dukaten wurden dem königlichen Schatzmeister übergeben. Mit dieser Summe ausgerüstet, konnte Karl am 20. Mai 1520 sich auf das Schiff begeben.

Wir begegnen in der Geschichte sehr oft der Tatsache, daß günstige oder ungünstige Geschehnisse nie allein, sondern immer serienweise auftreten. Es ist daher nicht verwunderlich, daß die Entwicklung in Spanien eine Parallele in Deutschland hatte. Die öffentliche Meinung – vor allem was die Beziehung zu Rom betraf – hatte sich inzwischen bis zum Radikalismus verschärft. Nichtsahnend hatte der Papst versucht, den Kampf gegen die Habsburger zu entscheiden, indem er den Fürsten empfahl, für den König von Frankreich zu stimmen. Diese Einmischung zeigte einen völlig entgegengesetzten Erfolg. Wahrscheinlich zum erstenmal in der deutschen Geschichte wurde die Volkesstimme laut. Dieses neuartige Phänomen beeindruckte die Fürsten um so mehr, als sie noch niemals mit einer derartigen Reaktion zu tun gehabt hatten. Man könnte fast sagen, daß eine Woge des Patriotismus von der Nordsee bis zu den Alpen aufbrandete. Überall tra ten Adel, Bürgertum und Volk für den jungen Habsburger ein, der – gestern noch ein Unbekannter – sozusagen über

Nacht zur großen Hoffnung der Nation geworden war. Teilweise mag es wohl auch der Volkstümlichkeit Maximilians zuzuschreiben sein, daß sein Enkel spontan auf den Schild erhoben wurde. Der letzte Kaiser war allgemein beliebt gewesen, nicht so sehr wegen seiner Politik, die reicher an Plänen als an greifbaren Erfolgen war, sondern wegen seines persönlichen Charmes, seines Kolorits, seiner Originalität. Ideen wie zum Beispiel die Bewerbung um den Stuhl Petri hätten einen anderen lächerlich gemacht; bei Maximilian trugen sie im Gegenteil noch zu seinem Ruhm bei. Außerdem dankte das Volk ihm die Reformen im Reich selbst, vor allem die Schaffung eines Reichsgerichtshofes und die Errichtung von Verwaltungsbezirken. Diese beiden Maßnahmen trugen in hohem Grad zu Freiheit, Recht und Sicherheit jener bei, die von der Macht der Ritter und Landesfürsten alles zu fürchten hatten. Für die kleinen Leute war der tote Herrscher geradewegs in die Legende eingegangen; in ihren Augen war er ein Bürger, ein Mann des Volkes wie jeder andere und gleichzeitig ein Ritter, eine heroische Gestalt, die ihre Phantasie anregte. Dieses idealisierte, strahlende Bild wurde von der Masse des Volkes nun spontan auf den Enkel Maximilians übertragen.

Als die Kurfürsten zur entscheidenden Wahl rüsteten, hatte die Volksmeinung bereits alle anderen Kandidaten verworfen. Aber da diese Entwicklung sich erst in der Endphase herauskristallisierte, übte sie keinen wie immer gearteten Einfluß auf bereits gegebene Zusagen aus. Daher konnten die Fürsten dem Habsburger Geld herauspressen, obwohl es für sie äußerst schwierig gewesen wäre, anders zu wählen, als das Volk es von ihnen erwartete. Es ist bezeichnend für den damals herrschenden Geist, daß Karl mit Stimmeneinheit gewählt wurde. Einzig der Erzbischof von Mainz, Albrecht von Brandenburg, hatte so bedeutende Summen vom König von Frankreich erhalten, daß er ihn nicht völlig fallenlassen konnte; deshalb stimmte er nur unter Vorbehalt für Karl und erklärte öffentlich, er habe seine Stimme dem Habsburger gegeben, „nicht aus rechtem Wissen“, sondern „aus rechter Furcht“.

Die Kosten der Wahlen beliefen sich schließlich auf rund eine Million Goldtaler. Die Hälfte dieser Summe diente direkten Zahlungen an die Kurfürsten. Ohne die tatkräftige Hilfe des Bankhauses Fugger hätte Karl seine Versprechungen trotz der Großzügigkeit der spanischen Cortes wohl nicht halten können. Und doch bedeuteten die finanziellen Opfer, so schwer sie auch wogen, nichts im Vergleich zu den politischen Zugeständnissen, die von den Kurfürsten dem Kaiserkandidaten abgerungen worden waren.

Die Wahl im Jahr 1520 stellt daher eine wichtige Etappe in der Geschichte der deutschen Verfassung dar. Ein bereits gegebener Tatbestand wurde sanktioniert und das Reich nahm offiziell den Charakter einer Fürstenrepublik an, das heißt, einer Regierungsform, in der die einzelnen Kleinstaaten sich entscheidenden Einfluß erhofften. Es war vorgesehen, daß in Abwesenheit des Kaisers – mit der die Fürsten auf Grund der vielfältigen Verpflichtungen des Souveräns rechneten – eine föderalistisch-republikanische Regierung die eigentliche Macht ausüben sollte. Eugen Rosenstock verweist zu Recht darauf, daß erst seit dieser Epoche der Ausdruck „Kaiser und Reich“ gebräuchlich wurde. Tatsächlich bedeutete das Dualismus oder Dyarchie, Zweiherrschaft – eine Verfassung, die an das zur Zeit des Kaisers Augustus im antiken Rom vorherrschende Regierungssystem gemahnt. Eine andere sehr wesentliche Bedingung, die von den Fürsten gestellt worden war, betraf das feierliche Versprechen des Habsburgers, keine spanischen Truppen nach Deutschland zu verlegen.

Die folgenden Ereignisse sollten jedoch zeigen, daß Karl V. trotz dieser Konzessionen größere Macht besaß als seine Vorgänger in den letzten 150 Jahren. Der tatsächliche Einfluß des Kaisers war nicht nur der Territorialmacht seines Hauses zuzuschreiben, sondern vor allem seiner starken Persönlichkeit. Wieder einmal erwies es sich, daß eine Verfassung nur dann Wert hat, wenn sie sich auf eine echte Autorität stützen kann, daß diese aber noch keineswegs gesichert ist, solange sie nur auf dem Papier besteht.

Schon bei der ersten Begegnung des jungen Kaisers mit den Kurfürsten vermerkten die Zeitgenossen eine subtile Veränderung in den persönlichen Beziehungen. Maximilian pflegte die Fürsten als Kollegen zu behandeln, so daß sie sich daran gewöhnt hatten, den Kaiser mehr oder weniger als *Primus inter pares* anzusehen. Zum großen Erstaunen aller wahrte Karl von Anfang an Distanz, so sehr, daß es fast als Kälte erschien. Obwohl der Habsburger bei weitem der jüngste unter ihnen war, akzeptierten die Fürsten sozusagen von selbst den neuen Stil. Die kaiserliche Majestät des jungen Imperators nötigte ihnen höchste Ehrerbietung ab, ebenso die erhabene Meinung, die der Souverän von seiner neuen Würde hatte und die sein Großkanzler mit glänzendem Geschick ins Treffen führte. Und schließlich läßt sich nicht leugnen, daß der Herzog von Burgund und König von Spanien dank seiner internationalen Stellung im Vergleich zu den deutschen Kurfürsten ein sehr großer Herr war, um so mehr, als Karl zu jener Zeit bereits am Werke war, ein Weltreich zu schaffen, in dem die Sonne nicht untergehen sollte.

Am 22. Oktober 1520 hielt der neugewählte Kaiser seinen Einzug in Aachen. Es war ein sehr feierlicher Akt, so wie einst seine „Joyeuse entrée", sein „fröhlicher Einzug", in den Niederlanden. Die Stadt, wo der Thron Karls des Großen steht, lag so weit im Westen, daß es nicht viel Phantasie brauchte, um ein Zeremoniell in burgundischem Stil zu entwerfen.

Der Papst mußte, wenn auch widerwillig, den Sieg des Habsburgers zur Kenntnis nehmen. Kurze Zeit vor den Wahlen hatte er noch durch seinen Nuntius Orsini der Versammlung der Kurfürsten in Oberwesel eine Botschaft zukommen lassen. Unter Berufung auf ein Versprechen, welches Ferdinand von Aragon anläßlich seiner Besteigung des neapolitanischen Thrones abgegeben haben soll, erklärte der Papst mit Nachdruck, daß Karl als Souverän dieses Königreiches von der Wahl zum deutschen Kaiser ausgeschlossen sei. Es ist nicht uninteressant, daß hier in einer dem 16. Jahrhundert angemessenen Form das alte Problem der *Unio Regni ad Imperium*, der Vereinigung des Königreiches mit dem Kaiserreich, wieder auflebte, das bereits ein Zankapfel zwischen den Hohenstaufen und der Kurie gewesen war und zum Bruch des Welfenkaisers Otto IV. mit Papst Innozenz III. geführt hatte. Tatsächlich befürchtete Rom, eine derartige Personalunion könnte zur Einkreisung des Kirchenstaates führen und dessen Unabhängigkeit gefährden. Denn der König von Neapel würde als König der Deutschen gleichzeitig auch die Eiserne Krone der Lombardei tragen und Herr der Reichslehen in Nord- und Mittelitalien sein. Vier Jahrhunderte später, das heißt, nach der Einigung Italiens als Nationalstaat, führte dieselbe strategische Konstellation zum Ende der weltlichen Macht des Papsttums.

Im Laufe der Unterhandlungen, die der Kaiserwahl vorangingen, hatte Margarete vorgeschlagen, Ferdinand von Österreich als Bewerber um die Krone aufzustellen, falls die Wahl seines älteren Bruders auf unüberwindliche Schwierigkeiten stoßen sollte.

Karl wies diesen Vorschlag jedoch beinahe schroff zurück. In einer Instruktion und einem persönlichen Brief, die Hadrian von Croy, Seigneur de Borain, der erst kürzlich zum Ritter vom Goldenen Vlies ernannt worden war, der Regentin überbrachte, legte er seinen Standpunkt im einzelnen klar. Er tat seinen Entschluß kund, seinen Bruder zum König von Rom wählen zu lassen, womit er eindeutig zu verstehen gab, daß er nicht die Absicht hatte, die Kaiserwürde für immer mit dem Königreich Spanien zu liieren. Im Augenblick jedoch sollten die Länder des Hauses Habsburg in einer Hand vereint bleiben und dadurch zur Stärkung der Krone beitragen. Die Bewahrung des Glaubens und der Schutz der Christenheit gegen den gemeinsamen Feind seien das wesentliche Ziel seiner Aufgabe in Deutschland und anderswo.

Nach der Wahl Karls mußte die Frage der Beziehungen

zwischen den beiden Brüdern sowie die Zuteilung einer Funktion an Ferdinand einer raschen Lösung zugeführt werden. Es hätte gegen den Geist jener Zeit verstoßen, wenn der Bruder des Kaisers – und präsumtive Erbe der Krone – einfach nur am kaiserlichen Hof gelebt hätte, ohne ein wichtiges Amt zu bekleiden oder mit einer Herrschaft belehnt zu werden. Außerdem mußte eine gesetzliche Regelung gefunden werden, um die österreichischen Länder, von alters her die Hausmacht der Habsburger in der deutschen Welt, mit den anderen Besitzungen der Dynastie zu vereinen und gemeinsam zu regieren. Karl V. hatte noch nie die österreichischen Erblande besucht; Brandi behauptet, sie seien für ihn „ebenso ferne Erbstücke wie die Neuen Indien“ gewesen. Dieser Ausdruck scheint übertrieben, obwohl es freilich zutrifft, daß Karl zu diesem Zeitpunkt nicht einmal die Sprache verstand, die in seinen zahlreichen Ländern zwischen der Burgundischen Pforte und der Leitha gesprochen wurde. Wenn er an seine deutschen Untertanen das Wort richtete, bediente er sich der Sprache seines Geburtslandes, des Flämischen. Erst viel später beherrschte er das Deutsche einigermaßen fließend.

Das Haus Habsburg verfügte in Deutschland über beträchtliche Besitzungen. An erster Stelle steht hier die Grafschaft Elsaß und daran anschließend jene Gebiete, die später zur Schweiz kamen. Am rechten Rheinufer lagen der Breisgau, die schwäbischen Besitzungen, vor allem die Markgrafschaft Burgau, Vorarlberg und Tirol; alle mit dem Regierungssitz in Innsbruck. Noch weiter im Osten lagen die Erzherzogtümer Österreich, die Steiermark, Kärnten, Krain und die Windische Mark, die von Wiener Neustadt aus verwaltet wurden. Gegen Süden besaßen die Habsburger Länder an der adriatischen Küste – Triest seit 1382 –, in Friaul, in den Ausläufern der Alpen, dazu die Bistümer Brixen und Trient, die den Weg nach Italien und die Durchzugsstraßen nach Mailand beherrschten. Von hier gelangte man rasch zu den spanischen Besitzungen auf der italienischen Halbinsel.

Die markanteste Persönlichkeit in der Politik der österreichischen Länder war Kardinal Matthäus Lang, Bischof von Gurk und seit 1514 Koadjutor des Erzbischofs von Salzburg. Er hatte bereits unter Maximilian eine bedeutende Rolle gespielt, und während des kurzen Interregnums war seine Macht noch gewaltig angestiegen.

Beim Reichstag zu Worms, 1521, von dem wir noch sprechen werden, kam es zu einem ersten Übereinkommen der Brüder hinsichtlich der Teilung des Familienbesitzes im deutschen Raum.

Ferdinand wurde mit Ober- und Niederösterreich, der Steiermark, Kärnten und Krain belehnt. Von der letztgenannten Provinz wurde das Gebiet zwischen dem Pustertal und Istrien abgetrennt, das Karl in Anbetracht seiner strategischen Wichtigkeit Italien gegenüber nicht aus der Hand geben wollte. Außerdem behielt der Kaiser die Souveränität über ganz Westösterreich, das sogenannte Vorderösterreich, und Tirol. Man muß jedoch hinzufügen, daß 1522 in Brüssel ein endgültiges Abkommen unterzeichnet und Ferdinand mit ganz Österreich belehnt wurde. Ein geheimes, dem Vertrag beigefügtes Protokoll sicherte Ferdinand das Erbrecht in ganz Westösterreich, setzte jedoch fest, daß Pfirt, Elsaß und Hagenau nach dem Tod des Erzherzogs wieder an Burgund fallen sollten.

Im Jahre 1520 war die Stellung der Habsburger in Süddeutschland, das heißt zwischen dem Rhein und den Alpen, durch die Erwerbung Württembergs beträchtlich erstarkt. Herzog Ulrich, ein ruheloser, streitsüchtiger Mann, war aus dem Lande verjagt worden und irrte nun in der Fremde umher. Der Schwäbische Bund hatte gegen ihn Krieg geführt und forderte Schadenersatz und Wiedergutmachung in der Höhe von 220.000 Gulden. Die Finanzen des Hauses Habsburg befanden sich wie gewöhnlich in einer Krise; Burgund kam zu Hilfe und schoß die notwendige Summe vor, um dem Herrscherhaus den Besitz dieses wichtigen Landes zu sichern. Am 7. Feber 1522 trat Karl das Gebiet an seinen Bruder ab, der 1525 den Titel eines Herzogs von Württemberg annahm.

Karls Herrschaft über das Kaiserreich hatte unter günstigen Auspizien begonnen. Ein Besuch in Canterbury war sehr erfolgreich verlaufen und die Allianz mit England wieder einmal neu bestätigt worden.

Das Hauptproblem, das sich nun stellte, war: Welche Haltung würde der Reichstag zu Worms hinsichtlich einer Reform der Kirche einnehmen? Die römische Kurie forderte dringend eine Klarstellung.

Am 26. Januar 1521 trat der Reichstag zusammen, und am 6. März desselben Jahres befahl der Kaiser dem Professor Martinus Luther, vor den Reichsständen zu erscheinen. Diese Geste allein war bereits ein großes Zugeständnis an den Geist der deutschen Reformation. Üblicherweise hätte eine derartige Frage niemals vor einer Versammlung weltlicher Würdenträger behandelt werden dürfen, sondern wäre in die ausschließliche Kompetenz der kirchlichen Behörden gefallen.

Die deutsche Reformation

Die in Deutschland ausgebrochene religiöse Krise war mehr als nur eine Kontroverse zwischen Theologen. Der Kaiser und auch der Sonderbeauftragte des Papstes, Hieronymus Aleander, erkannten das nur allzubald. Freilich konnte Karl nicht sofort die ganze Tragweite dieses Geschehens erfassen, aber sein politischer Instinkt sagte ihm, daß es sich entscheidend auf Erfolg oder Mißerfolg seiner politischen Pläne auswirken würde. Nicht das Auftreten Luthers, nicht seine Thesen gegen den Ablaßhandel und nicht der Stolz, mit dem er dem Papst die Stirne bot, verliehen der neuen Lehre letztlich ihren revolutionären Charakter, sondern das leidenschaftliche Interesse, das die Staaten und das deutsche Volk ihr entgegenbrachten.

Wie bereits gesagt, zeichneten sich die religiösen Bewegungen im 15. und 16. Jahrhundert durch einen stark nationalen Anstrich aus. Hier ging es um das Erwachen eines Urgefühls, gegen das die beste und gescheiteste theologische Diskussion nicht an konnte. Neben der Reaktion auf die Mißstände in der Kirche kann man drei Hauptgründe nennen, die diese religiösen Revolutionen entfesselten und ihnen eine oft unwiderstehliche Dynamik verliehen.

In erster Linie hatte der Humanismus durch seine unaufhörliche Kritik an der kirchlichen Struktur seit langem die Grundfesten der Kirche untergraben. Man muß zugeben, daß seine Argumente zum Großteil sehr gerechtfertigt waren, so zum Beispiel die mangelhafte Ausbildung der Theologen, die Vernachlässigung der Seelsorge, ein religiöses Leben, das immer mehr an geistigem Gehalt verlor und sich mit äußerem Gepränge begnügte. So hatte sogar der König der Humanisten, Erasmus von Rotterdam, der doch selbst Priester war, das echte Verständnis für religiöse Dinge verloren. Es ist bekannt, daß Erasmus jahrzehntelang es möglichst vermied, die heilige Messe zu zelebrieren. Der katholische Kirchenhistoriker Lortz konnte mit Recht von ihm sagen, er habe die Lehre der Kirche zum Moralismus degradiert. Es ließe sich sogar darüber streiten, ob sein Christentum nicht einfach ein Theismus im Sinne des 18. Jahrhunderts war. Obzwar bei weitem die imposanteste Persönlichkeit seiner Schule, stand er mit seiner Geisteshaltung nicht allein, sondern vereinte in seiner Person das Denken zweier Generationen von Humanisten.

Als Luther auf dem Schauplatz erschien, tobte gerade eine heftige Polemik gegen den Gelehrten Reuchlin und gegen die „Dunkelmännerbriefe", die die Haltung der Humanisten gegenüber der Kirche in herausfordernder Weise zum Ausdruck brachten. Strenggenommen hätten die Humanisten alle die Mißstände toleriert, gegen welche die kleinen Leute sich stemmten: die Anhäufung von Benefizien, den immensen Reichtum der Kirche, den Aufwand, den die Bischöfe trieben, und sogar den Ablaßhandel, das heißt alle jene Praktiken, die sich vom Begriff der Armut und der Liebe, der Reue, der Schuld, der Buße und der Frömmigkeit, wie vor allem die Bettelorden sie predigten, weit entfernt hatten. Unentschuldbar war in ihren Augen lediglich das schlechte Latein der Mönche in Sprache und Schrift; darin sahen sie ein grobes Vergehen gegen den höchsten aller Werte: die Tradition der klassischen Antike.

Objektiv betrachtet, waren diese sprachlichen und kulturellen Vorwürfe der Humanisten nicht immer berechtigt. Zum Beispiel wurde behauptet, die Bibel des heiligen Hieronymus, die „Vulgata", habe die Originaltexte verfälscht. Ein paar Jahrhunderte später erbrachten Studien über die Septuaginta den Beweis, daß die offizielle Version der Kirche dem Urtext der Heiligen Schrift viel näher kam als die griechische Fassung, die unter der Leitung Erasmus' von Rotterdam herauskam und später Luther als Grundlage seiner Übersetzung diente. Die jüngsten Forschungen über den Reformator haben ergeben, daß fast alle Mängel seiner Übersetzung auf den griechischen Text zurückzuführen sind; seinen großartigen Erfolg in sprachlicher Hinsicht dagegen verdankt er zum Großteil der Vulgata, die er so gut kannte, daß es ihm möglich war, den deutschen Bibeltext in einem Zug während erstaunlich kurzer Zeit niederzuschreiben. Karl V. hatte Verständnis für die Kritik der Humanisten an der Einmischung der Kurie, an der Organisation der Kirche, am kulturellen Niveau der Theologen und an den Kirchenpfründen. Seit 1516 gehörte Erasmus dem Kaiserlichen Rat an. Wohl bezichtigten die Dominikaner in Spanien den Meister von Rotterdam der Häresie, aber der Kaiser nahm seine Verteidigung höchstpersönlich in die Hand. Karl machte kein Geheimnis daraus, daß er die Schrift des Erasmus „Institutio Principis Christiani" überaus hochschätze; das „Enchiridion militis Christiani", Handbuch des Streiters Christi, erachtete er sogar als grundlegendes Werk für die Prinzenerziehung.

Die zweite wesentliche Ursache der Reformation liegt auf einer ganz anderen Ebene und spielte vor allem bei Luther selbst eine große Rolle. Die Gewissenskrisen und Glaubenszweifel, unter welchen der junge Mönch im Kloster der heiligen Anna zu Erfurt litt, hatten mit dem Humanismus durchaus nichts zu tun. Ihre Ursache lag in der Mystik des ausgehenden Mittelalters, in der *Devotio moderna*. Auf den Kontakt zwischen den Niederlanden und den Augustinereremiten in Erfurt wurde bereits hingewiesen. Auf dieser Ebene hätten die frommen Unterweisungen Hadrians von Utrecht sogar ein gemeinsames Band zwischen dem Kaiser und Luther herstellen können. Luther aber ging bedeutend weiter als die Brüder vom Gemeinsamen Leben. Zumindest anfänglich brachte er Gedanken und Gefühle zum Ausdruck, die wir auch bei seinen Zeitgenossen, bei Sebastian Franck und dem Verfasser der „Theologie Teutsch", finden. Man kann weder Luther noch die Explosivkraft und Dynamik seiner Bewegung verstehen, wenn man in ihm einen modernen Menschen oder einfach einen Humanisten sieht. Heute wissen wir, daß Luther viel tiefer im Mittelalter verwurzelt war als die meisten seiner berühmten Zeitgenossen. Erasmus, Zwingli und Calvin, vielleicht auch noch Melanchthon gehörten bereits einer neuen Zeit an; Luther ganz bestimmt nicht. Bei den religiösen Streitgesprächen in Marburg, vom 1. bis 5. Oktober 1529, trat das frappierend zutage. Zwingli, seiner Logik getreu, leugnete die reale Gegenwart Christi in Brot und Wein der Eucharistie. Gott könne keinen Akt setzen, der unvernünftig sei, argumentierte er, und Gott habe auch nicht das Recht dazu. Luther hingegen verteidigte mutig seine Überzeugung, man müsse Gott gehorchen und an Ihn glauben. In seiner derben Ausdrucksweise verschwor er sich, Dreck zu fressen, wenn Gott es von ihm verlange. Die Glaubenszweifel Luthers kamen also nicht vom Verstand her. Während seines Klosterlebens hatte er viele Ängste ausgestanden, weil er überzeugt war, die Erbsünde, die Schwäche und Begrenztheit des Menschen seien so schwer, daß er über kein Mittel verfüge, sein Leben und Tun vor dem Allmächtigen zu rechtfertigen. Er fürchtete also, verdammt zu werden. Da entdeckte er im Brief des Apostels Paulus an die Römer den Abschnitt über die Rechtfertigung einzig durch den Glauben: *sola fide*. Er klammerte sich buchstäblich an dieses Wort, aus dem er seine gesamte Gnaden- und Erlösungslehre entwickelte. Martin Luther glaubte, endlich den barmherzigen Gott, nach dem seine geängstigte Seele rief, gefunden zu haben.

Luther war ein ehrlich und leidenschaftlich gläubiger Mensch, mit tiefem Verständnis für das Religiöse; aber er ordnete alles dem unter, was er für das „Gesetz seines Gewissens" hielt. Er ging so weit, ganz vertraut „der Herr Jesus und ich" zu sagen. Das war eine persönliche und doktrinäre Haltung, die den Humanisten unverständlich war. Darüber kam es zum Bruch zwischen Luther und Erasmus und auch zu der Kluft, die sich trotz gegenseitiger Sympathien zwischen dem Reformator und Karl V. auftat. Luther bewunderte den Herrscher und fand wiederholt schöne Worte zu seiner Verteidigung. Noch viel später pries er das schweigsame Wesen und die edle Zurückhaltung des Monarchen und verglich sie – zu seinen Ungunsten – mit der eigenen Vielrederei. Er pflegte zu sagen, Karl spreche in einem Jahr weniger als er, Luther, an einem Tag. Mit seinem tiefen psychologischen Instinkt glaubte der Reformator tatsächlich, in Karl in religiöser Hinsicht eine verwandte Seele zu finden. Trotzdem scheint Luther nicht erfaßt zu haben, daß es für Karl einen Gegensatz zwischen Glauben und Autorität nicht geben konnte, daß der Herrscher niemals seiner eigenen Überzeugung gefolgt wäre, wenn diese im Widerspruch zur Tradition und Lehre der Kirche gestanden wäre.

Dieser mittelalterliche – tatsächlich zutiefst reaktionäre – Zug verhalf der Reformation, vor allem in der Anfangsphase, zu unzähligen Erfolgen. Die Masse des Volkes hatte kein Verständnis für abstrakte Spekulationen und nahezu rationalistische Anschauungen. Der Appell an das schlichte Gemüt hingegen – wie „Glaube allein" und „Rechtfertigung aus dem Glauben" – fand ein machtvolles Echo in der Bevölkerung, die dank dem Niedergang der offiziellen Kirche von der reinen Lehre Christi und der Armut der Urkirche träumte. Waren diese innersten Gefühle einmal erwacht, so verbündeten sie sich mit der dritten Wurzel der sich anbahnenden Reformation, dem deutschen Nationalbegriff, und entwickelten sich damit zu einer echten Explosivkraft.

Der Ausbruch des Nationalbewußtseins drohte bereits seit längerer Zeit. Nunmehr aber steigerte sich – die normale Entwicklung! – der Nationalismus zum Fremdenhaß, das heißt in diesem Fall zum Haß gegen Rom, gegen den Pontifex maximus und das Lateinertum. Das unterirdisch glimmende Feuer wurde, vor allem in den Jahren der Reformation, durch das Bestreben der kirchlichen Würdenträger, mehr und mehr Geld aus Deutschland herauszuziehen, erst angefacht. Man muß jedoch zugeben, daß es nicht die Päpste in Rom, sondern die Bischöfe in Deutschland waren, die durch ihre unsinnigen Geldforderungen den letzten Anstoß zur Revolution gaben.

Eine der unheilvollsten Gestalten war der Erzbischof Albrecht von Brandenburg, dessen wenig sympathische Gesichtszüge uns von Grünewalds Gemälde „Erasmus und Mauritius" vertraut sind. Albrecht von Brandenburg bezahlte seine enormen Schulden an das Bankhaus Fugger mit Ablaßgeldern. Er gestattete den Beauftragten des Bankiers sogar, Tetzel auf seinen Predigtfahrten zu begleiten und an Ort und Stelle die von der frommen Bevölkerung gespendeten Gelder zu kassieren. Seine unersättliche Habsucht trieb ihn, seinen Herrschaftsbereich auszuweiten und dem Erzbistum Magdeburg noch das von Mainz anzugliedern.

Die Vereinigung der beiden Erzdiözesen hatte böse Folgen. Eugen Rosenstock, der Geschichtsphilosoph und große Kenner der Rechtsentwicklung, hat als erster die Aufmerksamkeit auf diese wichtige Tatsache gelenkt. Bis zur Reformation gehörten Kultur- und Sozialpolitik ebenso wie Fragen der Eheschließung mit ihren gerichtlichen und rechtlichen Folgen in die Zuständigkeit der Kirche. Je differenzierter die Gesellschaft wurde, je mehr die Verwaltungsaufgaben sich ausweiteten und die innenpolitischen Fragen an Bedeutung gewannen, desto stärker beunruhigte es die weltliche Macht, daß sie auf diesen Sektoren keinen nennenswerten Einfluß hatte. Der Konflikt spitzte sich zu, als Albrecht von Brandenburg durch die Vereinigung der beiden Erzdiözesen Magdeburg und Mainz das gesamte Gebiet des Kurfürsten von Sachsen unter seine kirchliche Autorität stellte. Nach der von Rosenstock glänzend verfochtenen Ansicht war es nur eine Reaktion auf diese Tatsache, daß der Kurfürst mit der Reformation sympathisierte.

Der Gegensatz zwischen weltlicher und geistlicher Macht wurde von den Schriftstellern jener Zeit noch hochgespielt. 1511 hatte der Humanist Wimpheling seine „Gravamina der Deutschen Nation" veröffentlicht, in denen er gegen die Ausfuhr von deutschem Gold nach Rom Einspruch erhob. Es ist ein interessantes Schriftwerk, weil wir hier zum erstenmal einer Mischung religiöser, nationaler und wirtschaftlicher Fragen begegnen. Ebenso war Ulrich von Hutten, von dem wir bereits gesprochen haben und der zu den ersten deutschen Nationalisten zählt, nicht nur ein glühender Parteigänger Luthers, sondern beeindruckte auch seinereits den Reformator zutiefst. Unter dem Vorwand dieser Lehren und der Verdammung des Papsttums durch Luther ergriffen die Fürsten von den Kirchengütern Besitz. Ihre religiöse Begeisterung diente also einem wirtschaftlichen und persönlichen Interesse; besonders augenfällig trat dies bei den geistlichen Kurfürsten, die sich der Sache des Protestantismus anschlossen, zutage. Dank der Autorität ihres Amtes und ihrer administrativen Machtstellung hatten sie tatsächlich die Möglichkeit, ihre geistliche Würde in eine zeitliche und erbliche Regierung umzuwandeln, eine Dynastie zu begründen oder aber ihr Haus um neue Gebiete zu bereichern. So wurde zum Beispiel Preußen, eine Provinz des Deutschen Ordens, von den Hohenzollern beschlagnahmt und mit Brandenburg vereinigt. Es ist nicht verwunderlich, daß die solchermaßen bereicherten Fürsten nunmehr die Sache Luthers unterstützten und sich energisch einem Konzil widersetzten, von dem sie befürchten mußten, es würde zu Recht die Rückstellung der Kirchengüter von ihnen fordern. Tragisch und grotesk zugleich aber ist, daß der Papst ihre ablehnende Haltung dem Kaiser gegenüber teilte. Diese paradoxe Gruppierung ungleicher Kräfte hinderte Karl letztlich, eine echte Reform der Kirche durchzusetzen.

Als Luther sich 1521 nach Worms begab, wurde klar, welchen Umfang die neue religiöse Bewegung in Deutschland bereits gewonnen hatte. Dem rebellischen Mönch jubelte man überall begeistert zu, während die päpstlichen Legaten häufig auf offener Straße bedroht und geschmäht wurden. Vor dem Reichstag zeigte sich Luther zuerst scheu; doch bald gewann seine Rednergabe die Oberhand. Die Herausforderung „Hier stehe ich, ich kann nicht anders" sicherte ihm den tosenden Beifall der Stände.

Der Kaiser ließ sich davon nicht beeindrucken. Aus den

Aufzeichnungen seiner Mitarbeiter wissen wir, daß er eigenhändig die Resolution verfaßte, die er dem Reichstag vorlegen wollte. Wir kennen auch seine Argumente; sie enthalten bereits alle Merkmale der religionspolitischen Haltung der Krone während der folgenden dreieinhalb Jahrzehnte. Aus seinem Wunsch heraus, eine Reform der Kirche zu begünstigen und sich den Neuerern gegenüber tolerant zu erweisen, hielt der Kaiser ein Konzil für unerläßlich. Er war jedoch entschlossen, alles zu tun, um die Einheit der Kirche zu retten, ohne die es kein gemeinsames Vorgehen gab, das Abendland gegen die Gefahren zu schützen, die es von innen und von außen bedrohten. Der Bannspruch über Luther war eine logische Folge des kaiserlichen Manifests am Reichstag. Aber von Anfang an war vorauszusehen, daß der Urteilsspruch niemals zur Durchführung gelangen werde. Das freie Geleit, das Luther am 25. April 1521 versprochen worden war, gewährte ihm eine Zeitspanne von drei Wochen, um in aller Ruhe ein sicheres Asyl aufzusuchen. Erst am 8. Mai unterschrieb der Kaiser den Haftbefehl. Zu Recht darf man hieraus schließen, daß Karl V. eine Gefangennahme des Mönches gar nicht wünschte.

Der Kurfürst von Sachsen aber – eingedenk dessen, was mit Jan Hus beim Konzil von Konstanz geschehen war – mißtraute dem „freien Geleit". Er inszenierte daher einen Scheinüberfall auf Luther und ließ den Reformator in Sicherheit bringen. Zur Beruhigung seines eigenen Gewissens verbot Friedrich jedoch, ihn über den Aufenthaltsort Luthers zu informieren. Die Sendlinge führten ihren „Gefangenen" heimlich auf die Wartburg, die in der Glanzzeit der Grafschaft Thüringen ein geistiges Zentrum Deutschlands gewesen war. In der Einsamkeit seines inneren Exils durchlitt Luther neuerlich eine schwere Gewissenskrise. Er machte sich die bittersten Vorwürfe, daß er seine Mission, in aller Öffentlichkeit die Deutschen den neuen Weg zum ewigen Heil zu lehren, verraten habe, indem er sich in Sicherheit bringen ließ. Auch Friedrich der Weise hatte mit Schwierigkeiten zu kämpfen, denn während der erzwungenen Abwesenheit des Meisters überstürzten sich die Ereignisse, und die Reformation schlug Wege ein, die man nicht hatte vorhersehen können.

Mittlerweile übersetzte Luther auf der Wartburg das Neue Testament. Es erschien 1522 bei Hans Lufft in Wittenberg und erreichte in Rekordzeit eine Auflagenhöhe wie kein anderes Buch zuvor. Sowohl vom lehramtlichen wie vom sprachgeschichtlichen Standpunkt aus war der lutherischen Bibel eine tiefgreifende Wirkung bestimmt. Im Gegensatz zu den früheren Übersetzungen in Hoch- oder Niederdeutsch mit ihrem schwerfälligen Stil und den oft unverständlichen Ausdrücken sprühte das Werk Luthers von der Lebendigkeit seiner Sprache, der farbigen Ausdrucksweise und dem Reichtum an packenden Vergleichen. Unter Verwendung des Schriftdeutsch der Prager Hofkanzlei gelang es Luther, eine gemeinsame Ausdrucksweise zu schaffen und ins Volk zu bringen, die zum Bindeglied zwischen Süd-, Mittel- und Niederdeutschland wurde.

Während der Meister auf der Wartburg gegen den Teufel focht, den er tatsächlich zu sehen glaubte – ein neuerlicher Beweis der mittelalterlichen Grundhaltung des Reformators –, blieben seine Freunde und Kollegen an der Universität Wittenberg nicht untätig. Sie begannen das kirchliche Leben zu verändern. Die Messe wurde abgeschafft, Beichte und lateinische Liturgie verschwanden, der Gottesdienst enthielt nun lediglich eine von deutschen Liedern umrahmte Predigt, und die Eucharistie wurde unter beiderlei Gestalten gereicht. Unter den Theologen, die von den Fürsten beauftragt waren, den neuen Glauben zu organisieren, entstanden zahllose Richtungen, von den gemäßigten bis zu den radikalen. Zu letzteren zählte Andreas Bodenstein, der nach seinem Geburtsort am Main den Beinamen „Karlstadt" angenommen hatte. Er war der geistige Vater der fanatischen Gruppen, die später Luther so viel Sorge bereiten und ihn zu heftigen Reaktionen veranlassen sollten.

Jahrzehnte vergingen, bis Luther und Melanchthon die endgültige Form von Lehre und Riten festgelegt hatten. Erst gegen Ende des Jahrhunderts zeichneten sich zwischen der alten Kirche und dem neuen Glauben klare Grenzen ab. Lange Zeit existierten die beiden Konfessionen Seite an Seite, wodurch es freilich zu zahlreichen Mischformen kam. So geschah es zum Beispiel gar nicht so selten, daß derselbe Pfarrer in der einen Gemeinde noch die heilige Messe in lateinischer Sprache las und im Nachbardorf bereits die Eucharistie unter beiderlei Gestalten spendete. Dieser Zustand erklärt jene dem 16. Jahrhundert eigentümlichen Erscheinungen, die der Historiker nur mit Mühe erhellen kann, wie zum Beispiel den „geheimen Protestantismus" Kaiser Maximilians II., eines Neffen Karls V.

Diese verschwommene Grenze zwischen den Konfessionen machte es auch erklärlich, daß Karl V. bis in seine letzten Regierungsjahre hinein die Hoffnung hegte, mit Hilfe eines Konzils die Einheit der Kirche wiederherstellen zu können. Die breite Masse begriff meist gar nicht, daß es zu einem Schisma gekommen war, denn die unüberwindlichen Gegensätze zwischen dem alten und dem neuen Glauben waren noch nicht ins Bewußtsein des Kirchenvolks gedrungen. Die Spendung der heiligen Kommunion „sub utraque specie" zum Beispiel mochte den Katholiken durchaus annehmbar erscheinen, denn schließlich hatte die Kirche selbst sie beim Konzil zu Basel den böhmischen Utraquisten zugestanden. Anderseits vertrat der Kaiser die Ansicht, daß es keineswegs unmöglich sei, den Protestanten in rein disziplinären Fragen, wie zum Beispiel die Priesterehe oder die Verwendung der deutschen Sprache für Gebet und Predigt, wesentliche Zugeständnisse zu machen. Die Frage des Primats des Papstes jedoch bildete ein tatsächlich unüberwindliches Hindernis. Die Protestanten stellten ja nicht nur die Funktion des Bischofs von Rom als Primas der Kirche in Abrede, sondern waren von einem nahezu blinden Haß gegen die Einrichtung des Papsttums als solches erfüllt. Zu Lebzeiten Luthers, das ist bis zum Jahre 1546, wagten sich die radikalen Eiferer kaum hervor, denn der Reformator selbst verehrte weiterhin die heilige Jungfrau Maria und die heilige Anna, betete den Rosenkranz und ging zur Beichte. Nach seinem Tod brandmarkten die Protestanten allerdings diese religiösen Übungen als Götzendienst; sie behaupteten, die Katholiken beteten Maria an, und sie gingen mitunter so weit, Heiligtümer zu entweihen. Die Katholiken setzten sich gegen diese Angriffe heftigst zur Wehr, und die Marienverehrung breitete sich verständlicherweise intensiver denn je aus. Den Nutzen aus diesen widerstreitenden Anschauungen zogen schließlich die Lehren Zwinglis und Calvins, die sogar in lutherischen Ländern Fuß fassen konnten; ein Vierteljahrhundert später trug ein politisches Ereignis, der Krieg zwischen dem katholischen Kaiser und den protestantischen Fürsten, dazu bei, die Atmosphäre noch mehr zu vergiften.

Karl V. hatte in Worms einen schweren Verlust erlitten: Am 27. Mai 1521 starb der Herr von Chièvres im 63. Lebensjahr an den Folgen eines Fiebers. Böswillige Gerüchte suchten auch hier die natürliche Todesursache in Zweifel zu ziehen. In Wahrheit scheint der Bericht über seine Krankheit, über die in Einzelheiten gehende Angaben vorliegen, zu erhärten, daß der Staatsmann, der bis zum letzten Augenblick arbeitete und täglich mit dem Kaiser konferierte, vor allem an den Folgen einer dauernden Überlastung litt. Von allen seinen Lehrern und Ratgebern stand Karl der burgundische Edelmann und kluge Diplomat menschlich am nächsten. Sein Tod hinterließ eine Leere, die niemals ausgefüllt wurde – wie der Kaiser bis zum Ende seiner Regierung immer wieder erwähnte. In der Folge gewann Gattinara an Einfluß, ohne jedoch jemals die Stellung des Verstorbenen zu erreichen. Der Reichsgedanke mit allen seinen Verzweigungen nahm nunmehr im Denken Karls V. den ersten Platz ein.

Die Revolution in Spanien

Nachdem Karl sich im Mai 1520 in La Coruña eingeschifft hatte, wurden Kastilien, das Königreich Valencia und die Balearen zum Schauplatz politischer Erschütterungen, die zu den seltsamsten Phänomenen der modernen Geschichte zählen. Die Revolution der Comuneros und der Germanía zwischen 1520 und 1522 zeigte gewisse Parallelen zu anderen Geschehnissen am Ende des Mittelalters und zu Beginn der Neuzeit. Ihre Motivierung sowie die Unruhe und Verwirrung, die sie verursachte, machten sie aber vor allem zu einer Vorläuferin der blutigeren und tiefergreifenden Umstürze späterer Jahrhunderte, wie zum Beispiel der großen Revolutionen in England und Frankreich, ja sogar der Pariser „Commune", 1870. In diesem Zusammenhang gelangt Konrad Haebler zu der Auffassung, die frühen Publikationen über die spanische Revolte seien parteiisch und Karl gegenüber ungerecht. Haebler prangert besonders die Werke des Juan Maldonado, Alcocer, Pedro Mexia und vielleicht am härtesten die „Decadencia de España" von Ferrer del Rio an, die 1850 in Madrid erschien.

Am Aufstand der Städte trug in erster Linie eine vorübergehende Interessengemeinschaft des Stadtadels und der Handwerksmeister Schuld, die sich – wie überall in Europa – in Körperschaften zusammengeschlossen hatten. Die Hidalgos oder Caballeros, das heißt der niedere Adel, der vor allem in Städten lebte, hatten den Großteil der Magistratsämter inne. Aber auch Handwerker gelangten an leitende Posten. Mit Ausnahme der Provinz Valencia, wo die Ereignisse einen ganz anderen Verlauf nahmen als im übrigen Spanien, war die Trennungslinie zwischen Rittern und Bürgerlichen in den Städten sehr verschwommen. Der niedere Adel hatte seinerseits häufig Kontakt mit dem hohen Feudaladel. Aber auch dieser stand nicht immer auf seiten der Regierung, sondern nahm mitunter eine zwielichtige Haltung ein und konspirierte sogar mit den Rebellen.

Die gefährliche Durchschlagskraft, die dem Aufstand der Comuneros den Charakter einer echten Revolution verlieh, war eine Folge davon, daß die Schichte, die diese Bewegung ausgelöst hatte und die selbst stets gemäßigt blieb, die Handwerker und der niedere Adel, dennoch bewußt oder unbewußt Kräfte entfesselten, die bedeutend zahlreicher und virulenter waren als sie selbst: die halbproletarischen Massen. Wir haben hier eine Parallele zu fast allen historischen Umstürzen, von den Hussitenkriegen bis zur Französischen und zur Russischen Revolution; die neuen radikalisierten Schichten gelangen infolge ihrer stärkeren Dynamik an die Spitze oder zwingen zumindest ihre Denkweise und ihr Gesetz des Handelns jenen auf, die nur noch nach außen hin die Anführer sind.

Diese auseinanderstrebenden Kräfte besaßen jedoch einen gemeinsamen Ausgangspunkt, der ihnen half, ihre Einheit wenigstens einige Monate lang zu bewahren; es war dies der nationale Charakter der Erhebung: der Widerstand gegen die Landesfremden.

Der König hatte den schweren Fehler begangen, einen Burgunder als Regenten einzusetzen. Freilich war Hadrian von Utrecht kein Fremder in demselben Ausmaß wie etwa der Herr von Chièvres. Er hatte immerhin einen spanischen Bischofssitz inne und konnte als Bürger des Landes gelten. Seine kirchliche Würde schützte ihn überdies, zumindest teilweise, und verlieh ihm bis zu einem gewissen Grad die Berechtigung, zu regieren. Jedoch die Tatsache, daß er kein Vollspanier war, minderte die Autorität, die man ihm zugestanden hätte, wäre er in Kastilien oder Aragon geboren gewesen. Außerdem war der fromme Bischof kaum geeignet, an hoher politischer Stelle energisch durchzugreifen und dem im fernen Flandern weilenden Herrscher in schweren Zeiten eine machtvolle Stütze zu sein.

Auch die unbesonnene Eile, mit der die Cortes in La Coruña entlassen worden waren, sollte böse Folgen nach sich ziehen. Die Regierung hatte ganz offensichtlich nur ein Interesse: das nötige Geld, den „Servicio", einzukassieren. Tatsächlich wurden die Sitzungen abgebrochen, noch ehe die Hauptpunkte der Tagesordnung behandelt worden waren. Juristische und konstitutionelle Probleme, die Zusammensetzung der Cortes und das System der Abordnungen betreffend, waren ungelöst geblieben; auf wirtschaftlichem Gebiet waren die grundlegenden finanzpolitischen Entscheidungen nicht getroffen worden, während persönliche Angelegenheiten die Atmosphäre vergifteten. Man hatte verabsäumt, der neuen Regierung Anerkennung und damit unbestreitbare Autorität zu verschaffen. Kaum schickte der Herrscher sich an, Spanien zu verlassen, nahm schon die allgemeine Unzufriedenheit unvorhergesehene Ausmaße an.

An der Spitze der Opposition standen bedeutende Männer: Hernando d'Avalos und Juan de Padilla. Als sie den formellen Befehl erhielten, vor der Regentschaft zu erscheinen und sich zu rechtfertigen, hatten sie zuerst zahllose Ausflüchte bereit, um dieser Gegenüberstellung auszuweichen, und als das nicht länger möglich war, hetzten sie das Volk auf und provozierten geradezu den Aufruhr.

Die Rebellion brach in Toledo aus. Die Anführer ließen sich verhaften und in die Kirche San Francisco sperren. Das aufgewiegelte Volk verjagte die königlichen Beamten. Bald fiel der Alcázar in die Hände der Rebellen. Karl, der sich noch nicht eingeschifft hatte, wollte wegen dieser Zwischenfälle seine Abreise verschieben. Doch Chièvres wußte das zu verhindern. Es steht eindeutig fest, daß der Burgunder, trotz seiner überragenden Intelligenz und seiner bedingungslosen Ergebenheit dem Herrscher gegenüber, für zahlreiche Fehler, die der junge Mann während dieser ersten spanischen Periode seines Lebens beging, die Hauptschuld trug. Die Anwesenheit des Königs hätte wahrscheinlich die Gemüter beruhigt; eine Entscheidung, energisch und großzügig zugleich, vom Herrscher selbst getroffen, hätte das Schlimmste verhindern können. Unglückseligerweise verabsäumte man auch, dem Regenten kastilische Ratgeber zur Seite zu stellen. Als man endlich diese Notwendigkeit erkannte, wurden die Ernennungen so schleppend und zögernd durchgeführt, daß man den Eindruck gewinnen mußte, es handle sich lediglich um unter Druck erzwungene Zugeständnisse. Damit waren sie wirkungslos. Im übrigen bleibt es dahingestellt, ob die ausgewählten Männer – der Connetable Iñigo de Velazco und der Admiral von Kastilien, Don Fadrique Enriquez – die nötige Eignung für dieses Amt tatsächlich besaßen. Jedenfalls zeigten sie wenig Diensteifer, die Aufgabe zu übernehmen, mit der der Herrscher sie betraut hatte. Übrigens nahmen, vor allem zu Beginn der Bewegung, fast alle Großgrundbesitzer eine derartige Haltung ein. Sie hatten Angst um Geld und Leben und verfolgten daher eine zweideutige Linie, besonders, nachdem die Revolutionäre, wie alle Terroristen, einige drastische Exempel statuiert hatten, um ihre möglichen Gegner einzuschüchtern.

Bald wurden auch die Rechte des Regenten noch weiter beschnitten, indem man einige seiner Aufgabenkreise den Gouverneuren der Provinzen übertrug: Juan de Lanuza für Aragon, Diego de Mendoza für Katalonien und schließlich der Königinwitwe Germaine de Foix für Valencia. Aus dem Briefwechsel Karls mit seinem Stellvertreter geht deutlich hervor, wie schwach und unsicher der Regent sich fühlte. In der Hoffnung, die Anführer der Bewegung zu beschwichtigen, war Hadrian von Utrecht zu allerlei Konzessionen bereit. Mit der Psyche des Landes nicht vertraut und im Bewußtsein, daß Reformen notwendig und zahlreiche Forderungen der Rebellen berechtigt seien, beging er den unverzeihlichen politischen Fehler, seine Schwäche offen einzugestehen. Damit untergrub er selbst die Autorität, die er bitter nötig gehabt hätte, um trotz des Widerstandes der privilegierten Klassen heilsame Reformen durchzuführen.

Die Bewegung hatte wohl von Toledo ihren Ausgang genommen, konnte aber dort noch am ehesten in Grenzen gehalten werden, weil starke Persönlichkeiten wie Don Pedro Laso de la Vega und Juan de Padilla die Führung in Händen hielten. Doch überall, wo der niedere Adel und die Zünfte keinen klugen und energischen Politiker in ihren Reihen fanden, artete der Aufruhr sehr rasch in Anarchie aus. Das war vor allem in Segovia der Fall, wo das Mitglied der Cortes, Rodrigo de Tordesillas, aufgehängt wurde, während sein Kollege, Juan Vazquez, mit knapper Not entkam. Plünderungen und sinnlose Zerstörungswut griffen von der Stadt sehr rasch auf die angrenzenden Landgebiete über.

Nun war Hadrian gezwungen, seine Macht einzusetzen, wenn er nicht riskieren wollte, daß sich der Aufruhr über Segovia hinaus ausbreite. Er entsandte eine kleine militärische Einheit gegen die Stadt. In seinen Augen handelte es sich dabei keineswegs um eine Strafexpedition. Der Regent war überzeugt, ein gerichtliches Urteil, von einer Abteilung Soldaten symbolisch gestützt, würde genügen, um die Rebellen zur Ordnung zu rufen. Die Nachricht vom Marsch auf Segovia verschärfte jedoch die ohnedies schon angespannte Lage im Land. In Salamanca besetzte das Volk unter Führung des Tuchmachers Juan de Valloria das Rathaus. In Burgos kam es zu blutigen Unruhen, denen nur durch wesentliche Zugeständnisse Einhalt geboten werden konnte. Der Magistrat der Stadt beschloß, Boten an den fernen König zu entsenden.

Die Ereignisse überstürzten sich, und die Städte, die bis jetzt jede für sich gehandelt hatten, erkannten die Notwendigkeit einheitlichen Vorgehens. Der Aufruf dazu ging von Toledo aus. Die Gemeinden beschlossen, die Delegierten für den 1. August 1520 nach Avila einzuberufen, mit dem Ziel, eine gemeinsame Aktion zu organisieren. Schon bald sahen sie sich vor die Frage nach der inneren Ordnung der geplanten zentralen Junta gestellt. Sollte sie beraten oder regieren, Befehle der Städte ausführen oder selbst Beschlüsse fassen? Eine weitere große Schwierigkeit ergab sich aus der Tatsache, daß die städtischen Bünde in soziologischer Hinsicht von Stadt zu

Stadt ganz verschieden gelagert waren, je nachdem, wie weit die revolutionäre Bewegung jeweils vorangeschritten war. In einzelnen Gemeinden waren noch immer die Hidalgos führend; in anderen hatte die revolutionäre Volksmasse bereits die ganze Macht an sich gerissen.

Der königliche Richter Ronquillo, mit der Wiederherstellung der Ordnung in Segovia betraut, konnte die Stadt nicht besetzen. Auch dem General Antonio de Fonseca, der mit Verstärkungen anrückte, gelang es nicht, die Mauern zu brechen. Daher verlangte er vom Regenten, man möge ihm Kanonen zur Verfügung stellen, damit er Segovia einer echten Belagerung unterziehen könne. Seit den Zeiten der katholischen Könige befand sich das Arsenal jedoch in Medina del Campo. Aus der Solidarität der Comuneros heraus widersetzte diese Stadt sich entschieden dem Aufbruch der Artillerie, die zu den königlichen Truppen stoßen sollte. Die Verhandlungen zogen sich hin, die Situation spitzte sich zu, plötzlich brachen Unruhen aus, und Fonseca unterlag in einem Handgemenge gegen die Bevölkerung.

In diesem Augenblick glaubte der Kardinalregent, die erregten Gemüter durch noch größere Zugeständnisse beruhigen zu können. Er versprach, Medina del Campo für die erfolgten Zerstörungen Schadenersatz zu leisten und die königliche Armee aufzulösen. Dank dieser offensichtlichen Schwäche der Autorität breitete die Rebellion sich bis zum Regierungssitz in Valladolid aus. Am 23. August erreichte der Aufruhr Tordesillas. Die Magistratsgebäude wurden im Sturm genommen, und die Rebellen verlangten die Königin zu sehen. Bereits seit längerer Zeit kursierte das Gerücht, Königin Johanna sei in Wahrheit eine Gefangene der Fremden, weder wahnsinnig noch regierungsunfähig, sondern leide höchstens zeitweise an Anfällen von Melancholie. Dieses Bestreben, den Schein der Legitimität zu wahren und zu diesem Zweck den bestgeeigneten Repräsentanten der rechtmäßigen Regierung ins Treffen zu führen, ist für die meisten Revolutionen typisch. So behaupteten die Amerikaner lange

Zeit, die Rechte König Georgs III. gegen das Unterhaus zu verteidigen; in Frankreich berief man sich im Kampf gegen die Aristokraten auf Ludwig XVI.; und die Julirevolution hob das Haus Orléans auf den Thron, um zumindest den Schein einer historischen Kontinuität aufrechtzuerhalten.

In Tordesillas setzten die Volksmassen es durch, eine Abordnung ins Schloß entsenden zu dürfen. Als man ihr die Tore öffnete, drängte der Pöbel nach. Bald preßten sich Hunderte Menschen in den Räumen der Königin. Trotz ihrer Unzurechnungsfähigkeit reagierte Johanna sehr klug – ein heller Augenblick, wenn man will: sie weigerte sich, unter solchen Umständen zu verhandeln, und erklärte sich nur bereit, eine kleine Delegation zu empfangen, vorausgesetzt, daß die Menge das Schloß geräumt habe. In der nun folgenden Unterredung machte sie verschiedene Zugeständnisse, weigerte sich aber konsequent, den Rebellen ihre Unterschrift zu geben. Im September spielte sich anläßlich des zweiten Besuchs der Comuneros in Tordesillas die gleiche Szene ab.

Mittlerweile wurde die Lage immer undurchsichtiger und paradoxer. Die königliche Armee war aufgelöst, die Horden der Comuneros hatten kein eigentliches Angriffsobjekt mehr. Einzelne Trupps zogen auf Plünderung aus oder besetzten Schlösser. Sie verzettelten ihre Kräfte bis zu einem Grad, der ein organisiertes Vorgehen unmöglich machte. Ihre Einheiten brachen nach und nach auseinander. Außerdem – eine typisch spanische Reaktion – begannen die kleinen Leute gegen die Führer der Bewegung aufzubegehren. Erbittert warfen sie ihnen vor, den Namen der Königin zu mißbrauchen, um ihre eigenen Sonderinteressen zu bemänteln. Die Masse des Volkes sah darin einen Vertrauensbruch. Diese tiefverankerte Treue zum Herrscherhaus zwang die Rebellenführer, ihre Truppen unaufhörlich zu beruhigen und den Beweis zu erbringen, daß sie nichts gegen das Königtum als solches und die erlauchte Person Karls V. hatten. Der Mangel an einer geraden Linie, der das Tun und noch mehr das Lassen der Revolutionäre kennzeichnete, ließ übrigens die soziologischen Unterschiede zwischen den Comuneros immer schärfer hervortreten: die Unverträglichkeit aristokratischer, bürgerlicher und halbproletarischer Elemente. Dazu kam noch die Haltung des Klerus. Er stand mehrheitlich in den Reihen der Opposition, denn seit der Berufung Hadrians fürchteten Priester und Bischöfe, die burgundischen Günstlinge würden sie um die einträglichsten Pfründen bringen. Es ist schwer zu beweisen, aber es scheint doch der Fall gewesen zu sein, daß auch der Einfluß der deutschen Reformation, obzwar diese Bewegung noch sehr jung war, und verschiedener Strömungen, die mit der Lutherschen Richtung parallel liefen, eine gewisse Rolle gespielt hat. Tatsächlich kam es im Verlauf der Erhebung der Comuneros zu seltsamen Erscheinungen in religiöser Hinsicht; der Bischof von Zamora zum Beispiel, Antonio de Acuña, zog mit einem Trupp bewaffneter Priester gegen die königlichen Streitkräfte zu Feld. Dieser kirchliche Würdenträger zählte zu den interessantesten Gestalten der Bewegung. In vielerlei Hinsicht gemahnt er an die fanatischen Sektenanhänger, vor allem die Wiedertäufer, denen wir bald in Deutschland begegnen werden.

Von den Niederlanden aus verfolgte der König, trotz der großen Entfernung, mit gespannter Aufmerksamkeit die Ereignisse auf der Iberischen Halbinsel. Zeitgenössische Beobachter meinten, er wäre langsam von Entschluß; manche gewannen sogar den irrigen Eindruck, er kümmere sich nicht um Regierungsgeschäfte. In Wirklichkeit bedurfte Karl bei seiner Jugend ganz einfach längerer Zeit, um die entsprechenden Maßnahmen zu treffen. Der Historiker Haebler bemerkt dazu: „Hatte er einmal verstanden, was die Fortsetzung der derzeitigen Politik für ihn bedeutete, dann zögerte er nicht länger, die Mittel zu schaffen, um den Schaden wiedergutzumachen."

Kernpunkt war wieder einmal die finanzielle Frage. Karl benötigte beträchtliche Summen, um eine entsprechende Militärmacht zu unterhalten. Trotz des Reichtums der Niederlande verfügte der König nicht über die nötigen Geldmittel.

Immerhin gelang es ihm, dem Regenten in Spanien 3000 deutsche Söldner zur Verfügung zu stellen, allerdings mit der Weisung, sie nicht für Strafexpeditionen einzusetzen, sondern nur dort, wo strenge Maßnahmen unumgänglich notwendig seien. Gleichzeitig autorisierte er den Regenten, den Städten, die sich wieder zum Gehorsam gegenüber der königlichen Autorität bekannten, weitgehende Zugeständnisse zu machen. Karl bewies dabei einen sehr realistischen Blick, Gerechtigkeitssinn und Menschlichkeit jenen Tendenzen gegenüber, denen er objektiv eine gewisse Berechtigung zuerkennen mußte, obwohl er weder ihre Methoden noch den Großteil ihres Programms gutheißen konnte.

Dank der Entwicklung, die wir soeben skizziert haben, begannen die Unruhezonen sich nunmehr klar abzuzeichnen. Südlich der Sierra Morena gab es so gut wie keinen Revolutionsherd. Die wenigen Aufstände, die dort ausbrachen, waren örtlich begrenzt und von kurzer Dauer. Die Hauptstädte Südspaniens, wie Sevilla und Córdoba, erklärten sich bereit, Hilfstruppen gegen die Rebellen zu entsenden. Das war eine – fast möchte man sagen: logische – Reaktion jener Gebiete, die vor knapp einer Generation noch das Grenzland der Christenheit gewesen waren. Ebenso war das nördlichste Spanien, Frankreich benachbart und daher potentielles Frontgebiet, regierungstreu geblieben. Die umstürzlerischen Bestrebungen beschränkten sich also auf Alt- und Neukastilien, die Provinz Valencia und, im allgemeinen, auch dort nur auf die königlichen Städte. Die zahlreichen kleinen Ortschaften, die nicht direkt der öffentlichen Verwaltung, sondern den Feudalherren unterstanden, rührten sich nicht, zumindest nicht am Anfang. Tatsächlich fiel der gemeinsame Nenner der so verschieden gearteten revolutionären Streitkräfte, das heißt, die Aversion gegen die landesfremden Burgunder und die Forderung nach Bildung einer Nationalregierung, dort kaum ins Gewicht.

Anderseits erwies sich der Städtebund, die Junta, von der wir bereits gesprochen haben und die sich die Bezeichnung

„heilige Junta" beigelegt hatte, schon bald als unfähig, die revolutionäre Bewegung zu einen. Es gelang ihr nicht einmal, ein internes Reglement aufzustellen, geschweige denn über das zu erstrebende politische Ziel übereinzukommen. Man diskutierte, ob weiterhin Petitionen an den König eingebracht werden sollten oder ob die Junta nunmehr beginnen müßte, selbst eine politische Organisation zu errichten. Nachdem Karl den Großteil der ihm vorgelegten Forderungen bewilligt hatte, fehlte ein Grund, die Rebellion fortzusetzen, es sei denn, man wollte den König stürzen. Nun war aber gar kein nationaler Kandidat vorhanden, den man gegen Karl hätte aufstellen können, und die Anführer zögerten, mit einigen Extremisten, die Ferdinand von Österreich als König von Spanien ausrufen wollten, gemeinsame Sache zu machen. Auch der Mißbrauch, der mit dem Namen Johannas getrieben wurde, um die Herrschaft der Comuneros zu decken, führte nicht zu den erwarteten Resultaten. Freilich wurden die Mitglieder der heiligen Junta am 24. September 1520 von der Königin in Tordesillas empfangen. Aber wiederum sprach sie ihre Anerkennung nur mündlich aus; eine Unterschrift konnte man ihr nicht abringen.

Als letzte Maßnahme beschloß die Junta, sich die Rechte der Cortes anzumaßen, indem sie die Städte aufforderte, die eingegangenen Steuern und Gebühren in ihren Geldtruhen zu belassen. Diese Anweisung hatte böse Folgen, denn die Städte konnten sich nicht entscheiden, ob sie eine zentrale Behörde einsetzen oder die Junta als nationale Regierung anerkennen sollten. Eine ähnliche Entwicklung wiederholte sich einige Jahrhunderte später: Als die Pariser „Commune" Frankreich in eine Anzahl fast unabhängiger Stadtrepubliken verwandeln wollte, gelang es ihr nicht einmal, über die Grenzen der Hauptstadt hinaus zu wirken.

Es ist wohl müßig, sich zu fragen, welches Schicksal der Revolution in Spanien beschieden gewesen wäre, wenn die heilige Junta den Charakter einer revolutionären Nationalversammlung angenommen hätte, ein Gedanke, der in jener

Zeit durchaus nicht abwegig war. Wahrscheinlich hätten König und Regent noch weit größere Schwierigkeiten gehabt, damit fertig zu werden, als mit den Comuneros, denn sie wären dabei auf eine echte zentrale Macht gestoßen, die über entsprechende finanzielle und militärische Mittel verfügte. Statt aber ein derartiges Ziel zu verfolgen, vertat die Junta ihre Zeit mit Reden, Protesten, unentwegt neuen Forderungen und mit dem Versuch, die königliche Regierung einzuschüchtern. Sie befahl der Regierung, sich nach Tordesillas zu begeben, um dort die laufenden Angelegenheiten zu erledigen und das bisherige Vorgehen vor der Junta zu rechtfertigen. Als Regentschaft und Rat sich weigerten, forderte die Junta die Comunidad von Valladolid auf, die Regierungsmitglieder festzunehmen, und erklärte gleichzeitig die Anerkennung des Regenten für nichtig.

Im Anschluß an Entscheidungen von so großer Tragweite hätte die Junta an der Stelle der Regentschaft in Valladolid eine Oppositionsregierung bilden müssen. Sie tat es nicht. Noch schlimmer: Es kam zu Zwistigkeiten zwischen den Städten, vor allem hinsichtlich der Besoldung der Armee und der Ausübung des Kommandos. Am 27. September 1520 veröffentlichte die Junta ein neues Manifest; den allmählichen Zerfall ihrer Kräfte konnte sie aber nicht mehr aufhalten. Ein letztes Mal wandte sie sich an den König. In den vorhergegangenen Dokumenten waren die Klagen und Forderungen in einem „cuaderno de peticiones“ (Bittschriftenheft) niedergelegt gewesen, das sehr stark an die berühmten „cahiers“ der Französischen Revolution erinnert, in denen man unter Berufung auf das alte Feudalrecht die Beschwerden der Bauern aufzeichnete. Diesmal vereinte die Junta alle Punkte in den „capitulos del Reino“ (Reichskapiteln), die bereits Vorschläge für eine Verfassungsänderung vorsahen. Das Dokument wurde dem König überreicht, wobei man das in nahezu unverschämtem Ton vorgebrachte Ansinnen stellte, er habe widerspruchslos zu unterschreiben. Karl empfand das als Provokation und reagierte energisch, wie immer, wenn der rechtmäßigen Autorität Gefahr drohte. Er befahl die Verhaftung und Einkerkerung des Abgesandten der Junta. Kardinal Hadrian wollte Valladolid verlassen, um seine Bewegungsfreiheit zurückzugewinnen. Als man ihn daran hinderte, floh er heimlich.

Dieses Ereignis brachte die entscheidende Wende. Die königlichen Truppen schlossen sich zusammen, um Johanna zu befreien. Weil der Condestable schwach und unentschlossen blieb, wurde sein Sohn, der Graf von Haro, mit der militärischen Leitung des Unternehmens betraut. Man nahm Tordesillas in einem kühnen Handstreich. Plötzlich hatten die beiden Mächte, die sich um den Staat stritten, die Sitze getauscht. Der Regent und der Königliche Rat ließen sich in Tordesillas nieder, während die Junta nach Valladolid übersiedelte. Im selben Augenblick erlitt sie durch den Abfall ihres Oberbefehlshabers Giron einen schweren Verlust; sie mußte Padilla zurückberufen, den sie eben erst seines Amtes enthoben hatte. Bemühungen, den König von Portugal und den Papst für die nationale Revolution zu gewinnen, waren ergebnislos. Im Gegenteil, Emanuel von Portugal unterstützte Karl und die Regentschaft.

Infolge der Unentschlossenheit des Regentschaftsrates und der schlaffen Haltung des Admirals von Kastilien war der Junta jedoch noch ein wenig Zeit gegönnt, und sie konnte den Winter überdauern. Währenddessen erlitt die Revolutionsarmee, die sich zum Großteil aus Handwerksmeistern und -gesellen zusammensetzte, bei jedem Zusammenstoß mit den königlichen Streitkräften schmerzliche Niederlagen. Der Condestable konnte Burgos besetzen, machte aber der Stadt große Zugeständnisse. Einer der hochgeborenen Parteigänger der Comuneros, der Graf von Salvatierra, ließ die Bewegung im Stich; die Horde des Bischofs von Zamora wurde zerschlagen, und im Frühjahr 1521 war das Ende der Comuneros bereits abzusehen. Am 24. April erlitt Padilla bei Villalar eine vernichtende Niederlage.

Zu diesem Zeitpunkt entstand im Osten Spaniens ein neuer

Unruheherd: in Valencia und auf den Balearen. Ein Streit war entbrannt über die Frage, ob die Bürger das Recht hätten, die Waffen zu behalten, die ihnen zur Verteidigung gegen maurische Piraten gegeben worden waren. Der Funke, der das Pulverfaß explodieren ließ, war eine Episode, wie sie für Revolutionszeiten, in denen die Masse sich nur allzu leicht in eine blutdürstige Meute verwandelt, typisch ist. In Valencia hatte eine große Volksmenge der Hinrichtung von Verbrechern beigewohnt, die wegen Sodomie zum Feuertod verurteilt worden waren. Einige der Angeklagten hatten ein milderes Urteil erhalten, obwohl sie sich desselben Deliktes schuldig gemacht hatten. Das Volk empörte sich, verlangte denselben Tod für alle und setzte seinen Willen durch. Diese Vergewaltigung des Rechts durch das Diktat der Straße löste die Revolution aus.

In Valencia war die Bewegung besser organisiert als in Kastilien. Sie wurde von einem viel engeren Bündnis der Zünfte getragen, während die Caballeros keine führende Rolle spielten. Der Ausgang des Krieges war ungewiß. Im Norden Valencias wurden zwei Einheiten der „Germanía" am 30. Juni 1521 bei Oropesa und am 18. Juli bei Almenara besiegt. Einer der Anführer der Rebellion, Miguel Estelles, wurde gefangengenommen und hingerichtet. Im Süden hingegen erzielten die Revolutionäre große Erfolge, die sie jedoch auf dumme und barbarische Weise mißbrauchten, indem sie die letzten Reste der maurischen Bevölkerung jenes Gebietes verfolgten und sie zwangen, das Christentum anzunehmen. Trotzdem verschlechterte sich allmählich die Lage der Rebellen, so daß die Regierung zu einem Kompromiß gelangen konnte. Die Ausarbeitung des Vorschlags war das persönliche Verdienst des Marquis de Zenete, eines Bruders des Vizekönigs, der zum Gouverneur ernannt wurde und dem es gelang, den Frieden wiederherzustellen.

In Valencia war wiederum Ruhe eingekehrt; nun blieben nur noch die Balearen. Dort führten die Rebellen ein blutiges Regiment. Im Jahr 1522 wurde schließlich ihr Anführer, Joannot Colom, gefangen, auf Schloß Bellever gebracht, wo er die ärgsten seiner Verbrechen begangen hatte, und dort gevierteilt. Das war das Ende der großen Revolution, die in ihren Anfängen an den Grundfesten der spanischen Monarchie zu rütteln und das Land einer ungewissen Zukunft entgegenzuführen schien. Die Niederschlagung der Revolution war weniger eine Folge der Unternehmungen seitens der Regierung – denn diese hatte sich während der ganzen Zeit schwach und unentschlossen gezeigt – als vielmehr der mangelnden Einheit der Comuneros, fast könnte man sagen, ihrer anarchistischen Gesinnung.

Gegen Ende des Mittelalters blühten die Städte stets dann auf, wenn sie sich mit der Krone verbündeten und den Staatsgedanken gegen Adel, Feudaltendenzen und Partikularismus verteidigten. So konnte die deutsche Hanse im 14. Jahrhundert ihre großen Erfolge erzielen, weil sie in vielerlei Hinsicht für Niederdeutschland die Autorität der Krone repräsentierte. Dieser mächtige Bund war seinem innersten Wesen nach eine Oligarchie, deren körperschaftlich-republikanische – aber nicht demokratische – Organisation dem konstitutionellen System des Kaiserreiches ähnelte, in dem die Macht des Herrschers und der Kurfürsten ihren Platz hatte.

Bei der Revolution der Comuneros hingegen rebellierten die Stadtbürger, zum Teil mit dem Adel verbündet, gegen das Königtum, ohne jedoch einen offenen Angriff auf diese Institution zu wagen. Von einem gewissen Standpunkt aus erinnern diese politischen Zustände an das Beispiel England, wo zuerst die „Barons" die Könige um einen wesentlichen Teil ihrer Macht schmälerten und später die Städte den „Barons" gegenüber ebenso verfuhren. Dennoch stellte keine dieser beiden revolutionären Kräfte auch nur einen Augenblick lang die Existenz des Staates in Zweifel. In Spanien hingegen hatten die Provinzen, bestimmte Städte, ja sogar einzelne Festungen unter dem Druck des jahrhundertelangen Kampfes gegen die Mauren sich nahezu völlig unabhängig entwickelt. Es gab daher de facto und de iure eine Vielzahl von Königreichen. Die Teilung zwischen Kastilien und Aragon war beim Tod Isabellas noch nicht vollständig beendet. Deshalb stellte die Bewegung der Comuneros eine ernste Gefahr für die Einheit, ja für die Existenz des spanischen Staates dar, denn der Staatsgedanke war noch verhältnismäßig jungen Datums. Aus demselben Grund waren übrigens auch die revolutionären Versammlungen, wie die heilige Junta, außerstande, eine zentrale Autorität zu schaffen, die sie nicht einmal in jenen Gebieten durchsetzen konnten, die sich ihnen angeschlossen hatten.

Als Karl, der mittlerweile zum römischen Kaiser und deutschen König gewählt worden war, am 16. Juli 1522 in Santander wiederum spanischen Boden betrat, hatte man die Revolution niedergeschlagen, die Rebellen bestraft und die Ordnung wiederhergestellt. Der König war also nicht in eigener Person für die Abstrafung der Revolutionsführer verantwortlich. Karl konnte einige Urteile mildern, zu harte Maßnahmen rückgängig machen und auf diese Weise zur Versöhnung beitragen. Trotzdem verfolgte ihn der Gedanke an den Tod der Rebellen und die verhängten Urteile sein Leben lang. Denn der Souverän war, wie aus seiner reichhaltigen und vielfältigen Privatkorrespondenz hervorgeht, tief religiös und neigte zur Betrachtung. Je älter er wurde, desto stärker trieben ihn seine Objektivität und sein Gewissen, für die tieferen Ursachen der Revolution Verständnis aufzubringen. Auch dadurch unterschied Karl sich von der Großzahl der Renaissancefürsten, seinen Zeitgenossen, die meist der Ansicht waren, sie als Machthaber stünden jenseits von Gut und Böse, und die ohne Gewissensbisse ein Menschenleben auslöschten oder ihre Feinde niedermetzelten.

Karl zog aus den Vorgängen in Spanien nicht nur für sich persönlich, sondern auch in seiner Politik eine Lehre. Er faßte den Entschluß, die Verwaltung Kastiliens zu reorganisieren, ihre Unzulänglichkeiten auszumerzen und sie vor allem für Krisenzeiten schlagkräftiger zu gestalten. So gelang es ihm, die Wunden der Rebellion zu heilen und in verhältnismäßig kurzer Zeit – anscheinend auch ohne allzu große Schwierigkeiten – jene Institutionen, die die Comuneros nicht zu erneuern vermochten, zu reformieren. Obwohl Spanien im Augenblick nicht über die nötigen finanziellen Mittel verfügte, die sein wachsender Aufgabenkreis erfordert hätte, waren doch die Fundamente gelegt, um das Land in wenigen kurzen Jahrzehnten zur ersten Weltmacht aufsteigen zu lassen. Das Ziel, das Karl sich für seinen zweiten Aufenthalt in Spanien gesetzt hatte, verlangte nicht nur Verstand, um zu erkennen, was zu geschehen habe; es bedurfte auch der unbestrittenen Willenskraft einer starken Persönlichkeit. Die Aufgabe, der auch ein so fähiger Mann wie Hadrian von Utrecht nicht hatte gerecht werden können und für die man unter den Granden und dem Klerus von Spanien keine entsprechende Persönlichkeit fand, wurde nun unter der Führung eines jungen Königs, der Stärke, Ruhe und Würde mit der ererbten Erfahrung vieler Generationen und einer historischen Autorität in sich vereinte, erfolgreich gemeistert.

Während Spanien von der Revolution geschwächt darniederlag, hatten die Franzosen versucht, die vorübergehende Wehrlosigkeit des Nachbarn auszunützen, und waren 1521 in Navarra eingefallen. Die Episode nahm ein schnelles Ende: Die fremden Truppen wurden über die Grenzen zurückgedrängt, und das Land blieb zur Gänze erhalten.

Kurze Zeit vor der Rückkehr des Kaisers nach Spanien fand ein Ereignis von internationaler Bedeutung statt, das für die Zukunft der Habsburger in Mitteleuropa ausschlaggebend war: die berühmte Doppelhochzeit – Erzherzogin Maria vermählte sich mit Ludwig II., König von Ungarn und Böhmen, und dessen Schwester Anna aus dem Haus der Jagellonen ehelichte Erzherzog Ferdinand. Damals ahnte wohl niemand, daß diese von langer Hand vorbereiteten Eheschließungen in wenigen Jahren einem Habsburger die Stephans- und die Wenzelskrone einbringen würden. Aber auf dem politischen Schachbrett der östlichen Länder Mitteleuropas zeichnete sich von diesem Augenblick an die wachsende Bedeutung Erzherzog Ferdinands klar ab. Eine Tatsache, die um so bedeutsamer ist, als die Türkengefahr wieder bedrohliche Formen annahm.

Der Triumph von Pavia

Zwischen Dezember 1521 und Frühjahr 1522 erlebte Karl sein erstes Liebesabenteuer, das in seinem Leben nur ein kurzes Intermezzo bleiben sollte, für seine charakterliche Entwicklung aber doch wichtig war. Tatsächlich trug es viel dazu bei, daß er ein innerlich unabhängiger Mensch wurde. Die Romanze machte ihn glücklich. Der junge Mann von 22 Jahren hatte eben erst jenen Menschen verloren, der ihm in mehr als einer Hinsicht den Vater ersetzt hatte: den Ratgeber und Beschützer seiner Jugend, Herrn von Chièvres. Es ist verständlich, daß er nach einer derartigen Krise Freundschaft und Verständnis brauchte; außerdem entsprach es seinem Alter, den Kontakt zum anderen Geschlecht nicht mehr auf rein äußerliche Beziehungen zu beschränken. Die junge Dame, in die er sich verliebte, war eine Niederländerin, Johanna van der Gheenst. Sie schenkte ihm eine Tochter, Margarete, die ein Gutteil des politischen Genies ihrer Tante erbte, deren Namen sie trug und die auch ihre Erziehung leitete. In der Geschichte als Margarete von Parma bekannt, spielte Karls Tochter später eine wichtige Rolle an der Seite ihres Vaters und ihres Halbbruders Philipp. Sie folgte auch Erzherzogin Margarete als Regentin der Niederlande und mußte das burgundische Erbe der Habsburger unter viel schwierigeren Umständen verteidigen als ihre Tante. Trotz vieler Mißhelligkeiten bewies Margarete von Parma so großes Geschick und so viel Energie, daß man sie zu den bedeutendsten Frauen ihrer Zeit rechnen darf. Ihre Mutter Johanna mußte sehr rasch von der Szene verschwinden. Man weiß nicht genau, ob das auf Wunsch des Kaisers geschah oder, was wahrscheinlicher ist, auf Vorhaltungen seitens der Regentin und der kaiserlichen Ratgeber.

Die wichtigste politische Veränderung gegen Ende des Jahres 1521 war der Tod Papst Leos X. am 1. Dezember. Die Kardinäle wählten Hadrian von Utrecht, den einstigen Lehrer des Kaisers und derzeitigen Regenten in Spanien, zu seinem Nachfolger. Diese Papstwahl, bei welcher zum letztenmal ein Untertan des Heiligen Römischen Reiches Deutscher Nation auf den Stuhl Petri erhoben wurde, ist lange Jahre falsch ausgelegt worden. Viele Autoren, darunter auch berühmte Historiker, sahen darin einen meisterhaften politischen Schachzug von seiten Karls, einen Sieg der prohabsburgischen Partei unter den Kardinälen. Die Quellen, die uns heute zur Verfügung stehen, widerlegen diese Ansicht, so logisch sie auch scheinen mag. Die Idee stammte eindeutig nicht von Karl. Ganz im Gegenteil. Er zeigte sich vom Ergebnis der Wahl äußerst überrascht; einen Augenblick lang sah er in der Entscheidung der Kardinäle sogar einen Verlust für sich und Spanien. Weit davon entfernt, sich darüber zu freuen, fand er es beklagenswert, daß sein Vertreter, der sich eben erst auf der Iberischen Halbinsel eingewöhnt hatte, diese nun verlassen und sich nach Rom begeben sollte. Auch Hadrian selbst war zutiefst erstaunt und gar nicht glücklich. Er wußte sehr gut, was ihn in Rom erwartete, und er fühlte sich seiner Aufgabe nicht gewachsen. Der päpstliche Hof war unter den Borgia und den Medici ein Zentrum der hohen Politik geworden, aber auch ein Intrigennest, wie der fromme Gelehrte aus Löwen es von ganzem Herzen verabscheute. Monatelang schob er die Abreise von Spanien hinaus; erst am 2. Juli 1522 schiffte er sich ein und erreichte Rom einige Wochen später.

Nachdem Hadrian sich zu guter Letzt mit seinem hohen Amt abgefunden hatte, beschloß er, sein Pontifikat zu nützen, um die dringendsten Reformen in der Kirche durchzuführen und die offensichtlichsten Mißbräuche zu beseitigen. Er führte in Rom ein mönchisches Dasein, würdig eines Heiligen, und interessierte sich für nichts anderes als für das Heil der Seelen. Dadurch zog er sich freilich die Feindschaft der Kardinäle zu, die nur allzubald erkennen mußten, welcher Abgrund den Papst von seiner Umgebung trennte. Selbstverständlich wollte der Kaiser, sobald die erste Überraschung abgeklungen war, den unerwarteten Vorteil dieser Papstwahl so gut wie möglich nützen. Aus seinen Briefen spricht deutlich die große Freude darüber, daß die Haupthindernisse, die sich der Kaiserkrönung und der Einberufung eines Konzils entgegengestellt hatten, nunmehr geschwunden waren. Außerdem hoffte er, im neuen Papst einen starken Verbündeten gegen Frankreich zu besitzen. In diesem Punkt glaubte Hadrian, ihm nicht folgen zu können. Seine Briefe an Karl zeigen den schweren Gewissenskonflikt, in dem er sich befand. Einerseits wollte er dem Monarchen die Treue halten und ihm nach besten Kräften helfen. Anderseits hoffte er, die Kirche aus den Kriegen und politischen Intrigen Italiens heraushalten zu können, um sie endlich wieder zu ihrer religiösen und geistlichen Aufgabe zurückzuführen.

Hätte Hadrian lange genug gelebt, um die päpstliche Politik entscheidend zu beeinflussen, dann hätte der Kaiser wahrscheinlich in zwei wesentlichen Punkten auf seine Zustimmung und Unterstützung rechnen können: Krönung und Konzil. Wie dem auch sei, Hadrian war keine Zeit gegeben, seinen einstigen Schüler zu enttäuschen oder zu ermutigen. Am 23. September 1523 starb er an den Folgen einer Krankheit, die seine Zeitgenossen, wie üblich, einer Vergiftung zuschrieben. Während der letzten Monate seines Lebens war der Papst ein gebrochener Mann, entmutigt, politisch isoliert, den Intrigen der Kardinäle ausgeliefert. Die Verzweiflung, zusehen zu müssen, wie Gewalten, gegen die er ohnmächtig war, den Weg zu einer geistigen Erneuerung der Kirche versperrten, trug wahrscheinlich mit Schuld an seinem Tod.

Die neu einsetzenden Eroberungszüge des Islams verursachten dem Papst wie dem Kaiser schwere Sorgen. 1521 hatten die Türken Belgrad und Semlin wieder eingenommen. Ein Jahr später fiel Rhodos, die letzte morgenländische Bastion der Christenheit. Die berühmte Festung war seit den Kreuzzügen von Rittern des Johanniterordens verteidigt worden.

Nun mußten die letzten Ordensmitglieder sich nach dem Westen zurückziehen. In dieser Situation entfalteten die deutschen Fürsten beim Reichstag zu Worms – ob allen Ernstes oder nicht, bleibe dahingestellt – den absurden Plan, den König von Frankreich um Hilfe gegen die Ungläubigen zu bitten, und das in einem Augenblick, in dem Franz I. sich anschickte, dem Kaiser in Italien eine Schlacht zu liefern. Dieser widersinnige Vorschlag versetzte Ferdinand von Österreich in Zorn, und er erklärte den Fürsten, vielleicht in zu heftigem Ton, er werde die Entsendung einer derartigen Botschaft zu verhindern wissen. In dieser Debatte fiel zum erstenmal das Wort von der „spanischen Art“, das in der Folge der Lieblingsausdruck der deutschen Fürsten war, wenn sie ihre angebliche Demütigung, Untertanen des Königs von Spanien zu sein, beschreiben wollten. Dieselben Fürsten hatten jedoch nicht die geringsten Bedenken, vom französischen König Gelder anzunehmen und ihm Rechte und Gebiete des Kaiserreiches zuzusichern.

Zu der Trauer um Papst Hadrian und den beunruhigenden Nachrichten aus Ungarn und dem Morgenland gesellte sich im Jahr 1523 noch der Zusammenbruch des dänischen Thrones. Christian II., König von Dänemark, war mit einer Schwester Karls, Isabella, verheiratet. Nun kam er mit Frau und Kindern als Flüchtling in die Niederlande. Er war ein sprunghafter und brutaler Mensch und hatte durch Willkür und Grausamkeiten – wie die Massenhinrichtung von Bischöfen – bereits Schweden verloren, das solcherart zu einem nationalen Königreich geworden war und sich von der katholischen Kirche losgesagt hatte. In Dänemark kam es dann zu schweren Konflikten mit den Ständen, und Christian II. wurde vom Thron gejagt. Seine späteren, im allgemeinen schlecht geplanten Versuche, ihn wiederzugewinnen, blieben vergeblich.

Vom Standpunkt Burgunds aus war die nordische Heirat der Infantin Isabella vor allem wirtschaftlich interessant gewesen. Für die niederländische Schiffahrt war es von höchster

Wichtigkeit, daß die Freiheit des Sunds gewährleistet war; denn nur unter dieser Voraussetzung konnte man mit den Küstenländern an der Ostsee, vor allem mit den Hansestädten, ungehindert Handel treiben. In den Niederlanden gab es daher zahlreiche politische Kräfte, die sich bei der Nachricht von der Revolution in Dänemark für ein militärisches Eingreifen aussprachen, um gemeinsam mit dem entthronten König die neue Regierung in Kopenhagen zu stürzen. Margarete machte jedoch ihren ganzen Einfluß geltend, um ihre Untertanen zur Vernunft zu bringen und den Frieden zu erhalten. Das gelang ihr um so leichter, als ihr Prestige dank zweier Erfolge, die gleichsam wie eine späte Verwirklichung des großen Konzepts Karls des Kühnen erschienen, gewaltig gestiegen war. Nach einem Vergleich mit Geldern war es ihr gelungen, im Jahr 1522 das im Nordwesten des Landes gelegene Overijsel Burgund einzugliedern und im Jahr 1524 durch den Erwerb Frieslands die Niederlande abzurunden.

In der Zwischenzeit verhandelten die Diplomaten Karls V. unaufhörlich mit England im Hinblick auf ein Bündnis gegen Frankreich, ohne dabei jedoch die Hoffnung aufzugeben, man werde sich mit dem Nachbarn noch in letzter Minute auf friedlichem Weg ins Einvernehmen setzen können. Vielfältige Heiratspläne sowie Tauschangebote von Rechten und Ländern spielten dabei eine wichtige Rolle. Karl war sogar bereit, seine – übrigens rein theoretischen – Rechte auf das Herzogtum Burgund abzutreten, falls die Franzosen ihrerseits auf Mailand verzichteten.

Die Politik der Jahre vor 1525 erscheint uns oft undurchsichtig, ohne einheitliche Linie, manchmal direkt widersinnig. Ein genaueres Studium ergibt jedoch, daß diese verworrene Lage keineswegs in erster Linie auf ein Zögern Karls zurückzuführen war, dem seine Ratgeber noch immer vorwarfen, er sei zu langsam in seinen Taten und Entscheidungen. Die Hauptverantwortung fällt auch nicht auf die Politik Franz' I., die in erster Linie von den Launen des Königs abhing, von seiner Eitelkeit und Streitsucht, die ihn oft um den diplomatischen Erfolg brachten, den er schon in Händen hielt. Die Verwirrung in Europa rührte in Wirklichkeit von der grandiosen, völlig skrupellosen Diplomatie des englischen Kanzlers Wolsey her. Dieser weltlich gesinnte, habgierige und korrupte Bischof war der böse Geist seines Königs. Er war der Prototyp eines Renaissancemenschen, so wie man ihn sich vorstellt, wenn man die Staatslehre Machiavellis liest. Seine diplomatischen Ränke stachelten Karl V. gegen Franz I. auf und umgekehrt; er provozierte Krisen und Kriege. Er hintertrieb die Hilfeleistungen, die England seinen Verbündeten zugesagt hatte, und war ein Meister der Geheimverträge, der bei jedem Treueschwur schon den Meineid im Auge hatte. Bei allen Winkelzügen seiner Politik vergaß er niemals seine eigenen Sonderinteressen. Den Höhepunkt erreichten seine ausgeklügelten Schachzüge, als England und Frankreich am 30. August 1525 den Frieden von Boor schlossen und Paris 1,7 Millionen Louisdore an den englischen Staat, 130.000 aber an Wolsey persönlich zahlte.

Die militärische Aktion lief neben all den diplomatischen Kunststücken nur langsam an. Eine erste Entscheidung erfolgte 1522 an der italienischen Front. Sie bedeutete noch nicht das Ende der französischen Vorherrschaft auf der Halbinsel, zeigte aber bereits eine Veränderung im Gleichgewicht der Kräfte zuungunsten des Königs von Frankreich. Der französische Oberkommandierende, Lautrec, stand mit französischen und Schweizer Streitkräften in Mailand. Es wäre unmöglich gewesen, ihn von dort zu vertreiben, hätte er nicht die folgenschwere Unklugheit begangen, am 27. April 1522 die verschanzte Stellung der Spanier und deutschen Landsknechte nahe Biccoca anzugreifen. Er erlitt eine schwere Niederlage. Colonna und Pescara, die beiden spanischen Heerführer, konnten in der Folge Genua einnehmen, den französischen General Pedro Navarro und den Dogen Fregoso gefangensetzen und Antonio Adorno von Kaisers Gnaden mit dem höchsten Amt der Stadt betrauen.

Zur selben Zeit, das heißt noch unter dem Pontifikat Hadrians VI., spielte sich ein anderes Ereignis ab, das für die französisch-spanische Auseinandersetzung bedeutsam war. Kardinal Sodernini, Wortführer der französischen Partei im Heiligen Kollegium, hatte sich dem Papst für eine diplomatische Mission zur Erhaltung des Friedens angeboten. Die Hinterlist des Kardinals, der alles getan hatte, um eine Vermittlung des Papstes zu hintertreiben, kam ans Licht, als einige Briefe aufgefangen wurden. Hadrian befahl die Internierung Soderninis auf der Engelsburg. Als Franz I. davon Kenntnis erhielt, veröffentlichte er eine Schmähschrift gegen den Papst, in welcher er Hadrian mit dem Schicksal Bonifaz' VIII. drohte, der vor zweihundert Jahren von den Franzosen überfallen und gefangengenommen worden war. Diese Beschimpfung veranlaßte den Papst, sich auf die Allianz zu stützen, die bereits gegen Franz I. bestand: auf den Kaiser, England, Erzherzog Ferdinand und die Republik Venedig. Um ihren Feldzug zu finanzieren, schlossen diese vier ein Abkommen mit dem Herzog von Mailand, dem Kardinal von Medici, der Republik Genua, Siena und Lucca. Der Heilige Stuhl verpflichtete sich seinerseits zu einer monatlichen Zahlung von 15.000 Dukaten.

Selbst zu dieser späten Stunde gab Karl noch immer nicht die Hoffnung auf, sich mit Frankreich über ein gemeinsames Vorgehen gegen die Türken zu verständigen. Er hatte es deshalb nicht eilig, die Feindseligkeiten zu eröffnen. Außerdem erfuhren die Pläne der Verbündeten durch die Verhandlungen mit dem Connétable von Bourbon eine Verzögerung. Diese Episode ist ein eklatantes Beispiel für die Politik der Renaissance, die alle moralischen und rechtlichen Grundsätze außer acht ließ und ausschließlich dem persönlichen Ehrgeiz und abenteuerlichen, in den meisten Fällen undurchführbaren Spekulationen diente. Bourbon strebte nach der französischen Krone und setzte sich daher mit England und Spanien in Verbindung. Die beiden Mächte überschätzten seine Person und seinen Einfluß. Der Connétable galt als großer Kriegsmann und geschickter Politiker, fähig, das fest verankerte Machtgefüge seines Lehnsherrn, des Königs von Frankreich, zu erschüttern. Ein Geheimvertrag wurde unterzeichnet, der gewaltige Subventionszahlungen der Verbündeten an Bourbon vorsah, ohne diesem entsprechende Verpflichtungen aufzuerlegen. Das Unternehmen kam niemals über dieses Stadium hinaus. Dem König von Frankreich wurde die Absicht des Connétable hinterbracht, worauf er dessen Besitzungen umzingeln ließ; Bourbon entkam mit knapper Not, und die Verbündeten hatten das Nachsehen – und die Ausgaben.

Mit der Wahl Clemens' VII. aus dem Hause Medici, November 1523, änderte sich die politische Lage in Italien. Der neue Papst stellte sich sofort auf die Seite Frankreichs, worauf auch die Republik Venedig ins andere Lager wechselte. Damit war faktisch das Ende der großen Allianz gegeben.

Im Jahr 1524 unternahmen die Kaiserlichen einen Angriff auf die Provence, ohne dem Rat des Connétable Bourbon zu folgen, der vorschlug, dem Feind geradewegs entgegenzuziehen, auf Lyon zu marschieren und eine Schlacht auf freiem Feld zu wagen. Pescara mühte sich vergeblich, Marseille einzunehmen, während die Franzosen bereits zur Gegenoffensive rüsteten.

Franz I. nützte die Zeit, die die Kaiserlichen vertaten; er überquerte die Alpen, stürmte Mailand und besetzte die Stadt. Dieser Meisterstreich brachte ihn in den Rücken der feindlichen Armee. Der Umfang dieses strategischen Konzepts, der bis ins kleinste ausgearbeitete Plan und die kühne Ausführung nötigten selbst den Kaiserlichen Bewunderung ab.

So lagen die Dinge Ende 1524 und Anfang 1525. Für Karl sah es schlimm aus. In Italien war man weiter denn je von dem Ziel entfernt, das Gattinara anstrebte. Die Friedensaussichten waren vertan; ein Bündnis gegen die Türken unwahrscheinlicher denn je. Franz I. stand in der Lombardei, und der Endkampf um Italien, Neapel mit inbegriffen, würde nicht mehr lange auf sich warten lassen. In einer ausführlichen Denkschrift hatte Gattinara dem Kaiser geraten, seine Macht in Italien nicht auf Eroberung oder Gewalt zu gründen, sondern sich die Stellung eines Schiedsrichters zu sichern, indem er sich zum Beschützer der kleinen Fürsten und der Städte mache. Aber das war Zukunftsmusik, solange es nicht gelang, sich militärisch zu behaupten. Die Überlegungen, die der Kaiser seinem Tagebuch anvertraute und die uns daher erhalten geblieben sind, verraten, wie tief entmutigt er war. Karl war zu den größten Opfern bereit, um einen ehrenhaften Friedensschluß zu erlangen. Er konnte nicht ahnen, daß eine dramatische Wendung in der europäischen Politik nahe bevorstand.

Die Stadt Pavia war von 400 Spaniern und 5000 deutschen Landsknechten unter dem Kommando Leyvas besetzt. Die Franzosen belagerten sie und hatten sich, wie es damals gebräuchlich war, verschanzt. Ihre Stellung war gut gewählt und schien unangreifbar. Der eine Flügel des französischen Lagers hatte seinen Stützpunkt in dem ausgedehnten Jagdgebiet rund um die Certosa. Da eine hohe Mauer und der Hof von Mirabello die Certosa absicherten, glaubten die Generäle Franz' I., gegen diese Seite gedeckt zu sein. Zum Entsatz von Pavia hatte eine neue Einheit kaiserlicher Landsknechte, geführt von Georg von Frundsberg, Max Sittich und von Embs, die Alpen überquert. Trotz der anscheinend ungünstigen Situation entschlossen sie sich, das französische Lager anzugreifen. Bei Nacht brachen spanische Militärarbeiter mit Rammböcken drei Breschen in die Parkmauer. Nachdem die „Vastadores" ihre Arbeit vollendet hatten, rückten im Morgengrauen die Landsknechte in drei Kolonnen vor, um den Park zu besetzen. Sie waren bereits weit vorgedrungen, als die Franzosen, zu spät alarmiert, zum Gegenangriff ansetzten. Der Kampf begann mit einem Erfolg der französischen Reiterei über die kaiserliche. Kurz darauf wendete sich das Blatt; die Musketiere griffen ein und die berittene Macht Karls ging wiederum zum Angriff vor. Mit 12.000 Landsknechten umzingelten Frundsberg und Embs das berühmt gewordene Carré von 5000 niederdeutschen Söldnern, die sogenannte „Schwarze Hand", und rieben es vollständig auf. Die herannahenden Schweizer kamen zu spät und wurden von der Besatzung Pavias, die einen Ausfall unternahm, im Rücken angegriffen. Als der Herzog von Alençon in Panik geriet und die Zerstörung der Brücke über den Ticino anordnete, kam es für die Franzosen endgültig zur Katastrophe; denn auf diese Weise rettete Alençon wohl die Nachhut, überließ aber das Gros der Streitkräfte seinem Schicksal. Franz I. geriet in Gefangenschaft – eine Nachricht, die ganz Europa erschütterte. Karl und mit ihm viele seiner Anhänger sahen in dem unerwarteten Ausgang der Schlacht ein Gottesurteil, und das um so mehr, als der Tag, an dem die Entscheidung fiel, der 24. Feber 1525, auch der 25. Geburtstag des Kaisers war. Karl bedauerte nur, daß er nicht bei seinen Truppen gewesen war, als diese den größten Sieg des Jahrhunderts erfochten.

Nach diesem militärischen Ereignis kehrte man wieder zu den Ideen des alten Burgund zurück. Diese kaiserliche Politik, die ihrer Zeit nicht mehr angemessen war, sollte Karl V. wenn auch nicht um alle Früchte seines Sieges, so doch um jene Gewinne bringen, an denen ihm am meisten gelegen war.

KAPITEL V

VOM FRIEDEN ZU MADRID ZUM DAMENFRIEDEN

Der Frieden zu Madrid

Nach Pavia überlegte der Kaiser lange, welchen Weg er nun einschlagen solle. Es galt, über das Schicksal seines Gefangenen, über die diplomatischen Schritte zur Einleitung der Verhandlungen und über die Bedingungen des Friedensvertrages mit Frankreich zu entscheiden.

In Italien war die politische Lage noch immer undurchsichtig. Der Großkanzler Gattinara mißtraute dem siegreichen General Pescara. Man hielt an einem jener seltsamen Scheidewege der Geschichte, wie Conrad Ferdinand Meyer es in seiner schönen Novelle „Die Versuchung des Pescara" verewigt hat. Vom Volk umjubelt, von der Armee bewundert, hätte der Sieger von Pavia die Möglichkeit gehabt, sich selbst zum Herrscher über ein geeintes Italien aufzuwerten. Man könnte sogar die Frage stellen, ob es von Karl nicht klüger gewesen wäre, seinen Vasallen als Vizekönig über die Halbinsel einzusetzen. Jedenfalls scheint Pescara keinen Augenblick lang ernstlich daran gedacht zu haben, dem Beispiel des Connétable von Bourbon zu folgen und seinen Herrn zu verraten, obwohl er allen Grund hatte, Karl zu grollen; denn nach dem großen Sieg von Pavia hüllte der Kaiser sich in Schweigen und schenkte dem Sieger nicht das kleinste Zeichen der Anerkennung. Diese befremdende Haltung war wohl auf die Einflüsterungen Gattinaras zurückzuführen, der an die Aufstände der Legionen gegen die Cäsaren dachte, wie sie zur Zeit des Niederganges von Rom häufig gewesen waren. Diese Sorge war nicht am Platz. Pescara war nicht nur treu, sondern litt auch an den Folgen einer schweren Verwundung und sein Leben ging zu Ende. Er starb in der Nacht vom 2. auf den 3. Dezember 1525. Seiner Witwe, der berühmten Vittoria Colonna, sandte der Kaiser persönlich ein warmherziges Beileidschreiben, in dem er all die Dankbarkeit zum Ausdruck brachte, auf die der Sterbende bis zur letzten Minute vergeblich gewartet hatte.

Karls Vizekönig in Neapel, de Lannoy, der zum Wächter des königlichen Gefangenen bestellt worden war, erbat dringend eine Entscheidung. Schließlich erhielt er den Befehl, den Monarchen nach Madrid zu überstellen, wo Franz I. am 19. Dezember 1525 eintraf.

Die Verhandlungen zum Abschluß des Friedensvertrages zogen sich endlos hin. Karl V. nahm eine zwiespältige Haltung ein. Einerseits stellte er Bedingungen, die Frankreich nicht annehmen oder zumindest nicht einhalten konnte, ohne in eine Lage zu geraten, die früher oder später neuerlich zum Krieg führen mußte. Anderseits widerstrebte es dem Kaiser, sich die Zwangslage Frankreichs zunutze zu machen und die militärische Offensive voranzutreiben; denn die Ehre eines burgundischen Ritters verbot ihm, den Geschwächten nunmehr ganz zu vernichten.

Franz I. hatte seine Mutter, Louise von Savoyen, mit den Verhandlungen betraut, unter der Begründung, daß er selbst nicht imstande sei, für sein Land nachteilige Bedingungen anzunehmen. Er hatte eine ausgezeichnete Wahl getroffen. Louise war eine glänzende Diplomatin mit gutem politischem Instinkt. Die Zeit drängte, denn Franz hatte von seinem Besieger weniger zu befürchten als von den Winkelzügen des englischen Königs, der unmittelbar nach Pavia die alten britischen Ansprüche auf bestimmte französische Gebiete und vor allem auf die französische Krone wieder geltend gemacht hatte. Gleichzeitig wünschte England nicht, daß Karl zu mächtig werde. Wolsey erwies sich als Meister der Intrige. Als er von der Verlobung des Kaisers mit Isabella von Portugal erfuhr, die Heiratspläne Karls also nun endgültig konkrete Gestalt angenommen hatten, trachtete er, Zeit zu gewinnen, indem er eine englische Kandidatin vorschob: die junge Mary, eine Tochter Heinrichs VIII. und der Königin Katharina von Aragon, einer Tante des Kaisers; übrigens dieselbe Mary, die später Philipp, den Sohn Karls, heiraten sollte, der zu diesem Zeitpunkt noch nicht auf der Welt war. Um Karl in Verlegenheit zu bringen, drängte Wolsey gleichzeitig auf sofortige Zahlung alter Schulden und riet zum Wiederbeginn des Krieges, um den Kaiser unter Druck zu setzen. Schließlich gelang es dem Kardinal, den Vertrag von Boor abzuschließen, aus dem er selbst den größten Nutzen zog.

Für Karl aber war ein Frieden unumgänglich notwendig, denn in diesem Jahr des Triumphes in Pavia erreichten ihn beunruhigende Nachrichten aus Deutschland. Dort war die Lage wohl ernst, jedoch keineswegs hoffnungslos, vorausgesetzt, daß Karl freie Hand behielt und sich nach Deutschland begeben konnte, um die Regierungsgeschäfte an Ort und Stelle zu leiten. Rückblickend kommt man wohl mit Recht zur Ansicht, daß das damalige Zaudern echte politische Chancen für Mitteleuropa ungenützt vorübergehen ließ.

Dieser unheilvolle Zeitverlust war in erster Linie auf den Einfluß Gattinaras zurückzuführen. Die Reichspolitik des Großkanzlers gemahnt in verblüffender Weise an die Ideen des Hohenstaufers Friedrich II., der Italien als die Grundlage des Reiches betrachtete. Gattinara verfocht denselben Standpunkt, wenn er die Bedeutung innerdeutscher Angelegenheiten zu verkleinern und die Aufmerksamkeit seines Kaisers fast ausschließlich auf italienische Probleme zu lenken suchte.

Trotz der Dringlichkeit, zu einer Lösung zu gelangen, schob Karl ein Zusammentreffen mit dem Gegner von gestern noch geraume Weile hinaus. Für den König von Frankreich war das eine bittere Enttäuschung, denn er hatte sich von seinem persönlichen Einfluß auf den Habsburger viel erhofft. In seiner Verzweiflung griff Franz I. schließlich zu einer List. Er täuschte eine schwere Erkrankung vor oder übertrieb zumindest eine leichte Unpäßlichkeit, um den Kaiser zu bewegen, seinen Gefangenen – wie er glaubte: am Sterbebett – zu besuchen. Karl kam, weigerte sich aber, zu verhandeln, als er den Betrug merkte. Die Herzoginwitwe von Alençon, die Schwester des gefangenen Königs, kam bald darauf nach Spanien und wurde von Karl sehr liebenswürdig empfangen. Aber auch diese Gespräche führten nicht sehr weit.

Nach der Ankunft in Madrid des burgundischen Würdenträgers Nicolas Perrenot, Herrn von Granvelle, der später eine wichtige Rolle in der kaiserlichen Politik spielte, gingen die Verhandlungen endlich weiter. Er kam im Auftrag der Regentin Margarete, die, wie immer, ihren Neffen energisch zu einem Kompromißfrieden und gegenseitigen Zugeständnissen mahnte. Gattinara aber änderte seinen Kurs und trieb nunmehr die Unterredungen voran, in der Hoffnung, auf diese Weise seinen Souverän zu bestimmen, sich nach Italien zu begeben.

In dieselbe Zeit fiel, freilich auf einem ganz anderen Gebiet, ein Vorhaben, das wohl in jenem Augenblick noch undurchführbar, aber für die Haltung Karls und seines Großkanzlers bezeichnend war. Um das ewige Problem der kaiserlichen Finanzen zu lösen, schlug Gattinara vor, einen Sonderfonds zu schaffen, in den Kontributionen der Kirche sowie die Einkünfte aus den überseeischen Besitzungen fließen sollten. Dieser Fonds sollte dem Herrscher zur Verfügung stehen, damit er ihn dort verwende, wo die Lage es erforderte; die Verwaltung des Geldes würde zwei Vertrauensleuten übertragen werden: Alonso Guttierez und Juan de Bozmediano. Der Umstand, daß es sich bei beiden um Juden handelte, zeigt, daß weder Gattinara noch Karl die Vorurteile ihrer Zeitgenossen teilten; ein Kardinal Ximenes zum Beispiel hätte eine derartige Vorstellung empört zurückgewiesen. Dieses Vorhaben kam über den Entwurf nicht hinaus; es scheiterte am Widerstand der Stände, die ihre Kontrolle über die öffentlichen Gelder um keinen Preis aus der Hand geben wollten.

Der Stein des Anstoßes bei den Verhandlungen mit Frankreich war die Forderung Karls nach Rückgabe des Herzogtums Burgund. Dieses politisch wenig vernünftige Ansinnen entsprang dem romantisch-sentimentalen Wunsch, die burgundische Vergangenheit wiederaufleben zu lassen und dem

Andenken eines hochverehrten Ahnen, Karls des Kühnen, zu huldigen. Wir haben hier eines jener irrationalen, gefühlsbetonten Elemente, wie sie immer wieder das Verhalten der Regierenden bestimmen: in viel jüngerer Zeit zum Beispiel die Weigerung der Hohenzollern, auch nur das geringste Zugeständnis zu machen, wenn es um die von Friedrich dem Großen glorreich eroberten Gebiete ging; oder auch die Starrköpfigkeit der Indischen Union in der Kaschmir-Frage und Großbritanniens im Hinblick auf Gibraltar. Die Frage des Herzogtums hatte für Karl überdies auch noch juridische Bedeutung. Er betrachtete sich als legitimen Herzog von Burgund und wollte ein Recht, das jahrzehntelang verletzt worden war, wiederherstellen. Die Franzosen hingegen konnten und wollten nicht nachgeben, denn hier ging es um einen Lebensnerv ihres Landes. Als Gegenvorschlag boten sie: Verzicht auf Italien, einschließlich Neapels und Mailands, Zurückziehung des Rechtsanspruches auf Flandern und die Grafschaft Artois sowie ein Lösegeld von drei Millionen Goldtaler. Karl lehnte rundweg ab, obwohl er sich wieder einmal in einer äußerst kritischen finanziellen Lage befand. Die Katastrophe, die nun hereinbrach, lehrte ihn aber, nie wieder die politische Wirklichkeit derart außer acht zu lassen.

Als letzten Ausweg unternahm Franz I. einen Fluchtversuch. Er mißlang, und dieses Mißgeschick machte den König ungeduldig. Ende des Jahres 1525 erklärte er sich bereit, die Forderungen des Kaisers zu akzeptieren, unter der Bedingung, daß man ihn nach Frankreich zurückkehren lasse, damit er selbst die Rückgabe Burgunds in die Wege leiten könne. Auf dieser zweifelhaften Basis wurden die Verhandlungen fortgesetzt. Franz I. bot seine beiden Söhne als Geiseln an. Man glaubt sich an den Beginn des Mittelalters zurückversetzt, in jene Zeit, da unterlegene Könige ihre Söhne als Unterpfand an den Kaiserhof entsandten oder sie einem anderen König als Bürgen ihrer Versprechungen auslieferten. Freilich kamen – wie in jener Epoche üblich – auch Heiratspläne ins Spiel. Karls ältere Schwester, Eleonore, Witwe nach dem

König von Portugal, wurde mit Franz I. vermählt, der gleichfalls verwitwet war.

Franz I. willigte in den Vertrag ein, hatte jedoch nicht die Absicht, ihn zu halten. Bereits im August 1525 hatte er in Anwesenheit eines Notars eine Protestnote verfaßt, des Inhalts, falls er, von der Gefangenschaft geschwächt, Forderungen zustimme, die gegen seine Ehre und seine Pflicht verstießen, er diese Zugeständnisse von vornherein für null und nichtig erkläre. Diese Gesinnung des Königs wie auch etliche politisch unannehmbare Bedingungen führten dazu, daß der Vertrag nicht einmal das Papier wert war, auf dem er geschrieben wurde. Das Dokument enthielt fünfzig Artikel und schloß mit dem gemeinsamen Schwur der beiden Herrscher, einen Kreuzzug zu unternehmen. Der Text versetzt uns ins Burgund des 15. Jahrhunderts; unwillkürlich denkt man an die Kapitel des Ordens vom Goldenen Vlies und an die ritterlichen Feste, bei denen nur allzuoft Heldenlieder und geistreiche Gedankenspielereien mit der realen Politik verquickt wurden. Gattinara, der noch vor dem Ende der Unterhandlungen zugezogen wurde, erkannte sofort die Gefahr und widersetzte sich diesem Projekt. Seinen Kritikern erwiderte er, daß seine Kenntnis der Geschichte und sein Urteilsvermögen in politischen Belangen ihn sehr wohl in die Lage versetzten, die Folgen eines derartigen Vertragsabschlusses vorauszusehen. Das waren nicht nur stolze Worte eines Humanisten; Gattinara behielt recht. Er stand zu seiner Überzeugung und weigerte sich, an dem Dokument das kaiserliche Siegel anzubringen.

Am 14. Januar 1526 unterzeichnete und beschwor Franz I. den Vertrag. Spontan gab er dem Vizekönig de Lannoy sein Ehrenwort als Edelmann, er verpflichte sich, wieder in die Gefangenschaft zurückzukehren, falls es ihm nicht gelinge, seinen Versprechungen Anerkennung zu verschaffen. Diese Geste, die niemand verlangt hatte, gereicht dem König nicht zur Ehre; denn noch am Tag vorher hatte er vor drei Zeugen – seinem Gesandten, dem Erzbischof d'Embrun, dem Präsidenten des Parlaments, Herrn de Selve, und dem Connétable de Montmorency – erklärt, der Vertrag sei ungültig.

Als Karl vom König von Frankreich Abschied nahm, beschwor er ihn nochmals, das gegebene Wort zu halten und seiner Schwester Eleonore nicht untreu zu werden. Wiederum legte Franz I. ein feierliches Versprechen ab. Am 17. März 1526 wurde der König an der Grenze zu seinem Reich in Freiheit gesetzt, und die beiden Prinzen, Geiseln für ihren Vater, betraten spanischen Boden. Des Ritterdramas erster Teil war zu Ende. Ein Jahrhundert später lieferte dieses Geschehen dem spanischen Barocktheater viele Anregungen.

Karl V., der eben erst im Geiste Karls des Kühnen gehandelt hatte, ging bitteren Enttäuschungen entgegen. Von einer historischen Warte aus betrachtet, waren diese Schicksalsschläge wahrscheinlich notwendig, um nach und nach die Wurzeln zu lösen, die ihn immer noch an den Traum von einer Wiederherstellung des alten Burgund banden. Kultur und Geist, wie sie so großartig in Burgund herrschten, nehmen unweigerlich vom ganzen Menschen Besitz. Wenn solche Bindungen durchschnitten werden, dann geht ein Stück Herz mit. Es zeigte sich aber, daß Karl, nachdem er diese harte Bewährungsprobe bestanden hatte, an Klugheit und Objektivität gewann, mit einem Wort, immer ausgeprägter zum „Kaiser" wurde.

Die deutsche Geschichtsschreibung hat Franz I. seinen Meineid von Madrid oft und heftig vorgeworfen. Diese Handlungsweise verdunkelt sein Bild, und man muß zugeben, daß der König die Kritik verdiente, vor allem deshalb, weil er Lannoy unaufgefordert sein Ehrenwort gegeben hatte, das er dann brach. Anderseits läßt sich nicht leugnen, daß Franz I. sich in einer ausweglosen Zwangslage befand: Er mußte zu einem Friedensschluß gelangen, obwohl ihm einige Bedingungen gestellt wurden, auf die jedermann, der sich für sein Land verantwortlich fühlte, nur mit einer Reservatio mentalis eingehen konnte. Die Tragödie von Madrid – ebenso wie etliche Jahrhunderte später die der Deutschen in Versailles – liefert erneut den Beweis, daß ein Übereinkommen der Vernunft entsprechen und die freiwillige Zustimmung des Partners erhalten muß, wenn es rechtsgültig sein und auch im Gewissen binden soll. Tut es das nicht, stiftet es mehr Böses als Gutes.

Das Jahr 1526, das in der Politik im Zeichen des Betruges begonnen hatte, brachte im Privatleben Karls V. den Anfang eines großen Glücks: seine Vermählung mit Isabella von Portugal. Die Prinzessin, um drei Jahre jünger als ihr künftiger Gemahl, überschritt zu Beginn des Frühjahrs die spanische Grenze. Unter dem Jubel des Volkes zog sie wenige Tage vor der Ankunft des Kaisers im festlich beflaggten Sevilla ein. Am 10. März fanden die Hochzeitsfeierlichkeiten statt. Anschließend begab das junge Paar sich nach Granada.

Der Bauernkrieg in Deutschland

Seit der Mitte des 14. Jahrhunderts kam es in ganz Europa immer wieder zu kleineren Bauernaufständen. Von Nord bis Süd, von Ost bis West – überall liefen die Revolten nach fast haargenau dem gleichen Schema ab. Es begann mit lokalen Unruhen, meist durch ein Nichts ausgelöst, die allmählich den anfänglichen Rahmen sprengten und sich zu einer echten Rebellion ausweiteten. Während der ersten Periode dieser stufenweisen Entwicklung traten Propheten, Prediger, Seher auf, die „Schwarmgeister", wie man sie in jener Zeit nannte, die meist ehemalige Priester waren. Die nahezu hypnotische Wirkung, die sie auf die Massen ausübten, führte zu immer größeren Volksaufläufen und schließlich zu kriegerischen Unternehmungen der Bauernhaufen. Ganze Landstriche wurden verwüstet. Es kam zu Ausbrüchen eines echten sozialen Hasses und zu namenlosen Grausamkeiten. Jeder Feldzug endete unvermeidlich mit einer Vernichtung des Bauernheeres, das weder Führung noch Erfahrung hatte, und mit grausam blutigen Urteilen, die von den siegreichen Edelleuten über die unglücklichen Besiegten verhängt wurden.

Einige dieser Revolten, wie zum Beispiel die Jacquerie des Jahres 1358 in Frankreich, hatten den Staat ernstlich in seiner Existenz gefährdet. 1381 war England vom Aufstand der Lollarden erschüttert worden, an dessen Spitze Wat Tyler und John Ball standen. Auch der Hussitenkrieg in Böhmen zählte in so mancher Hinsicht zu den Bauernkriegen, mit dem Unterschied, daß letztlich die gemäßigten Stadtbürger über die nahezu kommunistischen Bauernsekten die Oberhand gewannen. Ende des 15. und Anfang des 16. Jahrhunderts gab es in Deutschland Bewegungen, die an die Lollarden und die Jacques erinnern. Bald darauf führten die Reformation sowie die Hetze gegen den Klerus und den überkommenen Glauben aufs neue zu revolutionären Erhebungen der deutschen Bauern.

Die Unzufriedenheit des Landvolks hatte die verschiedensten Ursachen. Der Übergang vom Tauschhandel zur Geldwirtschaft und in der Folge die Einführung eines Pachtschillings, der in bar, nicht mehr in Arbeitsstunden und Naturalien abzuleisten war, brachten den Bauern große Nachteile. Dazu kamen noch das Privileg des unbegrenzten Jagdrechtes zugunsten der Grundbesitzer und fast gleichzeitig die Abschaffung des Gewohnheitsrechtes der Bauernschaft auf die Nutzung von Wald, Wiese und Wasser. Die materiellen Verluste wurden noch verschärft, als das persönliche Rechtsband der deutschen Tradition nunmehr, dem römischen Recht entsprechend, in eine vertraglich festgelegte Beziehung umgewandelt wurde. Zu dieser sozialen Unzufriedenheit gesellten sich politische Forderungen und religiöse Beweggründe. Das Bauernvolk legte die Vorstellungen, die sich die Theologen von einer Kirchenreform machten, auf seine Art aus. Das Volk stellte die „Kirche der Reichen" den Geboten der christlichen Nächstenliebe, der Brüderlichkeit, der evangelischen Armut gegenüber und wirbelte mit seinen naiven Fragen, die meist von einem entstellten Geschichtsbild ausgingen, viel Staub auf. Der Reim „Als Adam grub und Eva spann, wo war denn da der Edelmann?" war von einem Ende Europas bis zum anderen zu hören. Hinter diesem billigen Spruch verbarg sich der Mythos von der Glückseligkeit der Urmenschen, vom Goldenen Zeitalter paradiesischer Unschuld, gegen die sich die herrschenden Klassen verschworen und die sie zerstört hatten. In den weniger privilegierten Schichten gewannen neue Vorstellungen über die hierarchische Ordnung und die Menschenrechte Raum, zum Teil unter dem Einfluß des Humanismus, vor allem aber dank der zunehmenden Verbreitung von Druckschriften. Vor der Erfindung Gutenbergs war es selbstverständlich, daß die Bauern Analphabeten und daher der „Zins- und Fronpflicht" preisgegeben waren. Nunmehr aber gab es in jedem Dorf

Männer, die des Lesens kundig waren und dadurch nicht nur Zugang zur Bibel hatten, sondern vor allem auch zu den lithographierten Veröffentlichungen, die sich direkt an die Masse des Volkes wandten.

Die vielen, ja zahllosen Schmähschriften der Reformation wurden nicht mehr notgedrungen durch die Stadtbürger und die Prediger vermittelt, sondern verbreiteten sich direkt unter den Bauern. Eine volkstümliche Gestalt der Literatur jener Epoche war der „Karsthanns", den der Historiker Walter Peter Fuchs folgendermaßen beschreibt: „Es ist der Bauer, der mit der Hacke sein Brot gewinnt, nicht mehr der dumme Tölpel, sondern der schlichte, ursprüngliche, unverbildete, den Doktoren und Gottesmännern an Wissen und Gottesfurcht überlegene ‚gemeine Mann'." Die Bauern zeigten wachsendes Interesse für die großen politischen Fragen, die mit ihrer sozialen Stellung wenig oder nichts zu tun hatten, von denen sie sich aber eine allgemeine Neuordnung erwarteten, die für ihre Wünsche aufgeschlossener wäre. Deshalb forderte der Großteil dieser Bewegungen eine Erneuerung des Kaiserreiches und ein Erstarken der Krone, um ein politisches System zu festigen, das Gott wohlgefällig sei und der Welt Gerechtigkeit bringe.

1514, also noch vor dem Auftreten Luthers, kam es in Süddeutschland, besonders in Württemberg, zu einer Revolution – „Der arme Konrad" genannt –, die sich gegen die Unterdrückung durch die Landesfürsten richtete, vor allem gegen die Geldabwertung und die willkürliche Änderung der Maße und Gewichte, da diese Praktiken einen Betrug am Volk darstellten. Entfesselt wurde der Aufstand durch die skandalöse Mißwirtschaft im Herzogtum Württemberg unter der Regierung Herzog Ulrichs. Schon bei der Revolte des „armen Konrad" wirkten abgediente, in ihre Heimat zurückgekehrte Landsknechte entscheidend mit, wie es auch später bei ähnlichen Erhebungen der Fall war. In Schlachten geschult, wurden sie bald zu den Anführern der Rotten. Aber der Mut, die Erfahrung und die persönliche Tüchtigkeit eines einzelnen konnten den Mangel an militärischer Ausbildung der Bauernhaufen freilich nicht wettmachen, wenn es darum ging, wohlorganisierten und gut befehligten Söldnertruppen standzuhalten. Es war immer dieselbe Tragödie: Sowie die ersten Schüsse gefallen waren, gingen die Söldner, einer erprobten militärischen Taktik folgend, zum Angriff vor; die Bauern gerieten in Panik und wandten sich zur Flucht. Dann setzten die furchtbaren Metzeleien ein, wobei die Mehrzahl der Rebellen den Tod fand. Auf diese Weise endete auch der große Aufstand in Württemberg noch im selben Jahr, in dem er begonnen hatte.

Kurz danach gewann der ,,Bundschuh", diese bäuerliche Vereinigung, die bereits fast ein Jahrhundert lang im geheimen bestand, rasch an Anhängern. Die ersten Spuren dieser Geheimgesellschaft finden sich im Elsaß, wo die von den Herren nur mangelhaft beschützten Bauern Bünde zum Selbstschutz gegen die Greueltaten der Armagnacs gründeten. Zu Beginn des 16. Jahrhunderts verfügte der ,,Bundschuh" über eine Anzahl geschickter und mutiger Agitatoren, die ihre religiösen Anschauungen und sozialen Forderungen überall im Land verbreiteten. Unvermutet tauchten sie, einmal hier, einmal dort, in voneinander weit entfernten Ortschaften auf, und man konnte ihrer nur selten habhaft werden. Der berühmteste unter diesen Tribunen war ein ehemaliger Leibeigener des Bischofs von Speyer, Jos Fritz von Untergrombach. Vergeblich machte man durch das ganze Kaiserreich Jagd auf ihn. Er verwendete fahrendes Volk, um den Bauern seine Botschaften zukommen zu lassen, und dank einer ausreichenden theologischen Bildung gelang es ihm, aus den religiösen Streitigkeiten Nutzen zu ziehen und seine eigene Lehre zu verbreiten. An Hand von Bibelstellen wies er nach, daß alle Schulden getilgt werden müßten, sobald die Zinsen die Höhe der ursprünglichen Summe erreichten. Der interessanteste Punkt seines Programms forderte die Abschaffung jeglicher Autorität mit Ausnahme des Kaisers und des Papstes. Damit geriet er in Widerspruch zu

Luther und wahrscheinlich auch zur allgemeinen öffentlichen Meinung, die den Kaiser noch anerkannte, aber gegen Rom bereits Stellung nahm.

Der große Bauernkrieg brach im Juni 1522 in den Gebieten südlich des Schwarzwaldes aus, wo der „Bundschuh" und Jos Fritz den Boden schon lange vorbereitet hatten. Übrigens bestand wahrscheinlich eine Verbindung zwischen der Bauernbewegung und der Reformation Zwinglis, um so mehr, als das Beispiel der Schweizer Eidgenossen in ganz Schwaben revolutionäre Neigungen geweckt hatte, die wohl auch von Herzog Ulrich noch unterstützt wurden. Aus seinem Land verjagt, am 5. Juni 1521 der Reichsacht verfallen, hielt der Württemberger ständig Verbindung zu den Schweizer Landsknechten und schüttete französische Gelder aus. Bald beschlossen verschiedene Städte und Angehörige der Ritterschaft, diese Bewegung zu unterstützen und eine Denkschrift zu veröffentlichen: die Zwölf Artikel der Schwäbischen Bauernschaft. Das Dokument wurde von dem Kürschnergesellen Sebastian Lotzer abgefaßt, in Augsburg gedruckt und im ganzen Schwabenland verbreitet. Es war eine gut gelungene Zusammenfassung aller sozialen und politischen Forderungen des Volkes, deren Berechtigung auch noch theologisch begründet wurde. Unter Berufung auf das Wort Gottes und das Naturrecht forderte man eine durchgreifende Reform des Reiches zur Stärkung der Macht des Kaisers und der Einheit des Landes, unter dem Einfluß der Schweizer Reformation auch noch die freie Wahl des Pfarrherrn durch die Pfarrgemeinde.

Demgegenüber mobilisierte der Schwäbische Bund, der vor allem die Städte vereinte, seine Militärmacht gegen die Bauern, sobald die ersten Nachrichten von dem Aufstand ihn erreichten, und noch mehr, nachdem die Horden, die sich „Christlicher Bund" nannten, Ende August 1522 Waldshut angegriffen hatten. Die Bauern rückten in drei großen Haufen vor, und ihre Kriegführung bestand darin, daß sie nach einem vorgefaßten Plan Klöster und Schlösser in Asche legten. Es ist interessant, daß nicht nur die Lieder der Aufständischen, vor allem die des „Schwarzen Haufens" des Florian Geyer, von dem wir noch sprechen werden, sondern auch ihre Denkweise Jahrhunderte später in die deutschen Jugendbewegungen, vor allem in die Hitlerjugend, Eingang finden sollten.

Die wohlorganisierte Streitmacht des Schwäbischen Bundes, unter dem Befehl des Georg Truchseß von Waldburg, schlug die Rebellion mühelos nieder. Waldburg vernichtete eine Rotte bei Leipheim und schloß mit der viel stärkeren Gruppe im Süden, die aus dem Gebiet um den Bodensee kam, einen Vertrag. Nachdem man ihnen Straffreiheit und in der Person des Erzherzogs Ferdinand, zu dem sie Vertrauen empfanden, einen unparteiischen Schiedsrichter zugesichert hatte, zogen die Bauern friedlich heim.

In Franken war der Aufstand bedeutend radikaler. Hier scheinen die sozialen Beweggründe eine geringere Rolle als die religiösen Ideologien gespielt zu haben. Stand doch auch die Wiege der Rebellion im Taubertal, nahe Karlstadt, der Heimat des fanatischen Reformers Andreas Bodenstein.

Der fränkische Aufstand zeichnete sich jedoch auch durch seine hervorragende Führung aus. An der Spitze der Streitkräfte stand der Ritter Florian Geyer, ein sehr gebildeter Mann, der die Welt kannte, als Diplomat vielen Herren gedient hatte und – wie übrigens auch Franz von Sickingen – in der Tradition der Reichsritter, die auf die Hohenstaufer zurückreichte, fest verwurzelt war. Geyer war ein mitreißender Anführer – was bei Revolten bedeutend wichtiger ist als bei einem gewöhnlichen Feldzug. Unter seiner Führung schickte der „Schwarze Haufen" sich an, systematisch alle befestigten Adelssitze in Franken einzunehmen und niederzubrennen. So wurden in verhältnismäßig kurzer Zeit 63 Festungen dem Erdboden gleichgemacht. Getreu ihrer kommunistisch-religiösen Weltanschauung forderten die Rebellen von jedem Edelmann, der sich der Bewegung anschloß, die Einwilligung zur Zerstörung seiner eigenen Burg. Auch der Wohnsitz Florian Geyers wurde ein Raub der Flammen. Hernach sollte jeder von ihnen nach dem gemeinen Recht der Bürger und Bauern leben.

Neben dem Schwarzen Haufen gab es noch die Odenwälder, die nach der Einnahme von Weinsberg, am 16. April 1525, Ludwig von Helfenstein und alle seine Diener ,,durch die Spieße laufen" ließen. Diese Grausamkeit, von Gerüchten unter Bürgerschaft und Adel noch übersteigert, brandmarkte die Bauern als Folterknechte und Mordbuben. Bei der Niederschlagung des Aufstandes dienten diese Greueltaten als Vorwand für ebenso verwerfliche Vergeltungsmaßnahmen.

Wie erwähnt, hatte sich in Franken eine überraschend große Zahl von Rittern den Bauern angeschlossen. Vor allem scheint Götz von Berlichingen, der im Verlauf des Krieges eine recht zweideutige Rolle spielte, versucht zu haben, die Bewegung unter die Kontrolle der Edelleute zu bringen. Am 7. Mai 1525 unterzeichneten Berlichingen und der Bischof Wilhelm von Straßburg den Vertrag von Miltenberg, demzufolge die Erzdiözese Mainz unter Anerkennung der Zwölf Artikel in den Bund der Bauern aufgenommen wurde. Das war jedoch ein Einzelfall; den Bischof von Würzburg zum Beispiel betrachteten die Rebellen als ihren Erzfeind.

Nichts zeigt besser, wie verwickelt die Motive und Tendenzen waren, von denen die Bauern sich leiten ließen, als die Rolle, die der ehemalige Sekretär des Hauses Hohenlohe, Wendel Hippler, bei den Odenwälder Bauern spielte. An religiösem Eifer mangelte es ihm vollständig, dafür besaß er politischen Scharfsinn. Seinem erfindungsreichen Geist entsprang wahrscheinlich auch die großartige Idee, ein Bauernparlament nach Heilbronn einzuberufen. Der Verfassungsvorschlag, der dieser Versammlung vorgelegt werden sollte, war von Friedrich Weigandt, einem Beamten der Erzdiözese Mainz, ausgearbeitet worden.

Mittlerweile kam es in Württemberg neuerlich zum Aufstand. Trotz seiner früheren Leuteschindereien versuchte Herzog Ulrich, die Bauern als Werkzeuge zu gebrauchen, um

Unruhe zu stiften, die er zur Wiedererlangung seiner Herrschaft nützen wollte. Georg von Waldburg griff die Aufständischen bei Böblingen an und vernichtete sie. Die Schlacht forderte etliche tausend Tote. Bei den Gefangenen trennte Waldburg die Anführer von der Menge. Das Gros der Bauern wurde heimgeschickt, die Rädelsführer zur Enthauptung verurteilt. Da ihr Besieger sie nicht ohne geistliche Vorbereitung ins Jenseits gehen lassen wollte, befahl er seinem Feldprediger, vor der Hinrichtung die Beichten abzunehmen. Zum Unglück für den würdigen Geistlichen hatte Scheufelin, der Scharfrichter Waldburgs, es allzu eilig. Er kam mit seiner Arbeit schneller zu Rande als der Priester und schlug irrtümlich auch diesem den Kopf ab. Der Chronist vermerkt nur, daß Georg von Waldburg den Scheufelin „ob diesem Aberwitz fürsorglich rügte".

Während diese Geschehnisse sich in Schwaben abspielten, veranstalteten die Truppen des Herzogs von Lothringen bei Zabern ein Blutbad unter den Bauern. Das war um so heimtückischer, als die Aufständischen sich bereits ergeben hatten.

Der Bundestag von Heilbronn war auseinandergegangen, noch ehe die Beratungen begonnen hatten. Die Odenwälder Bauern wurden bei Königshofen vernichtet; die Mehrzahl der Flüchtenden fand den Tod. Götz von Berlichingen hatte sich noch vor der Schlacht von den Bauern abgesetzt. Den letzten heldenhaften Widerstand leistete Florian Geyer mit seinen Landsknechten, die den Kampf erst einstellten, als ihr Anführer selbst auf dem Schlachtfeld blieb. Der Bischof von Würzburg nahm grausam Rache. Er belegte die Bauern mit so harten Geldbußen, daß er alle seine Burgen neu aufbauen konnte.

In Mitteldeutschland stand der Landgraf Philipp von Hessen, der sich, was Grausamkeit und Vergeltungsmaßnahmen betraf, dem Bischof von Würzburg würdig anreihte, an der Spitze des Feldzugs gegen die Rebellen. Das Zentrum der Bewegung war in diesem Gebiet Mühlhausen, eine sehr wichtige Stadt, in der nicht nur die Mitglieder der Zünfte lebten, sondern vor allem eine große Anzahl von Gesellen. Diese Gruppe der Bevölkerung, die keine Aussicht hatte, jemals Meister zu werden – die Vorläufer des Proletariats des 19. Jahrhunderts –, machte nach zeitgenössischen Quellen wohl 45 Prozent der Einwohner aus. Im Gegensatz zu Süddeutschland bekam die Bewegung hier sehr bald einen kommunistischen Anstrich; der Gedanke an eine Erneuerung des Reiches spielte keine entscheidende Rolle mehr. In ihren Anschauungen und Methoden schlossen sich die Rebellen von Mühlhausen an Zwickau an, wo zu Beginn des zweiten Jahrzehnts des Jahrhunderts Fanatiker sich unter der Leitung des Propheten Nikolaus Storch hervorgetan hatten. Storch war unbestreitbar sowohl von den Hussiten wie auch von der Lehre und dem Tun Karlstadts beeinflußt. Der führende Kopf jedoch war Thomas Münzer, ein Weltpriester aus Stolberg am Harz, der auf eine Empfehlung Luthers nach Zwickau gekommen war. Nachdem man ihn aus der Stadt vertrieben hatte, war er nach Prag gegangen und vollständig unter den Einfluß der Hussiten geraten. Wieder in Thüringen, predigte er in Alstedt und gründete dort sehr bald einen „Bund der Auserwählten". Im Gegensatz zu Luther, der sich auf das Wort Gottes berief und oft und gern die Heilige Schrift zitierte, verließ Münzer sich einzig und allein auf die innere Erleuchtung. Er lehrte, daß man in Gott leben müsse und daß der Glauben, den Er den Erwählten eingieße, zu einer unwiderstehlichen Gewalt erstarke, die eines Tages das Reich Gottes auf Erden verwirklichen werde. Das klingt wie ein spätes Echo auf die Lehre der Taboriten vom „Reiche Gottes in Böhmen". 1525 ließ Münzer sich in Mühlhausen nieder, hob dort alle Klöster auf und zog ihre Güter ein. Seine Bewegung breitete sich rasch in den anderen Städten Thüringens aus, wo die proletarische Bevölkerung auf Grund der hochentwickelten Textilindustrie sehr zahlreich war. In den beiden sächsischen Fürstentümern konnte man der Revolte nicht Herr werden. Philipp von Hessen, den man zu Hilfe rief, führte Krieg gegen die

Aufrührer und besiegte sie in der Schlacht bei Frankenhausen. Münzer wurde gefangengenommen und hingerichtet. Sein Tod brachte das Ende der Feindseligkeiten. In Thüringen wie in Sachsen wurden schwere Geldbußen gefordert; die Adeligen nahmen blutige Rache.

Im Jahr 1525 fanden die Bauernkriege in verschiedenen Teilen Österreichs eine Fortsetzung. In Tirol hatte Michael Gaismair aus Sterzing die Führung inne. Er war ein bischöflicher Beamter, der aus einer Bergknappenfamilie stammte und zuletzt Zolleinnehmer in Klausen war. Die von ihm verkündete „Landesordnung" ist eindeutig von den fränkischen Bauern, nicht aber von den Übertriebenheiten eines Münzer beeinflußt. Er forderte eine demokratische christliche Bauernrepublik. Gaismair mußte aus seiner Heimat fliehen und wurde in Padua ermordet. In Salzburg erhoben Bauern und Bergleute sich gegen den Fürstbischof Matthäus Lang, während in der Steiermark die Rebellen in der Schlacht bei Schladming dem Landeshauptmann eine empfindliche Niederlage beibrachten. Aber auch hier war die Bewegung nicht von Dauer. Sie brach zusammen, ehe sie das kleinste Ergebnis erzielen konnte. Ganz im Gegenteil, infolge der Niederlage verschlechterten sich vorübergehend sowohl die wirtschaftliche Lage wie auch die rechtlich-soziale Stellung der Bauern.

Während die Rebellen in Süddeutschland vor allem mit der Schweiz und mit Zwingli in Verbindung standen, setzten die Bauern in Mitteldeutschland ihre Hoffnung auf eine moralische Unterstützung durch Martin Luther. Aber Luther verabscheute jeden religiösen Fanatismus; er lehnte es grundsätzlich ab, Glauben und Politik zu vermengen, und war überzeugt, daß alle Autorität von Gott stamme und daß das Reich des Allmächtigen sich niemals hier auf Erden verwirklichen würde. Daher sah der Reformator in der Botschaft Münzers und in den unnötigen Gewalttaten des kommunistischen Aufstandes eine tödliche Gefahr für sein Werk. Wahrscheinlich spielte auch ein Schuldgefühl mit, weil ja auch er für diese Geschehnisse verantwortlich zeichnen mußte. Diese

Gewissenskonflikte verwandelten sich unter der Feder Luthers zu einem wahrhaft pathologischen Haßausbruch gegen die Aufständischen. Sein Pamphlet „Wider die mörderischen und räuberischen Rotten der Bauern" zog ihm für Jahrhunderte die Feindschaft aller Revolutionäre zu und brachte ihn in den Ruf, ein Söldner der Fürsten zu sein. So ausgedrückt, ist dieses Urteil gewiß nicht richtig. Dagegen läßt sich nicht leugnen, daß Luther in seinem Zorn jedes Maß und jede Selbstbeherrschung verlor und es selbst an der geringsten Spur einer christlichen Gesinnung fehlen ließ. Auf diese Weise hatte er aber auch den adeligen Herren die Argumente geliefert, mit denen sie ihre blutige Rache rechtfertigten.

Walter Peter Fuchs schreibt in Gebhardts Handbuch, es sei „die Tragik der deutschen Geschichte, daß Luther mit solcher Predigt dem deutschen Staat einen größeren Dienst erwiesen hat als den um ihre Freiheit kämpfenden Bauern". Dieser Staat, der – zumindest teilweise dank der Kirchenreformation Luthers – aus den Kriegen des Jahres 1525 siegreich hervorgehen sollte, gründete sich auf das Landesfürstentum, auf das die Mehrzahl der Fürsten zielte. So bestand die eigentliche Tragödie wohl darin, daß die beiden Kräfte, die sich den zerstörenden Gewalten des Feudalismus entgegensetzten und ein Erstarken und die Erneuerung des Reiches anstrebten – der Kaiser und die Bauern –, sich nicht vereinen konnten. Deshalb wurden sie beide zu den großen Verlierern. Für einen Historiker wäre es verlockend, sich vorzustellen, welchen Lauf die Dinge genommen hätten, wenn Karl zur Zeit der Bauernkriege in Deutschland gewesen wäre und die Möglichkeiten dieses historischen Wendepunktes erkannt und genützt hätte, wenn es also – zumindest theoretisch – zu dem folgerichtigen Bündnis zwischen Krone und Rebellen gekommen wäre. Diese Hypothese blieb utopisch, denn die Voraussetzungen für eine Einheit zwischen Bauern, Städten und Reich, wie sie noch um das Jahr 1100, zur Zeit des Saliers Heinrich V., bestanden hatten, waren nicht mehr gegeben. Zu Beginn des 16. Jahrhunderts fiel es Städtern und Bauern nicht mehr leicht, einen gemeinsamen Nenner zu finden, wie der Kampf zwischen dem Schwäbischen Bund und den Aufständischen in Süddeutschland beweist. Der Kaiser wiederum verfügte nicht als Kaiser über eine starke Armee, sondern nur als Landesfürst in seinen Familienbesitzungen. In dieser Eigenschaft stand er den rebellierenden Bauern jedoch feindlich gegenüber, wie die Geschehnisse in Tirol und der Steiermark zeigen. Dazu kam noch der Hang der Revolution zum Übersteigerten und Sektiererischen, vor allem in Mitteldeutschland, der den Kaiser gewiß gehindert hätte, mit ihr gemeinsame Sache zu machen. So ergaben sich wohl viele Parallelen zwischen der kaiserlichen Politik und gewissen Aspekten der Bauernaufstände, aber es war so gut wie unmöglich, diese Übereinstimmung in ein gemeinsames Vorgehen umzuwandeln.

Lange Zeit begingen die Historiker den Fehler, in den Bauernkriegen eine Verzweiflungstat zu sehen, ausgelöst durch das Elend des Volkes. Diese Erklärung ist naiv. Ernste Forschungen, wie die Studie von Pierre Gaxotte über die Ursachen des Jahres 1789 oder auch geschichtsphilosophische Arbeiten über das Phänomen „Revolution“ im allgemeinen, widerlegen diese Behauptung und erbringen im Gegenteil den Beweis, daß derartige Umstürze zumeist von Elementen herbeigeführt werden, die sich soziologisch im Aufstieg befinden. Diese neuen Schichten versuchen die Macht an sich zu reißen, um das spannungsgeladene Mißverhältnis zwischen ihrem politischen Einfluß und ihrer tatsächlichen Bedeutung auf geistigem, wirtschaftlichem und sozialem Gebiet mit Gewalt zu lösen. In der Regel – und das schafft den falschen Anschein – appellieren diese neuen Klassen an die allerärmsten Schichten und bedienen sich ihrer als Stoßtrupp.

Diese Tatsache darf nicht überraschen. Der Mensch, der nur das Notwendigste besitzt, ist durch die Sorge um Nahrung, Kleidung und Beheizung völlig in Anspruch genommen. Er hat keine Zeit für andere Dinge. Das Interesse für

Politik und soziale Fragen erwacht erst dann, wenn die Grundbedürfnisse befriedigt sind. Der kritische Augenblick für jede kollektive Ordnung tritt also erst nach einem fühlbaren wirtschaftlichen Aufschwung ein, das heißt, erst dann, wenn man sich an den Fortschritt gewöhnt hat. Dann haben die aufstrebenden Kräfte Muße, über ihr Geschick nachzudenken: Nun betrachten sie die Besserstellung nicht mehr als Geschenk, sondern als Ausgangspunkt für die Erlangung neuer Rechte.

Während der verhältnismäßig kurzen Zeit, in der diese dramatischen Geschehnisse sich in Deutschland abspielten, befand der Kaiser sich in Spanien und hoffte immer noch, den Sieg zu Pavia für ein Bündnis der christlichen Völker nützen zu können.

Der Damenfrieden

Gereift an den Erfahrungen und Enttäuschungen des Friedens zu Madrid, näherte Karl sich nunmehr einem der wichtigsten Wendepunkte seines politischen Lebens. Von jetzt an war er bereit, ein für allemal seine Anfänge hinter sich zu lassen und die Träume von der Wiedereroberung des Herzogtums zu begraben, die viele Rittergenerationen beseelt hatten und vom Herrn von Croy seinem Herzen so tief eingepflanzt worden waren. Seine Geistesverfassung erlaubte ihm nunmehr, zu einer weitergespannten Auffassung von der Reichspolitik zu gelangen, von Chièvres zu Mota fortzuschreiten, seine Seelenzweifel zu überwinden und sich seiner Aufgabe als Schiedsrichter zwischen den Völkern bewußt zu werden.

Bereits am 22. Mai 1526, als Karl noch die ersten Freuden des Familienlebens genoß, hatten sich der Papst, Francesco Sforza, Florenz und Venedig und selbstverständlich auch Franz I. von Frankreich in der Liga von Cognac gegen ihn zusammengeschlossen. Dieses Bündnis mußte früher oder später zu einem neuerlichen Krieg mit Frankreich führen. Auch in Deutschland zeichnete sich eine gefährliche Entwicklung ab. Hinter den Kulissen des Reichstags zu Speyer verhandelten die Fürsten ernstlich über die Bildung einer Liga. Braunschweig, Mainz und Sachsen schlossen sich in der Allianz von Dessau zusammen, während die Kurfürsten von Sachsen und Hessen sich im Bündnis von Gotha vereinigten, das später zu einer ernsten Bedrohung werden sollte.

Noch viel schwerwiegender war die Wendung, die die Ereignisse im Donauraum nahmen. Am 29. August 1526 war der Schwager des Kaisers, der junge König von Ungarn, Ludwig II. aus dem Haus der Jagellonen, bei Mohács im Kampf gegen die Türken unterlegen und selbst auf dem Schlachtfeld geblieben. Da Ludwig keine Nachkommen hinterließ, hätte nun der Erbvertrag in Kraft treten müssen, den Maximilian einst mit den Jagellonen abgeschlossen hatte. Doch bald zeigte es sich, daß die Kronen von Ungarn und von Böhmen nicht automatisch auf die Habsburger übergehen sollten, sondern erkämpft werden mußten. Daß Ferdinand von Österreich Ludwig als König von Böhmen folgte, geschah nicht kraft des von den Ständen nicht anerkannten Vertrages, sondern auf Grund einer freien Wahl, bei welcher der Habsburger und der Bayernherzog einander als Rivalen gegenüberstanden. Der Sieg Ferdinands lastete noch lange Zeit auf den österreichisch-bayerischen Beziehungen und erwies sich im Religionsstreit in Deutschland als äußerst folgenschwer. In Ungarn mußte der Erzherzog und König einem viel gewichtigeren Rivalen entgegentreten: János Zápolya. Erst viel später, genaugenommen erst nach einem Interregnum, wurden die Rechte der Habsburger auf die Stephanskrone anerkannt. Währenddessen gaben die politischen Wirren den Türken Gelegenheit, ihren Sieg auszunützen und fast ganz Ungarn zu besetzen.

Der Kaiser, der in Madrid die ersten Nachrichten über die Katastrophe bei Mohács erhielt, erkannte sofort die ganze Tragweite dieses Geschehens. Von diesem Augenblick an trachtete er, so rasch wie möglich zu einem dauerhaften Frieden mit Frankreich und – im Hinblick auf eine Krönung in Rom – zu einer Klärung der Beziehungen zum Papst zu gelangen. Die Idee Gattinaras von einem unter der Kaiserkrone geeinten Italien und einer Erneuerung des Weltenreiches von der Apenninenhalbinsel aus hatte immer geringere Chancen, durchzudringen. Auf ein in herausforderndem Ton gehaltenes päpstliches Breve wurde nicht die vom Großkanzler vorgeschlagene Antwort erteilt, sondern eine vom Sekretär Alonso Valdes ausgearbeitete Erwiderung.

Plötzlich nahmen die Ereignisse in Italien eine Wendung, mit der der Papst nicht gerechnet hatte und die den Wünschen des Kaisers widersprach: Im Jahr 1527 kam es zum „Sacco di Roma".

Im großen und ganzen kam dieser Vorfall der Sache des Kaisers zustatten und trieb die Pläne Gattinaras weiter voran, als der glorreiche Sieg zu Pavia, dessen Früchte dank der wirklichkeitsfremden Politik Karls V. verlorengegangen waren. In der privaten Sphäre freilich lastete die Plünderung Roms schwer auf dem Gewissen des Herrschers und bestärkte ihn in seiner Skepsis und dadurch auch in seinem Hang zur Passivität.

Die Ursachen des Marsches auf Rom werden in einem ausführlichen Schreiben des Cesare Ferramosca an den Kaiser und in dem großen Bericht des Vizekönigs Lannoy dargelegt. Bei diesem Unternehmen handelte es sich keineswegs um einen vorgefaßten Plan. Nach und nach hatten die Heerführer die Kontrolle über die Landsknechte verloren, die schon seit langem keinen Sold mehr ausbezahlt erhielten und über die schlechte Verproviantierung klagten. Der unzeitige Tod Georg von Frundsbergs hatte das kaiserliche Kommando jener Persönlichkeit beraubt, die vielleicht die Söldner hätte umstimmen können. Schon vor der Schlacht zu Pavia war es zu einer Krise gekommen, die jedoch überwunden werden konnte, weil die Kriegsleute dem gütlichen Zureden ihrer Anführer nachgaben und sich noch einige Tage geduldeten; außerdem zogen sie damals einem Unternehmen entgegen, das ihren Wünschen entsprach. Diesmal aber nützte kein Verweis und kein Versprechen. Die Soldaten setzten sich in Marsch, Richtung Ewige Stadt.

Die geographische Struktur Italiens, die magische Anziehungskraft, die das Wort „Rom" ausübt, und schon zur Sage gewordene Erinnerungen an ähnliche Expeditionen im Mittelalter trieben sie mit Macht auf dieses Ziel zu. Am 6. Mai 1527 begann der Angriff. Der Connétable von Bourbon fiel als einer der ersten, als er auf der Sturmleiter die Stadtmauer ersteigen wollte. So endete sein fehlgegangenes Leben mit einem mutigen und ehrenvollen Soldatentod. Mit seinem Hingang schwand aber auch der allerletzte Rest einer Autorität. Die Truppen ergossen sich über die Stadt und bemächtigten sich des Eigentums von Bürgerschaft und Kirche. Der „Sacco“ war keine Plünderung von wenigen Tagen, sondern ein Zustand des Chaos und der Unsicherheit, der mehrere Monate lang anhielt; in unserem Jahrhundert etwa jenen chaotischen Geschehnissen vergleichbar, die man je nach Standort Umerziehung, Befreiung oder auch Entkolonialisierung nennt. An diesem Chaos zerbrach die Widerstandskraft Clemens' VII.; es rief aber auch zornigen Groll gegen die Spanier und gegen den Kaiser hervor, ungeachtet der Tatsache, daß Karl die Übergriffe der zügellosen Soldateska aufs schärfste verurteilte.

Die Kaiserlichen wurden vom Unglück verfolgt. Am 29. September 1527 starb Lannoy, der Vizekönig von Neapel, der fähigste und treueste Anhänger Karls in Italien. Von seiten Frankreichs drohte akute Gefahr. Franz I. unterzeichnete ein Bündnis mit England und zerstörte damit das Gleichgewicht der Kräfte, das seit der Gründung des Staates Burgund stets mehr oder weniger stabil geblieben war. Beide Mächte sprachen sich offen gegen ein Konzil aus, um auf diese Weise die Pläne der kaiserlichen Regierung zu durchkreuzen, der daran gelegen war, die Religionskrise in Deutschland zu überwinden. Am 22. Januar 1528 wurde die Kriegserklärung feierlich dem Kaiser überbracht. Es war, als ginge es um ein großes Turnier. Karl, der gleichfalls der alten ritterlichen Tradition anhing, antwortete mit einer Geste, die seinen Großvater Maximilian unendlich gefreut hätte. Er schlug vor, an Stelle eines Feldzugs die Fehde in einem persönlichen Zweikampf auszutragen, um unnützes Blutvergießen zu vermeiden und den Ländern die Verheerungen eines Krieges zu ersparen. Karls Ratgeber erhoben energisch Einspruch. Diego Mendoza ging sogar so weit, ein theologisches Argument ins Treffen zu führen: Es sei verboten, durch ein Duell ein Gottesurteil herauszufordern, ausgenommen den Fall, daß eine Rechtslücke keine andere Lösung eines Konfliktes zulasse.

Trotz des Vormarsches der Landsknechte, der zum „Sacco

di Roma“ geführt hatte, standen die Franzosen neuerlich vor Neapel. Doch plötzlich nahm das Geschick eine unverhoffte Wendung; das geschah wiederholt im Leben Karls und bestärkte ihn im Glauben an seine Mission. Am 21. Juni 1528 besiegte General Leyva die Franzosen in der Schlacht bei Landriano. Wenige Tage darauf schloß der Papst in Barcelona mit dem Kaiser Frieden. Im Dezember desselben Jahres ging der Doge von Genua, Andrea Doria, der mit seiner Flotte die Einfahrt in den Hafen von Neapel blockierte, zu den Kaiserlichen über. Sein Vertrag mit Franz I. lief am 1. Januar 1529 ab, und Andrea Doria forderte die Anerkennung der Unabhängigkeit und Freiheit seiner Stadt, falls er weiterhin Frankreich dienen sollte. Statt sie ihm zu gewähren, befahl der französische König, insgeheim einen Angriff auf die genuesische Flotte vorzubereiten. Als Doria davon erfuhr, wechselte er das Lager und wurde einer der treuesten Vasallen, ja sogar einer der besten persönlichen Freunde des Kaisers.

Damit kam der Krieg, der ein Jahr zuvor auf so theatralische Weise erklärt worden war, zu einem Stillstand. Franz I. war klug genug, aus seinen Niederlagen in Italien die Konsequenzen zu ziehen. Der König von England hingegen, stets ein zweifelhafter Bundesgenosse, zeigte seinerseits nicht die geringste Lust, irgend etwas zu unternehmen, was Frankreich größeren Gewinn bringen konnte als ihm selbst. Nun hatten die Diplomaten das Wort, nicht mehr die Kanonen. In diesem Augenblick nahmen die großen Damen am Hofe von Burgund und zu Paris die Sache in die Hand. Dank ihrer politischen Erfahrung und ihrer Klugheit erreichten Margarete von Österreich, die Tante des Kaisers, und Louise von Savoyen, die Mutter des Königs von Frankreich, was den beiden Monarchen und ihren Ratgebern in Madrid nicht gelungen war: die Versöhnung der Könige. Unglückseligerweise hielt sie nur bis zu dem Augenblick, in dem der unruhige Geist und der Ehrgeiz Franz' I. wieder einmal über seinen politischen Verstand die Oberhand gewannen. Aber zumindest war man zeitweilig zu einem ehrenhaften und echten Frieden gelangt, und der Kaiser konnte endlich nach Italien reisen, um sich vom Papst krönen zu lassen.

Am 3. August wurde der Damenfrieden zu Cambrai unterzeichnet. Im selben Sommer waren die Türken bis Wien vorgerückt und belagerten nun die Stadt, die nur eine schwache Verteidigungsmannschaft besaß. Da auch kein Entsatzheer verfügbar war, schien das Schicksal Wiens besiegelt. Da stellte Sultan Soliman plötzlich den Kampf ein und trat den Rückzug an. Die wahren Hintergründe dieser unerwarteten Entscheidung konnten von den Historikern niemals völlig geklärt werden. Wahrscheinlich lag die Hauptursache in Verproviantierungsschwierigkeiten und in dem schier unlösbaren Problem des Nachschubs. Wie durch ein Wunder war Wien gerettet. Der Held des Verteidigungskampfes, Nikolaus Graf Salm, erlag bald darauf seinen Verletzungen. Karl war zu dieser Zeit noch in den Krieg gegen Franz I. verwikkelt und konnte seinem Bruder in der schweren Gefahr, die von den Türken drohte, nicht zu Hilfe eilen.

Nach dem Friedensschluß mit Frankreich konnte man nun ernstlich darangehen, eine Aktion gegen die Türken vorzubereiten, die drei Jahre später durchgeführt wurde. 1532 – wir kommen noch darauf zurück – wurde eine gewaltige Armee unter dem persönlichen Kommando des Kaisers in der Umgebung von Wien konzentriert. An der Spitze der Truppen König Ferdinands stand der berühmte Landsknechtführer Katzianer, das Reichsheer war dem Kommando des Pfalzgrafen Friedrich unterstellt, die niederländische Armee dem Herzog von Nassau und dem Herrn von Roeulx, während die Italiener und Spanier von General Leyva und dem Marchese del Vasto geführt wurden. Der Sultan wollte einer Schlacht ausweichen, hob die Belagerung von Güns auf und zog sich zurück. Nur seine Nachhut wurde in einem wenig bedeutenden Gefecht von den Deutschen geschlagen. Das umfassende strategische Konzept Karls erstreckte sich von der March und den Karpaten bis nach Kreta, wobei auch umfangreiche Flottenbewegungen vorgesehen waren. Andrea Doria griff die

Küsten des Ottomanischen Reiches in Griechenland an, und es gelang ihm tatsächlich, die Herrschaft über die Meere östlich Italiens wieder aufzurichten. Obwohl das kluge Verhalten Solimans den so sehnsüchtig erhofften Entscheidungssieg vereitelte, übte das Kriegsgeschehen des Jahres 1532 doch eine heilsame Wirkung aus. Die Türken mußten erkennen, über welche Kräfte und welchen Willen zum Widerstand die Christen verfügten, während die europäischen Völker sahen, was man erreichen konnte, falls nur der Kaiser den Rücken frei hatte, wenn er die Ostgrenze verteidigen mußte.

Um wieder auf das Jahr 1529 zurückzukommen: Der Damenfrieden hatte bewiesen, daß die große burgundische Politik der Nachbarbündnisse, weit davon entfernt, sich wie in Madrid in Träumen zu verlieren, noch immer fähig war, eine völlig verworrene Lage rasch zu klären; er hatte eindeutig gezeigt, daß es gemeinsame Interessen gab, welche die westeuropäischen Völker miteinander verbanden. Dieser Frieden war der letzte große politische Erfolg Margaretes, ein moralischer Sieg, die Krönung eines arbeitsreichen Lebens im Geiste christlicher Nächstenliebe. Die Frau, die an Karl Mutterstelle vertreten hatte, sollte kurz vor ihrem Heimgang zum Schöpfer noch erleben, daß ihr Neffe jenes Ziel erreichte, das Maximilian sein Leben lang vergeblich angestrebt hatte: die Kaiserkrönung durch den Papst.

KAPITEL VI

DAS MITTELMEERREICH

Bologna und Augsburg

Der Damenfrieden hatte zur allgemeinen Überraschung die wesentlichsten Bestimmungen des Madrider Vertrages bestätigt. Nur der Passus über die Abtretung des Herzogtums Burgund durch Frankreich – eine utopische Forderung – wurde gestrichen. Der endgültige Verzicht auf dieses altüberlieferte Recht bedeutete für Karl offensichtlich einen schmerzlichen Verlust; tatsächlich befreite er den Kaiser jedoch von einem unnützen Ballast, der sehr oft eine wirksame Politik verhindert hatte.

In Cambrai hatten die Franzosen beträchtliche Zahlungen zugesagt. Wie immer, brauchte Karl dringendst Geld; mit leeren Taschen konnte er nicht nach Italien reisen.

Es steht unbestreitbar fest, daß die wirtschaftliche Entwicklung Europas im 15. und 16. Jahrhundert diese Finanzierungsfrage mit verursachte. Der moderne Staat steckte noch im allerersten Anfangsstadium, sollte aber Lasten und Verantwortungen tragen, das heißt, finanzielle Verpflichtungen übernehmen, die bei weitem alles überstiegen, was mit einer primitiven Organisation und unzureichenden Verwaltung von den Untertanen gefordert werden konnte. Alle Übergangszeiten zeichnen sich durch dieses Phänomen aus. Denn die an den Staat gestellten Forderungen wachsen stets viel rascher an als die Mittel, die notwendig wären, sie zu befriedigen. Steuerliche Maßnahmen sind unpopulär und daher nur schwer durchzusetzen. Die Ansprüche hingegen steigen, denn die Bürger scheinen von Natur aus nicht fähig, zu begreifen, daß es keine kollektive Habe gibt und daß die Einkünfte der Staatskasse nur die Summe der Beiträge aller einzelnen sind. Auch heute, in der sogenannten Wohlstandsgesellschaft, ist diese Frage trotz eines überorganisierten Staates noch immer nicht gelöst.

Dennoch bleibt die erstaunliche Tatsache bestehen, daß England und Frankreich in finanzpolitischer Hinsicht bedeutend weiter fortgeschritten waren als Spanien und – was noch verwunderlicher ist – als die Niederlande mit ihrer hochentwickelten Wirtschaft. Viele historische Fakten, vor allem die finanziellen Transaktionen im Schmalkaldischen Krieg, scheinen stichhaltig zu beweisen, daß in den habsburgischen Ländern auf Grund der ungeheuren Privilegien der Kirche jene Hilfsquellen ausfielen, die unabdingbar nötig gewesen wären, um die Erfordernisse der öffentlichen Hand bestreiten zu können. Als Souverän konnte der Papst im Kirchenstaat, dessen Ausdehnung im Vergleich zu den weiträumigen Reichen des Kaisers unbedeutend war, ohne größere Schwierigkeiten Summen flüssigmachen, wie sie Karl V. während seiner ganzen Regierungszeit niemals zur Verfügung standen. Es ist bezeichnend, daß ein bedeutender Teil der päpstlichen Einkünfte aus Spanien kam, der König dieses Landes aber nur über die römische Kurie an den Großteil der steuerpflichtigen Beträge herankommen konnte. Diese Tatsache erklärt übrigens auch, warum der Antiklerikalismus vor allem in katholischen Ländern in Erscheinung trat.

Am 12. August 1529 landete der Kaiser in Genua. Am 6. Dezember erreichte er Bologna, wo er mit dem Papst zusammentraf. Der längere Aufenthalt bot Gelegenheit, noch vor der Krönung alle Probleme hinsichtlich Kirche und Reich im einzelnen zu besprechen. Bei diesem Anlaß erhielt Mercurino Gattinara endlich den Kardinalshut, den er so sehr erstrebt hatte, während Francesco Sforza mit der Würde eines Herzogs von Mailand bekleidet wurde. Deutschland war bei den Feierlichkeiten, trotz seines unmittelbaren Interesses, nur durch den jungen Pfalzgrafen Philipp vertreten, der während der Salbungszeremonie den Reichsapfel trug. Die Kaiserkrönung fand am 24. Februar 1530, dem Geburtstag Karls V., statt, zwei Tage nach der Krönung mit der Eisernen Krone der Lombardei. Für Gattinara bedeuteten diese Tage den Höhepunkt seiner Laufbahn; in der alten römischen

Stadt, die zur Zeit der Renaissance mit prachtvollen Palästen verschönt wurde, fand er die Atmosphäre der Antike und des römischen Imperiums wieder, die seiner Gedankenwelt so nahestand. Freilich hätte er Rom vorgezogen. Doch auch in Bologna ließ sich einer der Hauptpunkte der kaiserlichen Politik verwirklichen: Der König der Deutschen und König von Spanien, Herzog von Burgund, König von Neapel und Sizilien, Herr überseeischer Besitzungen, trug nunmehr die Krone Karls des Großen, die für Gattinara der Krone Konstantins und dem Stirnreif der Cäsaren gleichkam.

Die Wahl Bolognas an Stelle Roms wurde auf verschiedene Weise erklärt: Der Kaiser habe sich nicht zu weit von Norditalien und Deutschland entfernen wollen; eine Überquerung der Apenninen wäre im Winter mit Schwierigkeiten verbunden gewesen. Keine sehr triftigen Gründe. Wahrscheinlich wurde das ausschlaggebende Argument niemals offiziell laut und fand daher keinen Eingang in die Dokumente jener Zeit: daß nämlich seit dem „Sacco di Roma" noch keine drei Jahre vergangen waren. Weder der Papst noch der Kaiser hatten ein Interesse daran, die schmerzlichen Erinnerungen wieder wachzurufen, was sicherlich geschehen wäre, wenn man die Feierlichkeiten in die Ewige Stadt verlegt hätte.

In dieser Stunde des Triumphes konnte Karl noch nicht die ganze historische Tragweite des Geschehens ermessen, das die letzte Feierlichkeit dieser Art und das Endglied einer langen Kette war, an deren Beginn Karl der Große stand. Karl V. war der letzte „Imperator electus", der vom Papst gekrönt wurde. Nach ihm wurde nur noch einem einzigen Herrscher die Ehre zuteil, von den Händen des Pontifex gesalbt zu werden, und dieser eine hatte nicht die geringste Ähnlichkeit mit Karl V.: Napoleon Bonaparte.

Im Jahr 1530 durfte Karl mit Recht hoffen, daß er dank der Krönung nicht nur das Reich gefestigt, sondern auch die Erbfolge seines Hauses sichergestellt habe. Dennoch stand zu diesem Zeitpunkt eines bereits fest: Nicht sein Sohn Philipp, der am 21. März 1527 geboren worden war, sollte nach ihm die Kaiserkrone tragen, sondern sein Bruder Ferdinand und dessen Nachkommen.

Während Kaiser und Papst in Bologna weilten, spielte sich an einer Nebenfront, in Florenz, eine Tragödie ab, deren Nachwirkungen noch fortdauerten, als die Hauptakteure längst verschwunden waren. Auf den Rat Franz' I. verfolgten die Florentiner nach der Vertreibung der Medici eine kaiser- und papstfeindliche Politik. Während ganz Italien sich bereits der Sache des Kaisers angeschlossen hatte, trachtete Florenz Zeit zu gewinnen. Zu spät entsandte es seine Botschafter zu Karl. Der Kaiser lehnte es ab, mit ihnen zu verhandeln, und gab ihnen den Rat, sich mit dem Papst ins Einvernehmen zu setzen. Als die Florentiner nun allein dem Papst gegenüberstanden, bekamen sie viele liebenswürdige Worte zu hören, stießen aber im Grunde auf Granit. Der Papst erklärte sich bereit, seiner Geburtsstadt Zugeständnisse zu machen, sobald sie die Medici wieder in ihr Amt eingesetzt und die Volksregierung, die Clemens VII. als ein System allgemeiner Sklaverei bezeichnete, abgeschafft hätten. Während die Verhandlungen noch im Gange waren, rückte die kaiserliche Armee unter dem Befehl Philiberts, Herrn von Chalon und Oranien, langsam gegen die Stadt vor. Der Mißerfolg in Bologna hatte die Florentiner enttäuscht, und sie beschlossen, den Kampf aufzunehmen. Ihre mächtigen Befestigungen waren verstärkt und unter der Leitung Michelangelos neue Verteidigungsanlagen errichtet worden. Die Belagerung dauerte sechs Monate. Ständige Verstärkung der kaiserlichen Truppen, Hunger und Pest brachen schließlich den Widerstand der Stadt. Am 12. August 1530 kapitulierte Florenz, nachdem es zuvor bereits von seinem Anführer, Malatesta di Baglioni, verraten worden war. Am 20. August rief die neue Balía, die sich aus zwölf stadtbekannten Bürgern zusammensetzte, die Medici zurück. Um das Gesicht zu wahren, ernannte die Balía Alessandro von Medici lediglich zum Oberhaupt aller Beamten. Am 21. Mai 1531 jedoch wurden Alessandro und seine männlichen Nachkommen vom Kaiser als

Führer und Schutzherren der Republik anerkannt. Der Heerführer der Kaiserlichen, Philibert von Oranien, war im Verlauf der Kämpfe vor den Mauern von Florenz gefallen. In politischer Hinsicht war dies das wichtigste Ereignis der Schlacht; denn das Erbe Philiberts fiel an seinen Neffen René, einen Sohn seiner Schwester Claudia von Chalon-Arlay und Heinrichs von Nassau. So ging der Titel Oranien und mit ihm ein sehr bedeutender historischer Name an das Haus Nassau über, das bis ins 18. Jahrhundert zum Schaden des Hauses Habsburg seine Rolle spielen sollte.

Gegen Ende des Aufenthalts in Bologna erreichten den Kaiser dringende Hilferufe seines Bruders Ferdinand, der einen Vormarsch der Türken auf Wien befürchtete. Doch der Monarch übereilte sich keineswegs. Beim Studium der Schriftstücke jener Zeit gewinnt man den Eindruck, daß Karl V. über den spanischen und kaiserlichen Nachrichtendienst glaubwürdige Informationen erhielt, die weitgehend die Befürchtungen der Österreicher entkräfteten. Übrigens sollte der Kaiser recht behalten. Von Bologna begab Karl sich nicht über Friaul nach Wien, sondern auf der alten Kaiserstraße über den Brenner nach Innsbruck.

Die Krönung in Bologna war für Kardinal Mercurino Gattinara das letzte große offizielle Ereignis, bei dem er amtierte. Am 5. Juni 1530 verstarb der Großkanzler in Innsbruck und ließ Karl – in politischer und in persönlicher Hinsicht – noch vereinsamter zurück, als er es bisher schon gewesen war. Freilich war der Kaiser von einem Stab umgeben, der aus dem riesigen Menschenreservoir seiner vielen Königreiche sorgfältig ausgewählt wurde. Diplomaten, Offiziere, Juristen, Volkswirtschaftler und Theologen standen zu seiner Verfügung; er teilte ihnen ihre Aufgaben zu und hörte ihren Rat. Aber keiner von ihnen vermochte eine so einflußreiche Stellung einzunehmen, wie Männer wie Chièvres, Gattinara, Hadrian von Utrecht oder Dr. Mota sie innegehabt hatten. Der Kaiser sonderte sich zwar nicht von seiner Umgebung ab, doch er begann, seine Entscheidungen allein zu treffen.

Zwischen dem Tod Chièvres' im Jahr 1521 und dem Hinscheiden Gattinaras war Karl V. sehr gereift. Er beschränkte sich nicht mehr darauf, zwischen verschiedenen ihm zur Begutachtung vorgelegten Plänen zu wählen; nunmehr verfügte er über sein eigenes Konzept, über seine große persönliche Linie in der Reichspolitik. Er war es, der den Generalplan entwarf und der bestimmte, welche Wege innerhalb dieses Rahmens einzuschlagen waren. Karl, der oft den Eindruck erweckt hatte, nur der passiv Empfangende zu sein, erwies sich jetzt mehr und mehr als schöpferischer Geist. Im Verlauf der ersten Jahrzehnte seiner Regierung ließ er sich in seiner Politik bald vom burgundischen Denken Chièvres', bald vom humanistischen Ideal Gattinaras bestimmen. Jetzt schmiedete der Monarch selbst die neue Zeit, auch wenn diese einen Verlauf nahm, der seiner Seele im Innersten sehr fern zu liegen schien. Seine Politik entsprach also einer Geisteshaltung, einem rationalen Verständnis dafür, was seiner Epoche not tat, während die Neigungen seines Herzens anderswo lagen. Das ist das Grundproblem der Persönlichkeit des Herrschers, das viele seiner Zeitgenossen, aber auch viele Historiker nicht zu begreifen vermochten. Erst in unseren Tagen, die der großen Wende des 16. Jahrhunderts so ähnlich sind, gelang es, eine historische Deutung seines Wesens und zugleich eine befriedigende Erklärung für die wichtigsten Ereignisse im Leben Karls V. zu geben.

Nach dem Tod Gattinaras wurde die Würde eines Großkanzlers nicht mehr verliehen. Auf den Rat seines Beichtvaters, Loaysa, beauftragte der Kaiser Cobos mit der Finanzgebarung, während der Herr von Granvelle in immer größerem Ausmaß zu seinem Hauptratgeber in außenpolitischen Belangen aufstieg.

In Deutschland war die religiöse Frage, der Karl nunmehr seine besondere Aufmerksamkeit widmen mußte, von Reichstag zu Reichstag komplizierter geworden. Den Protestanten, die beim Reichstag zu Speyer eine „Protestation" gegen das Wormser Edikt eingebracht hatten und seither diesen Namen trugen, war es nicht gelungen, untereinander zu einem Einverständnis zu kommen. Die Bemühungen des Landgrafen von Hessen, die Parteien, genauer gesagt: Luther und Zwingli, zu einigen, hatten zu den ausgedehnten Religionsgesprächen der beiden Männer auf dem Marburger Schloß geführt. Der deutsche und der Schweizer Reformator stimmten in vielen Punkten überein; in der Frage der Eucharistie jedoch trennte sie eine unüberbrückbare Kluft. Zwingli, ein Rationalist reinsten Wassers, lehrte, daß im Sakrament des Altars Wein und Brot nur ein Symbol darstellten. Die Kommunion war daher für ihn nur ein Gedenken des Leidens Christi. Das war eine Fortführung des Nominalismus, der am Ende des Mittelalters in den Universitäten zum Schaden des scholastischen Universalismus stark an Boden gewonnen hatte. Bereits der heilige Thomas von Aquin hatte vorausgesehen, daß ein Preisgeben der Universalität gleichzeitig der Lehre von der Transsubstantiation den Todesstoß versetzen mußte. Für jene Menschen aber, die nicht gelten lassen, daß die Dinge auch anders sein können, als sie unseren Sinnen scheinen, werden Brot und Wein sich niemals in den Leib und in das Blut des Herrn verwandeln können. Unsere Zeit erkennt aufs neue, wie grundlegend wichtig dieses Problem ist, und das nicht nur auf theologischem Gebiet. Der Literaturhistoriker Erich Heller, der einen sehr geistreichen Aufsatz über die Marburger Religionsgespräche verfaßte, sieht darin das erste Symptom der Seelenkrise, die in der modernen Literatur ihren zeitgenössischen Niederschlag findet. Die Lehre Zwinglis, deren Einfluß dank Calvin später noch wachsen sollte, habe nicht nur den religiösen Glauben in seinen Grundfesten erschüttert, sondern gleichzeitig der Poesie ihr Lebenselement geraubt. Der Existentialismus, dem wir in den Werken zahlreicher Schriftsteller von heute begegnen, ist also – laut Heller – nur eine Folge der Entmythologisierung der Welt durch den Nominalismus und den Calvinismus.

Wahrscheinlich haben die Zeitgenossen Luthers und Zwinglis die tragischen Folgerungen dieses Problems gar nicht erkannt. Es gibt einen Ausspruch Karls V., der für die Haltung der Menschen jener Epoche, sogar der an der religiösen Frage zutiefst interessierten, sehr bezeichnend ist. Der Kaiser machte den Verteidigern des alten Glaubens bittere Vorwürfe, daß ihr Starrsinn jedes Übereinkommen erschwere, wenn nicht gar unmöglich mache, und nannte ihre Beweisführung theologische und sprachliche Spitzfindigkeiten, die um so unfruchtbarer seien, als der ganze Fragenkomplex der Transsubstantiation auf jeden Fall nur von einer kleinen Minderheit verstanden werden könne.

Neben den Meinungsverschiedenheiten zwischen dem Schweizer Reformator und dem Universitätsprofessor aus Wittenberg gab es noch weitere Spaltungen zwischen den Lehren der Reformierten. Die religiöse Erneuerung war zum Teil für die Ausschreitungen in den Bauernkriegen mitverantwortlich, die 1534 von der Bewegung der Wiedertäufer noch weit übertroffen wurden. Der Grundsatz Luthers, man müsse nur seinem eigenen Gewissen gehorchen, war gefährlich. Von nun an war einer Zersplitterung der Kirchen in ebenso viele Glaubensbekenntnisse, wie es persönliche Ansichten über religiöse Dinge gab, keine Grenze mehr gesetzt. Luther wollte das geistige Leben von zeitlichen Elementen trennen, indem er die Religion von weltlichen Aufgaben befreite; in der Praxis zeigte sich jedoch, daß er dadurch dem Staat eine weit größere Macht über das Gewissen der Untertanen verlieh, als Papst oder Kaiser sie je besessen hatten. Schon im ersten Viertel des 16. Jahrhunderts hatte es sich gezeigt, daß die evangelische Lehre zu einem Werkzeug in den Händen der Fürsten geworden war, zu einem Spielball im Kampf der Mächte, mit anderen Worten, zu einem Politikum. Es ist nicht überraschend, daß von nun an die Intrigen sich vervielfachten, mit dem Ziel, sich des konfessionellen Faktors zu bemächtigen und ihn für zeitliche Zwecke auszunützen. Ein typischer Fall war Otto von Pack: Er erfand eine Verschwörung der katholischen Fürsten, versetzte dadurch die Protestanten in Schrecken und brachte ein Bündnis zustande, dem der Kurfürst von Sachsen sowie Dänemark und Siebenbürgen angehörten und das von Frankreich gestützt wurde. Pack veranlaßte den Landgrafen von Hessen, einen Angriff auf die Gebiete des Kurfürsten von Mainz und des Bischofs von Würzburg zu unternehmen. Solche Vorkommnisse sind bezeichnend für den neuen politischen Stil, der sich in Deutschland breitmachte. Und diese anarchistischen Erscheinungen mußten schließlich dem Kaiser den Gedanken nahelegen, die notwendige Autorität mit Gewalt wiederherzustellen.

Den Debatten am Reichstag zu Augsburg im Jahre 1530 lagen die Artikel des Professors Dr. Johannes Eck aus Ingolstadt zugrunde. Als Antwort darauf unterbreitete Philipp Melanchthon seine „Confessio Augustana", die dogmatische Grundlage des Protestantismus. Die Anhänger der alten Kirche wiesen diese Vorschläge in der sogenannten „Confutatio" zurück. Der Kaiser nahm in eigener Person an den theologischen Diskussionen teil und mäßigte den Text der katholischen Gegenerklärung in vielen Punkten. Hauptziel Karls blieb das Konzil und die Wiederherstellung der religiösen Einheit durch das Konzil. Sein Beichtvater riet ihm gleichfalls zur Toleranz und machte den Vorschlag, den deutschen Fürstenstaaten dieselbe Autonomie zu gewähren, die ehemals in Böhmen den Utraquisten zugestanden worden war; aber der Punkt, an dem derlei Zugeständnisse noch hätten genügen können, war bereits überschritten.

Im Krönungsjahr erlitt der Kaiser noch einen weiteren schweren Verlust. Nach Gattinara starb nun auch – am 11. Oktober 1530 – Erzherzogin Margarete. Mit ihr ging jene Frau dahin, die Karl in seinen ersten Kindertagen geleitet hatte und ihm später Stütze und Ratgeberin gewesen war, eine Persönlichkeit, in der Mut und mannhafte Entschlossenheit sich mit echt fraulichem Wesen, um nicht zu sagen mit Mütterlichkeit, paarten. In der letzten Botschaft, die sie ihrem kaiserlichen Neffen zukommen ließ, legte sie ihm noch einmal das Grundprinzip ihres politischen Wirkens ans Herz:

Frieden mit den Königen von England und von Frankreich. Allerdings hätte Karl ihr darauf mit einem Ausspruch antworten können, dem wir in seiner Privatkorrespondenz zweimal begegnen: Man kann nur Frieden halten, wenn der Nachbar damit einverstanden ist.

Bei der Regelung der Nachfolge Margaretes bewies der Kaiser eine glückliche Hand. Er berief seine Schwester Maria von Ungarn, die seit 1526 verwitwet war, als Gouverneur der Niederlande. In Spanien wurde der Monarch theoretisch von seiner Gemahlin, Kaiserin Isabella, vertreten; praktisch übte jedoch Don Juan de Tavera das Amt eines Regenten aus.

In politischer Hinsicht konnte der Kaiser am Reichstag zu Augsburg echte Fortschritte erzielen. Am 1. Januar 1531 wurde Ferdinand, König von Böhmen, in Köln zum römischen König gewählt und am 11. Januar desselben Jahres in Aachen gekrönt. Bei diesem Reichstag ging der heftigste Widerstand von Bayern aus, obwohl die Herren dieses Landes nicht die Würde eines Kurfürsten des Reiches bekleideten. Die Wittelsbacher verbündeten sich in ihren Oppositionsbestrebungen mit dem protestantischen Haus Hessen. Im Laufe der folgenden Jahre wurden sie zum gefährlichsten Gegner der kaiserlichen Politik, denn der Widerstand Münchens vereitelte eine Union der katholischen Mächte. Die Wahl Ferdinands war ein Markstein in der Geschichte der deutschen Verfassung: sie brach mit der alten Tradition, daß zu Lebzeiten eines gekrönten Kaisers nur dessen Sohn, niemals jedoch ein Bruder oder ein Neffe im voraus bestimmt werden konnte, um den Fortbestand der Krone zu sichern.

Durch den Tod Zwinglis erlitt die protestantische Sache einen harten Schlag. Von Fanatismus und Ehrgeiz getrieben, hatte Zwingli seine Kräfte überschätzt. Er fiel am 11. Oktober 1531 in der Schlacht bei Kappl gegen die katholisch gebliebenen Kantone, denen er sein Glaubensbekenntnis mit Gewalt aufzwingen wollte. Die habsburgische Politik konnte aus dieser Lage keinen Vorteil ziehen, da der Schwäbische Bund bereits in einem allmählichen Auflösungsprozeß begriffen war. Auch die Herrschaft über Württemberg wurde bald darauf in Frage gestellt, und 1535 verloren die Habsburger diesen wertvollen Besitz.

Der Reichstag von Augsburg war kaum zu Ende, als der Kaiser sich gezwungen sah, für einen Krieg gegen die Türken neuerliche Zahlungsleistungen zu verlangen. Die Landesfürsten parierten sofort mit politisch-religiösen Forderungen. Der Kurfürst von Sachsen tat sich besonders hervor; er begehrte die Anerkennung aller Beschlagnahmungen von Kirchengütern, das Recht auf freie Verkündigung der Lehre Luthers und die Ungültigerklärung der Wahl Ferdinands zum römischen König. Auch die Frage eines deutschen Konzils – was faktisch der Anerkennung einer Nationalkirche gleichkam – wurde neuerlich aufgeworfen. Die zumindest zweideutige Haltung der katholischen Länder steigerte noch die Schwierigkeiten des Kaisers. Vor allem Bayern unterhielt mit Frankreich und dem Woiwoden von Siebenbürgen Beziehungen und stellte sich in offener Feindseligkeit gegen das Reich. Nur der persönlichen Entschlossenheit und Geschicklichkeit Karls V. war es zu verdanken, daß er trotz aller Hindernisse ein großes Heer gegen die Türken aufbieten und die Hohe Pforte zwingen konnte, die Offensive abzubrechen und den Rückzug anzutreten.

Den Anfang des vierten Dezenniums jenes Jahrhunderts kennzeichnen zwei große Erfolge in innerdeutschen Angelegenheiten: die Polizeiordnung aus dem Jahr 1531, in der wichtige soziale und wirtschaftliche Verfügungen getroffen wurden, und die Vereinheitlichung des Strafrechts in einem einzigen Codex, der sogenannten „Majestas Carolina“, im Jahr 1532. Die bedeutendsten Vorarbeiten zu diesem Gesetzbuch hatte der Kanzler des Hofes zu Bamberg, Johann von Schwarzenberg, geleistet, der Verfasser des Bambergischen Strafrechts aus dem Jahr 1507. Schwarzenberg durfte die Krönung seiner juristischen Arbeit nicht mehr erleben; er starb im Jahr 1528.

In rein religiösen Fragen stützte Karl V. sich mehr und

mehr auf den Rat des Erasmus von Rotterdam, von dem Gattinara gehofft hatte, er werde eines Tages zum Schiedsrichter zwischen den verschiedenen Konfessionen aufsteigen. Die Protestanten, die in Erasmus seit seinem Streit mit Luther einen Verräter an ihrer Sache sahen, hätten dieser Mittlerrolle jedoch niemals zugestimmt. Ursprünglich hatte dieser Gedanke freilich seine Vorteile. Walter Peter Fuchs meint dazu, daß „für die Gebildeten die lutherische Bewegung anfangs nichts anderes als die Fortsetzung der erasmischen" war. Mittlerweile jedoch hatte sich das evangelische Bekenntnis in einer Weise entwickelt, die mit dem Traum der kleinen Gruppe humanistischer Gelehrter nichts mehr zu tun hatte. Die Bruchstelle zwischen den Anhängern des Erasmus und denen Luthers lag nicht nur auf theologischer Ebene und nicht nur in der speziellen Streitfrage des freien Willens. Einerseits gab es auch grundlegende politische Differenzen zwischen dem Begriff der kaiserlichen Autorität und den Bestrebungen der Landesfürsten; anderseits ging die öffentliche Meinung dahin, daß ein unüberbrückbarer Abgrund die nationalistische und antirömische Propaganda der Protestanten vom abendländischen Humanismus trenne. Die Humanisten wollten um keinen Preis mit der Ewigen Stadt brechen, schon deshalb nicht, weil sie hinter den Fassaden der päpstlichen Residenz immer noch die Cäsaren-Metropole der Antike sahen.

Trotz der Tatsache, daß Luther sich öffentlich gegen Thomas Münzer und die Bauernrebellen gestellt hatte, führte die von ihm entflammte Bewegung weiterhin zu Ausbrüchen des Fanatismus. Das ist durchaus nicht erstaunlich, denn – wie die Geschichte beweist – jede Zerstörung altüberlieferter Schranken und rechtmäßiger Autoritäten entfesselt Kräfte, die sich später nur mit Schwierigkeit, und manchmal gar nicht, eindämmen lassen. Das erklärt die fortschreitende Radikalisierung, die im Aufstand der Wiedertäufer ihren Höhepunkt erreichte. Die extreme Richtung, die diese Gruppe vertrat, hatte ihre Vorläufer gehabt. Die Gemeinschaft der Mährischen oder Hutterischen Brüder zum Beispiel verwirklichte zwar eine Art Kommunismus, kannte aber noch keine Gewalttätigkeit, sondern war wohlgeordnet und übte christliche Nächstenliebe. Sie bestand fast ein Jahrhundert lang. Die Böhmischen Brüder, die nach der Lehre Peter Chelczickys lebten, waren ihnen ähnlich. Ihre Bruderschaft existiert auch heute noch als eine echte Kirche, deren kleine Gemeinden noch immer von christlichem und pazifistischem Geist beseelt sind.

Die Lehren des schwäbischen Kürschnergesellen Melchior Hoffmann hingegen gaben dem Anabaptismus bereits chiliastische Züge. Der Prophet hatte angekündigt, im Jahre 1533 werde das Tausendjährige Reich Gottes in Straßburg seinen Anfang nehmen. Hoffmann wurde schließlich in dieser Stadt gefangengenommen und verbrachte die letzten Jahre seines Lebens im Kerker. Dennoch konnte seine Lehre in den Niederlanden Wurzel fassen. Die Verfolgungen, denen die Melchioriten von seiten der spanischen Inquisition in Burgund ausgesetzt waren, trieben sie in immer schärfere Extreme hinein. Hoffmann hatte noch Gewaltlosigkeit gelehrt; aber bereits der fanatische Jan Mathys aus Haarlem reagierte anders auf die Drohungen und predigte die gewaltsame Vernichtung aller Gegner seiner Lehre. Jan Bocklson aus Leiden schließlich, der 1534 in Münster in Westfalen das Reich Gottes, das „Neue Jerusalem", errichtete, kannte keine Grenzen mehr, wenn es darum ging, die christliche Liebe mit Gewalt durchzusetzen. Als die Gegner der Wiedertäufer, der Bischof und seine Verbündeten, die Stadt belagerten, spielten sich grauenvolle Szenen ab. Die Anführer der Sekte sahen ihr Ende nahe und verloren jeden moralischen Halt. Während das von den Predigern irregeleitete Volk auf den Wällen starb und vom Hunger dezimiert wurde, zechten die Anführer und hielten die gemeinsten Orgien ab. Diese Ausschreitungen erklärten sie als Gottesdienst. Die Tragödie von Münster mit ihrer Verquickung von religiösem Fanatismus und niedrigster Verderbtheit steht in der Geschichte einzigartig da. Die Diktatur des Bürgermeisters Jürgen Wullenweber in Bremen hatte eine gewisse Ähnlichkeit mit der Herrschaft der Wiedertäufer in Münster, doch kamen keine derartigen Perversitäten vor. Wullenweber wurde von seinen Gegnern gefangengesetzt und nach einem gewiß nicht objektiv geführten Prozeß enthauptet. Mit dem Fall Münsters und dem Tod Wullenwebers fand die Tätigkeit der fanatischen Sekten noch kein Ende, aber sie hatte an Schwung verloren und spielte vom Jahr 1535 an keine bemerkenswerte Rolle mehr.

Mittelmeerpolitik

Gegen Ende des Mittelalters und zu Beginn der Neuzeit hatte sich die politische Lage der Iberischen Halbinsel radikal geändert. Kein anderes Gebiet Europas erlebte einen derartigen Aufschwung, was Einfluß und weltumspannende Verpflichtungen betraf; eine Entwicklung, die freilich tiefgreifende Änderungen der Struktur nach sich zog.

Der erste Schritt war die Schaffung eines einzigen spanischen Königreiches. Zu Lebzeiten der katholischen Könige bestand eine Personalunion der beiden Länder, nach dem Tod Isabellas nur noch eine familiäre Bindung. Tatsächlich trug Philipp I. lediglich die Krone Kastiliens, während sein Schwiegervater Ferdinand sich bis zum Ende seiner Tage mit aller Kraft für die Unabhängigkeit Aragons einsetzte. Er hätte damit auch Erfolg gehabt, wenn Germaine de Foix ihm einen Sohn oder wenigstens eine Tochter geboren hätte. So aber wurde die Einheit Spaniens erst nach seinem Tod, 1516, unter Karl V. auch verfassungsmäßig zur Tatsache, obwohl der König weiterhin die Sonderrechte Aragons und Kastiliens berücksichtigte. Was die gesamte Halbinsel betraf, gelang es, dank der Heirat Karls mit Isabella von Portugal, freundschaftliche Beziehungen herzustellen und die einstige Rivalität in eine echte Solidarität der beiden Nationen zu verwandeln. Trotz der sprachlichen, kulturellen und politischen Unterschiede schloß sich die Iberische Halbinsel zu einem Block zusammen und wurde damit zu einem echten europäischen Machtfaktor. Dank der natürlichen Grenzen – Meer und Gebirgszüge – besaß sie einen festeren inneren Zusammenhalt als Frankreich oder sogar die Britischen Inseln. Das Ende der Reconquista durch die Einnahme Granadas im Jahre 1492 machte eine politische Neuorientierung der Königreiche notwendig. Seit Jahrhunderten kannten Altkastilien und

León nur ein Ziel: den Vorstoß nach Süden und die Vernichtung des mohammedanischen Königreiches, das nach der Schlacht bei Jerez de la Frontera, 711, unter Tarik gegründet worden war. Dieses Ziel war erreicht, sobald die christlichen Armeen bis zu den südlichen Küsten in ihrer ganzen Länge vorgestoßen waren. Nichts wäre natürlicher gewesen, als den Angriff fortzusetzen und möglichst rasch das nächste Hindernis – das Meer – zu nehmen. Eine logische Politik, denn von jedem Gesichtspunkt aus betrachtet, stellt die Meerenge von Gibraltar für die Küstenbewohner auf beiden Seiten keineswegs eine Trennungslinie dar, im Gegensatz beispielsweise zum Ärmelkanal. Im Verlaufe einer langen Geschichte hatten Spanien und Marokko fast immer eine politische Einheit gebildet: Wahrscheinlich war das schon zur Zeit der Iberer der Fall, ganz gewiß aber in der römischen Epoche, unter den Goten und neuerlich während der islamischen Herrschaft. Es geschah also im Hinblick auf eine Wiedervereinigung der beiden Ufer, daß die Spanier wenige Jahre nach dem Fall von Granada nach Afrika übersetzten und mehrere Brückenköpfe, vor allem Melilla im Jahr 1496, eroberten. Sie führten damit den ausdrücklichen Wunsch der katholischen Königin aus. Isabella hatte bei ihrem Tod, 1504, ein politisches Testament hinterlassen, in dem sie ihre Nachfolger an die Pflicht erinnerte, ihren Feldzug fortzusetzen und Marokko wieder für das Kreuz zu gewinnen. In der Folge verblieben Melilla, Velez de Gomera und Alhucemas in den Händen der Christen; Ceuta, das zuerst portugiesisch gewesen war, stellte sich durch freien Beschluß seiner Bürger unter den Schutz Spaniens. Dennoch mußte man schon bald zur Kenntnis nehmen, daß diese Brückenköpfe, die als Ausgangspunkte weiterer Eroberungen gedacht waren, sich in reine Verteidigungsstellungen verwandelt hatten. In wachsendem Maß von der europäischen Politik in Anspruch genommen, reichten die spanischen Streitkräfte nicht mehr aus, die Reconquista fortzusetzen und durch einen Vorstoß von Norden nach Süden das zu vollbringen, was im 8. Jahrhundert Tarik gelungen war, als er von Süden nach Norden vordrang.

Noch vor dem Einzug Isabellas in Granada hatte Kastilien durch die Eroberung von Sevilla und Palos Zugang zum Atlantik gewonnen. Von hier stachen nach Art der portugiesischen Seefahrer die drei Schiffe des kühnen Christoph Kolumbus in See, und so wurde jene Entdeckung gemacht, von der man annahm, daß sie die westliche Route nach Indien sei, die bis dahin vernachlässigt worden war. Der Entschluß Isabellas, das Unternehmen des genuesischen Abenteurers zu finanzieren, schien ihrem Land eine neue Richtung zu geben. Bis dahin zog nur Afrika die Macht der katholischen Könige an; von nun an war sie nach Westen, auf die Länder jenseits des Meeres, ausgerichtet. Zu jenem Zeitpunkt hätte man annehmen können, Spanien werde sich – abgesehen von örtlichen Kämpfen in Navarra und auf den Pyrenäenpässen – von Westeuropa abwenden, um sich ausschließlich seinen überseeischen Aufgaben zu widmen, so wie Portugal es tat.

Daß Spanien, trotz der Entdeckungen und trotz der Wichtigkeit seiner Bestrebungen im Westen von Gibraltar, zu einer europäischen Großmacht aufstieg, verdankte es in erster Linie der Vereinigung seiner Dynastie mit dem Haus Österreich-Burgund. Hätte Johanna sich nicht mit dem Sohn des Kaisers, sondern mit einem Prinzen aus einem unbedeutenden Fürstenhaus vermählt, der sein Geburtsland verlassen und sich endgültig nach Spanien begeben hätte, oder hätte sie einen jüngeren Sohn ohne Erbanspruch geheiratet, dann hätte die Geschichte einen anderen Lauf genommen. Das Haus Österreich und Burgund hingegen war in anderen Ländern tief verwurzelt: in den Niederlanden, in Süddeutschland, im Donauraum; und vor allem trug es die Kaiserkrone. Der einzige Sohn Maximilians konnte nicht alle diese Bande zerreißen und ausschließlich König eines Spanien werden, das hinter seinem Grenzgebirge, den Pyrenäen, ein isoliertes Dasein führte. Andere unvorhergesehene Ereignisse – der frühe Tod des Infanten Juan, die Geisteskrankheit Johannas, die ihre

Söhne zu einer vorzeitigen Machtübernahme zwang, und das Wiederentstehen der Spannungen zwischen Kastilien und Aragon infolge der Ereignisse im Königshaus – brachten Spanien in noch nähere Beziehungen zu Europa. Die Pyrenäen verloren ihre politische Bedeutung. Trotz Magellan, Cortez und Pizarro wurde Spanien in erster Linie zum südlichen Hebel einer mächtigen Zange, mit der das Haus Österreich das Königreich der Valois umklammerte.

Das Schicksal der Stephanskrone, die wieder an die Habsburger zurückfiel, und die Türkengefahr, die das Herzstück der Hausmacht im Osten bedrohte, übten eine ähnliche Wirkung aus.

Die italienischen Besitzungen Spaniens schließlich, die von jeher zu Aragon gehört hatten, erhielten mit einem Schlag eine neue Bedeutung. Sie wurden zur Südflanke des Deutschen Reiches und zur Brücke nach Rom; und das um so mehr, als durch den Einfluß Frankreichs auf Mailand die altüberkommene Kaiserstraße ernstlich gefährdet war. Anderseits rührte Mailand unmittelbar an lebensnotwendige Interessen des Hauses Burgund, denn nicht nur das Herzogtum selbst, sondern auch die Franche-Comté hatten die Franzosen im Rücken, wenn es den Valois gelang, sich in der Hauptstadt Norditaliens festzusetzen.

War das Interesse an Italien einmal erwacht, dann gewannen auch Sardinien, Sizilien und Neapel an Bedeutung. Hier finden wir die Mittelmeerpolitik eines Ferdinand von Aragon und seiner Vorfahren. Seit im 13. Jahrhundert eine Linie der Hohenstaufen nach Aragon verpflanzt worden war, hatte diese die strategische Lage Siziliens niemals aus den Augen gelassen. Freilich wurde während der ganzen Reconquista die eine Flanke des benachbarten Kastilien beschützt, denn auch Aragon hatte höchstes Interesse an der Vertreibung der Mohammedaner. Aber in den Hafenstädten beiderseits des Ebro folgte man dem Lauf der Flüsse, die in Richtung Balearen, Sardinien, Sizilien, Süditalien wiesen, zum alten Erbe der Normannen und Hohenstaufen, das dem Haus Anjou entrissen worden war. Es ging darum, die alten Handelsstraßen zu schützen, die noch immer dem überlieferten Seeweg der einstigen römischen Schiffahrt folgten. In der Verfolgung dieses Ziels hatte Aragon durch die Vereinigung mit dem Königreich Kastilien, das ihm Rückendeckung bot, seine Stellung als Mittelmeermacht sehr gefestigt. Seine Rivalen hießen Frankreich und Genua, aber der eigentliche Feind waren der Türke und seine Vorhut, die Seeräuber im westlichen Mittelmeer.

Unter Karl V. wurde eine wichtige Etappe zurückgelegt: Andrea Doria, der Doge von Genua, ging zum Kaiser über und wurde Großadmiral der kaiserlichen Flotte. Die Türken ernannten ihrerseits den Seeräuber Barbarossa zum Prokonsul des Osmanischen Reiches für das westliche Mittelmeer. Frankreich, zu schwach, um allein die Rolle einer Mittelmeermacht zu übernehmen, hatte also die Wahl, sich mit den Genuesen und Spaniern zu verbünden oder mit den Türken gemeinsame Sache zu machen. Es entschied sich für die letztere Alternative.

Diese Entscheidung verschärfte die Spannungen zwischen dem Kaiser und dem allerchristlichsten König. Karl verfolgte ja das Ziel, alle europäischen Staaten in einem Bündnis gegen den Islam zu einen, nicht nur, um ein weiteres Vordringen der Türken zu verhindern, sondern um sie, wenn möglich, zurückzudrängen. Sein Zukunftsplan sah als erste Etappe die Wiedergewinnung Ungarns vor. Das fernere Ziel war, daß die Christen sich am Peloponnes festsetzen sollten, wobei Karl auf die Mitwirkung der bereits genannten Seemächte sowie der Republik Venedig zählte.

Noch ehe es Spanien gelang, in Nordafrika Fuß zu fassen, hatte Portugal bereits im Westen des damals „Berberei“ genannten Landes Stützpunkte erobert. Die Suche nach einem Seeweg in den Orient – für die Lusitaner bereits eine nationale Aufgabe – führte sie verständlicherweise nach Westmarokko. Mit bewundernswerter Konsequenz stießen sie seit drei Generationen gegen die Südspitze Afrikas vor. Die alte Sage vom christlichen Kaiser Johannes, dessen Reich irgendwo an der Grenze zwischen Afrika und Asien liegen sollte und in dem manche die Gestalt des Kaisers von Äthiopien zu erkennen meinten, war ganz dazu angetan, bei den Seefahrern aus Algarve und Lissabon hohe Erwartungen zu erwecken. Es ging ja tatsächlich darum, den Schrecken zu überwinden, den Herodot mit seinen Berichten, südlich des Wendekreises sei es so heiß, daß kein Mensch überleben könne und man Gefahr laufe, bei lebendigem Leib zu verbrennen, verbreitet hatte. Die Wahl der Namen, wie zum Beispiel Kap Nun, beweist, daß die mutigen Entdecker sich mehr als einmal am äußersten Ende der Erde wähnten. Trotzdem wagten sie jedesmal nach einer kurzen Atempause einen weiteren Schritt nach vorne. Die Umbenennung des „Kaps der Stürme" in „Kap der Guten Hoffnung" war ein Zeichen des Gottvertrauens der portugiesischen Fürsten, die sich nicht entmutigen ließen, sondern weiterhin Schiffe für immer neue Entdeckungsfahrten ausrüsteten.

Warum ein so unternehmungslustiges Volk wie die Portugiesen den Vorschlag des Christoph Kolumbus zurückwies und ihn nach Spanien gehen ließ, wird immer eines der Rätsel der Geschichte bleiben. Manche Autoren versichern uns, der genuesische Abenteurer sei mit den lusitanischen Gerichtsbehörden in Konflikt geraten und habe deshalb das Land verlassen müssen. Diese zweifellos interessante Theorie ist nicht sehr befriedigend. Es wäre viel logischer, anzunehmen, daß Lissabon, das bereits so weit gegen Osten vorgedrungen war, sich auf das Abenteuer der viel weniger erforschten und bekannten westlichen Route nicht einlassen wollte. Noch glaubwürdiger ist eine andere Erklärung, die dem portugiesischen Denken am besten entspricht: Die lusitanischen Entdecker wurden in der ersten Navigationsschule und dem ersten astronomischen Zentrum der Welt herangebildet, die Heinrich der Seefahrer (1395–1460), der Sohn König Johanns I. und Großmeister des Ordens Christi, in Sagres in der Provinz Algarve gegründet hatte. Daher waren die Portugiesen nicht nur außerordentlich mutige Pioniere, sondern auch sehr beachtliche Techniker, die niemals eine Fahrt antraten, ohne sie entsprechend vorzubereiten und das unvermeidliche Risiko auf ein Minimum zu beschränken. Zur Zeit, da Christoph Kolumbus vorstellig wurde, stand Lissabon im Begriff, auf dem östlichen Seeweg die Verbindung mit Indien herzustellen. Als der Genuese nun den portugiesischen Fürsten seine Absicht vorlegte, da wußten deren Ratgeber sehr genau, daß seine Pläne, die auf den Berechnungen des Italieners Toscanelli aufbauten, falsch waren und die Entfernungen stark unterschätzten. Die Lusitaner ahnten nicht, daß auf der Westroute zwischen Europa und Indien ein Erdteil lag, und waren daher überzeugt, daß der Plan des Kolumbus zum Scheitern verurteilt war. Da sie vor diesem Fremden, von dessen Redlichkeit sie nicht überzeugt waren, ihre eigenen Berechnungen nicht aufdecken wollten, wiesen sie lieber seine Dienste zurück. Was Indien betrifft, hatten sich die Portugiesen übrigens nicht geirrt: im Jahr 1487 gelang es Bartolomeo Diaz, Afrika im Süden zu umschiffen.

Im Verlauf ihres Vorstoßes entlang der Küste hatten die Portugiesen systematisch Stützpunkte errichtet. 1415 hatten sie in einem schweren Ringen Ceuta erobert, wobei der Infant, Heinrich der Seefahrer, sich in den Kämpfen besonders auszeichnete. Nach einer ersten, unglückseligen Belagerung besetzte Portugal im Jahr 1471 Tanger. Bis 1513, also innerhalb eines Jahrhunderts, hatte es sich aller wichtigen Städte Westmarokkos bemächtigt.

Von der Idee eines Bündnisses der christlichen Völker beseelt, vermied Spanien jeden Wettstreit mit den Portugiesen, überließ ihnen die atlantische Küste und konzentrierte sich auf die Mittelmeergebiete Marokkos. Außer den bereits erwähnten Festungen wurde im Jahr 1508 noch Oran besetzt. Dieser Sieg hatte eine größere Auswirkung: In der Folge anerkannten mehrere nordafrikanische Machthaber – darunter auch der Beherrscher Algeriens, Selim Entems – die Oberhoheit des Königs von Spanien und zahlten ihm Tribut.

Es war ein Verhängnis, daß Selim Entems in einem Streit mit dem Piratenhäuptling Horruch Barbarossa Thron und Leben verlor. Unklugerweise hatte er im Jahr 1515 den Banditen nach Algier eingeladen und wurde von ihm ermordet. Seinem Sohn gelang es, zu entkommen, und er flüchtete in die von den Spaniern besetzte Zitadelle Peñon de los Vélez. Daraufhin errichtete Horruch eine Blockade und belagerte die Festung, während seine Gegner anderswo alle Hände voll zu tun hatten: in Sizilien war Revolution, in Neapel drohte der Abfall. Im August 1516 kehrte Diego de Vera endlich mit dreizehn Galeeren nach Cartagena zurück und brach alsbald auf, um die Zitadelle von Algier zu befreien. Es gelang ihm, die Bergspitze zu entsetzen, doch dann beging er die Unklugheit, die Stadt selbst anzugreifen. Die Spanier gerieten in eine Falle und erlitten eine schwere Niederlage. Sie hatten es nur der Artillerie von Peñon de los Vélez zu verdanken, daß sie nicht vollständig aufgerieben wurden. Schließlich geriet die Flotte auf der Rückfahrt im November auch noch in einen Sturm und hatte schwere Verluste zu verzeichnen.

Trotzdem brachte das Unternehmen den Spaniern einen moralischen Erfolg, aus dem sich noch strategische Folgen ergeben sollten. Die Lage der Christen hatte sich in Nordafrika nicht fühlbar verbessert, aber die Präsenz des Königreiches in diesen Gebieten war neu bestätigt. Das gewann an Bedeutung, als im nächsten Jahr, 1517, Horruch Barbarossa in einem Scharmützel mit der Besatzung der Zitadelle Algier den Tod fand.

Der Krieg gegen Frankreich und die Bedrohung, die dadurch auf Neapel lastete, gestatteten nicht, die Kämpfe in Nordafrika systematisch fortzusetzen. Mehrere Jahre lang geschah dort nichts von Bedeutung. Die Spannung nahm erst wieder zu, als die Johanniter 1530 auf Malta Zuflucht suchten und Alvaro de Bazan 1531 die wichtige Festung Tlemcen einnehmen konnte. Die Türken zeigten immer größeres Interesse für die Vorgänge in Tunis und verbündeten sich mit dem kühnen und völlig skrupellosen Seeräuber Chaireddin Barbarossa. Früher oder später würde Spanien nun zu harten Gegenaktionen gezwungen sein, und das um so mehr, als Karl bei der Kaiserkrönung im Jahre 1530 die besondere Verpflichtung auferlegt worden war, die Christenheit zu schützen. Die bedrohliche Lage Wiens ließ schließlich in ihm den Entschluß reifen, eine neue Kriegsfront zu schaffen, indem er am Mittelmeer zum Angriff überging. Dieses Ablenkungsmanöver entsprach dem Vorgehen, das der englische Militärschriftsteller Cyril Fuller als eine „indirekte Strategie" bezeichnet.

Man hat oft die Frage aufgeworfen, warum der Kaiser die Streitmacht, die er zur Eroberung Amerikas aussandte, nicht zur Befriedung und Hispanisierung Nordafrikas einsetzte. Salvador de Madariaga, ein geistreicher Mann und gleichzeitig der beste zeitgenössische Kenner und Interpret der spanischen Geschichte, hat darüber eine äußerst interessante Studie verfaßt. Er betont, zu welcher Weltmacht Spanien hätte aufsteigen können, wenn Karl V., statt mit Mexiko oder Peru die Zeit zu vergeuden, Marokko, Algerien und Tunis erobert, diese Gebiete mit spanischen Kolonisten besiedelt, die Eingeborenen zum Christentum bekehrt und solcherart ein Mittelmeerreich geschaffen hätte, das mit dem Mutterland zu einem einzigen großen Block verwachsen wäre. Auf diese Weise hätte er – nach Ansicht der Vertreter einer proafrikanischen großspanischen Richtung – ohne übermäßige Schwierigkeit die Vorherrschaft im Mittelmeer erhalten und Italien noch enger an Spanien binden können.

Eine großartige und verlockende Vision, die freilich kaum der Wirklichkeit entspricht, weil sie das zu jener Zeit bestehende tatsächliche Kräfteverhältnis außer acht läßt.

In den Gebieten, die damals noch Westindien genannt wurden, hatten es die spanischen Forscher und Konquistadoren mit Völkern zu tun, die auf einer bedeutend niedrigeren Entwicklungsstufe standen als die afrikanischen Stämme und deren osmanische Lehensherren. Cortez und Pizarro konnten mit verhältnismäßig schwachen Militäreinheiten große

Reiche unterwerfen. Der tiefe Eindruck, den die Feuerwaffen hervorriefen, wurde von den „furchterregenden Pferden“ mit ihren Reitern vielleicht noch übertroffen, die den Augen der Indianer wie vorsintflutliche Ungeheuer erschienen, wie Zentauren, von denen ihre Sagen gewiß zu erzählen wußten und die daher im Unterbewußtsein dieser primitiven Völker noch fortlebten. Die Schiffe, „auf dem Meer schwimmende Häuser“, und die feuerspeienden Bordgeschütze riefen nicht nur Staunen, sondern auch panischen Schrecken hervor. Es ist bekannt, daß Cortez den Abgesandten Montezumas nur diese Wunderdinge zeigen mußte, um ihnen jede Lust zu einem Kampf zu nehmen und sie zu überzeugen, daß Widerstand gegen einen so allmächtigen Herrn wie Don Carlos ein Verbrechen, ja ein Gottesfrevel wäre. Verglichen mit den primitiven Inselbewohnern, denen die Spanier zuerst begegnet waren, besaßen die Indianer in Mittel- und Südamerika sehr wohl eine alte Kultur. Aber diese Völker waren zum Teil degeneriert und schnell bereit, sich einem stärkeren Willen zu unterwerfen.

Hingegen waren die Feinde beziehungsweise Partner der Spanier in Afrika gläubige Muselmanen, das heißt, treue Anhänger einer kriegerischen, stolzen Religion, die sich berufen fühlten, im Namen des Propheten die Welt zu erobern. Freilich hatten Kultur und Macht der Araber – einst die Herren Afrikas und der gesamten Iberischen Halbinsel – an Durchschlagskraft verloren; das Nachlassen ihrer Kräfte hatte ja eine Wiedereroberung Spaniens erst möglich gemacht. Aber die Stelle der einstigen arabischen Kalifen wurde zur Zeit Karls V. vom Padischah von Konstantinopel eingenommen, das heißt, von der noch ungebrochenen Streitmacht der Türken, im Bund mit den barbarischen Seeräubern. Diese Piraten, eine Elite wilder Krieger, gehörten nicht einheitlich einer Rasse an, sondern waren aus Abenteurern und Verbrechern, wie sie die Küsten und Hafenstädte des Mittelmeers bevölkerten, bunt zusammengewürfelt. Sie waren ernst zu nehmende Gegner, die sich nicht so leicht unterwerfen ließen wie die Azteken oder die Inka. Außerdem hätte ein Eroberungszug nach Nordafrika Ströme von Blut gekostet, sogar bei Einsatz aller verfügbaren Kräfte. Die Geschichte liefert uns mehrere Beweise dafür. So dauerte zum Beispiel die Wiedergewinnung der einst christlichen Gebiete zwischen Donau und Ägäischem Meer jahrhundertelang, obwohl dort Völker wohnten, die das türkische Joch abschütteln wollten und sich bei erster Gelegenheit gegen ihre Herrren erhoben. Noch im Jahr 1878 leisteten die mohammedanisierten Serben in Bosnien, die nicht einmal der türkischen Rasse angehörten, erbitterten Widerstand gegen die österreichische Besatzung. Nach dem Ersten Weltkrieg führte der Versuch, dem alttürkischen Gebiet in Kleinasien die Souveränität und Unabhängigkeit zu nehmen, zu einem völlig unerwarteten Ausbruch nationalen Widerstandes und fanatischer Freiheitsliebe. Unter dem Befehl Kemal Atatürks fügten die nach dem verlorenen Krieg scheinbar gebrochenen, entkräfteten, ausgebluteten Türken den von England unterstützten Griechen eine derart vernichtende Niederlage zu, daß der Friedensvertrag von Sèvres sofort einer Revision unterzogen werden mußte. Im Lichte dieser Erfahrungen betrachtet, scheint es äußerst wahrscheinlich, daß ein Versuch, die mohammedanische Bevölkerung Nordafrikas im 16. Jahrhundert zu christianisieren und zu entnationalisieren, notwendigerweise zu blutigen und anhaltenden Kämpfen geführt hätte.

Dazu kommt noch, daß im 16. Jahrhundert die türkische Militärmacht der europäischen überlegen war. Im Gegensatz zu den Indianern kannten die Türken nicht nur Feuerwaffen und Kavallerie, sondern hatten es auch bei der Artillerie, den Handwaffen, dem Bau von Befestigungsanlagen und in der Kunst der Belagerung zu höchster Vollendung gebracht. Noch Jahrhunderte später lieferten sie in Plewna und auf der Tschataldscha-Linie den Beweis dafür. Europa hingegen war ins Hintertreffen geraten. Erst unter Karl V. wurde mit Reformen begonnen, die dem Abendland zu einer modernen Infanterie verhalfen und damit Spanien – unter sonst gleichen

Bedingungen – in der offenen Schlacht die Überlegenheit sicherten. Es bedurfte der jahrzehntelangen Erfahrung und der ebensolangen intensiven Arbeit des Grafen von Oranien, um in den Niederlanden eine Armee aufzustellen, die der spanischen zumindest ebenbürtig war.

In der ersten Hälfte des 16. Jahrhunderts war das osmanische Heer noch voll einsatzfähig. Erst 1664, in der Schlacht bei St. Gotthard an der Raab – also 130 Jahre später –, machten sich die ersten Anzeichen eines Niederganges bemerkbar. Die große historische Wende aber trat erst 1683 vor Wien ein. Von diesem Augenblick an bröckelte die Machtstellung der Türkei in Europa immer mehr ab. Aber selbst im Untergang schlugen sich die Osmanen noch immer voll Mut und gewannen viele wichtige Schlachten.

In der Epoche, die uns hier interessiert, beruhte die Vormachtstellung der türkischen Armee vor allem auf ihrer Disziplin und auf ihrem Verwaltungssystem. Die Türkei verfügte über gesunde Finanzen: Von den unterworfenen Christen wurde eine Kopfsteuer eingehoben; die besiegten Völker und weniger mächtigen Nachbarn entlang der ausgedehnten Grenzen mußten als Preis für den Frieden einen Tribut entrichten. Diese gleichbleibenden Einkünfte ermöglichten es den türkischen Heerführern, ihren Truppen reichhaltige und regelmäßige Verproviantierung zu sichern und den Sold pünktlich auszuzahlen. Es ist interessant, daß bei den osmanischen Streitkräften bis vor nicht allzulanger Zeit die militärischen Chargen entsprechend den Rängen der Intendantur bezeichnet wurden und somit an den Aufbau der alten türkischen Armee erinnerten.

Auch zur See waren die Moslems in mancher Hinsicht den Christen gegenüber im Vorteil. Zu jener Zeit bestanden die Kriegsflotten in erster Linie aus Galeeren, das heißt aus Schiffen, die wohl Segel hissen konnten, ihre Wendigkeit jedoch vor allem den Ruderern verdankten. Diese saßen, an die Ruderbank gefesselt, in mehreren Reihen übereinander und bewegten die langen Riemen im Takt, den der Aufseher schlug.

In den christlichen Ländern rekrutierten sich die Ruderer aus Sträflingen, die zur Galeere verurteilt wurden, deren Anzahl jedoch beschränkt war. Die Türken hingegen setzten Sklaven ein, die sie in Überfülle zur Verfügung hatten, solange sie dank ihrer militärischen Erfolge Gefangene machen konnten, die dann den Rest ihres Lebens, an die Ruderbank geschmiedet, als Galeerensklaven dienen mußten. Aber nach einer so vernichtenden Niederlage wie jener bei Lepanto hatten selbst die Türken Schwierigkeiten, ihren Bedarf an Menschenmaterial aufzufüllen. Für die Christen war es so gut wie unmöglich, nach jeder Schlacht die verlorenen Schiffe und Menschen rasch zu ersetzen, vor allem deshalb, weil der Verlust an Galeerensklaven sich stets am höchsten bezifferte. Die im Bug des Schiffes aufgestellten Kanonen nahmen die feindlichen Galeeren in einer Weise unter Beschuß, daß die Kugeln den siebzig oder mehr Meter langen Bord bestrichen und die Ruderer reihenweise niedermähten. Während der Rest der Besatzung in Deckung gehen konnte, waren die gefesselten Männer schutzlos dem mörderischen Feuer des Feindes ausgesetzt.

Wenn man weiß, unter welchen Bedingungen damals gekämpft wurde, dann begreift man erst, welche Kühnheit dazu gehörte, daß Karl V. die Türken neuerlich herausforderte und zweimal große Flotten ausschickte, um Landetruppen an die nordafrikanische Küste zu bringen. Durch diese Schachzüge im Mittelmeer zwang er die Hohe Pforte, auf dem europäischen Kontinent nur mit Vorsicht zu operieren. Von nun an durften die Sultane die ausgedehnten Küstenstreifen und zahllosen Inseln nicht aus den Augen lassen, um sie gegen etwaige Angriffe vom Meer her schützen zu können. Unter diesen Umständen ist es verständlich, daß der Kaiser nicht daran dachte, auf die eroberten Gebiete jenseits des Atlantiks zu verzichten, um dafür eine nur schwach begründete Aussicht einzutauschen, Nordafrika tatsächlich besetzen und hispanisieren zu können.

Zu diesen praktischen Überlegungen kommt noch die psychologische Situation jener Zeit, wie Humanismus und Entdeckergeist sie geschaffen hatten. Die gebildeten Klassen waren von einem unstillbaren Durst nach Neuem erfüllt. Unaufhörlich wollten sie den Horizont ihres Wissens erweitern. Bei Entdeckungsfahrten wie jener des Kolumbus oder Magellans gingen die Menschen gerne ein Risiko ein; sie waren aber durchaus nicht gewillt, Gefahren auf sich zu nehmen, wenn es sich um ein näheres und einigermaßen bekanntes Ziel handelte. Die Gier nach Gold und Silber – *auri sacra fames* –, von der die Menschen wieder einmal besessen waren, kam noch dazu. Bereitwillig opferten sie ihr Leben, ja das Heil ihrer Seele, sowie sie nur den Schimmer des kostbaren Metalls zu sehen glaubten. Phantastische Erzählungen über den Reichtum der Länder jenseits unbekannter Meere stachelten sie zu Fahrten gegen Osten und zur Suche nach legendären Ländern wie Indien und Japan an. Auch in Nordafrika gab es große Eroberungen zu machen. Aber der Maghreb lag zu nahe, als daß die Sage hätte übertreiben und nackte Tatsachen ausschmücken können, wie es bei weit entfernten Ländern möglich war. So hatte Karl zehntausende christliche Gefangene aus Tunis zurückgebracht, die Chaireddin dort zusammengetrieben hatte, um sie auf den Sklavenmärkten des Orients zu verkaufen. Sie bekamen die Freiheit zurück und konnten wieder ein menschenwürdiges Dasein führen. Aber da die Befreiung dieser Unglücklichen keinen materiellen Gewinn einbrachte, interessierte ihr Schicksal die Abenteurer nicht sehr. Der Kaiser und die Mehrheit seiner Ratgeber – wie auch die Mönche, die in Amerika einen heldenhaften Kampf gegen gewisse Methoden der Konquistadoren ausfochten – dachten anders.

Da die Eroberung des Maghreb ausgeschlossen war, stellte die Beherrschung zumindest des Mittelmeerbeckens in den Augen Karls V. ein um so wichtigeres Ziel dar. Wie wir bereits gesehen haben, mußte Spanien aus zahlreichen militärischen wie wirtschaftlichen Gründen den Weg schützen, der es über die Inseln mit der Westküste Italiens und über Malta –

seit 1530 in den Händen der Johanniter – und die Straße von Messina mit dem Golf von Tarent und der Adria verband. Dort traf diese Route auf die venezianische Linie, die ins Ionische Meer und zu den Besitzungen der Republik in der Ägäis führte.

Zu diesen Erwägungen trat im zweiten Jahrzehnt des 16. Jahrhunderts noch der Plan, die Türkei gleichzeitig zu Wasser und zu Land anzugreifen. Wenn es gelänge, der Hohen Pforte die Herrschaft über die Mittelmeerküsten zu entreißen, wenn man sie aus dem westlichen Becken zurücktreiben und ihre Macht im östlichen erschüttern könnte, dann würde Konstantinopel seine wichtigsten Hilfsquellen einbüßen, was wiederum zu einer Schwächung der türkischen Position im Donauraum führen müßte. Karls strategisches Denken umfaßte weite Räume. Seine Verhandlungen mit dem Schah von Persien über ein gemeinsames Vorgehen gegen die Türken führten zu keinem greifbaren Erfolg. Aber schon die Tatsache, daß derartige Gespräche eingeleitet wurden, die Aussicht, daß dieses Bündnis eines Tages Wirklichkeit werden könnte, machten am Hof des Padischah gewaltigen Eindruck. Eine ähnliche Wirkung erzielten die über ungeheure Entfernungen hinweg koordinierten militärischen Unternehmungen: Die strategische Front Preßburg–Tunis erstreckte sich über 1500 Kilometer; die Etappe Burgund–Österreich-Ungarn zählte 1000; die Hauptstützpunkte der kaiserlichen Flotte, Barcelona und Genua, lagen gleichfalls 1000 Kilometer hinter der tunesischen Front. Die Achse Burgund–Spanien war freilich durch Frankreich unterbrochen, das auf seiten der Türkei stand, wurde aber gleichfalls in die strategischen Berechnungen mit einbezogen, wenn auch als Negativposten. Vom Hohenstaufer Heinrich VI. bis zu Napoleon hat kein anderer Herrscher auf einem derart ausgedehnten Schlachtfeld operiert und in diesem Maßstab seine Pläne entworfen.

Es war keine Utopie, daß Karl V. immer noch auf einen Kreuzzug hoffte. Zehn Jahre Ruhe im Reich und eine etwa ebensolange Periode des Friedens mit Frankreich hätten genügt, um den großen Plan durchführen zu können: die Türken in eine riesige Zange zu nehmen und aus Europa zurückzudrängen. Es waren die deutschen Fürsten und der französische König, die eine Verwirklichung des Lieblingsgedankens Karls V. vereitelten.

Im Jahr 1534 nahm die seit langem geplante Ablenkungsoffensive gegen die Türken endlich konkrete Formen an. Viele Faktoren hatten zu dieser Entscheidung beigetragen. Wir haben sie bereits aufgezählt: die Interessen Spaniens, das Verantwortungsbewußtsein des Kaisers in seiner Eigenschaft als Schutzherr der Christenheit, die dringende Notwendigkeit, den Übergriffen des Seeräubers Chaireddin Barbarossa ein Ende zu setzen, und schließlich der Hilferuf Ferdinands von Österreich. In aller Heimlichkeit wurden die Vorbereitungen getroffen, und die Überraschung gelang restlos. Der Kaiser befand sich in Barcelona und gab vor, sich einmal erholen und vergnügen zu wollen. In den Berichten der ausländischen Botschafter war nur von Jagden, Turnieren und rauschenden Festen die Rede. Zur selben Zeit sammelten sich die Flotten bereits in den Häfen. Karl, der allem Anschein nach ein völlig sorgloses Leben führte, konzentrierte sich in Wirklichkeit auf Aufgaben von allergrößter Bedeutung. Die Vorstellung von der großen militärischen Aktion und dem erhofften Sieg erweckte in ihm den Gedanken an die Vergänglichkeit aller irdischen Dinge. Er setzte sein Testament auf und traf die entsprechenden Maßnahmen, um für die Dauer seiner Abwesenheit die Regierungsgeschäfte zu regeln. Die Kaiserin mußte die Regentschaft übernehmen, die Grafen Miranda und Osorno sollten ihr zur Seite stehen.

Am 21. Februar wußte der Botschafter König Ferdinands von Böhmen noch nichts Sicheres zu berichten. Erst nach dem Eintreffen der Kriegsflotte erlebten die ausländischen Beobachter das große „Vorhang auf!“. Karl verkündete, er werde selbst am Krieg teilnehmen und selbst die Verantwortung tragen.

Das größte abendländische Unternehmen dieser Art nahm seinen Anfang.

Die Geschichte der Kreuzzüge läßt uns seltsame Parallelen entdecken: Im Kampf gegen den Islam gab es Höhepunkte, und jedesmal standen Ritter und Fürsten aus dem burgundischen Raum an der Spitze der christlichen Armeen. Im 8. Jahrhundert waren die Araber bis ins Herz des Frankenreiches vorgestoßen; der Karolinger Karl Martell zerschlug ihren Vormarsch im Jahr 732 zwischen Tours und Poitiers; sein Enkel, Karl der Große, schuf die spanische Mark an den Ufern des Ebro, die Zelle, aus der später das katalanische Volk hervorgehen sollte. Die Karolinger kamen aus der Gegend von Heristal, also mitten aus dem burgundischen Raum. Im 11. und 12. Jahrhundert hatten die europäischen Kreuzfahrer in einem gewaltigen Gegenangriff das Heilige Land zurückerobert. Auch ihre Anführer entstammten burgundischem Gebiet, vor allem Gottfried von Bouillon, der Beschützer des Heiligen Grabes. Im 16. Jahrhundert trat das Haus Österreich-Burgund dieses Erbe an. Karl von Gent bestieg die Kommandobrücke des Admiralschiffes, um ein christliches Heer durch das Mittelmeer an die Küste Afrikas zu führen, in der Hoffnung, die spanische Reconquista fortzusetzen und die Türken aus ihren vorgeschobenen Stellungen an den Grenzen des Reiches zu vertreiben. Karl war berufen, auf historischem Boden zu kämpfen, dort, wo einst Scipio gegen die Karthager gefochten hatte. Nach dem Tod des Kaisers wird das Haus Habsburg diese Tradition fortführen. Der vierte Zusammenstoß – der entscheidende, weil er die Vormachtstellung der Türken auf dem Meere zerschlug – ist mit dem Namen des hervorragenden jungen Admirals Don Juan de Austria verbunden, in dessen Adern das Blut Karls V. floß. Zu Lande aber brach sich der Angriff der Türken an den Mauern Wiens. Das Entsatzheer stand unter der gemeinsamen Führung des Königs Sobieski und des Herzogs Karl von Lothringen, eines Nachkommen Gottfrieds von Bouillon. Der Kaiser des glorreichen Türkenkriegs 1717/18 schließlich trug gleichfalls den Namen Karls, des Siegers von Tunis, war König von Spanien gewesen, ehe er die Kaiserkrone erlangte, und hatte die spanischen Besitzungen in Burgund und Italien mit der habsburgischen Hausmacht im Donauraum vereint. Wer in der Geschichte nicht eine Folge mehr oder minder zufälliger Ereignisse sieht, sondern einen Spiegel der Schicksale, in dem man lesen muß, um zu verstehen – wie Friedrich Meinecke sagt –, dem erscheint diese Aufeinanderfolge von Parallelen bedeutungsvoll.

Der Kreuzzug

Der unmittelbare Anlaß für den Angriff auf Tunis war eine ernste Verschlechterung der Lage im westlichen Mittelmeer, wodurch die Interessen Spaniens und die Sicherheit der italienischen Küste gefährdet waren.

Im Einvernehmen mit dem Sultan und als dessen Vasall beherrschte der Seeräuber Chaireddin Barbarossa einen großen Teil Nordafrikas, ließ sich von Konstantinopel die politischen und militärischen Richtlinien vorschreiben und erhielt von den Türken Waffen, Ausrüstung und vor allem Schiffe. Im Verlauf des Feldzugs entdeckten die Kaiserlichen, daß der Seeräuber über französisches Kriegsmaterial verfügte, mit dem er teils direkt, teils durch Vermittlung der Türken versorgt worden war.

Im Gefühl seiner Überlegenheit hatte Barbarossa die Küstengebiete Spaniens, Neapels und des Kirchenstaates angegriffen und verheert. Er hatte Häfen geplündert und deren gesamte christliche Einwohnerschaft weggeführt, um sie auf den Sklavenmärkten in Afrika und im Morgenland zu verkaufen. Es heißt, daß er vor allem auf schöne und vornehme Frauen Jagd machte, die er als Tribut an den Harem des Sultans sandte. Der Pirat war unwahrscheinlich wendig; er wählte sein Angriffsziel, stürzte sich ohne jede Vorwarnung darauf und verschwand wieder innerhalb weniger Stunden. Seine Gegner aber waren außerstande, alle Ufer des Mittelmeeres gleichzeitig zu bewachen. Ihnen blieb nur ein einziges Mittel: ein Gegenangriff, der ins Zentrum der feindlichen Operationen treffen sollte, und das war Tunis.

Sowie die Sache beschlossen war, konnte der Kaiser das Kriegsunternehmen verhältnismäßig schnell in Fluß bringen. Dieses eine Mal erleichterte ihm Rom durch uneingeschränkte Unterstützung seine Aufgabe, denn auch der Kirchenstaat war ein Opfer der Übergriffe Barbarossas. Nachdem man die notwendigen Gelder aufgebracht hatte, konzentrierte die Kriegsflotte sich in Barcelona, von wo sie am 21. Mai 1535 auslief, während die Landtruppen sich bei Cagliari auf Sardinien sammelten. Die Flotte bestand aus spanischen und portugiesischen Schiffen, zu denen noch die genuesischen Galeeren Andrea Dorias stießen, so daß sie insgesamt hundert Kriegsschiffe zählte.

Obwohl er selbst an der Spitze der Expedition stand, überließ der Kaiser das Kommando zur See dem Dogen und legte die Operationen zu Land in die erfahrenen Hände des Marchese del Vasto.

Zur Überquerung der Meerenge bei Sizilien standen den Truppen dreihundert Boote zur Verfügung. Am 14. Juni stach man in See, und nach einer Überfahrt von nur vierundzwanzig Stunden warf die Flotte vor den Ruinen Karthagos Anker, am Eingang einer Bucht, die von zwei Landzungen gebildet und vom Fort La Goletta bewacht wurde.

Unverzüglich wurde das Fort belagert, wobei man sich aller Mittel bediente, die jener Epoche zur Verfügung standen. Ein Monat genügte zur Vorbereitung, und am 14. Juli wurde der Befehl zum Angriff gegeben. Die technische Leitung war dem bestqualifizierten Fachmann jener Zeit, Alvaro de Bazan, anvertraut. Der Kaiser selbst nahm in den Reihen der Artillerie an der Schlacht teil. Wie sein Großvater Maximilian hatte er eine besondere Vorliebe für diese Waffengattung. In jener Epoche war die Artillerie bereits weit über ihre Anfänge hinaus. Dennoch hatte sie sich, wie schon in ihrem Namen zum Ausdruck kommt, den Ruf einer Geheimkunst bewahrt, mehr eine Wissenschaft für Ingenieure und Feuerwerker als ein Werkzeug für Soldaten.

Für Karl, der bereits 35 Jahre alt war, bedeutete dieser Kampf die Feuertaufe. Als ihm im Schlachtgewühl das Pferd unterm Leib weggeschossen wurde und einer seiner Pagen an seiner Seite fiel, bewahrte er nach den Berichten seiner Zeitgenossen eine Kaltblütigkeit, die eines Veteranen würdig gewesen wäre. Und, was noch bezeichnender ist: Der Kaiser ließ darüber weder in seinen Briefen noch in seinen Erinnerungen auch nur ein Wort verlauten. Alles, was wir über seinen persönlichen Einsatz wissen, stammt aus den Schilderungen von anderen Augenzeugen.

Die Operation war ein großer Erfolg. Den Siegern fiel wertvolle Beute in die Hand: 82 Schiffe, nahezu die gesamte Flotte Chaireddins; ein ganzes Waffenarsenal, darunter Kanonen französischer Fabrikation, kenntlich an den königlichen Lilien.

Mehrere Ratgeber des Kaisers vertraten die Ansicht, man solle den Feldzug nach diesem Sieg abbrechen, der militärische und moralische Erfolg genüge. Trotz dieser Vorschläge entschied Karl sich für die Fortsetzung des Kampfes, obwohl sich scheinbar unüberwindbare Schwierigkeiten auftürmten. Die Truppen litten vor allem unter dem Mangel an Trinkwasser, was von dem Augenblick an, da man ins Landesinnere vorgestoßen war und die Flotte als Nachschubbasis ausfiel, besonders schlimm wurde. Glücklicherweise schloß sich der einstige Herrscher von Tunis, Muley Hassan, den Barbarossa vom Thron gestürzt hatte, dem Kaiser an und brachte dreihundert tunesische Krieger mit. Nicht diese Verstärkung war so wertvoll, wohl aber die Tatsache, daß Muley Hassan den Christen auf dem Weg von La Goletta zur Stadt eine Quelle mit Trinkwasser zeigen konnte. Mit dieser Möglichkeit hatte Chaireddin jedoch gerechnet und sich nicht weit davon in den Hinterhalt gelegt. Sowie die Truppen Karls sich der Quelle näherten, griff er an. Die Überrumpelung gelang vollständig, und einen Augenblick lang bestand die Gefahr, daß unter den Christen eine Panik ausbreche. Nur der übermenschlichen Anstrengung des Kommandos gelang es, Ordnung zu schaffen. Wiederum hatte der Kaiser seine Kaltblütigkeit, seine Autorität, seinen persönlichen Einfluß und Mut unter Beweis gestellt.

Wieder Herr der Lage, setzte Karl den Marsch auf Tunis fort. Noch ehe das christliche Heer die Stadtwälle erreicht hatte, kam es am 20. Juli innerhalb der Mauern zu einem allgemeinen Aufstand der Gefangenen und Christensklaven, die die Stadt besetzten und dadurch das Vordringen der Kaiserlichen sehr erleichterten. Im letzten Augenblick gelang es Chaireddin, wie durch ein Wunder zu entkommen und nach Algier zu flüchten. Damit schwand die Hoffnung auf eine dauernde Befriedung Nordafrikas. Trotzdem hatte der Sieg weitreichende Folgen: Zum erstenmal war eine echte Gegenoffensive der Christen zu Wasser und zu Land durchgeführt worden, und laut zeitgenössischen Augenzeugenberichten wurden 70.000 Gefangene befreit.

Der Dichter Garcilaso de la Vega und der niederländische Maler Jan Vermeyen hatten den Kaiser auf dieser Unternehmung begleitet, um die Großtaten der Kreuzfahrer zu verewigen. Vermeyen entwarf die Skizzen, die für die prachtvollen Gobelins, die in den Niederlanden gewirkt wurden und die man heute noch bewundern kann, als Vorlage dienten. Zu Recht bemerkt der Historiker Brandi jedoch, daß die farbenprächtigen Bilder das Kriegsgeschehen idealisieren; die Entsagungen müsse man erst hineinfühlen: den Durst, die ungewohnte Hitze und den Mangel an Lasttieren, der die Männer zwang, auf ihren Rücken die Kanonen durch die Wüste zu schleppen.

Die Zeitgenossen Karls V. waren von dem außerordentlichen Erfolg zutiefst beeindruckt; phantasievoll schmückten sie ihn mit malerischen Details aus und überschätzten die Tragweite des Sieges. Der Kaiser selbst, der den Gesamtplan entworfen und den Feldzug geleitet hatte, erwies sich als ein kluger Anführer mit klarem Blick, der seinen bestqualifizierten Mitarbeitern Verantwortung zu übertragen wußte. Dank der hervorragenden Koordinierung und Konzentrierung der Streitkräfte, dem gleichzeitigen Vorgehen zu Wasser und zu Lande, dem strategischen Entwurf und der taktischen Verwirklichung war die Schlacht um Tunis, wie Karl V. sie geplant hatte, ein klassisches Beispiel echter Kriegskunst. Die Persönlichkeit des Monarchen hatte bei den Soldaten, in deren Mitte er kämpfte, tiefen Eindruck hinterlassen; in ganz Europa verbreiteten sie den Ruhm des neuen Kreuzfahrers. Als der Kaiser nach Sizilien zurückkehrte, wurde er mit tosender Begeisterung empfangen. Messina hieß ihn als wahren Triumphator willkommen. Neapel begrüßte ihn nicht weniger herzlich, und als er im Jahr darauf nach Rom kam, schien die böse Erinnerung an den „Sacco" verblichen; die Bewohner der Papststadt feierten ihn als ihren Kaiser.

Bald nach dem Triumph in Tunis trat ein Ereignis ein, das – wie Karl zu Recht sofort voraussah – das Ende des Damenfriedens bedeutete: Am 1. November 1535 starb Francesco Sforza; das Reichslehen Mailand war aufs neue zu vergeben. Der alte Herzog hatte sich kurz vor seinem Tod mit der Tochter König Christians II. von Dänemark vermählt, die erst zwölf Jahre alt war, hinterließ jedoch keinen Erben aus dieser unnatürlichen Verbindung. Anläßlich dieser Heirat war es zu einem scharfen Briefwechsel zwischen Königin Maria und ihrem Bruder gekommen. Mit gutem Recht hatte die Regentin heftig protestiert, daß diese Ehe in jeder Hinsicht ein zu großes Risiko für das Kind, ihre Nichte, bedeute, und hatte vor allem nachdrücklich auf die Gefahr einer eventuellen Schwangerschaft hingewiesen. Karl, für gewöhnlich menschlichen und christlichen Vernunftgründen sehr zugänglich, hatte ihr schroff mitgeteilt, alle Mitglieder seines Hauses seien verpflichtet, im Dienste der gemeinsamen Sache jedwedes Opfer zu bringen. Mit diesen Worten gab er einer unveränderlichen Familientradition Ausdruck.

Kaum war die Nachricht vom Tode Sforzas bekanntgeworden, forderte Frankreich – wie der Kaiser es nicht anders erwartet hatte – das Herzogtum Mailand. Man mußte sich also ernsthaft mit der Frage befassen, was man dem König als Entschädigung anbieten könnte, um zu verhindern, daß der streitbare Herrscher einen neuen Krieg entfesselte. Im Verhältnis zu früher befand sich der Kaiser jedoch in einer etwas besseren Lage. Am 25. September 1535 war Clemens VII. gestorben, und die Kardinäle hatten ihm bereits im Oktober desselben Jahres mit Paul III. einen Nachfolger aus dem Haus Farnese gegeben, der dem Kaiser nicht so systematisch feindselig war wie sein Vorgänger. Während seines Besuches in Rom benützte Karl die Gelegenheit, mit dem Papst alle aktuellen Fragen eingehend zu besprechen. Paul III., ein viel gefestigterer Charakter als Clemens VII., zeigte sich einem Konzil günstig gesinnt und hatte im allgemeinen Verständnis für die Pläne des Monarchen. Dennoch schien Karl eines nicht zu begreifen: den politischen Nepotismus des neuen Pontifex maximus. Zur Zeit der Medici hatte Florenz eine entscheidende Rolle gespielt; Clemens VII., selbst ein Mitglied dieses Hauses, hatte seiner Heimatstadt größere Bedeutung beigemessen als den Interessen Roms und des Römischen Reiches. Paul III. hingegen richtete sein Augenmerk auf die Herzogtümer Parma und Piacenza und wollte in erster Linie für seine zahlreichen Verwandten und Nachkommen – er war verheiratet gewesen, ehe er Priester wurde – reiche Benefizien und Herrscherposten. Die Diplomaten hatten dem Habsburger nachdrücklich geraten, zuerst die persönlichen und familären Wünsche des Papstes zu erfüllen, ehe er die Probleme der großen Welt- und Kirchenpolitik mit ihm besprach. Dazu konnte Karl V. sich nicht entschließen. Trotz der Erfahrungen, die Karl mit den Menschen seiner Zeit und mit der Politik der Kurie gemacht hatte, weigerte er sich, anzunehmen, daß die Bereicherung der eigenen Kinder und Neffen für das Oberhaupt seiner Kirche an erster Stelle stehe. Wieder einmal zeigte er sich als idealgesinnter, ein wenig romantischer Ritter des Mittelalters, der sich in eine ihm fremde Zeit verirrt hatte und nun einem Rom gegenüberstand, das nicht nur die Größe, sondern auch das moralische Elend der Renaissance sein eigen nannte.

Der Papst hatte eine Reihe junger Kardinäle ernannt und damit gezeigt, daß er für den Konzilsgedanken zugänglich sei und für eine Reform Verständnis habe. Unter den neuernannten Kirchenfürsten war Gasparo Contarini der geschickteste und in politischer Hinsicht der bedeutendste. Er war zuerst in venezianischen Diensten gestanden und wurde später zu jenem päpstlichen Diplomaten, auf den Karl sich am meisten verlassen konnte. Unglückseligerweise waren die Jungen nicht zahlreich und der Reformwille der Kurie nicht stark genug, um die Kirche mit einem Schlag aus den schmutzigen kleinen Intrigen der italienischen Politik herauszureißen.

Mittlerweile hatte Granvelle einen Plan ausgearbeitet, um den Konflikt um Mailand zu lösen, ohne einen neuen Krieg zu provozieren. Er schlug vor, den dritten Sohn Franz' I., Karl von Angoulême, mit der Herzogwürde von Mailand zu bekleiden, unter der Bedingung, daß nur die direkten Nachkommen des neuen Herzogs, nicht aber die anderen Mitglieder des französischen Herrscherhauses, das Nachfolgerecht innehätten. Der Kaiser verfügte über mehr Urteilsvermögen als sein Ratgeber; denn er fürchtete, daß ein derartiger Ausweg zu einem Quell zahlloser Intrigen und neuer Verwicklungen werden müsse.

Während Karl noch verhandelte und nach einer für alle Teile annehmbaren Lösung suchte, entschied Franz I. sich für einen Überraschungsangriff. Der französische König tat genau das, womit niemand gerechnet hatte: Er griff Mailand nicht direkt an, sondern warf sich im Feber 1536 auf das Herzogtum Savoyen, besetzte Turin und bedrohte von dort aus die Lombardei. Der Herzog von Savoyen floh und stellte sich unter den Schutz des Kaisers, der nunmehr das alpine Herzogtum, dessen strategische Bedeutung auf den ersten Blick ins Auge sprang, in seine Pläne einbeziehen mußte.

In dieser schwierigen, ja gefährlichen Lage trat ein Ereignis ein, das niemand hatte vorhersehen können und das nun bis zu einem gewissen Grad dem Kaiser das Vorgehen erleichterte. Am 8. Januar 1536 starb seine Tante, Königin Katharina von England, die von Heinrich VIII. verstoßen worden war. Damit war ein persönlicher Streitpunkt Karls mit dem britischen König hinfällig geworden, und dem Kaiser blieb nur noch die Verpflichtung, die Rechte seiner Cousine Mary, der Tochter Heinrichs VIII. und Katharinas, zu sichern.

Um den noch immer zögernden Papst zu einer Entscheidung zu drängen, griff Karl V. am Ostermontag, dem 17. April 1536, zu einer originellen Selbsthilfe, die nicht nur den Reichtum seiner Phantasie beweist, sondern auch, wie sicher er seiner Sache war und wie überzeugt, daß er sich im Recht befand.

Der Kaiser forderte die Gesandten der ihm feindlichen Mächte – Frankreich und Venedig – auf, ihn zum Pontifex maximus in den Vatikan zu begleiten. Sie fanden Paul III. in der *Sala dei Paramenti* im Kreise der Kardinäle. Karl nahm an der Seite des Papstes Platz und entwickelte ihm seine Leitgedanken in einem Vortrag in spanischer Sprache, den er frei hielt und nicht, wie sonst bei derlei Gelegenheiten üblich, vom Blatt las. Der Kaiser forderte Paul III. auf, sich auf die Seite jener Partei zu stellen, von der er glaube, daß sie im Recht sei. Als der Papst ihn unterbrach, hörte er dessen Einwände achtungsvoll an, ergriff aber gleich wieder das Wort und bestand darauf, daß das geistliche Oberhaupt der Christenheit eine Entscheidung treffen müsse. Er, Karl, werde sich dem Urteil des Papstes unterwerfen, auch wenn dieser sich zugunsten Frankreichs ausspreche. Im entgegengesetzten Fall erwarte er jedoch vom Papst eine offene und wirkungsvolle Unterstützung.

Die Kurie war in einer schwierigen Situation, fand jedoch rasch neue diplomatische Ausflüchte, um einer eindeutigen Antwort zu entgehen.

Nunmehr sah Karl sich verpflichtet, zum Schutze Savoyens die Feindseligkeiten gegen Frankreich zu eröffnen. Er befahl den niederländischen Truppen, gegen Paris vorzustoßen, während andere Streitkräfte entlang des Golfs von Genua Richtung Marseille marschierten. Die Franzosen wollten den Vorstoß der Spanier mittels eines zu jener Zeit wenig bekannten Vorgangs aufhalten, den wir heute die „Methode der verbrannten Erde“ nennen: Um die feindlichen Truppen auszuhungern, zerstörten sie alle Reserven und legten zahllose Dörfer in Asche.

Der Kaiser, mit seiner markanten Vorliebe für gleichzeitiges Vorgehen zu Wasser und zu Lande, wollte die Armee über den Seeweg verproviantieren lassen. Das war jedoch nicht immer durchführbar, denn zur Zeit der Segelschiffe genügte – wie Karl V. in Algier noch erfahren sollte – ein Sturm, und schon konnten die Schiffe nicht auslaufen oder verfehlten die vorgesehenen Häfen.

Nach etwa sechs Wochen Vormarsch mußte die spanische Armee schließlich den Rückzug antreten. General Leyva, einer der fähigsten Heerführer des Kaisers, starb während des Feldzugs.

Auch im Nordwesten nahm das Kriegsgeschehen eine für Karl ungünstige Wendung. 1537 griff Frankreich mit aller Energie die Niederlande an. Während Königin Maria sich noch um einen Waffenstillstand bemühte, besetzten die Franzosen neuerlich die Stadt Turin in Savoyen, die sie vorübergehend hatten räumen müssen. Die Spanier unternahmen ihrerseits den Versuch einer Gegenoffensive und stießen von der Grafschaft Roussillon gegen Narbonne vor.

Das konzentrische Vorgehen und der Generalplan dieses Feldzugs sind bezeichnend für die sehr verständlichen Sorgen, die zumindest zum Teil der aggressiven und nervösen Politik des Pariser Hofes zugrunde lagen. Frankreich war von Habsburg eingekreist. Nur zwei Umstände verringerten die Gefährlichkeit dieser Lage: der Geldmangel, der Karl hinderte, ein wohlorganisiertes stehendes Heer zu halten, und die schlechte Nachrichtenübermittlung auf seiten der Kaiserlichen. Letztere hatte zur Folge, daß das im allgemeinen gut geplante Vorgehen an den einzelnen voneinander weit entfernten Fronten nicht richtig aufeinander abgestimmt werden konnte. Daher blieben viele Entscheidungen dem Zufall überlassen, und da die Offensiven auf beiden Seiten häufig vor einer Festung oder den Wällen einer Stadt zum Stillstand kamen, erreichte man nur selten das strategische Ziel. In einem derartigen Krieg hatte die innere Linie, über die Franz I. verfügte, unbestreitbar ihre Vorteile.

Im Jahr 1538 entschloß sich der Papst endlich, die Initiative zu ergreifen, um den Frieden wiederherzustellen. Er traf mit dem Kaiser und dem König von Frankreich in Nizza zusammen, wo alle drei sich vom 21. Mai bis zum 18. Juni 1538 aufhielten. Die Verhandlungen wurden jedoch niemals zu dritt geführt, sondern alle Gespräche blieben zweiseitig. So kam es, daß man sich über einen Friedensvertrag nicht einigen konnte; doch wurde zumindest beschlossen, einen Waffenstillstand auf zehn Jahre zu unterzeichnen.

KAPITEL VII

DEUTSCHE ANGELEGENHEITEN

Theologie und Reich

Die Unterzeichnung des Waffenstillstandsvertrages zu Nizza hatte Karl V. von den drückendsten Sorgen um die Grenzen befreit; nunmehr hoffte er, die nötige Zeit gewonnen zu haben, um seine Versöhnungspolitik in Deutschland wiederaufzunehmen. Er rechnete fest damit, einen Weg zu finden, die Eintracht zwischen den beiden Konfessionen – zumindest in der Frage des Konzils – wiederherzustellen, um sich dann auf den Krieg gegen die Türken konzentrieren zu können.

Im Jahr 1536 war einer der Hauptratgeber Karls in religiösen Fragen, Desiderius Erasmus von Rotterdam, in Basel verstorben. Wahrscheinlich hatte der Kaiser den Einfluß dieses Königs der Humanisten überschätzt. Die Generation, für die Erasmus eine unbestreitbare und unbestrittene Autorität war, gab es nicht mehr; für die Fürsten und Theologen jener Epoche bedeutete sein Humanismus nur noch eine verehrungswürdige Tradition, die aber veraltet und daher ohne Durchschlagskraft war. Anderseits gab es in der neuen Generation nicht wenige Männer von Geist, Originalität und bemerkenswerter Initiative. Aber keiner von ihnen, weder Sebastian Franck noch der Arzt, Philosoph und Naturforscher Theophrastus Bombastus Paracelsus von Hohenheim, besaß jene Strahlkraft, die einst Erasmus, Reuchlin und sogar Ulrich von Hutten ausgezeichnet hatte, und schon gar nicht die Faszination, die Luther auf alle seine Zeitgenossen in Deutschland ausübte. Sogar als der alternde Gegenpapst von Wittenberg halsstarrig und in seiner Polemik grob geworden war, blieb er für die Fürsten wie für alle Elemente der Reformation dennoch der Wortführer, ja noch mehr: der Repräsentant der deutschen Seele.

In den entscheidenden Jahren verfügte der Kaiser über einen Stab kirchlicher Ratgeber wie auch rechtsgelehrter Fachleute für die dornigen Probleme religiöser Streitigkeiten. Zu ihnen zählten der Niederländer Cornelius Schepper und der Deutsche Johann von Weeze, der fast immer nach seinem Bischofssitz, dem Erzbistum Lund, benannt wurde. Ein dritter, der Luxemburger Matthias Held, spielte in den Verhandlungen mit den verschiedenen Staaten des Reiches trotz seines großen Wissens und guten Willens eine unheilvolle Rolle. Unbeugsam beharrte er auf Nebensächlichkeiten und verhärtete dadurch die gegnerischen Standpunkte, statt einen Kompromiß ausfindig zu machen, wie der Kaiser es wünschte.

Eines der Haupthindernisse auf dem Weg zur Versöhnung war Bayern mit seiner widerspruchsvollen und unberechenbaren Politik, die großteils dem Einfluß Leonhard von Ecks – ein starrer Verteidiger des alten Glaubens und einer der erbittertsten Feinde des Hauses Habsburg – zuzuschreiben war. Im Jahr 1538 gelang es Ferdinand von Österreich, eine katholische Liga aufzustellen. Sie sollte ein Gegengewicht zum wachsenden Einfluß der Protestanten bilden, die sich im Schmalkaldischen Bund zusammengeschlossen hatten, so genannt nach der thüringischen Stadt, in der er gegründet worden war. Der Kaiser war sehr skeptisch, was die Schlagkraft der katholischen Gruppe betraf, während Ferdinand darin die Lösung der immer verwickelteren deutschen Probleme sah. Die Geschichte gab Karl recht.

Zu den Schwierigkeiten in Deutschland kam noch die dänische Frage, welche die internationalen Beziehungen vergiftete, seit Christian II. ins Exil gegangen war. Der entthronte König unternahm einen schlecht vorbereiteten und ungeschickt durchgeführten Restaurationsversuch; er fiel in die Hände seiner Gegner und blieb bis zu seinem Tod im Jahr 1559 ein Gefangener. Sein Nachfolger, Friedrich I. von Holstein, verschied 1533. Nun brachen wegen des Thrones von Dänemark Streitigkeiten aus, in die nach und nach alle Nachbarländer hineingezogen wurden. Wie wir bereits erwähnt haben, war das Haus Habsburg an dieser Frage interessiert, weil die Ostseestädte, die freie Durchfahrt durch den Sund und die Beziehungen zu Dänemark für die niederländischen Kaufleute von außerordentlicher Bedeutung waren. Karl, stets um das Verhältnis zu England besorgt, dachte einen Augenblick lang daran, Heinrich VIII. die dänische Krone anzubieten. Damit hätte er das große Reich an der Nordsee wieder neu geschaffen, dessen Zentrum jedoch, im Gegensatz zum Reiche Knuts von Dänemark, am anderen Ufer gelegen wäre. Königin Maria, die Heinrich VIII. nicht das geringste Vertrauen entgegenbrachte und künftige Spannungen zwischen Burgund und Großbritannien befürchtete, riet ihm lebhaft ab. Der Plan verlief im Sand, noch ehe die eigentlichen Verhandlungen hatten einsetzen können.

Der 1. Mai 1539 war für Karl ein besonders schmerzlicher Tag. Seine Gemahlin, Isabella, die bereits seit längerer Zeit kränkelte, starb an den Folgen einer Fehlgeburt. Der erst zwölfjährige Philipp mußte die sterbliche Hülle seiner Mutter zur Königsgruft in Granada begleiten. Das Zeremoniell jener Zeit schrieb vor, daß der Infant vor den Toren der Stadt in eigener Person ein letztes Mal den Sarg öffnen müsse, um die Tote zu identifizieren. Die Zeitgenossen berichten, was für einen Schock das Kind erlitt, als es die entstellten Züge seiner Mutter sah. Philipp verlor die Beherrschung und fiel in Ohnmacht.

Kurze Zeit nach dem Tod der Kaiserin mußte Karl Spanien neuerlich verlassen. In Aiguesmortes traf er mit Franz I. von Frankreich zusammen und verhandelte mit ihm, der habsburgisch-burgundischen Tradition getreu, über zahlreiche Heiratsprojekte. Man hoffte, auf diese Weise umstrittene Gebiete austauschen und Streitigkeiten beilegen zu können, ohne daß eine der beiden Parteien das Gesicht verlor.

Der Hauptgrund der Reise des Kaisers war jedoch die kritische Situation in den Niederlanden. Das Gedankengut der Wiedertäufer und anderer fanatischer deutscher Sekten breitete sich in Flandern aus. Zu den ständigen Spannungen zwischen Großbürgertum und bürgerlichen Handwerksmeistern gesellten sich neue Schwierigkeiten: das Gesellenproletariat, dessen Zahl rasch anstieg. Religiöse Schwärmerei und soziale Forderungen – dieselbe explosive Mischung, die bereits die Zentren der Textilindustrie in Sachsen und Thüringen ins Unglück gestürzt hatte – kamen nun auch in dieser armen und deklassierten Masse zum Durchbruch. Ausgerechnet in der Stadt Gent, die eine der demokratischesten Verfassungen jener Zeit besaß, brach schließlich die Revolution mit größter Heftigkeit aus. Die Diktatur extremistischer Elemente entartete bald zu einer Schreckensherrschaft. Trotz der Vermittlungsversuche seitens der Regentschaft fällten die neuen Herren willkürliche Urteile und ließen die Patrizier hinrichten. Nach seiner Ankunft zog Karl in aller Eile die Truppen zusammen, um seine Geburtsstadt zu besetzen und die Rebellion niederzuschlagen. Er ergriff strengste Maßnahmen gegen die Schuldigen und ließ, um ein Exempel zu statuieren, die große Friedensglocke aus Gent entfernen. Die Stadt wurde ihrer für unwürdig erklärt, da sie gegen die Rechtsordnung des Königreiches verstoßen hatte.

Nachdem in den Niederlanden wieder Ruhe herrschte, beschäftigte Karl sich unvermittelt mit den Zusammenkünften, die in Deutschland vorbereitet wurden, in der Hoffnung, den Religionsstreit zu beenden. Nach vielen Verzögerungen wurden die Besprechungen im Frühjahr 1541 in Regensburg eröffnet. Am Vortag seines Geburtstages, am 23. Feber, hielt der Kaiser feierlich Einzug in die Stadt an der Donau. Bei dieser Gelegenheit trug er nicht mehr die prunkvollen Gewänder, die auf den Bildern aus den ersten drei Jahrzehnten des Jahrhunderts zu sehen sind. Er war in Schwarz gekleidet, so wie wir ihn von dem Gemälde Tizians in der Münchner Pinakothek kennen. Der düstere Farbton, fast wie bei einem Begräbnis, brachte nicht nur die tiefe Trauer um die verstorbene Kaiserin zum Ausdruck. Er widerspiegelte auch den Ernst eines mit einundvierzig Jahren vorzeitig gealterten Mannes. Es war wie ein äußeres Zeichen für die Entwicklung seines ganzen Wesens. Später einmal erwähnte Karl, daß er bereits während des Feldzugs in Tunis die ersten weißen Haare auf seinem Haupt entdeckt habe; und zu jenem Zeitpunkt war er erst fünfunddreißig Jahre alt.

Der Kaiser selbst hatte die drei Vertreter der Religionsgemeinschaften namhaft gemacht, die im Verhandlungskomitee beraten sollten. Von katholischer Seite berief er Gropper, Pflug und Eck, von evangelischer Melanchthon, Bucer und Pistorius. Der Kaiser nahm häufig in eigener Person an den Gesprächen teil, die nicht nur einmal vom dogmatischen Bereich in die Politik abschweiften. So spielten zum Beispiel Fragestellungen wie Göttliches Recht und Naturrecht eine wichtige Rolle. Daran schieden sich in der Folge häufig die Geister. Kardinal Contarini erwies sich in Regensburg als geschickter Vermittler. Melanchthon wahrte die Höflichkeit, verhielt sich aber im Grunde kalt ablehnend. Viele gutgesinnte Fürsten bedauerten, daß Luther selbst nicht eingeladen worden war. Trotz der Übertreibungen in seiner Ausdrucksweise hielt man ihn immer noch für jenen Mann, der einer Verständigung mit der Kirche und der Einheit des Glaubens am günstigsten gesinnt wäre. Man war überzeugt, daß nur er allein genügend Autorität besaß, um handeln zu dürfen, großzügig die Initiative zu ergreifen und die oft kleinliche Besorgnis seiner Theologen zu beschwichtigen. Nach kurzer Zeit mußte man sich eingestehen, daß die Aussichten, dank dieser Aussprachen zu einem positiven Resultat zu gelangen, immer geringer wurden. Der Reichstag war offensichtlich nicht fähig, die theologische Frage zu lösen. Der Gegensatz zwischen katholischen und protestantischen Fürsten verschob sich allmählich von der religiösen Ebene auf die politische. Da die Debatten immer unfruchtbarer wurden und mehr Schaden als Nutzen stifteten, wurde der Reichstag bereits am 29. Juli 1541 verabschiedet.

Wahrscheinlich mußte Karl während der langen Monate nutzloser Diskussionen in Regensburg zum erstenmal erkennen, wie wohlbegründet der Gedanke war, der fünf Jahre später zur Reife gelangte und den er bis dahin immer zurückgewiesen hatte: Die Notwendigkeit, die deutsche Frage mit Gewalt zu lösen. Über den Gemütszustand des Kaisers in jenem Sommer 1541 schreibt Karl Brandi:

„Gescheitert war der Friede mit Frankreich in Nizza, gescheitert waren die Familienverhandlungen von Aiguesmortes, von denen er sich zeitweise so viel versprochen hatte; gescheitert auch der friedliche Ausgleich in Deutschland, trotz monatelanger hingebender Arbeit. Unwillig löste er sich vom Reich."

Betrachtet man die Geschichte Karls V., dann muß man sich immer wieder fragen, worin wohl der tiefere Grund dafür liegt, daß seine großzügigen Pläne, seine unbestreitbar edlen Ziele, seine unermüdlichen Anstrengungen, bei denen er ohne Rücksicht auf seine Person alle geistigen und körperlichen Kräfte einsetzte, letztlich zu nichts führten. War der Kaiser zu schwach, seine Gegner ihm überlegen, oder waren die Hindernisse sachlicher Natur, und hätte kein Mensch sie überwinden können?

Freilich stellten sich in der Regierung Probleme, die sich aus den für jene Epoche typischen Widersprüchen ergaben und daher nahezu unlösbar waren. Man war ausgezogen, in Amerika ein riesiges Reich zu erobern, von dem jedes einzelne Gebiet größer war als sämtliche europäischen Besitzungen des Kaisers; und gleichzeitig führte man in der Alten Welt endlose Kriege um ein winziges Stückchen Erde, um eine Stadt oder um ein unwesentliches Hoheitsrecht. Diese ungleichen Dimensionen mußten Verwirrung stiften, und die Schwierigkeiten in der Nachrichtenübermittlung verschärften sie noch. Bis Kuriere aus weit entfernten Provinzen beim Monarchen eintrafen, verging zuviel Zeit; und bis seine Entscheidung dann endlich in die Niederlande, nach Spanien oder Italien gelangte, konnte schon so manches geschehen sein, was den Befehl hinfällig machte.

Zu diesen Schwierigkeiten gesellte sich noch ein Umstand, dem die meisten Historiker nicht genug Bedeutung beimessen. Das Weltreich Karls des Großen – wie auch das seiner unmittelbaren Nachfolger – war im wesentlichen ein kontinentales Reich. Den Franken drohte Gefahr vom Meer her: von den Wikingern im Norden, von den Sarazenen im Süden. Innerhalb der Länder jedoch befanden sich die Straßen fest in der Hand des Monarchen. Die Heere Karls des Großen konnten beträchtliche Märsche unternehmen, eben weil sie die Möglichkeit hatten, ohne Schwierigkeit vom Ebro zur Weser, von der Bretagne bis in die ungarische Tiefebene und vom Rhein bis an den Garigliano zu ziehen. Man war imstande, einen ausgezeichneten Nachrichtendienst einzurichten, und der Herrscher und sein Gefolge konnten mühelos von Ort zu Ort reisen, um die Bischofssitze, die Klöster und Grafschaften zu inspizieren. Das Weltreich Karls V. besaß diese Vorteile nicht. Gewiß war der Seeweg, der Spanien mit Italien verband, durch die Mittelmeerflotte geschützt, die einzige bedeutende Flotte, über die der Kaiser verfügte. Aber auch sie war immer wieder von Piraten bedroht, die von den Türken unterstützt wurden. Die Verbindung zwischen den Hafenstädten Asturiens und den Niederlanden hingegen war vom guten Willen Englands abhängig; denn die Kaiserlichen beherrschten weder die Schiffahrt in der Nord- noch in der Ostsee, obwohl eine spätere Entwicklung zeigte, daß Holland für eine große Seemacht eine solide Basis bieten konnte. Zu Lande unterbrach das französische Hoheitsgebiet die großen Verbindungsstraßen zwischen den Niederlanden und Spanien, zwischen Spanien und Italien und zwischen beiden Ländern und der Franche-Comté wie dem Deutschen Reich. Daher die Mühsal der zahlreichen Reisen zu Wasser und zu Land, von welcher der Kaiser in seinem großen Bericht vor den burgundischen Generalständen in Brüssel sprach. Man kann ermessen, um welchen Preis und unter welchen Schwierigkeiten die Verbindung zwischen den verschiedenen Teilen des Weltreiches selbst in Friedenszeiten aufrechterhalten wurde, geschweige denn, welche Hindernisse es zu überwinden galt, um Heeresbewegungen und Truppentransporte durchzuführen.

Die große Teilung des Kaiserreiches im 9. Jahrhundert – die zur Gründung des französischen Nationalstaates wie auch zu dem im Verlauf des 16. Jahrhunderts erwachenden Nationalismus in Deutschland führte – enthüllte sich mehr und mehr als das große Unheil des Abendlandes. Außerdem wurde es trotz der Personalunion immer schwerer, die Bindung zwischen Spanien und Mitteleuropa zu bewahren. Gegen Ende der Regierungszeit Karls V. rebellierten die deutschen Fürsten, die Vorkämpfer des deutschen Nationalismus, gegen die angebliche „spanische Knechtschaft", während gleichzeitig die Feindseligkeit gegen Frankreich abnahm, die zur Zeit Ulrich von Huttens noch stark ausgeprägt gewesen war. Die Protestanten begannen Frankreich als etwaigen Verbündeten zu betrachten. Hingegen konnte nichts Spanien und Portugal hindern, dank der offenen Seewege zu den neuentdeckten Ländern, ein Weltreich zu schaffen und sich dadurch immer stärker von Europa abzusondern.

Wie bereits mehrmals erwähnt, war der schwächste Punkt, wenn nicht die Achillesferse, der Politik Karls die finanzielle Lage. Zahlreiche Versuche, sie zu verbessern, wurden unternommen, trugen aber erst nach dem Tod des Kaisers Frucht. Unter Philipp II. verwandelten die Erträge aus den überseeischen Besitzungen Spanien in ein reiches Land; doch Karl erlebte diese Entwicklung nicht mehr. Auch das Wirtschaftspotential der Niederlande zeigte sich eigentlich erst recht während des großen Krieges der sieben Provinzen gegen Spanien. Erst zu diesem Zeitpunkt waren sich Bürgertum und Adel vorbehaltlos einig, und die Kirchengüter wurden der Regierung zur Verfügung gestellt, damit sie einen Krieg führen könne, der ein Jahrzehnt lang andauern sollte.

Hält man sich die ungeheuren Schwierigkeiten, die sich auf dem Weg Karls V. auftürmten, vor Augen, dann kommt man zu guter Letzt zu dem Schluß, daß es die Tragik seines Lebens war, an einer historischen Zeitenwende gegen die Strömung anzukämpfen. Auf verlorenem Posten stand er für ein Gedankengut ein, das seinen Zeitgenossen überholt und mittelalterlich erschien, das in Wirklichkeit jedoch die Grundsätze der Zukunft in sich barg. Überdies verfügte er keineswegs über die entsprechenden Mittel, um die Bedürfnisse eines so ausgedehnten Reiches, dessen Struktur so verschieden und dessen Lande so verstreut waren, befriedigen zu können.

Die unglaubliche Vielfalt der Fragenkomplexe spiegelt sich in der so verschiedenartigen Aktivität des Monarchen. Noch in Deutschland beschäftigte er sich bereits mit den Vorbereitungen für eine neue Expedition nach Afrika. Während er theologische Gespräche führte, erteilte er seiner Schwester in Brüssel genauest Ordre für die Herstellung von Kanonen. Er zeigte sich über die technischen Einzelheiten vollkommen informiert und gab Anweisungen für die Bereitung und Zusammenstellung der Artilleriegeschütze, deren Guß teils in Augsburg, teils in den Niederlanden erfolgte. Diese Exaktheit ist um so erstaunlicher, als Karl nicht wußte, ob er dieser Waffen bedürfe, um – wie es seiner Absicht entsprach – gegen Chaireddin Barbarossa zu kämpfen, oder ob er sie im Gegenteil für einen Krieg gegen Geldern benötige, zur Abwehr einer neuerlichen Offensive Frankreichs oder um seinem Bruder zu Hilfe zu eilen, dem eine Invasion der Türken drohte. Erst vor verhältnismäßig kurzer Zeit haben die Historiker hinter dieser Vielfalt und den so verstreut angeordneten Unternehmungen Karls V. die große Linie einer europäischen Strategie erkannt, insbesondere die unmittelbare Wechselwirkung zwischen der Donaufront und dem Vorgehen der Kriegsmarine im Mittelmeer. Unweigerlich mußte dieses große Konzept früher oder später zum Erfolg führen; man kann den Zeitpunkt der entscheidenden Wende nicht endgültig festlegen, aber es ist mehr als wahrscheinlich, daß mit dem Fall von La Goletta dem Vormarsch der Türken für immer ein Riegel vorgeschoben wurde.

Angsterfüllte Stunden

In den großen Berichten am Ende seines Lebens hat Karl V. sich bemüht, die Anschuldigung zurückzuweisen, er habe durch den nutzlosen Aufenthalt beim Reichstag zu Regensburg wertvolle Zeit verloren und damit die Niederlage im algerischen Feldzug verursacht. Er wies darauf hin, daß es verfrüht gewesen wäre, vor Ende des Sommers das Unternehmen in Afrika durchzuführen. Wahrscheinlich dachte er daran, wie sehr die Truppen beim Angriff auf Tunis unter der furchtbaren Hitze gelitten hatten.

Es gab zahlreiche Gründe politischer und technischer Natur, warum der Kaiser das afrikanische Unternehmen nicht auf das folgende Jahr, 1542, verschob. In einem Brief an seine Schwester erwähnte er unter anderem, er könne nicht von Italien nach Spanien heimkehren, ohne sich von der Flotte begleiten zu lassen, weil die Türken und Franzosen ständig seine Wegroute gefährdeten. Die Erklärung erweckt fast den Eindruck, als wäre der Angriff auf Algier sozusagen nebenbei erfolgt. Das war nicht der Fall. Auch diesmal hatte Karl seine afrikanische Unternehmung genau überlegt, und sie scheiterte gewiß nicht an mangelnder Vorbereitung. Unterwegs traf der Kaiser in Lucca mit dem Papst zusammen. Die Verhandlungen zeitigten keinerlei Erfolg. Der Farnese war vielleicht ein noch schwierigerer und durchtriebenerer Partner, als es der Medici gewesen war.

Die Flotte wurde diesmal bei Mallorca zusammengezogen. Wiederum war Andrea Doria der Admiral, während die Landungstruppen von Ferrante Gonzaga kommandiert wurden. Die spanischen Galeeren standen unter dem Befehl des Herzogs von Alba, der in steigendem Maß das Vertrauen des Kaisers genoß und den Karl für seinen besten militärischen Ratgeber hielt. Kaum schwamm die Flotte auf dem Meer, trat ein Wettersturz ein, und die alterfahrenen Seeleute rieten von der Weiterfahrt ab. Am 21. und 22. Oktober tobte der Sturm. Man entdeckte jedoch einen Ankerplatz, der freilich den Nachteil hatte, daß die Soldaten, das gesamte Gepäck auf dem Rücken, eine weite Strecke durch seichtes Wasser waten mußten. Zunächst schienen die Aussichten für einen Angriff auf Algier günstig. Einen Augenblick lang hatte man sogar den Eindruck, man werde die Stadt kampflos einnehmen; denn Hassan Aga, der Stellvertreter Barbarossas, bot Unterhandlungen an. Letzten Endes hielt er aber doch seinem Herrn die Treue, vielleicht weil er die Schwierigkeiten voraussah, denen die Angreifer begegnen sollten. In der Nacht vom 24. auf den 25. Oktober gingen 150 Schiffe in einem furchtbaren Orkan verloren. Um sich zu retten, hatte man auf manchen Schiffen Kriegsmaterial und Kanonen über Bord geworfen; auf anderen mußten die Maste umgehauen werden, um die Artilleriegeschütze zu retten. Der Hauptteil der Flotte war in alle Winde zerstreut. In diesem für sie psychologisch günstigen Augenblick erfolgte der Gegenangriff der Moslems auf die von den Schicksalsschlägen bereits demoralisierte kaiserliche Armee. Die Italiener ergriffen die Flucht, und der Feind konnte bis in die unmittelbare Nähe des Kaiserzeltes vordringen. Karl sammelte die deutschen Soldaten um sich, und es gelang ihm, die Lage zu meistern; allerdings mußte er sich mit dem Gedanken abfinden, die Belagerung abzubrechen.

Bei den spanischen Truppen befand sich unter den Kriegsleuten, den Veteranen zahlloser Schlachten, Hernando Cortez, der Eroberer Mexikos. Gewohnt, alles zu riskieren, riet er dem Kaiser eindringlich, eine Kehrtwendung zu machen und Algier anzugreifen. Karl blieb jedoch fest und befahl den Rückzug. Objektiv betrachtet, muß man ihm recht geben. Der Mangel an dem für eine Belagerung notwendigen Ausrüstungsmaterial, die ungenügende Verpflegung und die unterbrochene Verbindung zur Flotte rechtfertigten die Überzeugung, es hieße Gott versuchen, unter derartigen Umständen eine entscheidende Schlacht zu schlagen. Es ist ein großer Unterschied zwischen einem Konquistador wie Cortez, der, durch einen Ozean von seiner Heimat getrennt, allein inmitten einer fremden Welt, sein Schicksal herausfordert, um alles zu gewinnen oder eines ruhmvollen Todes zu sterben, und einem Kaiser der Christenheit, der in einem wohlvorbereiteten Feldzug vor einer Entscheidung steht und es für klüger hält, vorsichtig zu sein, statt sich auf ein Abenteuer einzulassen.

Man zog also wieder die Flotte zusammen, oder zumindest so viele Einheiten, wie nötig waren, um die Truppen zu verschiffen und nach Europa zu bringen. Am 2. November 1541 schrieb Karl einen langen Brief an seinen Bruder Ferdinand und schilderte ihm das unglückselige Kriegsgeschehen. Wie immer drückte er sich auch in diesem Dokument sachlich, einfach und wahrheitsgetreu aus, ohne den geringsten Versuch, die begangenen Fehler zu beschönigen. Anfang Dezember ging der Kaiser in Cartagena an Land, wo eine gewaltige Anzahl ungelöster Probleme seiner harrte.

Unter den Fragen, die einer sofortigen Aufmerksamkeit bedurften, befand sich das Eingeborenenproblem in Übersee: Welche Haltung sollte man – auf Grund der Berichte und bitteren Klagen des unermüdlichen Las Casas – den Indianern gegenüber einnehmen? Aber auch die altgewohnten Sorgen warteten: das französisch-türkische Bündnis, die zweifelhafte, ja doppelzüngige Haltung des Papstes, die von Geldern drohenden Gefahren, die religiöse Spaltung in Deutschland und der Druck der Türken auf Ungarn.

Seit 1538, das heißt, seit dem Tod Karls von Egmont und dem Regierungsantritt Wilhelms von Jülich-Cleve-Berg, versetzte die Nachfolge in Geldern nicht nur den Kaiser in Unruhe, sondern auch Deutschland und Europa. Durch diese Personalunion zweier wichtiger Herrschaftsgebiete war in Norddeutschland eine neue Macht entstanden, die für die Niederlande eine unmittelbare Bedrohung darstellte. Noch dazu war Wilhelm mit Johann Friedrich von Sachsen und

König Heinrich VIII. von England verschwägert, so daß es früher oder später zu einem protestantischen Bündnis kommen konnte, das sich von den Britischen Inseln bis zur Elbe erstrecken würde.

Bald nach dem Reichstag zu Regensburg hatte Karl einen Geheimvertrag mit Philipp von Hessen unterzeichnet, demzufolge er hoffen durfte, unter bestimmten günstigen Umständen den Schmalkaldischen Bund auflösen und dadurch die politische Tätigkeit der protestantischen Machthaber lähmen zu können. Die Tatsache, daß Philipp an den Monarchen herangetreten war, wirft ein Licht auf das persönliche Ansehen, das Karl V. genoß, auf die Autorität, über welche die Krone noch immer verfügte, und auf die Bedeutung, die man dem Kaisertum in Deutschland zuerkannte. Tatsächlich hatte Philipp aus Angst so gehandelt. Er fürchtete Strafmaßnahmen wegen Bigamie und wegen seines unmoralischen Lebenswandels. Allerdings trifft zu, daß diese Bigamie von den Theologen in Wittenberg und den Führern der Reformation gebilligt wurde, die ansonsten in Sittenfragen recht streng urteilten. In diesem Sonderfall hatten Luther und Melanchthon eine blendende Ausrede, um ihr christliches Gewissen zu beruhigen und den Wandel in ihren Grundsätzen zu rechtfertigen. Es ist bezeichnend für jene Epoche, daß sie ihre plötzliche Freizügigkeit mit moraltheologischen Beweisführungen untermauerten. Da der Landgraf – so argumentierten sie – außergewöhnlich sinnlich veranlagt sei und sich nicht beherrschen könne, sei es das geringere Übel, wenn man ihm erlaube, seine Leidenschaften in geregelte Bahnen zu leiten, indem er eine zweite Gemahlin nehme, anstatt ihn zu zwingen, seinen überstarken Trieb, den Gott ihm gegeben habe, in zahllosen weit verstreuten Liebschaften zu befriedigen. Hinter diesen heuchlerischen Spitzfindigkeiten stand freilich das Interesse der Doktoren von Wittenberg, die Militärmacht und den politischen Einfluß Philipps auf ihrer Seite zu behalten. Aber wenn auch die protestantischen Theologen und Moralisten zufriedengestellt waren, so gab es doch immer noch ein Strafrecht im Reich und einen obersten Gerichtshof, das Reichskammergericht. Dieser Gerichtshof war seit vielen Jahren Gegenstand von Vorwürfen seitens der Reformierten, die der Ansicht waren, das Reichskammergericht habe in den Prozessen wegen säkularisierter Kirchengüter eine parteiische Haltung eingenommen. Wahrscheinlich fürchtete Philipp, bei einer Klage wegen Bigamie werde der Gerichtshof, sogar wenn er sich nicht von moralischen Erwägungen leiten lasse, gezwungen sein, das Gesetz in seiner ganzen Strenge anzuwenden und ihn zu verurteilen. Wie dem auch gewesen sein mag, Philipp versprach dem Kaiser, in einem Streit um Geldern neutral zu bleiben, vorausgesetzt, daß der Kaiser die Augen zudrücke und über das Privatleben des Landgrafen den Mantel christlicher Nächstenliebe breite. Außerdem bot Philipp seine politische Mitarbeit an, ausgenommen im Falle einer Selbstverteidigung der Protestanten, das heißt, falls die Fürsten zur Ansicht kämen, ihre religiöse Freiheit werde angetastet.

Während der Kaiser daranging, die Frage Geldern zu lösen, war es Franz I. wieder einmal gelungen, eine große Allianz gegen ihn aufzustellen; sie umfaßte Türken, Dänen, Schweden, Schotten und natürlich den Herzog von Cleve. Im Juli 1542 griffen die Verbündeten gleichzeitig an verschiedenen Fronten an. Die Franzosen fielen in Navarra, im Roussillon und in Lothringen ein. Der Marschall Martin van Rossem aus Geldern überschritt die Grenze in die Niederlande, brannte und verheerte auf seinem Vormarsch alles in einer wahren Orgie von Gewalttätigkeit. Er wollte sich mit den Truppen Franz' I. vereinen, die von Flandern bis Luxemburg alle burgundischen Festungen angriffen. Chaireddin Barbarossa besetzte seinerseits Nizza, wo vier Jahre zuvor Paul III., Franz I. und der Kaiser einen Waffenstillstand auf zehn Jahre unterzeichnet hatten. Von allen Seiten angegriffen, bat Königin Maria Heinrich VIII. um Hilfe, der im Feber 1543 tatsächlich in den Krieg eingriff. Diese Teilnahme Englands auf seiten des Kaisers bot dem Papst einen guten

Vorwand, seiner moralischen und religiösen Entrüstung Ausdruck zu verleihen; das Bündnis Frankreichs mit den Türken hatte er allerdings niemals verurteilt.

Als wäre die Lage noch nicht gefährlich genug gewesen, kam es in diesem Augenblick auch noch zu einem gewaltigen Vorstoß der Protestanten, vor allem in Norddeutschland. Die kaiserlichen Klöster in Münster, Osnabrück, Minden und Paderborn fielen von der katholischen Kirche ab. Der Erzbischof von Köln, Eberhard von Wied, trat zum neuen Glauben über; in einer letzten Aufwallung seines Gewissens wagte er jedoch nicht, seine Diözese in ein laisiertes Fürstentum umzuwandeln. 1542 bekannte sich das Herzogtum Sachsen unter seinem jungen Fürsten Moritz offiziell zum Protestantismus. In Süddeutschland hatte sich Pfalz-Neuburg der Reformation angeschlossen, und in der Pfalz selbst gewann der Einfluß der Evangelischen mit großen Schritten an Boden. Der Erzbischof von Mainz aber zögerte noch, auf welche Seite er sich schlagen solle.

In diesen sorgenvollen Tagen gab Karl die Zustimmung zur Vermählung seines Sohnes Philipp mit der Infantin Maria von Portugal. Nicht nur die Hoffnung, eines Tages die beiden Staaten der Iberischen Halbinsel vereinigen zu können, gab hiezu den Ausschlag. Im Augenblick benötigte Karl auch die Mitgift der Prinzessin, um den Feldzug gegen Cleve und die Kriege gegen alle seine Gegner zu finanzieren.

Im Besitz der Geldmittel, entschied der Kaiser, der Frage Geldern den Vorrang zu geben. Wie immer schritten die militärischen Unternehmungen, sowie der einzuschlagende Weg einmal festgelegt war, rasch voran. Nach einem verhältnismäßig kurzen Feldzug war der besiegte Herzog gezwungen, am 7. September 1543 im Lager zu Venloo vor dem Kaiser zu erscheinen und kniend um Gnade zu bitten. Er mußte Geldern abtreten und die Reformation in Cleve abschaffen.

Um die protestantische Phalanx zu durchbrechen, war Granvelle mit Moritz von Sachen in Unterhandlungen eingetreten. Intelligent, ehrgeizig, skrupellos und wahrscheinlich der typischeste Vertreter eines Renaissancefürsten im Sinne Machiavellis, schluckte er gierig den Köder, den der Kanzler ihm hinwarf. Der Ratgeber des Kaisers gab Moritz zu verstehen, es wäre durchaus möglich, daß sein Herr sich eines Tages genötigt sähe, die Sachsen zustehende Fürstenwürde einem anderen Zweig der Familie Wettin zu verleihen als jenem, der sie gegenwärtig innehabe. Das war der Anfang einer Entwicklung, die wenige Jahre später dazu führte, daß die Kurfürstenwürde, die sich bereits anläßlich der Zerstörung der alten Hoheitsbereiche der Welfen gegen Osten verlagert hatte, von der Ernestinischen auf die Albertinische Linie des Hauses Sachsen überging.

Noch in einer anderen Hinsicht erlitt der Schmalkaldische Bund eine empfindliche Schwächung. Im Jahr 1542 hatten die Mitglieder dieser Liga den Herzog Heinrich von Braunschweig angegriffen, der dem katholischen Glauben treu geblieben war. Sie hatten ihn aus seinem Land gejagt und dort mit Gewalt die Reformation eingeführt. Was zuerst ein Erfolg schien, erwies sich bald als schwerwiegender Fehler. Denn dieser Gewaltakt gab dem Kaiser auf rechtlicher und verfassungsmäßiger Ebene ein Rechtsmittel in die Hand, einzugreifen, ohne daß man ihm den Vorwurf machen konnte, er habe die religiöse Freiheit mißachtet. Außerdem hatten die Angreifer sich die Freundschaft des mächtigen Hauses Brandenburg verscherzt, das mit dem entrechteten Herzog verwandt war.

Der Erfolg in Geldern und die wachsende Uneinigkeit im Lager der deutschen Protestanten schufen für die Sache des Kaisers bessere Aussichten. Nun mußte er nur noch gegen Frankreich kämpfen. Unter dem Eindruck des französisch-türkischen Bündnisses zeigten die Fürsten diesmal mehr Verständnis als in früheren Krisen.

In Anbetracht der augenblicklichen Umstände brachte es der Reichstag zu Speyer im Jahr 1544 nur zu einer Reihe von provisorischen Entscheidungen. Immerhin wurde der Religionsfriede verlängert. Wiederum waren die Verhandlungen mit der katholischen Partei schwieriger als mit den Protestanten. Fast hätte man annehmen können, in der deutschen Politik sei es zu einer Umkehrung der Bündnisse gekommen: Die Evangelischen schienen großteils auf seiten des Kaisers zu stehen, während die katholischen Staaten sich unentschieden oder feindselig verhielten. Voll Unwillen über die Zugeständnisse Karls und noch immer verärgert durch die Tatsache, daß der Monarch sich hartnäckig weigerte, einzusehen, welche Bedeutung er der Erlangung von Pfründen für seine zahlreiche Verwandtschaft beimaß, richtete der Papst ein Breve gegen den Kaiser, in welchem er sich voll und ganz mit den französischen Bestrebungen einverstanden erklärte, und Karl ein ähnliches Ende, wie es die Hohenstaufer erlitten, voraussagte, weil er sich gegen das Oberhaupt der Kirche aufgelehnt habe. Noch einmal griff Luther in den Kampf ein und verteidigte seinen Herrscher in dem Flugblatt „Wider das Papsttum zu Rom, vom Teufel gestiftet". Nicht die Glaubensgenossen kamen dem Kaiser zu Hilfe, sondern jener Mann, von dem er es rechtens am wenigsten erwarten durfte.

Dank dem Beistand des Reiches konnte Karl im Jahr 1544 mit einer Armee von 40.000 Mann einen Angriff auf Frankreich wagen. Während die Engländer Boulogne belagerten, rückte Karl mit aller Vorsicht entlang der Marne in Richtung Paris vor, isolierte die Festungen, widerstand aber der Versuchung, größere Belagerungen durchzuführen. Zum erstenmal schien es, als werde Franz I. nicht mehr – wie im vergangenen Herbst – einer Entscheidungsschlacht ausweichen können. Unter der Pariser Bevölkerung herrschte Unruhe. Der König, körperlich zu geschwächt, um am Feldzug teilnehmen zu können – worunter der tapfere Krieger schwer litt –, suchte zumindest die moralische Widerstandskraft aufrechtzuerhalten, indem er sich überall zeigte, zum Beweis, daß er nichts Schlimmes befürchte. Gleichzeitig waren seine Diplomaten bereits eifrigst am Verhandeln. Am 19. September wurde der Frieden zu Crépy geschlossen.

Frankreich verzichtete auf alle eroberten Gebiete und bestätigte neuerlich die wesentlichen Grundsätze der Friedensverträge von Madrid und Cambrai. Ferner sagte Franz I. in aller Form militärische Hilfe gegen die Türken zu: 10.000 Mann Fußvolk und 600 Reiter sollten mit dem Kaiser ziehen. Das war das große Neue, das dieses Übereinkommen brachte, und für Karl zumindest ein moralischer Sieg. In einem geheimen Kodizill versprach Frankreich weiter, dem Kaiser bei der Wiederherstellung der kirchlichen Einheit zur Seite zu stehen und seine Forderung nach Einberufung eines Konzils zu unterstützen. Offensichtlich sprach man auch vom Heiraten. Man stellte den Herzog von Orléans vor die Wahl: Vermählte er sich mit der Infantin Maria, so erbte er nach dem Tod des Kaisers die Niederlande; wählte er die sechzehnjährige Anna von Österreich, so erhielt er im folgenden Jahr das Herzogtum Mailand. Der Kaiser wollte sich noch mit Prinz Philipp und Erzherzog Ferdinand beraten, ehe er eine endgültige Entscheidung traf.

Der Vertrag war unterzeichnet, und schon gab es neue Probleme. Der Reichstag zu Worms forderte die Fortsetzung der Religionsverhandlungen in Deutschland, und in Trient wurde das langersehnte Konzil eröffnet.

Die Kirche hatte Trient als Sitz des Konzils gewählt, wie der Kaiser es schon Jahre vorher dem Papst vorgeschlagen hatte; denn Trient war eine italienische Stadt, gehörte jedoch von Rechts wegen zum Reich und war daher für die deutschen Fürsten durchaus annehmbar. Zum Unglück für das Konzil folgten weder die Protestanten noch die deutschen Katholiken, die für eine echte Reform eintraten, dem Ruf. Daher beherrschte die Kurie das gesamte Verfahren und konnte eine Tagesordnung aufstellen, die den Absichten des Kaisers genau entgegengesetzt war. An der Spitze des Programms stand nicht die Ausmerzung der Mißstände, was nach Ansicht des Kaisers der Hauptpunkt war, an dem sich die wohlwollenden Absichten Roms jenen gegenüber, die sich von der Kirche getrennt hatten, erweisen sollten. Im Gegenteil, das Konzil verkündete eine ganze Reihe von Lehrmeinungen, wobei in Fragen, die noch zur Diskussion standen, die Ansicht der Protestanten bedingungslos verworfen und jenen Katholiken, die einen Kompromiß anstrebten, der Weg versperrt wurde. Durch diese übereilte Entscheidung konnte der Kaiser seinem Plan, gegen die protestantische Abspaltung in Norddeutschland eine militärische Aktion zu unternehmen, nicht mehr den gewünschten Sinn unterlegen. Ein Triumph über den Schmalkaldischen Bund wäre nur dann ein echter Sieg gewesen, wenn Karl im Augenblick, da er zu Gewaltmitteln griff, sich moralisch auf die großen Reformen des Konzils hätte stützen und als Sieger den guten Willen der Katholiken, zu einem echten, auf greifbaren Zugeständnissen gegründeten Übereinkommen zu gelangen, hätte beweisen können. Gegen diese Argumente wandten die Verteidiger jenes Vorgehens des Konzils ein, die Kirche sei in erster Linie verpflichtet, über jene Punkte der Lehre Beschlüsse zu fassen, denen es an Klarheit mangle. Gewiß war die Mehrheit der Konzilsväter dieser Meinung. Rückblickend bedauern wir jedoch sehr, daß sie dem klugen Rat des Kaisers nicht folgten.

Während man in Deutschland Vorbereitungen für Religionsgespräche traf, von denen der Kaiser ein letztes Mal erhoffte, sie würden einen Krieg verhindern können, ging Karl daran, einen Schlag gegen den Kurfürsten von Sachsen und gegen Hessen zu führen, falls man wieder in einen Engpaß gerate. Seit dem Angriff auf Braunschweig galten diese beiden Fürstenstaaten als Rechtsbrecher und Feinde des Reiches. Der Papst unterstützte das Unternehmen nach Kräften. Er stellte dem Kaiser 12.500 Soldaten und 200.000 Dukaten zur Verfügung und überließ ihm für ein halbes Jahr die Einkünfte der Kirche in Spanien sowie 500.000 Dukaten aus den Abgaben der spanischen Klöster.

Gleichzeitig bemühte Karl sich in verstärktem Maß um Bayern, das schwache Glied unter den katholischen Staaten, weil Leonhard Eck dort unablässig gegen die Habsburger arbeitete. Schließlich konnte mit den Wittelsbachern ein Vertrag abgeschlossen werden, der die Vermählung des Erbprinzen Albrecht mit Anna von Böhmen und Ungarn besiegelte. Dieses Abkommen war der Anfang einer großen Wende in der Politik des süddeutschen Herrscherhauses und sollte zu einer Allianz zwischen Bayern und Österreich führen, die länger als ein Jahrhundert anhielt. Dem Herzog Moritz von Sachsen versprach der Kaiser das Protektorat über Magdeburg und Halberstadt; als Gegenleistung mußte er sich verpflichten, neutral zu bleiben.

Die Mitglieder des Schmalkaldischen Bundes waren über die Vorbereitungen des Kaisers am laufenden. Trotzdem waren sie so sorglos, daß sie sich durch ihre völlig ungerechtfertigte Aggressivität neue Feinde schufen. So brachten sie das protestantische Haus Brandenburg gegen sich auf, weil sie Herzog Heinrich von Braunschweig gefangennahmen, als er versuchte, in sein Land zurückzukehren. Und während sie den Krieg bereits herannahen sahen, waren sie nicht imstande, sich über ein einheitliches Kommando zu einigen.

Der Kaiser hatte an den Festlichkeiten zu Ehren des Besuches der Königin Eleonore von Frankreich und des Herzogs von Orléans in Brüssel teilgenommen. Dann beschloß er nach kurzem Zögern, sich nach Trient zu begeben, um dort mit dem Legaten des Papstes, Kardinal Farnese, zusammenzutreffen. Die plötzliche Begeisterung der Kurie, sobald es nicht mehr um einen Krieg gegen die Türken, sondern um einen Feldzug gegen die Protestanten ging, war ihm unbehaglich. In späteren Jahren führte Karl Klage darüber, daß der Papst zu früh das beabsichtigte Vorgehen gegen den Schmalkaldischen Bund hatte laut werden lassen. In Deutschland aber schienen beide Parteien noch immer gegen alle Hoffnung zu hoffen, es werde sich doch noch ein Weg finden lassen, der die Einheit gewährleiste. Der Einklang, die *Concordia,* war fast zum Zauberwort geworden, mit welchem man auf beiden Seiten Zeit gewinnen wollte.

Die der hohen Politik des 16. Jahrhunderts innewohnenden Schwierigkeiten wurden durch die unvorhersehbaren

Wechselfälle im Privatleben noch verschärft, die oft sehr schwer ins Gewicht fielen; denn alle Staatsverträge und Friedensbedingungen waren mit Heiratszusagen und Mitgiftfragen verknüpft. Im Sommer 1545 wurde dem erst achtzehnjährigen Philipp ein Sohn geboren, der nach seinem Großvater Carlos hieß. Obwohl er niemals politische Macht ausübte, war es dem jungen Mann bestimmt, in Geschichte und Dichtung zu einer tragischen Figur zu werden. Seine Mutter, die Infantin, war bei seiner Geburt gestorben, und das Haus Habsburg beschäftigte sich nun intensiv mit der Frage einer Wiederverehelichung Philipps. Zuerst sprach man von Margarete von Navarra. Als jedoch am 9. September 1545 der Herzog von Orléans, der seit dem Vertrag von Crépy im Vorjahr zu einer politischen Schlüsselfigur geworden war, gleichfalls starb, ergab sich eine noch viel heiklere Situation. Das Hinscheiden des jungen Herzogs sei für ihn ein Geschenk Gottes gewesen, schrieb der Kaiser in seinen Erinnerungen. Tatsächlich erlöste es ihn aus der Zwangslage, eine Entscheidung fällen zu müssen, die – welche Alternative er auch wählte – von der Mehrheit seiner Ratgeber für gefährlich erachtet wurde: Ob man die Niederlande dem Haus Angoulême überließ oder auf Mailand verzichtete – beides wäre für das Haus Österreich-Burgund gleich verhängnisvoll gewesen.

Mittlerweile setzten die Fürsten des Schmalkaldischen Bundes ihre Verhandlungen über religiöse und territoriale Fragen fort und zogen sogar eine Änderung der bündischen Verfassung in Betracht. Ihre politisch-militärische Lage schien sich wieder einmal bessern zu wollen. Am 17. Januar 1546 empfing der Kurfürst von der Pfalz den Leib Christi unter beiderlei Gestalten, woraus man schließen konnte, daß er sich der protestantischen Sache angeschlossen hatte.

Gegen Neujahr war der Kaiser in den Niederlanden und nahm am 15. Januar 1546 in Utrecht an einem Kapitel des Ordens vom Goldenen Vlies teil. Bei der Abreise versprach er seiner Schwester Maria, er werde das menschenmögliche tun, um die deutsche Frage ohne Waffengewalt zu lösen. Jedoch verwies er darauf, daß man den sinnlosen Verhandlungen ein Ende setzen und im Reich und in der Kirche Deutschlands die Ordnung wiederherstellen müsse. Außerdem glaubte der Kaiser, wie aus seinen Briefen hervorgeht, daß die europäische Lage einer Entscheidung günstig sei. England und Frankreich zwangen einander gegenseitig zur Neutralität, und die Türken verhielten sich dieses eine Mal ruhig.

Ehe er nach Deutschland aufbrach, empfing Karl V. eine Abordnung deutscher Fürsten, die von ihm verlangten, er möge nicht mehr zulassen, daß fremde Truppen deutschen Boden betreten. Der Kaiser hatte auch eine Unterredung mit dem Landgrafen Philipp von Hessen. Karl hoffte immer noch auf einen Kompromiß. Aber Philipp blieb unbeugsam. Als der Landgraf im Laufe der Unterredung die Bedeutung des Reiches definieren wollte, rief Karls Minister Granvelle voll Erbitterung aus: „Nicht ein Groschen, nur Ärger und Sorgen!“ – ein Wort, das in die Geschichte einging. Philipp ging in seinem Übermut so weit, daß er dem Kaiser empfahl, sich mit dem Evangelium zu befassen und die heiligen Schriften häufiger zu lesen. Karl bedurfte seiner ganzen Selbstbeherrschung, um diesem Mann, dessen Leben alles andere als christlich war, keine harte Antwort zu geben.

Die Schlacht bei Mühlberg

Am 10. April 1546 hielt der Kaiser seinen Einzug in Regensburg. Die Mitglieder des Schmalkaldischen Bundes ließen es ganz offen an Respekt fehlen; sie trafen erst nach dem vereinbarten Zeitpunkt ein, verzögerten dadurch die Gespräche und zwangen den Monarchen, auf sie zu warten. In seiner Gegenwart gab es keine theologischen Diskussionen mehr; denn diesen hatten die Protestanten bereits auf wenig diplomatische Weise ein Ende bereitet. Im Verlauf der Sitzung des Reichstages konnte niemand mehr die Vorzeichen des Krieges übersehen. Die Debatten wurden in gereiztem Ton geführt; die Fürsten erhielten auf die hartnäckig immer wieder vorgebrachte Frage, gegen wen der Kaiser rüste, nur ausweichende Antworten. Karl beschränkte sich auf die Erklärung, er habe die Pflicht, seine Autorität unter Beweis zu stellen, um sich gegen ungehorsame Reichsstände durchzusetzen. Eine neue Krise brach aus, als die kaiserlichen Behörden die Stadt Ravensburg, die dem Schmalkaldischen Bund angehört hatte, zwangen, den alten Glauben wieder anzunehmen.

Im Frühjahr 1546 lebte man in Regensburg noch genauso sorglos fröhlich dahin wie einst. Die zahlreich vertretene junge Generation vergnügte sich, obwohl das politische Barometer auf Sturm stand. Karl V. hatte sich mit bestem Erfolg einer Behandlung seiner Gicht unterzogen und war nun gleichfalls frohen Mutes und in weit besserer körperlicher Verfassung als in den vergangenen Jahren. Ehe er nach Regensburg kam, hatte er sehr schmerzhafte Anfälle gehabt und an schweren Depressionen gelitten. Sein politisches Testament aus dem Jahr 1543 wurde offenbar in Erwartung des nahenden Todes verfaßt. Aber jetzt sah alles anders aus. Karl nahm am fröhlichen Leben seiner Diplomaten teil, das sich nicht nur auf die öffentlichen Bäder beschränkte, sondern auch zu so manchem zärtlichen Abenteuer mit einem jungen Regensburger Mädchen führte. Die Beziehung des Kaisers zu Barbara Blomberg, einer jungen Bürgerin der Stadt, scheint von viel kürzerer Dauer gewesen zu sein als das Liebesabenteuer mit Johanna van der Gheenst vor einem Vierteljahrhundert. Doch auch diese Verbindung hatte für die Geschichte wie auch in privater Hinsicht glückliche Folgen. Ihr entsproß Don Juan de Austria, jener Sohn, dessen Entwicklung Karl mit besonderem Wohlwollen verfolgte und den er wenige Jahre später in seine unmittelbare Umgebung nahm, wo er in all den Ehren erzogen wurde, die man zu jener Zeit den Bastarden aus regierenden Häusern üblicherweise angedeihen ließ. Nach dem Tod seines Vaters behandelte ihn sein Halbbruder Philipp als getreuen Paladin, der dem Thron besonders nahestand. Von frühester Jugend an erwarb Don Juan de Austria Ruhm: zuerst durch den glänzenden Sieg bei Lepanto und später durch seine Tätigkeit in den Niederlanden. Er liegt im Escorial begraben, nicht in der eigentlichen Königsgruft, die *more geometrico* angelegt ist, sondern gleich daneben in einer weiträumigen Kapelle. Dort ruht er in einem Sarkophag, dessen Hochrelief getreulich die Züge des großen Soldaten und Diplomaten wiedergibt.

Die Mutter Don Juans wurde vom Hof erhalten und gab später, als sie schon Frau Kegel hieß, Anlaß zu einer Menge Ärger und zu so manchem Skandal. Mit ihrem Sohn traf sie nur ein einziges Mal zusammen, wobei es zu einem recht heftigen Wortwechsel kam. Der Sohn machte ihr Vorwürfe wegen ihres liederlichen Lebenswandels, worauf sie die ganz offensichtlich erlogene Behauptung aufstellte, Don Juan sei gar nicht der Sohn des Kaisers, sondern das Kind eines einfachen Artilleristen, zu dem sie intime Beziehungen gehabt und mit ihm jenen Mann betrogen hätte, den Don Juan de Austria für seinen Vater hielt. Nach den Aufzeichnungen Karls zu schließen, hatte er aller Wahrscheinlichkeit nach schon in Regensburg Grund, der jungen Barbara zu zürnen. Wie dem auch gewesen sei, gegen Ende jenes Frühjahrs 1546 fühlte der

Kaiser sich gut in Form und schien alle Unpäßlichkeiten, diese Vorboten des Alters, überwunden zu haben.

Die Verabschiedung des Reichstages am 24. Juli war nur noch eine reine Formalität. Bereits Anfang Juni hatte der Kaiser in einem Brief an die Regentin der Niederlande seiner Überzeugung Ausdruck verliehen, daß alle Bemühungen um den Frieden von vornherein zum Scheitern verurteilt und der Krieg nunmehr das letzte Mittel sei, der religiösen Spaltung in Deutschland ein Ende zu setzen. Überdies, fügte er hinzu, sei ein solches Vorgehen durch den Bruch der Reichsverfassung gerechtfertigt, dessen Philipp von Hessen und Johann Friedrich von Sachsen sich schuldig gemacht hatten, als sie den Herzog von Braunschweig angriffen.

Trotz gewaltiger Aufrüstung und sorgfältiger Vorbereitung hätte der Feldzug für den Kaiser mit einer Katastrophe enden können, wenn die Protestanten nicht unter dem Erbübel aller Koalitionen gelitten hätten: Es gab bei ihnen ebenso viele Meinungen wie Köpfe. Der Oberkommandierende, Feldhauptmann Schertlin, wollte den von Italien kommenden kaiserlichen Truppen den Weg über die Alpen abschneiden, doch der Kriegsrat der Liga beorderte ihn in dem Augenblick zurück, als sein Manöver ernste Aussichten auf Erfolg hatte. So gelang es ihm nur, die italienischen Einheiten zu zwingen, über Innsbruck und von da innabwärts auf dem Wasserweg nach Kufstein zu ziehen, statt die kürzere Route über den Fernpaß einzuschlagen. Außerdem hätte der Schmalkaldische Bund, wie Karl V. später selbst zugab, in Regensburg Zeit und Gelegenheit gehabt, sich der Person des Kaisers zu bemächtigen. Um einer derartigen Gefahr auszuweichen, zog der Monarch sich nach Landshut an der Isar zurück. Dort stießen am 13. August die päpstlichen Truppen zu ihm. Am folgenden Tag, dem 14. August 1546, entsandte der Schmalkaldische Bund nach alter Tradition einen Herold, um den Kaiser zum Kampf herauszufordern. Damit hatten die protestantischen Fürsten in aller Form die Initiative ergriffen, und das in einem Augenblick, da der Herrscher noch zögerte, über den Landgrafen von Hessen und den Kurfürsten von Sachsen offiziell die Reichsacht zu verhängen.

Für Karl V. war nun das vordringlichste, sich so rasch wie möglich mit den aus den Niederlanden anmarschierenden Truppen zu vereinen. Die Niederländer standen unter dem Befehl von Maximilian Büren, dem Sohn Egmont Bürens von Isselstein, einem hervorragenden Heerführer, dem es gelang, den Rhein zu überqueren, ohne sich den Übergang erzwingen zu müssen. Über Miltenberg rückte er rasch zum Treffpunkt mit der Hauptmacht des Heeres vor und ließ den Feind weit hinter sich zurück.

Mittlerweile hatte Karl am 31. August östlich von Ingolstadt die Donau übersetzt und ein erstes Treffen mit den Soldaten des Schmalkaldischen Bundes durchgefochten. Wiederum machte seine Kaltblütigkeit gewaltigen Eindruck auf die Truppen, deren Mut durch das äußerst heftige Geschützfeuer der Protestanten schon gesunken war. Diese Episode wurde in einem Soldatenlied festgehalten, das wohl am besten zeigt, welcher Beliebtheit der Kaiser sich zu jenem Zeitpunkt, da in Deutschland der Bürgerkrieg ausbrach, erfreute. Inzwischen verschanzten sich die beiden Heere. Nach einigen kleineren Scharmützeln zogen die Protestanten sich zurück, ohne einen richtigen Angriff gewagt zu haben. Es war ein erster moralischer und psychologischer Sieg der Kaiserlichen. Der Feldzug an der Donau war jedoch noch nicht zu Ende. Die Armee des protestantischen Bundes marschierte nach Westen und näherte sich Ulm, einer Stadt, die für die Verbindung mit Schwaben, von wo das Hauptkontingent der Verproviantierung kam, sehr wichtig war. Dank diesem Manöver konnten sich die Kaiserlichen jedoch mit den niederländischen Truppen unter Büren vereinigen, ohne sich schlagen zu müssen. Die Feinde erhielten ihrerseits Verstärkung, vor allem durch die Einheiten der Fürstentümer, die den Rheinübergang hätten bewachen sollen und die nun, nachdem ihre Aufgabe fehlgeschlagen war, wieder zur Hauptmacht des Bundes stießen.

Der Historiker Leopold von Ranke hat das unfähige Vorgehen der Protestanten mit ihrer politischen Ratlosigkeit zu erklären versucht. Seiner Ansicht nach wollten sie einzig und allein ihren Glauben verteidigen, beabsichtigten keinerlei Aggression auf politischer Ebene und wagten daher nicht, einen echten militärischen Angriff zu unternehmen. Keine sehr stichhältige Beweisführung. Der Schmalkaldische Bund hatte den Kaiser zum Kampf gefordert, hatte ihm den Krieg erklärt und ihm in gebührender Form Mitteilung gemacht, daß er ihn der Krone für verlustig betrachte. Wenn Ranke glaubt, die Protestanten hätten aus einem Sieg keinen Nutzen zu ziehen gewußt, dann scheint er zwei wichtige Überlegungen außer acht zu lassen: Im Heiligen Römischen Reich waren Rebellionen und Verschwörungen der Fürsten seit dem 11. Jahrhundert an der Tagesordnung, was den Führern des Schmalkaldischen Bundes durchaus nicht unbekannt war. Sogar, wenn man annimmt, daß sie über keine ins einzelne gehenden Zukunftspläne verfügten – was an sich ziemlich unwahrscheinlich ist –, hätten sie gewiß sehr rasch entdeckt, welchem Weg es zu folgen galt. Nachdem sie bereits in der Botschaft von Landshut die Absetzung Karls proklamiert hatten, hätten sie ihn aller Wahrscheinlichkeit nach gleichzeitig mit seinem Bruder Ferdinand entthront und an Stelle der beiden den König von Frankreich gewählt. Eine Niederlage des Kaisers hätte daher ganz Deutschland bis in die Grundfesten erschüttert und die letzten Bastionen der Katholiken zerstört. Die Anhänger des neuen Glaubens hätten eine *Versammlung teutscher Nation* einberufen können – eine Möglichkeit, die man lange Zeit als Alternative gegen das Konzil in Erwägung gezogen hatte –, und diese hätte eine neue Verfassung für Reich und Kirche beschlossen.

Der protestantischen Partei mangelte es also durchaus nicht an Ideen, die als Kriegsziele dienen konnten. Wenn sie trotzdem wertvolle Zeit und damit die Aussicht auf militärischen Erfolg verlor, lag die Schuld daran in der Uneinigkeit, dem gegenseitigen Mißtrauen, den Intrigen und selbstsüchtigen Absichten des Großteils ihrer Anführer. Es läßt sich auch nicht leugnen, daß im Unterbewußtsein noch immer die Achtung vor der kaiserlichen Majestät fortlebte, selbst in der offenen Rebellion: etwas wie eine späte Anerkennung des mittelalterlichen Reichsgedankens, der unter Karl V. zu neuem Leben erwacht war. Dazu kam noch die Persönlichkeit des Kaisers, die im Laufe der Jahre die Menschen immer stärker in ihren Bann zog. Sogar seine erbittertsten Feinde konnten sich der Strahlkraft dieses Mannes nicht entziehen, der umfassendes Wissen, lange Erfahrung und Weisheit mit persönlichem Mut, Verantwortungsbewußtsein und absoluter moralischer Lauterkeit in sich vereinte. Das unterschied Karl V. von den anderen regierenden Fürsten seiner Zeit. Im Vergleich zu ihm mußten seine Gegner – um ein Wort Walthers von der Vogelweide zu gebrauchen – als „arme Küngen" erscheinen; Karl aber war der Kaiser, der Träger der erhabensten Würde der abendländischen Welt.

In kleinen Etappen folgten die Kaiserlichen der Armee des Schmalkaldischen Bundes bis in das Gebiet zwischen Donauwörth und Nördlingen. Am 4. Oktober 1546 wäre es beinahe zur Schlacht gekommen. Die habsburgischen Streitkräfte griffen die Flanke der über einen Bergkamm ziehenden feindlichen Kolonnen an. Es ist nicht ausgeschlossen, daß der Kaiser an diesem Tag, dem Fest des heiligen Franz von Assisi, eine in Deutschland weitverbreitete Prophezeiung vor Augen hatte, dieser Heilige werde Karl von Habsburg eines Tages die Herrschaft über Frankreich verleihen. Dennoch schloß Karl sich der Meinung seiner Generäle an und befahl seine Truppen zurück, weil der Feind durch seine strategische Stellung begünstigt war und ein Treffen unter diesen Umständen zu einer Katastrophe hätte führen können. Zehn Tage darauf drang Karl mit einer Patrouille beim Rekognoszieren zu weit vor, wurde vom Feind überrascht und wäre beinahe in Gefangenschaft geraten.

Zwischen dem Herzog von Alba und dem Landgrafen kam es zu einem Austausch von beleidigenden und herausfordernden Botschaften – ein Anachronismus in einem verhältnismäßig modernen Krieg, der mit einem machtvollen Duell der Artillerien eingesetzt hatte. Der Spanier forderte den Hessen auf, von der Höhe herabzusteigen und sich im Kampf zu stellen, wie es einem Mann anstehe; Philipp erwiderte, er habe bei Ingolstadt vergeblich auf den Angriff der Kaiserlichen gewartet, die zu feige gewesen seien, ihre Schanzgräben zu verlassen.

Dieses Hin und Her, die kleinen taktischen Plänkeleien waren keineswegs Zeitvergeudung. Für Karl lag die wichtigere Front anderswo. Ungeduldig wartete er auf Nachrichten über die große diplomatische Offensive, mit der König Ferdinand betraut worden war. Am 4. Oktober kam Moritz von Sachsen nach Prag. Obwohl er noch immer zögerte, sich öffentlich des Kurfürstentitels zu bedienen, den der Kaiser ihm zugesagt hatte, stellte er sich mehr und mehr auf seiten Habsburgs. Als am 8. November 1546 schließlich die Nachricht eintraf, Moritz habe unterschrieben, befahl Karl der Artillerie, anläßlich dieses Erfolges einen Freudensalut abzugeben.

Während der Kaiser das Resultat der diplomatischen Gespräche abwarten mußte, war die Jahreszeit vorangeschritten. Die kaiserliche Armee erlitt durch Epidemien, vor allem durch die Ruhr, große Verluste. Dazu kam noch, daß Kardinal Farnese und mit ihm mehrere tausend Italiener das Heer verließen. Sie klagten über das rauhe Klima und die Entbehrungen, die das Kriegsleben ihnen abforderte. Die Spanier hingegen hielten ohne zu wanken in Regen, Kälte und Schnee aus.

Am 21. November 1546 zog der Landgraf sich mit seinen mutlos gewordenen Truppen über Heidenheim nach Norden zurück und gab damit ganz Süddeutschland in die Hand des Kaisers. Möglicherweise trug der Abfall des jungen Moritz in erster Linie an dieser Entscheidung Philipps von Hessen Schuld, der keineswegs die Gefahr unterschätzte, die ihm von dieser Seite drohte. Der neue Kurfürst war nicht nur sein Schwiegersohn, sondern auch sein bester Schüler in der

Kunst machiavellistischer Politik. Dem Kaiser hatte der Entschluß des Sachsen neben dem militärischen Vorteil vor allem einen moralischen Sieg eingetragen. Von dem Augenblick an, da ein bedeutender Protestant das Lager der Glaubensbrüder verließ, um sich auf die Seite der Krone zu stellen, konnte man den Kaiser nicht mehr einer Glaubensverfolgung anklagen.

Wilhelm von Oranien sagte einmal, nur die Standhaftigkeit im Unglück könne eine günstige Lösung der großen politischen Angelegenheiten gewährleisten. Es gibt wenige Feldzüge, die die Wahrheit dieses Ausspruches besser bewiesen haben als der Schmalkaldische Krieg. Nachdem Karl V. sich einmal entschieden hatte, kannte er keine Unsicherheit und kein Zögern mehr, auch nicht in den verzweifeltsten Situationen: in Regensburg, wo er fast schutzlos allein stand, in Ingolstadt, angesichts der Überlegenheit der feindlichen Artillerie oder auch im Lager zu Sontheim, als sich auf allen Seiten Schwierigkeiten auftürmten. Stets strahlte er absolute Ruhe und unerschütterliche Siegeszuversicht aus. Hauptursache dieser Haltung war gewiß, daß er sich seiner politischen Überlegenheit bewußt war. „Es gibt auch eine politische Strategie; durch diese waren die Protestanten besiegt, ehe der Krieg noch begann", sagt Ranke, der – selbst ein gläubiger Lutheraner – dank seiner bewußten Bemühungen um Objektivität eine bemerkenswerte Beschreibung dieses Feldzuges verfaßte.

Ohne etwas zu überstürzen, verstärkte der Kaiser zuerst seine Stellung in Süddeutschland. Wiederum erweckte er den Eindruck, viel Zeit zu haben. Die allgemeine Situation in Europa blieb für ihn weiterhin günstig. Freilich konnte er noch nicht wissen, daß im Verlauf der nächsten zwei Jahre seine Hauptrivalen, Franz I. von Frankreich und Heinrich VIII. von England, aus diesem Leben scheiden sollten. Aber die beiden hatten bereits viel an Kraft und Schärfe eingebüßt. Der einst so kämpferische König von Frankreich war vorsichtig geworden. Der Vorstoß Karls quer durch sein Land bis vor die Mauern von Paris hatte seinen Eindruck auf ihn nicht verfehlt. Anderseits war es dem Kaiser, der in militärischer Hinsicht der Hilfe Großbritanniens bedurfte, gelungen, eine Forderung des Königs von England, die sich zu einer politischen Gefahr hätte auswachsen können, zurückzuweisen, ohne den Monarchen im geringsten zu beleidigen. Heinrich hatte nicht weniger verlangt, als daß man ihn als *Defensor Fidei,* als Oberhaupt der katholischen Kirche von England, anerkenne und dementsprechend behandle. Karl erwiderte, seine Achtung vor einem befreundeten Land verbiete ihm, sich in eine rein innenpolitische Frage einzumengen. Für den getreuesten Verbündeten Großbritanniens bleibe Heinrich, wie stets zuvor, der König von England.

Die Jahreszeit war für eine Fortsetzung des Feldzuges in Deutschland nicht günstig. Man zog es daher vor, das Frühjahr abzuwarten. Die Briefe, die Karl an Ferdinand sandte und die, wie ein Großteil seines Briefwechsels mit den Geschwistern, Monologen glichen, enthüllen uns seine Gedanken über die Fortführung des Krieges und den künftigen Frieden. Ein Plan, auf den Karl in jenem Jahr wie auch später noch wiederholt zurückkam, bezog sich auf die Bildung einer großen Liga, eines Reiches im Reich. Durch freiwillige wie vertraglich festgelegte Zuwendungen sollte dieser Bund die notwendigen Mittel für eine kraftvolle Politik aufbringen. Diese Institution sollte wirkkräftig die bisherige Verwaltungsmaschinerie ersetzen, die sich in einem ganzen System veralteter Privilegien und überlieferter Rechte festgefahren hatte und daher mehr oder weniger zur Langsamkeit, ja zum Stillstand verurteilt war. Aus dem Briefwechsel geht nicht klar hervor, bis zu welchem Grad Karl sich die *Hermandades* in Spanien oder auch den Schwäbischen Bund zum Vorbild nahm, aber es ist sehr wahrscheinlich, daß er diese beiden Beispiele vor Augen hatte.

Als Kriegsmaßnahme plante Karl die Unterwerfung der widerspenstigen Städte, die noch immer dem Schmalkaldischen Bund angehörten, durch eine Blockade. Er stieß auf den erbitterten Widerstand der Königin Maria, die für den Frieden in den Niederlanden fürchtete. Sie ging sogar so weit, mit ihrem Rücktritt zu drohen, falls ihr Rat nicht befolgt werde. In dieser Krise zeigte sich aufs neue, daß Karl in politischer und strategischer Hinsicht modern, ja hypermodern dachte, daß seine Ideen jedoch der Zeit vorauseilten und mit den verfassungsmäßigen und institutionellen Mitteln, die ihm zur Verfügung standen, nicht verwirklicht werden konnten. Als Realist war der Kaiser stets bereit, nachzugeben, wenn vernünftige Einwände erhoben wurden.

Am 23. Dezember 1546 fiel Johann Friedrich von Sachsen in das Land seines Vetters Moritz ein. Der Kaiser rührte keinen Finger. Ein Zwist zwischen den beiden Linien des Hauses Wettin konnte für die kaiserliche Politik nur von Vorteil sein. Denn während die Kämpfe die Feindseligkeit steigerten, verringerten sie gleichzeitig die Gefahr eines Verrates von seiten des Kurfürsten Moritz, zumindest für die Dauer der Auseinandersetzung. Die Situation wäre erst gefährlich geworden, hätten die Sachsen das Böhmerland überfallen. Dort herrschte bereits ein gewisses Unbehagen, sowohl bei den utraquistischen Herren wie auch in der habsburgfeindlichen Stimmung einzelner Elemente der öffentlichen Meinung. Der Vormarsch Johann Friedrichs kam jedoch vor Leipzig zum Stehen. Dennoch konnte er einen großen Erfolg verzeichnen: Albrecht Alcibiades von Brandenburg, der Moritz zu Hilfe geeilt war, erlitt eine Niederlage und wurde gefangengenommen. So kam es im protestantischen Lager noch zu einer zusätzlichen Spaltung, die sich für Karl günstig auswirkte.

Neben dem Kriegsgeschehen bedrängten den Kaiser zu Beginn des Jahres 1547 noch andere schwere Sorgen. Auf Wunsch der Kurie erließ das Konzil am 13. Januar ein Dekret über die Frage der Rechtfertigung, das jede Hoffnung zunichte machte, in dieser entscheidenden theologischen Frage zugunsten der Protestanten Zugeständnisse zu erlangen. Am 22. Januar zog der Papst in aller Form seine Truppen aus Deutschland ab. Nie zuvor war die Sinnwidrigkeit der päpstlichen Politik jener Zeit so deutlich zutage getreten. Karl kämpfte in Deutschland um die Wiederherstellung der Einheit des Glaubens und um die Rückkehr der Christen, die den Schoß der Kirche verlassen hatten. Der Papst hingegen gefährdete den Erfolg des Monarchen in militärischer Hinsicht. Gleichzeitig machte er jedes friedliche Übereinkommen unmöglich, indem er das Konzil nicht dazu verwendete, den Mißbräuchen ein Ende zu setzen, sondern um gegen jedwede spätere Vereinbarung dogmatische Schranken zu errichten. Diese unheilvolle Phase zeigte aufs neue, daß bei Paul III. die kleinen Sonderinteressen des Hauses Farnese gegenüber den Erfordernissen der katholischen, apostolischen und universellen Kirche, deren Oberhaupt er war, mitunter Vorrang hatten. Im Verlauf des Jahres 1547 bewies er übrigens, daß er in der Wahl seiner Mittel durchaus nicht heikel war. Die berühmte Verschwörung des Fiesco zu Genua zählt zu den vielen historischen Ereignissen, die in der literarischen und dramatischen Darstellung vor allem bei Schiller, völlig verzeichnet wurden. In Wirklichkeit handelte es sich um ein gefährliches und verräterisches Unternehmen, das von den Parteigängern des Hauses Farnese gegen den Kaiser und seinen Großadmiral Andrea Doria angezettelt wurde. Das Verdienst, das Komplott rechtzeitig niedergeschlagen zu haben, scheint hauptsächlich Ferrante Gonzaga zuzukommen. Im September desselben Jahres büßte Pietro Luigi Farnese, Herzog von Parma, bei einer Verschwörung der Adeligen sein Leben ein. Seine aufrührerische Tätigkeit lieferte dem Kaiser einen mehr als ausreichenden Grund, das Herzogtum wieder zurückzunehmen. Dieses energische Vorgehen beeindruckte Paul III. weit stärker als alle Proteste des Kaisers gegen verschiedene Projekte, wie zum Beispiel die Verlegung des Konzils in eine andere Stadt. Im Januar 1547 wurde die Spannung so stark, daß Karl schließlich in Gegenwart des päpstlichen Nuntius seinem Zorn freien Lauf ließ. Es war einer der im Leben des Monarchen ganz seltenen Augenblicke, in denen er die Geduld verlor, die Bande der Selbstbeherrschung, die er sich seit seiner frühesten Jugend auferlegt hatte, zerriß, jede Mäßigung vergaß und die Person des Papstes selbst angriff. Dieser Ausbruch zeitigte jedoch keinerlei Folgen.

Im Laufe der ersten Monate des Jahres wurde die Lage für König Ferdinand kritisch. Daher befahl der Kaiser am 4. März 1547 den Aufbruch der Armee nach Norden. Am 10. März teilte er dem römischen König mit, daß er Sachsen angreifen werde. Er verließ Nürnberg am 28. März. Wiederum zeigte der Aufmarschplan Karls V. nicht nur Sinn für exakte Organisation, sondern auch ein tiefes Erfassen der Wechselbeziehungen zwischen Politik und Strategie. Er rückte nicht direkt nach Thüringen vor, wo er zwischen Johann Friedrich und den Landgrafen geraten wäre, sondern bestimmte die Gegend um Tirschenreuth zum Treffpunkt mit den Truppen König Ferdinands und des Herzogs Moritz. Damit band er nicht nur Moritz stärker an sich – was stets vonnöten war –, sondern stellte gleichzeitig vor den böhmischen Herren die eindrucksvolle Militärmacht des Hauses Habsburg zur Schau und bewies seinen Entschluß, die Sache König Ferdinands zu der seinen zu machen. Der Kaiser rückte über Eger nach Plauen vor und stieg dann langsam zur Elbe ab. Johann Friedrich von Sachsen, dessen Truppen in der Gegend von Meissen standen, erkannte rechtzeitig, in welche Gefahr das Manöver des Feindes ihn brachte: Er konnte von seinem Land abgeschnitten werden. Deshalb unternahm er am 11. April entlang des rechten Elbeufers den Marsch auf Wittenberg. Er meinte, der Fluß biete Schutz genug, da die kaiserlichen Pioniere wohl nicht über das entsprechende Rüstzeug verfügten, eine Brücke zu schlagen. Die beiden Armeen marschierten daher parallel an den beiden Ufern entlang. Der Kaiser kam von Colditz und Leisnig und beabsichtigte einen Angriff gegen die Flanke der Sachsen.

Dank der systematischen Vorbereitung des Feldzugs hatte er rechtzeitig in Erfahrung gebracht, daß es bei Schirmenitz in der Nähe von Mühlberg eine Furt gab, durch die er mit seiner Armee ziehen konnte. Sie war groß genug, um den Durchzug einer sieben Pferde breiten Kolonne zu gestatten, und ihr Untergrund war fest genug, um das Gewicht der Menschen, Pferde, Wagen und des ganzen militärischen Materials zu tragen. Der Kurfürst aber war überzeugt, der Kaiser wisse nichts von dieser Furt.

Sonntag, den 24. April 1547, brach der Kaiser zu sehr früher Stunde das Lager ab, während Johann Friedrich gleichzeitig den Gottesdienst feiern ließ. Dichter Nebel bedeckte den Fluß und die Uferböschungen. Karl befand sich bei der Vorhut, begleitet von Herzog Moritz, während die Hauptmacht mit Erzherzog Ferdinand und dem zwanzigjährigen Erzherzog Maximilian folgte. Gegen zehn Uhr hob sich der Nebel, und die beiden Armeen standen einander gegenüber. Obwohl Johann Friedrich überzeugt war, er habe es nur mit einem kleinen Trupp der Feinde zu tun, kam ihm seltsamerweise nicht einmal der Gedanke, die Kaiserlichen auf der Stelle anzugreifen und in offenem Kampf zu schlagen. Das wäre um so leichter gewesen, als er über Pontons verfügte, um seine Truppen an das andere Ufer zu bringen, während seine Kavallerie die Furt hätte durchreiten können. Im Gegenteil! Er versuchte, sich zu einem nahegelegenen Wald zurückzuziehen, um in dessen Schutz die befestigte Stadt Wittenberg zu erreichen. Im selben Augenblick kam es im kaiserlichen Generalstab zu Unschlüssigkeiten. Einige Offiziere befürchteten, bei einer Überquerung des Flusses riskiere man, daß der Feind dank seiner zahlenmäßigen Überlegenheit die bereits übergesetzten Truppenteile vernichte. Karl hingegen war zum Kampf entschlossen und drängte zum Vormarsch.

Die Anwesenheit des Kaisers in der Feuerlinie eiferte die spanischen Krieger zu wahren Heldentaten an. Sie sprangen in den Fluß, mitsamt der Rüstung oder entkleidet, das Schwert zwischen den Zähnen, und griffen, schwimmend und durch den Schlamm watend, die Pontons an, von wo die Infanterie des Kurfürsten ein heftiges Feuer eröffnete. Bald waren die Boote erobert. Bauern wiesen den Kaiserlichen eine andere Furt, wo die Kavallerie passieren konnte. Für die Masse der Infanterie wurde in Eile eine Notbrücke errichtet.

Faktisch begann die Schlacht mit einer Verfolgung, von der Melanchthon später sagen sollte, es habe sich auf seiten der protestantischen Streitkräfte mehr um eine *desertio* als um eine *fuga* gehandelt. Johann Friedrich von Sachsen unternahm alles, um mit der Hauptmacht den Wald zu gewinnen. Gleichzeitig warf er ein Reitergeschwader gegen den Feind, das jedoch für einen Abwehrangriff zu schwach war. Der Schwung und die militärische Überlegenheit der Spanier sowie der Angriffsgeist der Kaiserlichen zeigten sich in ihrer ganzen Kraft. In dem Handgemenge wurde der Kurfürst buchstäblich überrannt und gefangengenommen. Der Herzog von Alba brachte ihn vor den Kaiser. Als Johann Friedrich vom Pferd steigen wollte, hieß Karl ihn mit einer Handbewegung im Sattel bleiben, wobei er ihn fragte: „Erkennt Ihr mich nunmehr als römischen Kaiser an?" Der Kurfürst erwiderte, er sei nur ein armer Gefangener und bitte, seinen Rang zu respektieren. „Ich werde Euch behandeln, wie Ihr mich behandelt hättet", entgegnete Karl, und Ferdinand fügte hinzu: „Ihr habt erklärt, Ihr würdet mich samt meinen Kindern aus der Heimat vertreiben und mich von meinen Landsleuten trennen." Der Bischof von Hildesheim, ein großer Krieger vor dem Herrn, der die Elbe in voller Rüstung durchquert hatte, jubelte – so erzählte er später –, „den Eber gefangen" zu sehen; nicht für ein paar hundert Dukaten, fügte er hinzu, hätte er darauf verzichtet, bei diesem Geschehen Augenzeuge zu sein.

Moritz, der zu Beginn der Schlacht noch ein letztes Mal Johann Friedrich ein Verhandlungsangebot gemacht hatte, das dieser zurückwies, kam erst spät am Abend ins Hauptquartier. Über zwanzig Stunden war er im Sattel gesessen und mehr als einmal in Todesgefahr gewesen. Er verdankte sein Leben unter anderem dem glücklichen Umstand, daß ein auf ihn gerichtetes Gewehr im letzten Augenblick eine Ladehemmung hatte. Die Würde, die er von diesem Tag an tatsächlich beanspruchen konnte, blieb seinem Haus, der Albertinischen Linie Wettin, bis zum Ende des Reiches erhalten, als der Kurfürst von Sachsen mit Hilfe Napoleons den Königstitel annahm.

Der Kaiser verbrachte die Nacht am linken Elbeufer. Gewiß fühlte er tiefe Befriedigung, um so mehr, als die Verluste in seinem Heer gering waren: nicht einmal fünfzig Tote. Die volkstümlichen Erzählungen und das *Commentarium de bello Germanico a Carolo Quinto Caesare Maximo gesto* von Avila zeichnen sehr gut seine innere Haltung und schreiben ihm jenes berühmte Wort – eine christliche Version des Ausspruches C. Julius Caesars – zu: „Ich kam, ich sah, und Gott siegte." Die Phantasie des Volkes bemächtigte sich sogleich des denkwürdigen Ereignisses. Man erzählte sich, ein Adler sei über den spanischen Truppen geschwebt, und Gott habe wie zur Zeit des Josue den Tag nicht enden lassen, damit der Sieg errungen werden könne. Blutrot sei die Sonne aufgegangen und höher als sonst am Himmel emporgestiegen.

Karl war sich der Bedeutung dieses Tages voll bewußt. Das große Gemälde Tizians zeigt ihn als Sieger von Mühlberg: in Eisen gekleidet, einen kraftvollen Rappen reitend, die Lanze gesenkt; als Hintergrund blutrote Dämmerung, die das brennende Schlachtfeld widerspiegelt. Im Gegensatz zum Brauch jener Zeit sind auf dem Bild keine Toten, keine Gefangenen, keine fliehenden Feinde zu sehen – Beweis für die Größe dieser Waffentat. Es war ein nicht weniger ruhmvoller Sieg als jener bei Pavia.

Der Kaiser aber hatte aus den vergangenen Jahrzehnten gelernt; diesmal wollte er klüger und vorsichtiger sein als vor zweiundzwanzig Jahren. Er war entschlossen, diesen Sieg auszuwerten, der im Augenblick so groß und folgenschwer schien, daß Karl an einen ewigen Frieden hätte glauben dürfen, an die Einheit der Christen und an einen gemeinsamen Kreuzzug des Abendlandes gegen die Großmacht Türkei. In dieser Stunde des Triumphes mußte in ihm der Gedanke aufsteigen, daß der Traum der Vliesritter sich endlich verwirklichen werde. Es war symbolisch, daß Karl V. an diesem Siegestag weder die spanischen noch die österreichischen Farben trug, sondern das Rot und Gold Burgunds und des Goldenen Vlieses.

KAPITEL VIII

DAS WELTREICH JENSEITS DER MEERE

Die Neuen Indien

Als geschichtliches Ereignis gehört die Schaffung eines Imperiums des Hauses Österreich in Amerika zu den wichtigsten Abschnitten der Regierungszeit Karls V. Im allgemeinen wird diesem Werk nicht die Aufmerksamkeit zuteil, die ihm gebührt; man erblickt darin höchstens eine Reihe von Abenteuern und Feldzügen und übersieht die politische Bedeutung. Will man aber den Kaiser des Abendlandes auf den ihm gebührenden Platz stellen als eine historische Gestalt, deren Strahlkraft bis in unsere Tage reicht, dann darf man seine Tätigkeit jenseits der Meere keinesfalls vernachlässigen.

Karl V. hat seine spanischen Besitzungen in Amerika, die „Neuen Indien", wie man sie damals nannte, niemals besucht; es wäre jedoch ungerecht, daraus zu schließen, daß er sie nur als exotische Anhängsel an sein Weltreich betrachtete. Daß der Kaiser sich nicht dorthin begeben konnte, hatte seinen Grund darin, daß die europäischen Fragen so dringend, die Reisen so langwierig und die Nachrichtenübermittlung so schwierig war; niemals war die Zeit friedvoll genug, ihm eine so lange Abwesenheit zu gestatten.

Das Interesse, das der Kaiser den überseeischen Angelegenheiten entgegenbrachte, zeigte sich bereits in seiner Jugend, als er mit größter Aufmerksamkeit die Expeditionen des Portugiesen Magellan verfolgte. Am 22. März 1518 wurde das Unternehmen unter den Schutz der kastilischen Krone gestellt. Am 10. August 1519, also siebenundzwanzig Jahre nach Kolumbus, stach Magellan mit fünf Schiffen bei Sevilla in See. Am 8. September 1522 kehrte ein einziger Segler in denselben Hafen zurück; er stand unter dem Befehl des Leutnants Sebastian Elcano und trug den symbolischen Namen *Victoria*.

Für die Historiker war es ein Glücksfall, daß Pigafetta, der

Chronist der Expedition, sich unter den Überlebenden befand. Dank ihm sind wir über alle Abenteuer dieser Reise gut unterrichtet. Unter härtesten Schwierigkeiten war es den Schiffen gelungen, die Südspitze jenes Landes zu umsegeln, das sie für Indien hielten. Durch die Meerenge, die man heute Magellanstraße nennt, kamen sie in ein Meer, wo günstige Winde sie bei relativ ruhiger See nordwestwärts trieben. Diesen riesigen Ozean nannten sie den „Stillen", den „Pazifik". Sie entdeckten eine Inselgruppe und gaben ihr den Namen, den sie heute noch trägt: die Philippinen, die lange spanische Kolonie bleiben und zu den letzten überseeischen Besitzungen dieses Landes zählen sollten; erst 1898 wurden sie durch die Vereinigten Staaten vom Mutterland getrennt. In einem Zusammenstoß mit Eingeborenen, die zuerst freundlich gesinnt schienen, büßte Magellan sein Leben ein. Die Seefahrer gerieten dann in große Schwierigkeiten mit den Portugiesen. Trotzdem konnten sie von den Inseln exotische Gewürze, vor allem Gewürznelken, mit heimbringen. Die Fracht, die allein die *Victoria* geladen hatte, war das Fünffache der gesamten Expeditionskosten wert. Während der letzten Etappe hatten die Portugiesen neuerlich Jagd auf das Schiff gemacht, konnten es aber vor Sevilla nicht mehr einholen. Barfuß stiegen Elcano und seine Leute vom Hafen zur Kathedrale Unserer Lieben Frau hinauf, um der Muttergottes für die Heimkehr zu danken. Erst nachdem sie Gott die Ehre gegeben hatten, erstatteten sie dem König Bericht über ihre großen Taten und Abenteuer.

Diese erste Weltumsegelung trug gewaltig zur Ausbreitung Spaniens jenseits des amerikanischen Kontinents bei. Tatsächlich machte die Expedition Magellans auch das Übereinkommen von 1494 hinfällig, das die Grenzen der spanischen und portugiesischen Besitzungen festgelegt hatte. Außerdem war sie wissenschaftlich von weit größerer Bedeutung als alle vorhergehenden Fahrten.

Für die katholischen Könige – und später für Karl V. – stellten die amerikanischen Besitzungen sehr bald eine schwere Gewissensfrage dar. Nachrichten erreichten Spanien, die von schlechter Behandlung der Eingeborenen durch die Conquistadoren und die königlichen Beamten sprachen. Die Bevölkerung, die bis dahin in einem paradiesisch primitiven Zustand gelebt hatte, hielt die Arbeit in den Bergwerken offenbar nicht aus. Auf die Sklaverei reagierte sie mit einem seltsamen Geburtenstreik, und außerdem hatte sie keine Widerstandskraft gegen die neuen Krankheiten und Epidemien, die von den weißen Männern in ihr Land eingeschleppt worden waren. In weiter Ferne, jenseits der Meere, in einer nahezu unbekannten Welt geschahen unentschuldbare Dinge, und Karl war entschlossen, hier Abhilfe zu schaffen. Aber diese Gebiete entzogen sich seiner unmittelbaren und persönlichen Kontrolle; er mußte seine Informationen aus einander widersprechenden Quellen beziehen, er konnte nicht hinfahren und selbst nach dem Rechten sehen. Einerseits waren die Würdenträger, auch die höchstgestellten, bemüht, die Übergriffe der Beamten vor dem König zu entschuldigen und die Lage als tragbar zu schildern; anderseits führten die Mitglieder der religiösen Orden bittere Klage gegen die Behörden. Alexander von Randa, der die amerikanische Geschichte jener Zeit in ihrer Bedeutung für die allgemeine Entwicklung dargestellt hat, spricht von einer wahren „Revolution der Mönche".

Die Tragödie bestand für Karl wie für Spanien nicht einzig und allein in der Tatsache, daß der König außerstande war, seine guten Absichten so vollständig und so rasch durchzusetzen, wie es wünschenswert gewesen wäre. Die Akten, die in voller Offenheit sowohl die Anklagen seitens der spanischen Mönche wie auch die energischen Gegenmaßnahmen der Könige gegen die Übergriffe der Händler und Kolonialbeamten enthalten, wurden auch dazu verwendet, die „Schwarze Legende" zu schaffen. Zur Zeit der konfessionellen und politischen Streitigkeiten wurde diese Legende von den Angelsachsen, in gewissem Ausmaß freilich auch von den Deutschen, verbreitet und schildert auf Grund amtlicher Dokumente die „spanischen Greuel in den Kolonien"; die Bemühungen des Monarchen, diesen Mißständen ein Ende zu setzen, und die großartigen Leistungen der königlichen Verwaltung in den überseeischen Ländern wurden freilich mit Stillschweigen übergangen. Selbstverständlich verlautete auch kein Ton über die Grausamkeiten und Massaker der angelsächsischen Eroberer, bei denen man im allgemeinen vergeblich nach einem Versuch, den Eingeborenen ein Minimum an Gerechtigkeit zu sichern, Ausschau hielt. Hier fanden sich keine Verteidiger der Unterdrückten.

Die ersten Maßnahmen gegen die Übergriffe gehen in die Jahre vor dem Regierungsantritt Karls V. zurück. Am vierten Adventsonntag des Jahres 1511 predigte ein Dominikaner, Fray Montesinos, vor den Herren der europäischen Kolonie in Hispaniola, vor jener Menschengruppe, die Professor Randa „die erste Kolonialgesellschaft auf amerikanischem Boden" nennt. Er bezeichnete die Würdenträger, zu denen er sprach, als eine „Schlangenbrut". „Mit welchem Recht", fragte er, „unterdrückt ihr die Bevölkerung der Insel? Mit welchem Recht habt ihr sie zu Sklaven erniedrigt, gemartert, gemordet, durch Zwangsarbeit gedemütigt, sie Hungers sterben und Krankheiten zum Opfer fallen lassen? Was habt ihr getan, damit sie ihren Schöpfer erkennen? Sind diese Unglücklichen nicht Menschen wie wir? Haben sie nicht eine Seele wie die unsere? Hört ihr nichts, fühlt ihr nichts, schläft euer Gewissen? Wisset, wenn ihr fortfahrt, so zu handeln, werdet ihr eure Seelen vor der ewigen Verdammnis nicht retten können; ihr werdet ein Geschick erleiden, ähnlich den Mauren und Türken, die den Glauben Jesu Christi nicht kennen."

Bald nach dieser regelrechten Kampfansage des Sohnes des heiligen Dominikus entsandte die Kolonialverwaltung einen Franziskaner, Alonso de Espinal, zu König Ferdinand, um etwaigen Beschwerden Montesinos' zuvorzukommen. Mit den wärmsten Empfehlungen ausgerüstet, standen Espinal alle Türen offen, während Montesinos anfänglich nicht bis zum Monarchen vordringen konnte. Espinal selbst meinte es übrigens nicht schlecht; freilich war er naiv und vertrauensselig – und er kannte Amerika kaum. Gerade das machte ihn so gefährlich, denn die Reden dieses würdigen Mannes konnten den König glauben machen, die Anschuldigungen des Dominikaners seien übertrieben, wenn nicht gar verleumderisch. Fray Montesinos ließ sich von den Höflingen nicht einschüchtern; mit Geduld und Energie erlangte er die Erlaubnis zu einer Unterredung mit Ferdinand von Aragon. Einfach und ohne Umschweife berichtete er dem König, was seine Mitbrüder ihm zu sagen aufgetragen hatten und was er selbst beobachten konnte. Ferdinand war gewiß nicht sentimental; im Laufe seiner langen Regierung mußte er mehr als einmal hart durchgreifen, wie zum Beispiel bei seinem Vorgehen gegen die Moriscos. Aber vom Bericht des Dominikaners war er zutiefst erschüttert und ergriffen. Und als Montesinos die Missetaten der spanischen Beamten und Söldner aufzählte und den Monarchen fragte, ob dies sein Wille sei, rief Ferdinand aus: „Nein, bei Gott, in meinem ganzen Leben habe ich niemals solch einen Befehl erteilt."

Der König beschränkte sich nicht auf platonische Erklärungen. 1512 wurden die *Gesetze von Burgos* erlassen, die den Schutz der Eingeborenen gegen Ausbeutung vorsahen. Die Texte trugen das Siegel der Königin Johanna, denn Ferdinand konnte über die kastilischen Gebiete nur im Namen seiner verwitweten und geisteskranken Tochter regieren. Die *Gesetze von Burgos* enthielten bereits die Grundgedanken der *Neuen Gesetze,* die Karl V. erließ und die unter Philipp II. das politische und wirtschaftliche Leben in den Gebieten jenseits der Meere regeln sollten.

Die *Gesetze von Burgos* schrieben vor, daß die Arbeit der Indianer nur soweit zulässig sei, als sie weder deren Gesundheit noch dem Wohl der *Republik,* wie der Staat in den Dokumenten genannt wurde, Schaden zufüge. Die Indianer hätten ein Recht auf Ruhetage, ihr Lohn müsse ihnen in Form von Lebensmitteln und Haushaltsgeräten ausbezahlt werden, ihr Vermögen sei unantastbar. Die Weißen hätten die Pflicht, sich mit den Eingeborenen zu befassen und sie im christlichen Glauben zu unterrichten.

Die Dominikaner hatten einen ersten Erfolg erzielt. Doch schon bald mußten sie erkennen, daß es bedeutend leichter war, ein Gesetz zu verkünden, als seine Anwendung durchzusetzen. Der neue Kontinent war weiträumig, die Exekutivmacht steckte noch in den Kinderschuhen. Oft fanden sich die Schuldigen gerade unter jenen Beamten, die das Gesetz zur Anwendung bringen sollten und nun gegen sich selbst hätten vorgehen müssen. Das war zuviel verlangt.

Eine der getreuesten Stützen der Dominikaner jenseits der Meere war ihr Ordensgeneral, P. Caetano, in der deutschen Geschichte als einer der geschicktesten Gegner Luthers bekannt. Er wird häufig als strenger Gesetzeslehrer, bar jeder menschlichen Regung, beschrieben. Ein Bild, das durchaus nicht der Wirklichkeit entspricht. Im Gegenteil, er war ein Mann mit Herz und Mut, was schon allein sein Verständnis für die Haltung seiner Mitbrüder beweist wie auch seine strenge Kritik an König Ferdinand, dem er voll Kühnheit seine oft wenig christliche Politik vorwarf.

Die Gegner Montesinos' und jener Menschen, die dessen Ansichten teilten, führten Argumente ins Treffen, die oft nichts als Lüge und Heuchelei waren. Man zitierte die Worte des heiligen Paulus: „Wer nicht arbeitet, soll auch nicht essen“, und folgerte daraus, man müsse die Eingeborenen zur Arbeit zwingen, um ihrer angeborenen Faulheit Herr zu werden. Man beschrieb sie als unfähig, ihr Land selbst zu verwalten, und zog daraus den Schluß, sie bedürften einer starken Hand und strengen Leitung.

Trotz seines anfänglich guten Willens widerstand Ferdinand von Aragon nicht immer diesen fortgesetzten Einflüsterungen. Nach ihrem ersten Erfolg hatten die Missionare noch nicht gewonnenes Spiel. Dennoch hatte, wie Randa es ausdrückt, die „Revolution der Mönche“ gewaltige sittliche Kräfte frei gemacht. „Die Dominikaner hatten den Begriff vom guten Indianer geprägt; er war grundverschieden vom späteren Puritanerspruch, daß nur ein toter Indianer gut sei."

Die Haltung des jungen Königs Karl, der eben erst den Thron bestiegen hatte, sollte für die gesamte spanische Politik in den neuen Ländern entscheidend sein. Der burgundische Ritter, der im Jahr 1516 den Boden Kastiliens betrat, um dort die Krone in Empfang zu nehmen, kam, wie wir bereits gesagt haben, aus einer mittelalterlichen Welt. Voll Verständnis ging er an ein Problem heran, dessen Lösung weitgehend von ritterlichem Geist, von Gerechtigkeitssinn und gutem Willen abhing. In sittlicher Hinsicht verfügte Karl hier über einen gewaltigen Vorsprung jenen gegenüber, die ihre Bildung oder Mißbildung dem neuen plutokratischen Lebensstil verdankten.

Montesinos, nur ein einfacher Mönch mit geringem Einfluß, fand mittlerweile einen Nachfolger, der fähig war, den Kampf mit mehr Erfolg fortzusetzen: Fray Bartolomé de Las Casas (1474 bis 1566), der Abkömmling eines aus Frankreich stammenden Kreuzrittergeschlechts. Er übte die für sein Geschlecht charakteristischen Tugenden, bewies Mut und Uneigennützigkeit, sogar, als er gegen Ende seines Lebens eigensinnig und starrköpfig geworden war, ein Coriolan, aber ohne dessen Ehrgeiz. Freilich übertrieb er und fügte dadurch seiner Sache und seinem Vaterland mehr Schaden als Gutes zu.

Es war ein denkwürdiger Tag, als Las Casas in Molins del Rey in Katalonien zum erstenmal vor dem König erschien, um ihm Bericht zu erstatten. Vor ihm hatte der Bischof von Tierra Firme gesprochen, der sich zuerst geweigert hatte, das Wort zu ergreifen, und sich schließlich nur auf ausdrücklichen Befehl des Königs bereit erklärte, seinen Standpunkt darzulegen. Offensichtlich hatte er Angst, sich mit einem Mann, dessen Überlegenheit ihm bekannt war, in eine öffentliche Debatte einzulassen. Er beendete seine Ausführungen mit den zynischen Worten: „Was die Indianer betrifft, kann ich aus eigener Erfahrung nur sagen, daß sie ihrem Wesen nach Sklaven sind. Sie kennen genau den Wert des Goldes, das sie besitzen, und man muß sich ernstlich anstrengen, um es ihnen wegzunehmen." Die Antwort Las Casas' war hart. Er sprach ungefähr eine Stunde lang: „Ihr habt gesündigt, Herr Bischof, hundertmal, nein, tausendmal. Ihr habt das Blut Eurer Herde getrunken. Wenn Ihr Eure Missetaten nicht bereut, dann werdet Ihr Eure Seele ebensowenig retten können wie einst Judas." Nach dieser Anklage, die wie ein Peitschenhieb traf, fuhr er fort: „Was ich weiß, habe ich mit eigenen Augen gesehen und nicht in Büchern gelesen. Man hat an den friedlichen Völkern der Neuen Indien furchtbare Grausamkeiten begangen. Diese Verbrechen wurden ohne den geringsten Grund verübt, wenn nicht aus unersättlicher Goldgier." Wie vor ihm Montesinos, wußte auch Las Casas zahlreiche Einzelheiten von Übergriffen der Soldaten in den Dörfern zu berichten. Ein junger Indianer war in seinen Armen gestorben; er war aus dem Hinterhalt tödlich verwundet worden, hatte sich bis zu ihm geschleppt, mit zerfetztem Leib, das Gedärm in Händen. Fray Bartolomé bediente sich sogar vor dem König einer stolzen Sprache. Er sei nicht wegen des Herrschers aus Indien gekommen, sagte er. Er erbitte keine Gnade und keinen besonderen Gunsterweis. Wenn er dem Monarchen diene, dann sei das nur ein Akt des Gehorsams als Staatsbürger. „Ich bin gekommen, den Willen Gottes zu erfüllen. Die unglücklichen Völker jenseits der Meere, mein König und Herr, sind durchaus fähig, Christus zu erkennen. Es sind von Natur aus freie Völker, und wenn der hochwürdige Bischof von Mittelamerika sagte, sie seien nach dem Wort des Philosophen Aristoteles ihrem Wesen nach Sklaven, dann bin ich gezwungen, zu erwidern, daß alles, was der würdige Kirchenfürst zu diesem Thema verlauten ließ, der Wahrheit so fern ist wie die Hölle dem Himmel. Aristoteles mag ein großer Philosoph gewesen sein, aber er war ein Heide und brennt seit langem im Höllenfeuer. Unser Glaube hingegen ist überall der gleiche und wendet sich an alle Völker des Erdkreises. Wir haben nicht das Recht, jenen Geschöpfen die Freiheit zu nehmen und sie zu Sklaven herabzuwürdigen, denn auch für sie ist unser Herr Jesus Christus am Kreuz gestorben."

Andere Zeugen bestätigten die Worte Las Casas'. Als schließlich der Bischof von Tierra Firme neuerlich um das Wort bat, wurde ihm nach kurzer Beratung zwischen Karl und Chièvres bedeutet, er möge schriftlich niederlegen, was er noch vorzubringen wünsche.

Der Eindruck, den die Rede Las Casas' auf Karl machte, trug bald Früchte. Ehe er im Jahr 1520 von La Coruña aus in die Niederlande abreiste, bereitete der König die Gründung eines Ordens vor, an dessen Spitze – wie er hoffte – der Dominikaner stehen würde. Die Brüder sollten *hombres modelos*, vorbildliche Menschen, sein und, um das Vertrauen der Indianer zu gewinnen, den Eindruck erwecken, nicht derselben Nation anzugehören wie die Conquistadoren. Sie sollten den weißen Mantel mit dem roten Kreuz tragen, zum Zeichen, daß es nicht nur ihre Aufgabe sei, die Indianer zu bekehren, sondern auch sie zu beschützen. In dem Dokument vom 19. Mai 1520, mit welchem Karl die apostolische Verantwortung für alle neuentdeckten Länder Westindiens Las Casas übertrug, spricht er vom „Weg des Evangeliums", den die Ritter dieses Ordens beschreiten sollten. Seltsames Zusammentreffen der Geschichte: Zur selben Zeit rechtfertigte in Deutschland der Mönch Martin Luther seine Rebellion gegen den Papst und später gegen den Kaiser, indem er sich auf sein Gewissen berief, das ihm befehle, dem „Weg des Evangeliums" zu folgen.

Las Casas war ein widerspruchsvoller Mensch, eine großherzige Apostelnatur voll überströmender Begeisterung. Aber sein Eifer grenzte ans Maßlose, sein Urteil war nicht immer leidenschaftslos und sein Mangel an Voraussicht ließ ihn mitunter Fehler begehen, die ebenso groß waren wie seine Tugenden. In seiner Geschichte der indianischen Länder hat er selbst zugegeben, daß er durch einen falschen Rat dem Sklavenhandel Tür und Tor geöffnet habe. Dieses schändliche Geschäft führte zu zahllosen Ungerechtigkeiten und war jahrhundertelang ein Schandfleck für die weiße Rasse und eine Tragödie für die schwarze. Las Casas schrieb:

„In jenen Tagen kam großes Unheil über uns: Man sandte Negersklaven in die Neuen Indien, und ich war es, der als erster diesen Vorschlag machte. Ich hatte es zum Schutz der Indianer und wegen der Armut der spanischen Siedler getan. Wenn ich gewußt hätte, unter welchen Umständen diese Männer in Afrika eingefangen wurden, um nichts in der Welt hätte ich diesen Rat erteilt. Die Flamen waren damit einverstanden, daß ich die Freiheit der Indianer forderte. Sie fragten mich, wieviel Sklaven in Amerika benötigt würden. Da ich es nicht wußte, wandte man sich an den Indienrat. Dort schätzte man, für die vier Antilleninseln würden viertausend Arbeiter genügen. Welches Unheil wurde damit angerichtet! An Stelle der Neger hätten wir Bauernfamilien entsenden und eine Musterrepublik errichten sollen, die friedliebendste und christlichste Republik der Welt."

Ein anderer Irrtum Las Casas' war vielleicht noch verhängnisvoller, und in diesem Fall konnte er sich auch nicht mit Unwissenheit entschuldigen. Karl, der trotz seiner Jugend einen guten Überblick über die Dinge hatte und ihre Folgen abzuschätzen wußte, unterstützte den Vorschlag, in der Neuen Welt eine regelrechte Bauernkolonie zu errichten. Zu diesem Zweck belehnte er den Admiral von Flandern, Adolf von Veere, mit dem ersten Stück Festland, das in seinem Namen entdeckt würde. Es war die Halbinsel Yucatan. Bald darauf wurde ein Trupp flämischer Bauern in fünf Schiffen nach San Lucar de Barrameda gebracht, dem Abfahrtshafen nach den Neuen Indien; sie sollten die Pioniere einer systematischen Ansiedlung europäischer Bauern in diesen noch nicht kultivierten Ländern sein. Da geschah etwas Seltsames: Las Casas, wahrscheinlich durch einen Anfall von Nationalismus verblendet, hielt dieses Unterfangen für eine Intrige seiner Gegner. Er verbündete sich mit Admiral Diego Kolumbus, dem Sohn des Christoph Kolumbus, der gegen die

Belehnung Adolf von Veeres Einspruch erhob und die Privilegien seines Vaters für sich forderte. Der Kaiser fürchtete, legitime Ansprüche verletzt zu haben, und gab nach. Bei dieser Gelegenheit zeigte Las Casas eine unmenschliche Härte, wie sie für Fanatiker kennzeichnend ist. Es war nicht sehr christlich, als er triumphierte: „Ein Teil der nach Spanien gebrachten Bauern starb auf dem Weg; nur eine geringe Zahl konnte in die flämische Heimat zurückkehren. Das ist der Erfolg eines schlechten Rates der Spanier, die mir Böses antun wollten."

Unterdessen breitete sich das Reich jenseits der Meere aus, man könnte fast sagen: dank seiner eigenen Dynamik und ohne die tatkräftige Hilfe der Regierung des Mutterlandes. Dieses außerordentlich schnelle Wachstum der spanischen Besitzungen führte zu immer neuen Schwierigkeiten. So war es eine Zeitlang geradezu unmöglich, eine Rechtsordnung fest zu verankern, weil sie ja laufend Änderungen unterworfen war.

Am 20. Feber 1519, nur wenige Wochen nach dem Tod Kaiser Maximilians I., begann Hernando Cortez seinen abenteuerlichen Marsch in das Reich der Azteken; dem Befehl seiner Vorgesetzten hatte er sich ganz einfach entzogen. Im Verlauf nur weniger Jahre unterwarf er dem Kaiser einen großen Teil des riesigen Kontinents. Als er nicht weit von der heutigen Stadt Veracruz an Land ging, verfügte der Conquistador – mutig bis zum Heldentum, aber völlig skrupellos – nur über etwa fünfhundert Krieger und etwas mehr als zwei Dutzend Feuerwaffen. Von dort aus stürzte er sich in das wohl phantastischeste Abenteuer der Kolonialgeschichte. Er marschierte los, obwohl er weder die geographischen noch die klimatischen Bedingungen kannte und auch nicht die tatsächliche Stärke seiner etwaigen Feinde. Blitzartig stieß er ins Landesinnere vor und unterwarf die Azteken, nicht so sehr dank einer militärischen Überlegenheit, sondern weil sein Mut und seine Waffen auf die Indianer tiefen Eindruck machten.

Es ist seltsam, daß dieser Eroberer, der doch eine Personifikation der Theorien seines Zeitgenossen Machiavelli zu sein schien und der die Möglichkeit gehabt hätte, seinen König zu verraten, dem Monarchen stets die Treue hielt, selbst dann, wenn er den Absichten Karls entgegenhandelte. Cortez nahm eine vollkommen andere Haltung ein als Las Casas, der in Verfolgung seiner eigenen Ideen stets bereit war, sich gegen einen König zu erheben, der ihn liebte, ihm unablässig vergab und ihm weiterhin die wichtigsten Positionen anvertraute. Cortez hingegen brachte Karl ein Reich zu, das er, hätte er gewollt, für sich selbst hätte erobern können. Er war es, der die neuentdeckten Gebiete als erster das „zweite Reich" nannte. Cortez schrieb an den Kaiser: „Von nun an können Eure Majestät sich in diesen Ländern mit demselben Recht als Kaiser betrachten wie in Deutschland, dessen Krone Eure Majestät durch die Gnade Gottes tragen." Dieser Gedanke blieb unter den Nachfolgern Karls lebendig. In den Schriften jener Zeit begegnen wir häufig dem Begriff „Kaiser von Amerika und Europa". Diese Vorstellung taucht zum Beispiel bei Jaime Valdez (1600) auf, wurde jedoch niemals endgültig in eine juristische Form oder einen Titel gekleidet.

Als Diplomat bewies Cortez dieselben Fähigkeiten, die ihm als General die Eroberung des Aztekenreiches ermöglicht hatten. Mutig, geschickt und eher skrupellos, wurde er mit den Intrigen, die man von spanischer Seite gegen ihn anzettelte, spielend fertig. Aber auch er war unbedacht und forderte die religiöse Gegenwehr der Indianer heraus. In Gegenwart des Kaisers Montezuma und der Großen seines Reiches zerschmetterte er im Tempel zu Tenochtitlan die Goldmaske der obersten Gottheit in tausend Stücke, stürzte andere Heiligtümer um und stellte an den Stätten, wo bisher Menschenopfer dargebracht worden waren, Statuen der Jungfrau Maria und der Heiligen auf. In einem Bericht darüber fügte er hinzu, daß dieses Vorgehen die Azteken traurig gestimmt habe:

„Aber ich erklärte ihnen, daß es nur einen Gott gibt, der Himmel, Erde und alle Dinge geschaffen hat und der auch ihr

Schöpfer ist wie der unsere; er hat nie begonnen und ist unsterblich. Von nun an müßten sie ihn anbeten und an ihn glauben."

Diesen Taten folgte das offizielle Verbot der Kinderopferung, weil diese gegen Willen und Gesetz Karls V. verstoße. Cortez ließ verlautbaren, wer weiterhin blutige Kultopfer darbringe, habe sein Leben verwirkt. Bei dieser Gelegenheit handelte der Conquistador nicht als Mann seiner Zeit, sondern wie ein Kreuzfahrer, als der geistige Erbe vieler Generationen von Hidalgos und Caballeros, die im Kampf gegen die Mauren ihr Leben hingegeben hatten. Er war sich übrigens der Gefahr bewußt, der er sich aussetzte, und meinte in seinem Bericht, er habe, als er mit dieser Aktion begann, gedacht: „Für Gott muß man wohl etwas riskieren."

Anfangs wagten die Mexikaner nicht, sich aufzulehnen, aber schon bald merkten sie die Uneinigkeit im spanischen Lager und waren entschlossen, sie zu nützen. Mit Erlaubnis des Kardinals Hadrian von Utrecht, Regent von Spanien in Abwesenheit Karls, entsandte der Gouverneur von Cuba eine Armee, um Montezuma aus den Händen Cortez' zu befreien. Die Persönlichkeit des großen Abenteurers war jedoch stärker als die Disziplin der Truppen. Die Soldaten liefen zu dem Mann über, den sie hätten unterwerfen sollen. Da begriffen die Azteken, daß nicht alle Behauptungen des Eroberers Cortez auch der Wahrheit entsprachen, daß der gottähnliche Monarch des ungeheuren Reiches jenseits des Meeres offenbar nicht immer über treue und gehorsame Diener verfügte und daß er vielleicht gar nicht so mächtig war, wie Cortez vorgegeben hatte. Sie beschlossen nunmehr, den Palast des Conquistadors anzugreifen. Eine unzählbare Schar Indianer fiel über die Handvoll Spanier her; ihre Pfeile flogen dicht wie Hagelschloßen und steckten die Festung in Brand. Montezuma selbst, der vermitteln wollte, wurde verwundet und starb; die Chronisten wußten zu berichten, daß er sich selbst die Verbände herunterriß und verblutete. Nur die Hälfte der Spanier entkam in der berühmten *noche triste*, der traurigen

Nacht, aus der Inselstadt. In der Ebene von Otumba mußten sie sich neuerlich zum Kampf stellen. Die Lage schien verzweifelt. Da gelang es Cortez, sich des großen Banners des Aztekenreiches zu bemächtigen und den Oberkommandierenden niederzuschlagen. Dieser Vorgang demoralisierte die riesige Armee der Indianer, die sich nun von der kleinen Gruppe der Spanier völlig beherrschen ließ. In diesen dramatischen Tagen kämpfte Cortez mit einem Heldenmut, der den Rückzug der Zehntausend, den Xenophon schildert, und die kühnsten Waffentaten der Kreuzfahrer bei weitem übertraf. Er lieferte glänzende Beweise seines Mutes und seines Sinns für Taktik. Nach dem Sieg erwies er sich als Diplomat. Sein Ruhm war gewaltig gestiegen, und das nützte er aus: Er vereinigte die Indianerstämme in einem Bund und führte sie in den Kampf gegen den letzten Aztekenkaiser, Guatemozin. So machte er das Unmögliche möglich: die Unterwerfung des gesamten Landes.

Aus Deutschland zurückgekehrt, setzte Karl sich ernsthaft mit der Frage auseinander, ob er es gutheißen könne, was da vorgegangen war, und ob er tatsächlich das Recht habe, über Neuspanien zu herrschen. Er sprach sich erst darüber aus, nachdem er erfahren hatte, daß sein Plan einer Ordensgründung gescheitert war. Las Casas berichtete ihm, die Indianer machten keinen Unterschied zwischen den „bösen Weißen“ und jenen, die kein anderes Ziel hatten, als den Eingeborenen zu helfen; sie hätten das Vertrauen zum Gott der Europäer verloren, und der strahlend weiße Mantel mit dem roten Kreuz könne sie nicht überzeugen. Dieser Tatbestand schien das Vorgehen Cortez' zu rechtfertigen; Karl beschloß daher, es zu legitimieren. Er brachte seine Überzeugung in einem Brief zum Ausdruck, der ein grandioses, wahrhaft kaiserliches und vom Geist des christlichen Abendlandes getragenes Bekenntnis enthielt.

„Vor allem“, so schrieb er, „steht der Dienst des Herrn und der Gehorsam im Sinne der Bulle des Heiligen Stuhls. Die Seelen der Indianer dürfen nicht mit Gewalt gerettet werden. Menschenopfer und Menschenfresserei müssen verhindert, Götzenbilder und Tempel zerstört werden. Gott unser Herr hat die Indianer als freie Menschen geschaffen, nicht als Sklaven. In Kleinspanien (auf den Inseln) starben sie infolge schlechter Behandlung und Zwangsarbeit. In Neuspanien darf nicht dasselbe geschehen. Die Indianer sollen einzig und allein aus freiem Willen unserem Glauben anhängen. Zwischen Spaniern und Indianern ist nur der freie Handel erlaubt. Es ist bei schwerer Strafe verboten, den Indianern etwas wegzunehmen, was ihnen gehört; nichts darf ohne angemessene Bezahlung den Besitzer wechseln. Man muß ihnen im Geist der Liebe und Freundschaft begegnen. Man muß um jeden Preis halten, was man ihnen versprochen hat . . . Niemals hat man das Recht, gegen sie Krieg zu führen, ausgenommen, sie greifen selbst an. Nur in diesem Fall darf ihnen der Krieg erklärt werden. Diese Erklärung muß dreimal wiederholt werden, und zwar von einem Christen, der ihre Sprache spricht."

Karl beschränkte sich nicht darauf, Edikte zu erlassen. Er war entschlossen, Mexiko ein zweites Mal und ohne Gewalt zu gewinnen. In dieser Hinsicht spricht Randa von einer echten *conquista* der Seelen. Karl entsandte Mönche und stellte an ihre Spitze einen Mann, der sein ganzes Vertrauen genoß und den er, wie man sagte, fast wie einen Sohn behandelte: Petrus von Gent. Die Abgesandten des Kaisers führten die Bekehrungen übrigens nicht nach dem System durch, das in Osteuropa häufig gehandhabt wurde: Man bekehrte die Fürsten und taufte dann die Masse des Volkes auf Befehl des Herrschers. Im Gegenteil, in Mexiko legte man besonderen Wert darauf, daß jeder einzelne Indio, ehe er die Taufe erhielt, von der Wahrheit des neuen Glaubens ehrlich überzeugt war. Selbstverständlich bemühte man sich besonders, die indianischen Edlen zu gewinnen, vor allem das Haus Montezuma. Sterbend hatte der Herrscher Karl V. bitten lassen, er möge sich seiner Kinder annehmen. Der Sohn des Aztekenkaisers begründete das Geschlecht von Montezuma und

Tula. Noch im Jahr 1700 war ein Nachkomme dieser christlich gewordenen indianischen Dynastie Vizekönig des Hauses Österreich in Neuspanien.

In den folgenden Jahren war der Kaiser vollauf mit Europa beschäftigt: Kriege, diplomatische Unterhandlungen, die Religionsfrage, von den zahlreichen Reisen gar nicht zu reden; trotzdem verlor er Amerika niemals aus den Augen. Mit dem *Consejo Real y Supremo de las Indias* stärkte er den Einfluß der Dominikaner. Der Ordensgeneral war Vorsitzender des Indienrates und gleichzeitig Beichtvater des Kaisers. Um Korruption und Verwandtenwirtschaft hintanzuhalten, befahl der Monarch, kein Mitglied des Rates dürfe ein Lehen jenseits der Meere besitzen und ihre Söhne dürften keine Pfründen und Benefizien von dort beziehen. Anläßlich seiner Vermählung mit der Infantin Isabella von Portugal erklärte Karl in Sevilla aufs neue: „Ich wünsche, daß die Indianer frei seien und keine Sklaven."

Sosehr er die großen Verdienste Cortez' würdigte, den er in Toledo besuchte, als der Conquistador krank darniederlag, und dem er auch einen Titel verlieh, wollte Karl sich niemals mit der Politik identifizieren, die Cortez in Mexiko verfolgt hatte. Als der General, der gegen Ende seines Lebens nochmals heiratete, Mexiko wiedersehen wollte, wurde ihm das Betreten der Hauptstadt untersagt, denn sein Erscheinen hätte in der Bevölkerung böse Erinnerungen wachrufen können. Zum Gouverneur und Vizekönig Neuspaniens ernannte Karl einen Mann ganz anderer Art: Antonio Mendoza, der für seine verdienstvolle Arbeit den Beinamen „König der Armen" erhielt.

Die Schnelligkeit, mit der das Reich sich ausweitete, machte, wie wir gesehen haben, das Kontrollsystem für Verwaltung und Schutz der Eingeborenen, das der Indienrat und der Monarch errichtet hatten, ständig zunichte. Daher kam es noch immer zu beklagenswerten Vorfällen. So kam es zum Beispiel bei der Eroberung von Peru zu Ausschreitungen, die alles übertrafen, was Cortez sich einst in Mexiko geleistet hatte. Wiederum erhoben die Missionare Einspruch – eine zweite Revolution der Mönche, die mit den Klageschriften, welche dem Kaiser im Verlauf der dreißiger Jahre des 16. Jahrhunderts unterbreitet wurden, ihren Höhepunkt erreichte. Karl ließ sich von den Rückschlägen nicht entmutigen und blieb konsequent: Sooft sich die Notwendigkeit ergab, griff er mit kaiserlichen Erlässen oder unmittelbaren Maßnahmen ein, die geeignet waren, den Ungerechtigkeiten ein Ende zu bereiten.

Las Casas hatte in Fray Francisco de Vitoria (1483 bis 1546) einen Mitarbeiter gefunden, der ihn an Wissen, Temperament und politischem Geschick weit übertraf. Vitoria war ein berühmter Jurist, Professor an der Universität von Salamanca. Er gründete seine Theorie von der Rechtmäßigkeit der spanischen Kolonisation weder auf die Territorial- und Hoheitsgesetze des Papstes noch auf die Kaiserwürde Karls, sondern auf die missionarische Aufgabe, mit welcher der Heilige Stuhl Spanier und Portugiesen betraut hatte. Er griff einen alten Ausdruck des römischen Rechts auf, als er erklärte, die Indianer hätten *de iure gentium* einen Rechtsanspruch auf ihr Land. Dank dieser Rückkehr zu den Quellen dürfen wir heute den großen Gelehrten als den Erneuerer des Völkerrechts bezeichnen.

Unter dem Eindruck der andauernden Schwierigkeiten erließ Karl eine neue Gesetzgebung, die *Leyes Nuevas.* Dieses Werk ging über den Rahmen einer Kolonialpolitik weit hinaus und kodifizierte die Verfügungen betreffend die Rechtslage und die Behandlung der Indianer. Im Falle des Mißbrauchs waren harte Strafmaßnahmen vorgesehen. Die alten Privilegien der vornehmen Indianer wurden anerkannt, ebenso auch der Status der Könige, Herren, Republiken und Gemeinden.

Zum Zeitpunkt dieser Reform wollte Karl V. Bartolomé de Las Casas einen größeren Wirkungskreis sichern und bot ihm das Bistum Cuzco an. Der Mönch entschied sich jedoch für die armselige kleine Diözese von Guatemala. In der Folge verschlechterten sich die Beziehungen zwischen Karl und dem Apostel der Neuen Indien, vor allem, als sich der Kaiser unter dem Druck der Beamten und Offiziere gezwungen sah, einzelne Verfügungen der *Leyes Nuevas* aufzuheben. Las Casas empfand das als persönliche Herausforderung und war nicht zu beruhigen. Der Kaiser entsandte Pedro de la Gasca, einen Theologen aus Salamanca, nach Amerika. Keineswegs zufriedengestellt, begann Las Casas einen Kampf, der jedes Maß überschritt und schließlich in eine zerstörerische Aktion gegen sein eigenes Vaterland ausartete. Man könnte sagen, daß Las Casas am Ende seines Lebens – gewiß aus Edelmut, aber auch von Stolz und seniler Halsstarrigkeit getrieben – an seinem Land zum Verräter wurde.

Erst der Nachfolger Karls hatte die Mittel in der Hand, dem Geist der Neuen Gesetze Geltung zu verschaffen und damit das Gedankengut des Kaisers in die Praxis umzusetzen. Karl V. betrachtete diese Frage unter allen nur möglichen Aspekten. Besonders in sozialer Hinsicht wurde keine Einzelheit vernachlässigt, wie zum Beispiel das Verbot der Perlenfischerei durch Tauchen beweist, das mit der Begründung erlassen wurde, das Tauchen sei für die Eingeborenen gesundheitsschädlich. Philipp ging den eingeschlagenen Weg weiter; als er die Zwangsarbeit untersagte, rief er die Worte seines Vaters in Erinnerung: „*Wir achten das Leben der Indianer höher als den Gewinn, den ihre Arbeit uns bringen könnte.*" Eine sehr bemerkenswerte Sache: In der spanischen Gesetzgebung jener Zeit – das heißt Jahrhunderte vor der Magna Charta der christlichen Sozialpolitik, der Enzyklika *Rerum novarum* – finden wir bereits die Gewinnbeteiligung der Arbeiter am Unternehmen und das Prinzip des gerechten und angemessenen Lohnes. Im Jahre 1593 wurde in Ibero-Amerika der Achtstundentag eingeführt. Professor Alexander Randa – heute der beste Kenner der Beziehungen zwischen Österreich und Lateinamerika, der Privilegien, die den österreichischen Missionaren zugestanden wurden, und der Parallelen in der Sozialgesetzgebung – spricht von einer offensichtlichen Wechselwirkung zwischen dem Achtstundentag, den Philipp II. für Amerika einführte, und ähnlichen Bestimmungen, die seit dem 15. Jahrhundert in den österreichischen Erbländern und in der Franche-Comté bestanden. Auf diese Weise hat das habsburgische Weltreich zum erstenmal in der Geschichte soziale Maßnahmen eingeführt, die erst Jahrhunderte später wiederentdeckt wurden und in den großen Industriestaaten zur Anwendung kamen. Philipp regelte auch die Frage der Überfahrt und der Einwanderung nach Amerika. Im Gegensatz zu den Erlässen seines Vaters verhängte Philipp jedoch im Zeichen der Religionskämpfe gewisse, bis dahin unbekannte Beschränkungen. Eine positive, völlig neue Maßnahme war das Verbot König Philipps, die Negerfamilien auseinanderzureißen – eine Frage, die in den schmerzlichen Phasen des 20. Jahrhunderts wieder aktuell wurde.

Neben den sozialrechtlichen Verfügungen interessierte Karl sich auch für die Organisation der Verwaltung und des Rechtswesens in den neuen Reichen. Er betrachtete die indischen Länder nicht einfach als Provinzen oder Kolonien im imperialistischen Sinn des Wortes. In seinen Augen waren es unabhängige Staaten, häufig Republiken genannt, die von Vizekönigen regiert wurden. Herrschte in einem Gebiet einmal Frieden, dann schufen die Spanier Einrichtungen, die ihrer Zeit voraus waren. So finden wir in vielen südamerikanischen Staaten die *Cabildos*, gewählte gesetzgebende Körperschaften nach Art jener, die auf den Kanarischen Inseln amtierten.

Auch auf die kulturelle Entwicklung legte Karl großes Gewicht. Bald entstand auf der Insel Hispaniola, in San Domingo, die erste amerikanische Universität. 1551, also noch zu Lebzeiten Karls, wurde die Universität von Mexiko eingeweiht, der eine Reihe akademischer Gründungen auf dem amerikanischen Erdteil folgte. So entwickelte sich in Lateinamerika eine Tradition des Forschens und des Lehrens, die einer großen Anzahl europäischer Universitäten in keiner Beziehung nachsteht. Unter den zehn Millionen Einwohnern der spanischen Besitzungen jenseits der Meere gab es gegen Ende der Regierungszeit Karls V. ungefähr 100.000 Weiße, das ist ein Prozent der Gesamtbevölkerung. So verfügte Ibero-Amerika über die notwendigen Voraussetzungen, um ein mächtiges, für seine Zeit fortschrittliches und stark vom christlichen Geist getragenes Reich zu werden.

In wirtschaftlicher Hinsicht brachten die Neuen Indien keineswegs die märchenhaften Summen und den plötzlichen Reichtum ein, von dem die Conquistadoren gesprochen hatten. Karl erkannte jedoch weit früher als andere, welche Möglichkeiten diese Länder auf lange Sicht boten. Er versuchte daher, die verdienstvollen Bemühungen der spanischen Verwaltung zu unterstützen, indem er andere Gebiete seines Weltreiches für die Entwicklung der neuen Länder interessierte. Von dem Plan, in Yucatan Flamen anzusiedeln, haben wir schon gesprochen. 1528 unterzeichnete der Kaiser einen Vertrag mit dem Haus Welser in Augsburg, betreffend die Anwerbung und Ansiedlung deutscher Bergknappen, die im Hinterland von Venezuela Silberminen abbauen sollten. Als erstes brachten die Welser 24 Facharbeiter aus Joachimstal in Böhmen nach Südamerika. Gleichzeitig erhielt das große Geschäftshaus die Lizenz, schwarze Sklaven nach Übersee zu importieren. Die Kolonisierung durch die Welser wurde von Heinrich Ehinger und Hieronymus Sailer geleitet. Heinrich Ehinger, ein Bruder des Ambrosius Ehinger, Agent der Welser in San Domingo, war der erste Gouverneur von Venezuela. Sein Nachfolger, Nikolaus Federmann aus Ulm, ging mit mehr Energie und weniger Skrupeln ans Werk als Ehinger. Dadurch zog er sich die Feindschaft der spanischen Conquistadoren zu, die vor ihm im Land gewesen waren und die Deutschen als Eindringlinge betrachteten. Das Unternehmen der Welser war nicht von Dauer; es blieb eine abenteuerliche Expedition, die keine Zukunft hatte.

Unter die Folgen der raschen Ausweitung der spanischen Besitzungen jenseits der Meere läßt sich wahrscheinlich auch die Entscheidung Karls reihen, seinen Wappenspruch, *Non plus ultra* und *Nondum,* den er bis dahin bei den burgundischen und spanischen Turnieren getragen hatte, in *Plus ultra* abzuändern. Der Wille, immer weiter fortzuschreiten, der aus diesem Wort spricht, ging über rein territoriale Begriffe hinaus: Niemals verlor Karl die Erfüllung seiner Kaiserpflicht aus den Augen, die Wiederherstellung der Einheit des christlichen Abendlandes und den Schutz des Glaubens. Auf dem Wappenschild mit dem *Plus ultra* sind die zwei Säulen des Herkules dargestellt, die in der Antike das Ende der Welt bezeichneten. Die Spanier hatten eben diese Grenze überschritten; sie hatten die Erdkugel umschifft und weite Gebiete erobert. Von diesem Augenblick an bedeuteten die Säulen, daß das mit der spanischen Krone verbundene Reich die Aufgabe übernommen hatte, alle Völker zu schützen und alle Nationen der Erde das Evangelium zu lehren. Karl VI., der letzte Habsburger in männlicher Linie, auch der letzte seines Hauses und der dritte seines Namens, der König von Spanien war, übernahm dieses Symbol. Er stellte die Säulen des Herkules vor die Kirche St. Karl, die er in Wien erbauen ließ. Damit wollte er auf das Fortleben einer Tradition verweisen, die sein großer Ahne begründet hatte und die von nun an im Herzen des europäischen Erdteils weiterbestehen sollte.

Noch unter Karl V. gründete ein spanischer Offizier, der Baske Ignatius von Loyola, den Jesuitenorden und erhielt im Jahr 1540 die päpstliche Genehmigung. Obwohl die Gesellschaft Jesu in keiner offiziellen Beziehung zum Kaiser und seiner Politik stand, erfüllte Ignatius sie doch mit dem Geist jener spanischen Armee, der er selbst angehört hatte und die gleichzeitig das Ideal der *Reconquista* und der burgundischen Ritterschaft in sich vereinte. Dieser Geist spiegelte sich in der militärischen Organisation des Ordens, in der Disziplin, dem Gehorsam und dem Mut der Mitglieder angesichts des Todes. Das jesuitische Ideal, der Wille, für die Einheit der Kirche und die größere Ehre Gottes auf Erden einzutreten, fand sicher in der Haltung eines Karl V. ein besseres Vorbild als in der Kurie jener Zeit. Auch das wissenschaftliche Interesse der

Jesuiten, ihre Forschungen auf naturwissenschaftlichem Gebiet, ihre Initiative in kultureller Hinsicht, vor allem die Schaffung zahlreicher Schulen und Universitäten, verbanden sie dem Humanismus, so wie der Kaiser ihn verstand und sein Hof ihn förderte. In geistlicher Hinsicht stellte der Jesuitenorden sich in den Dienst des Ideals, das Karls *Plus ultra* in den Besitzungen jenseits der Meere repräsentierte. Nur der Tod hinderte einen heiligen Franz Xaver – dessen Devise *Amplius* lebhaft an jene des Kaisers erinnert – daran, im Jahr 1552 China zu betreten.

Wenn unter den Nachfolgern des Monarchen die Idee eines christlichen Weltreiches wiederholt der Verwirklichung nahe schien, dann war das zumindest zum Teil der Tätigkeit der Gesellschaft Jesu in China, Japan und Südamerika zu danken.

Nicht umsonst trugen die Weltkarten jener Zeit eine vom Kaiseradler gekrönte Erdkugel. Phlipp II. sollte berufen sein, ein Reich zu regieren, das den Erdkreis umfaßte. Dieses christliche Weltreich jenseits der Meere zeichnete sich schon in seinen Konturen ab. Im selben Augenblick aber stellte sich die Frage, ob der Sieger von Mühlberg imstande sein werde, die Einheit des Heiligen Römischen Reiches wiederzuerrichten.

KAPITEL IX

DÄMMERUNG
ÜBER DEM ABENDLAND

Der Reichstag in Waffen

Der blitzartige Vorstoß der kaiserlichen Truppen nach der Schlacht bei Mühlberg trug sie bis vor die Mauern von Wittenberg. Am 19. Mai 1547 kapitulierte die Stadt unter Bedingungen, die schon stark einem Friedensvertrag glichen.

Gleich darauf begannen die Verhandlungen mit dem gefangenen Fürsten, die sich sehr schwierig gestalteten, denn wie einst Franz I. in Madrid weigerte er sich hartnäckig, sich festzulegen. Zuletzt griff der Kaiser zu einem Mittel, das durchaus nicht seinen Gewohnheiten entsprach. Er berief ein Sondergericht ein, um dem Kurfürsten von Sachsen den Prozeß zu machen. Dieser sogenannte Gerichtshof überschritt seine Befugnisse und fällte ein Todesurteil. Karl hatte niemals die Absicht, das Urteil vollstrecken zu lassen, das ja in seinen Augen nur ein Druckmittel darstellte; für dieses Vorgehen war das freilich keine Entschuldigung. Das Urteil wurde offiziell ausgesetzt, und der Kurfürst verblieb im Gefolge des Kaisers. Erst viele Jahre später, in einem für Karl sehr kritischen Augenblick, erhielt er die Freiheit wieder.

Der große Sieger war Moritz von Sachsen. In seiner Kurfürstenwürde bestätigt, wurde er bald zum mächtigsten sächsischen Herrn, denn Johann Friedrich teilte sein Herrschaftsgebiet unter seinen Nachfolgern auf.

Mit dem Landgrafen Philipp von Hessen war bedeutend leichter zu verhandeln. Unter dem Eindruck des Sieges der Kaiserlichen kapitulierte Philipp, ohne daß man Gewalt anwenden mußte. Bei der ersten Begegnung behandelte der Kaiser ihn mit Strenge und gab nur eine einzige Zusage: Es werde für ihn keine „ewige Gefängnus" sein. Mit den anderen Gefangenen begleitete er Karl zum Reichstag nach Augsburg.

Trotz der glänzenden Aussichten war die Lage des Kaisers schon wieder schwieriger geworden. Karl beabsichtigte gewiß nicht, seine Gegner zu demütigen, sondern erstrebte in erster Linie eine Neuorganisation des Reiches und die Wiedervereinigung der Christenheit. Diese Frucht des Krieges, die einen Augenblick lang schom zum Greifen nahe schien, war wieder merklich in weite Ferne entrückt.

Schon kurze Zeit nach der Kapitulation des Landgrafen mußten die Kaiserlichen erfahren, daß es leichter war, die Landesfürsten zu unterwerfen als die großen Städte, die einer langwierigen Belagerung standzuhalten vermochten. In Norddeutschland waren Magdeburg und Bremen die Zentren des Widerstandes. Zum Unterschied von den süddeutschen Städten hatten sie Zugang zum Meer. Um Magdeburg niederzuzwingen, hätte man die Schiffahrt auf der Elbe unterbinden müssen. Und man durfte nicht hoffen, Bremen einzunehmen, solange man das Meer an der Wesermündung nicht beherrschte. Dank seinem klaren Blick für Tatsachen unternahm Karl für gewöhnlich nichts, was von Anfang an unmöglich schien. Daher kam es in Norddeutschland – abgesehen von erbitterten Gefechten im Gebiet von Bremen, in deren Verlauf die Anhänger des Kaisers eine böse Niederlage erlitten – zu keinen weiteren militärischen Maßnahmen, die des Erwähnens wert wären, nachdem der Herzog von Braunschweig wieder in seine Herrschaftsrechte eingesetzt worden war.

Trotz der Schwierigkeit, die Städte zu unterwerfen, war das Haupthindernis jedoch weniger strategischer als psychologischer Natur. In den deutschen Gebieten, vor allem dort, wo die Reformation seit einem Vierteljahrhundert eingeführt war, genügten die Zugeständnisse nicht mehr, die der Kaiser anzubieten gedachte und die noch vor zwanzig Jahren dem Religionsstreik hätten ein Ende bereiten können. Über Fragen wie Priesterheirat und Kommunion unter beiden Gestalten war man hinaus. Eine Generation war aufgewachsen, die bereits in der Lehre und den Bräuchen des neuen Glaubens erzogen worden war und den alten nur noch vom Hörensagen kannte. Schon seit langem hatte man die Lehrsätze Luthers und seiner Jünger angenommen. Sie waren nicht nur Teil des täglichen Wortschatzes der Prediger, sondern auch echtes Glaubensgut aller Protestanten. Die katholische Liturgie, die Verehrung der Muttergottes, die Gebete zu den Heiligen, die Beichte und die Messe – Fragen, über die Luther noch durchaus zu reden bereit war – waren in den Augen seiner jungen Anhänger nichts anderes als Heidentum, Götzenanbetung und Gotteslästerung.

Luther war im Herbst 1546 in seinem Geburtsort Eisleben gestorben, wohin er sich begeben hatte, um einen Familienstreit der Herzöge von Dessau zu schlichten. Er wurde in der Kapelle des Wittenberger Schlosses beigesetzt. Den Tag von Mühlberg hat er nicht mehr erlebt. Von nun an fehlten auf beiden Seiten seine Autorität und auch sein versöhnlicher Geist. Melanchthon schien jetzt mehr zu Zugeständnissen bereit, die er früher abgelehnt hatte, aber ohne die Unterstützung des Meisters konnte er bei der jungen Generation protestantischer Theologen seinen Standpunkt nicht durchsetzen. Unter diesen ragte vor allem Matthias Flacius Illyricus hervor, der einer von Nikolaus von Amsdorf ins Leben gerufenen Magdeburger Gruppe angehörte. Diese Gemeinschaft erlangte bald den Ruf, das theologische Zentrum des Protestantismus zu sein. Seltsamerweise war das *Schmach- und Schmähbüchel* des Flacius in demselben Maß gegen den Kaiser wie gegen Meister Philipp Melanchthon gerichtet. Seit die Spanier nach Deutschland gekommen waren, erhielt der theologische Widerstand durch nationalistische Ressentiments eine gefährliche Verstärkung. Für den kleinen Mann verwandelte sich der Religionskrieg in einen Kampf gegen die fremde Besatzung, vor allem als Karl, um den Widerstand der Städte zu brechen, besonders in Süddeutschland Truppen einsetzte, in denen ein Gutteil Spanier diente.

Mit Holzschnitten illustrierte Schmähschriften gegen den Kaiser, die während des Schmalkaldischen Krieges, speziell während des Donaufeldzuges, verbreitet wurden, stellten den Monarchen als Gefangenen der höllischen Hure dar, des

„Neuen Babel", oder auch als Herkules, der von der römischen Omphale hintergangen wird. Seit Mühlberg jedoch nannte man ihn den neuen Varus, der die römischen Legionen gegen Deutschland führte, und man prophezeite, es werde ihn dasselbe Schicksal ereilen wie den Konsul des Augustus im Teutoburger Wald.

Noch vor der Eröffnung des Reichstages zu Augsburg wußte der Kaiser, daß er den Traum von der Wiederherstellung der religiösen Einheit aufgeben müsse. Es galt, neue provisorische Lösungen zu finden. Zweifellos hatte der glänzende militärische Sieg die Feinde des Reiches entmutigt, aber der Kaiser hatte zu spät gesiegt. Hätte Karl zehn Jahre früher einen ähnlichen Triumph erfochten, dann hätte er sein Ziel vielleicht erreicht. Gewissermaßen litt er nun unter den Folgen seiner Langmut, seiner unermüdlichen Versuche, die beiden Konfessionen auf friedlichem Weg zu einen, und unter seiner Illusion, der gemeinsame Wille, sich gegen die Türken zur Wehr zu setzen, werde zu einer inneren Läuterung des Reiches führen. Rückblickend kann man sagen, einer der Gründe, warum der Kaiser in Deutschland keinen Erfolg hatte, war, daß Karl V. seine militärische Überlegenheit nicht von Anfang an nützte und erst zu den Waffen griff, als die Fürsten des Schmalkaldischen Bundes ihn durch ihre Herausforderungen buchstäblich dazu zwangen.

Kurz nach der Übergabe von Wittenberg sah sich der Kaiser schließlich genötigt, sein Heer zu vermindern, weil er seinem Bruder Ferdinand die Truppen aus dessen Ländern zurückstellen mußte, damit der König den Aufstand des böhmischen Adels niederschlagen könne. Dort hatten einige Städte und adelige Herren eine Verschwörung gegen die katholische Herrschaft der Habsburger angezettelt. Es war freilich eine schwache Bewegung, denn sie fand bei der Bevölkerung wenig oder gar keine Unterstützung. Ferdinand konnte sie daher ziemlich rasch meistern. Am 2. Juni 1547 erschien er mit seinem Heer vor Prag. Die Hauptstadt ergab sich ohne Schwertstreich. Gleich am nächsten Tag, dem 3. Juni, befahl der König die Rebellen nach Leitmeritz, wo sie angesichts der eindrucksvollen Heerschau um Vergebung baten. Von da an war Böhmen wieder einmal fest in Händen des Herrscherhauses.

Am 1. September 1547 wurde der Reichstag zu Augsburg eröffnet. In die Geschichte ging er als der „Reichstag in Waffen" ein, weil er bis zu seiner Vertagung am 30. Mai 1548 unter dem Zeichen des Sieges der Kaiserlichen über den Schmalkaldischen Bund stand. Noch vor diesem Ereignis befand sich der Kaiser wieder einmal zwischen zwei Feuern: zwischen dem Papst auf der einen Seite und den starrköpfigen Fürsten und Städten Deutschlands auf der anderen. Seit dem Abzug der päpstlichen Truppen hatten sich die Beziehungen zwischen Karl V. und Paul III. verschlechtert und waren schließlich in offene Feindschaft übergegangen. Von den Geschehnissen in Genua und Parma und dem Mord an seinem Sohn Piero Lucio Farnese hart getroffen, verlor der Papst jedes Maß. Er forderte Frankreich auf, dem Kaiser den Krieg zu erklären und Neapel zu besetzen, er wollte die alten Streitigkeiten in Italien wiederaufleben lassen und ging schließlich so weit, mit den Türken über eine etwaige Allianz zwischen dem Papsttum und der Hohen Pforte gegen den Kaiser zu verhandeln. Einen Augenblick lang schien es, als sei der Kampf auf Leben und Tod zwischen den beiden höchsten Autoritäten der Christenheit wiedergekehrt. Auf seiten des Papstes scheute man sich nicht, Karl V. mit dem Hohenstaufer Friedrich II. zu vergleichen.

Es gab Stunden der Versuchung für den Kaiser. Die deutschen Fürsten hatten ihm vorgeschlagen, er solle sich an die Spitze des Konzils stellen, es wieder nach Trient einberufen und dem Papst eine untergeordnete Rolle zuweisen. Karl hätte die Führung der deutschen Nation übernehmen, den Protestanten die Erfüllung ihrer Wünsche zusichern und dann mit einer großen kaiserlichen Armee gegen Italien ziehen können. Genauso wie er vor weniger als einem Jahr mit seinen Spaniern und Italienern gegen Norden marschierte, hätte er sich nunmehr nach Süden wenden können. Karl widerstand der Versuchung. Er sah die Probleme in ihrer Gesamtheit, die gemeinsamen Interessen des Abendlandes ebenso wie seine Pflichten gegenüber Spanien und den Niederlanden. Er zog die Uneinigkeit Deutschlands in Betracht und war sich der Lage in England und Frankreich bewußt, die dort durch den Tod der beiden Könige entstanden war. Sein Weitblick und vor allem seine Treue zur römischen Kirche ließen ihn die Nachteile jeder einseitigen Lösung erkennen. Nur ein echtes Übereinkommen, eine vermittelnde Autorität wäre imstande, zumindest die politische Einheit der Christenheit wiederherzustellen.

Sein Beichtvater und andere Theologen hatten ihm – getreu dem Geist des Erasmus von Rotterdam – zum *Interim* geraten, das Karl beim Reichstag gewährte. Der Kaiser hoffte, mittels dieser Geste jenen Gläubigen, die sich von der alten Kirche getrennt hatten, die Rückkehr zu erleichtern. Der Beschluß ließ im Prinzip die Kommunion unter beiden Gestalten zu, anerkannte die Rechtmäßigkeit der bereits geschlossenen Priesterehen, forderte jedoch die Rückkehr des ganzen Reiches zum katholischen Ritus, der unter staatlichem Schutz stand.

Von der unversöhnlichen Haltung Leonhard von Ecks beeinflußt, lehnten die Katholiken ab. Im selben Augenblick verhärtete sich der Widerstand der Protestanten, vor allem in Süddeutschland. Der Kaiser sah sich gezwungen, die Armee zu Hilfe zu rufen, um die Stadt Konstanz die Reichsgesetze achten zu lehren. Dieser Zwischenfall steigerte noch das Mißtrauen gegen die Spanier. Auch in Norddeutschland sabotierten die Protestanten mit aller Kraft den Kompromißvorschlag und stellten gegen die Augsburger Verfügung das sogenannte Leipziger Interim auf. Einzig Melanchthon, der weiseste Anführer der Reformation, war bereit, einen gemeinsamen Ausgangspunkt zu finden, ja offenbar sogar den Papst anzuerkennen. Unglückseligerweise besaß er, wie bereits erwähnt, nicht mehr genügend Ansehen, um die evangelischen Staaten, die Theologen und Prediger zu seinem Standpunkt zu bekehren.

Von dem Reichsbund, der Karl V. vor Augen stand, haben wir bereits gesprochen. Er sollte sich aus den treu gebliebenen Reichsstaaten zusammensetzen, vor allem aus den Städten, denen sich der Kaiser als Vertreter der Niederlande und Ferdinand im Namen Österreichs anschließen würden. Der Bund sollte einen gemeinsamen Oberbefehlshaber des Heeres ernennen, über eine Bundeskasse und einen Obersten Gerichtshof verfügen. Auf diese Weise würde die alte Reichsverfassung zumindest auf dem Papier bestehen bleiben, faktisch könnte jedoch nichts ohne vorherige Bewilligung des Bundes entschieden werden. Die Kaiserwahl und die Einberufung der Reichstage würden nur noch reine Formalitäten sein. Der Plan scheiterte jedoch an der Uneinigkeit im katholischen Lager. Von den ersten Vorbesprechungen an widersetzte sich Bayern unter dem Einfluß Leonhard von Ecks diesem Bund ebenso entschieden wie jeder anderen Annäherung an die Protestanten.

Parallel zu diesem Plan befaßte der Kaiser sich auch mit einer Neuordnung der Thronfolge und folglich mit einer Revision seines Abkommens mit Ferdinand. Er wollte dem kaiserlichen Teil Burgunds, vor allem der Franche-Comté, die Souveränität verleihen. Doch müßten die nunmehr souveränen Staaten, als Gegenleistung für den gewährten Schutz, in militärischer und finanzieller Hinsicht weiterhin die Lasten des Reiches tragen. Unter anderem tauchte auch der wunderliche Plan auf, die Kaiserwürde solle abwechselnd an die spanische und an die österreichische Linie des Hauses Habsburg fallen. Mit anderen Worten, nach Ferdinand hätte nicht dessen Sohn Maximilian den Thron bestiegen, sondern Philipp von Spanien, und nach diesem wieder ein Erbe der österreichischen Länder. Der Kaiser ließ den Infanten Philipp nach Augsburg kommen, damit er persönlich an der Abfassung des Vertrages teilnehme. Dieses Vorgehen erweckte die Unzufriedenheit der Reichsfürsten, während Ferdinand es als illoyal empfand. Kurz gesagt, die Idee war undurchführbar, sowohl auf seiten des Reiches wie auch innerhalb des Hauses Habsburg.

Daß Karl V. seine Zeit mit derlei Spekulationen vertat, läßt sich nur aus seinem Endziel erklären: zu einer Vereinbarung zu gelangen, die alle Signatare verpflichtete, an einem gemeinsamen Krieg gegen die Türken teilzunehmen. Der Kaiser war überzeugt, daß weder Deutschland und noch weniger Österreich, auf sich allein gestellt, der Streitmacht des Islams Widerstand leisten könnten. Er wußte aus eigener Erfahrung, wie wichtig die Hilfe Spaniens in entscheidenden Augenblikken war. Anderseits hatten ihn seine Expeditionen nach Nordafrika gelehrt, daß es unumgänglich nötig war, die spanische Mittelmeerpolitik vom Donauraum her zu stützen. Unaufhörlich beschäftigte er sich mit der Idee einer gemeineuropäischen Strategie und der Aufrechterhaltung des Dreiecks Madrid–Wien–Brüssel als Basis einer kontinentalen Politik gegen die Bedrohung aus dem Osten.

Der Tod Pauls III. im Jahre 1549 erleichterte die Lage des Kaisers hinsichtlich Italiens und der Kirche. Julius III., der neue Papst, bewilligte die Rückkehr des Konzils nach Trient. Er ließ sogar evangelische Redner zu. Dieses Zugeständnis kam zu spät. Die Protestanten hatten dem Konzil den Rücken gewandt, nachdem die dogmatischen Entscheidungen im Verlauf der ersten Phase zu einem nicht wiedergutzumachenden Bruch geführt hatten.

In Deutschland verlor der Kaiser inzwischen immer weiter an Boden. Der Widerstand der Fürsten breitete sich von Brandenburg und Preußen nach Bayern und sogar bis zu Ferdinand von Österreich aus, der den Plan bezüglich der Nachfolge in der Kaiserwürde sehr schlecht aufgenommen hatte und nun darauf bestand, daß sein Sohn vom Hof zu Madrid nach Deutschland zurückkehren müsse. Die eigentliche Gefahr aber drohte dem Kaiser von einer Seite, von der er sich wirksame Unterstützung erwartete. Bereits seit dem Donaufeldzug verfolgte Karl die Idee, die junge Fürstengeneration –

vor allem die protestantische – an sich zu binden und die alte, unverbesserliche, wie Johann Friedrich oder den Landgrafen Philipp, links liegenzulassen. Der erfolgreiche Verlauf der Unterhandlungen, das darauffolgende Bündnis mit Moritz von Sachsen – ein diplomatisches Meisterwerk Granvelles und König Ferdinands – bestärkten den Kaiser in dieser Politik. Er vertraute dem jungen Kurfüsten Moritz, und als dieser erklärte, er könne den Widerstand Magdeburgs brechen, wenn man ihn mit der Exekution des Reichsbannes betraue, schien diese Zusammenarbeit neu gefestigt.

Mittlerweile bereitete Moritz jedoch insgeheim einen Vertragsbruch vor. Am 3. Oktober 1551 schloß er gemeinsam mit anderen protestantischen Fürsten ein Abkommen mit Heinrich II. von Frankreich. Am 15. Januar 1552 wurde in Chambord jenes Dokument unterzeichnet, dessen Folgen über ein taktisches Manöver und einen Verrat des Kurfürsten am Kaiser weit hinausgingen und im Verlauf der nächsten Jahrhunderte die Politik des Reiches und der deutschen Staaten zutiefst beeinflussen sollten. Die deutschen Fürsten stimmten zu, daß Heinrich II. in seiner Eigenschaft als Reichsvikar die lothringischen Diözesen Metz, Toul und Verdun sowie das Bistum Cambrai in Besitz nehmen solle. In einem früheren Kapitel haben wir bereits darauf hingewiesen, daß das wahrhaft Revolutionäre dieses Vertrages in der Begründung lag, die hier angeführt wurde: Die Tatsache, daß in diesen Diözesen seit je Französisch die Landessprache war, mache die Einwohner folgerichtig zu Untertanen des Königs von Frankreich. Zum erstenmal stellte ein internationales Dokument das Nationalitätenrecht in den Vordergrund, das dem Heiligen Reich die Daseinsberechtigung absprach: Hatte man einmal den Nationalstaat anerkannt, so mußte die Abtrennung der Niederlande und der kaiserlichen Besitzungen in Italien die unvermeidliche Folge sein; und in weiterer Sicht Umwälzungen im östlichen Teil Mitteleuropas. In gewisser Hinsicht führt eine direkte Linie vom Vertrag zu Chambord zu den Ereignissen des Jahres 1848, zu dem Abschiedsbrief, den Palacký im Namen des tschechischen Volkes an die Kommission der Fünfzig für die Vorbereitung einer Nationalversammlung richtete und dem von deutscher Seite eine ähnliche Erklärung, die Artikel 2 und 3 der Frankfurter Reichsverfassung, folgte.

Ein offener Krieg mit Moritz von Sachsen sollte nicht lange auf sich warten lassen. Er brach blitzartig aus und richtete sich gegen den Kaiser in Person. Karl residierte damals in Innsbruck, um in der Nähe des Konzils zu sein und gleichzeitig die Vorgänge in Deutschland überwachen zu können. Er hatte fast gar keine Truppen bei sich. Im März 1552 rückte Moritz, gefolgt von hessichem Militär, von Sachsen nach Augsburg und marschierte von dort geradewegs auf Innsbruck zu, während der König von Frankreich gleichzeitig ohne Vorwarnung die Diözesen, die ihm die Fürsten versprochen hatten, besetzte. Um ein Haar wäre Karl in Gefangenschaft geraten. Nahezu ohne Militärschutz, blieb ihm nichts übrig als die Flucht nach Villach. Das Konzil setzte seinerseits mit der Arbeit aus und ging auseinander. Johann Friedrich von Sachsen, noch immer Gefangener des Kaisers, wurde befreit. König Ferdinand nahm in Passau die Verhandlungen mit Moritz wieder auf, und man sprach erneut von einem ewigen Frieden. Nunmehr aber hatte dieses Wort einen Bedeutungswechsel erfahren; es drückte nicht länger die Wiederherstellung der Einheit des Glaubens in Deutschland aus, sondern bereits eine Tendenz zum Dualismus, zur Koexistenz der beiden verschiedenen Glaubensbekenntnisse im Reich.

In dieser Lage war die Hauptsorge des Kaisers darauf gerichtet, die Franzosen aus Lothringen zurückzudrängen. Da sie die Übergänge von Maas und Mosel in der Hand hatten, war die direkte Verbindung zwischen den Niederlanden und dem Elsaß unterbrochen. Und wenn es den Franzosen gelang, über die Mosel bis zum Rhein vorzudringen, dann konnten die französischen Könige früher oder später Anspruch auf die Kaiserkrone erheben. Mit Hilfe der Niederlande brachte Karl ein genügend starkes Heer auf, um eine Belagerung von Metz ins Auge fassen zu können. Vielleicht war es unklug von ihm, sich auf ein derart bedeutendes Unternehmen einzulassen, obwohl die Jahreszeit schon sehr vorgeschritten war. Man schrieb bereits den 19. Oktober 1552, als das kaiserliche Heer vor die Stadt kam. Trotzdem hatte der Herzog von Alba, der das Kommando führte, dem Kaiser versichert, es werde möglich sein, die Festung zu nehmen, ehe der strenge Winter einsetze.

Durch ein Manöver in letzter Minute hatte der Kaiser eine ernste Gefahr abwenden können, die ihm von deutscher Seite drohte: der breitangelegte Bandenkrieg, den Albert Alcibiades von Brandenburg in einer Stärke von 10.000 Mann organisiert hatte. Er war einer der letzten Raubritter und betrieb sein Geschäft in großem Stil. In mancher Hinsicht erinnerte er an Franz von Sickingen, der zu Beginn des Zeitalters Karls V. eine so wichtige Rolle gespielt hatte und dessen Leben voll Kampf und Gewalttätigkeit folgerichtig zu seinem tragischen Ende unter den Trümmern seiner Feste Landstuhl führte. Sickingen jedoch hatte nicht nur von Macht und Raub geträumt; er hatte noch jener Rittergeneration angehört, für die, selbst wenn sie der Autorität Trotz boten, die Worte Kaiser und Reich eine tiefe Bedeutung bewahrt und in ihnen eine sozusagen angeborene Treue wachgerufen hatten. Markgraf Albert hingegen war nur ein Plünderer und Raufbold, und seine Kriegszüge hatten kein anderes Ziel als den materiellen Gewinn. Im Jahr 1552 zog er raubend und sengend durch Franken, respektierte weder das katholische Bistum Bamberg noch die freie Reichsstadt Nürnberg, die protestantisch war, verheerte die Diözese Würzburg und fiel schließlich im Elsaß ein, mit der Absicht, zur französischen Armee zu stoßen. Dem Kaiser blieb kein anderer Ausweg; er mußte die Dienste des alten Mörders kaufen, damit dieser sich nicht mit den Feinden verbünde und der kaiserlichen Armee, die sich vor Metz verschanzt hatte, in den Rücken falle. Die Zeitgenossen Karls V. haben uns Aussprüche des Kaisers überliefert, in denen sein Abscheu vor dieser Abmachung und vor dem Charakter seines neuen Verbündeten zum Ausdruck kamen, aus denen aber auch hervorging, daß ihm keine andere Wahl geblieben war.

Die Kaiserlichen hatten schwere Artilleriegeschütze auffahren lassen, um in die Bollwerke der Stadt eine Bresche zu schlagen. Etwa 25 Kanonen eröffneten auf der Südseite der Festung das Feuer, und am 25. November stürzte zwischen zwei starken Türmen die Mauer in einer Breite von etwa 20 Fuß, das sind ungefähr sechs Meter, ein. Die Kaiserlichen jubelten, und die Infanterie machte sich zum Angriff fertig. Da entdeckte man hinter der Bresche eine zweite Verteidigungslinie, mit starken Schützeneinheiten besetzt. Ein Angriff war ausgeschlossen. Diese Enttäuschung versetzte der Stimmung im Heer, die durch Kälte, Feuchtigkeit und die Unbilden des Winters schon stark beeinträchtig war, einen harten Schlag. Unter den Italienern und Spaniern brachen Epidemien aus. Anfang des Jahres 1553 mußte die Belagerung aufgehoben werden. Im Hauptquartier machte man Herzog von Alba für diesen Mißerfolg verantwortlich und übte harte Kritik an ihm.

Der Feldzug gegen die Türken in Ungarn brachte keine nennenswerten Erfolge. An dieser Front hatte Moritz von Sachsen sich wieder einmal den Kaiserlichen angeschlossen. Mit gutem Grund brachte Ferdinand ihm nicht das geringste Vertrauen entgegen, was sich auf das Vorgehen der Bundesgenossen lähmend auswirkte. Zur selben Zeit kam es in Italien zu sehr harten Kämpfen: Eine türkische Flotte verwüstete gemeinsam mit französischen Galeeren die Küsten der spanischen Besitzungen.

In Deutschland wurde die ohnedies schon komplizierte Lage noch verwickelter, als es zwischen Albert Alcibiades von Brandenburg und Moritz von Sachsen neuerlich zu Feindseligkeiten kam. Da der Brandenburger noch immer im Dienste Karls stand, hätte man annehmen können, der Krieg zwischen diesen beiden protestantischen Fürsten wäre letztlich eine Aktion des Kaisers gegen Moritz. Das war nicht der Fall, um so weniger, als der Kurfürst von Sachsen in der Zwischenzeit in Ungarn auf der Seite der Habsburger gekämpft hatte. Am 9. Juli 1553 gelang es Moritz, den Brandenburger bei Sievershausen entscheidend zu schlagen, wobei die Truppen des Hohenzollern aufgerieben wurden. Aber der Sieg kostete dem Sieger das Leben. Im Alter von 35 Jahren fiel Moritz auf dem Feld der Ehre. Das war für Deutschland zweifellos ein Segen, denn hätte der mutige, überaus begabte, aber völlig skrupellose Fürst noch länger gelebt, dann hätte er in seinem Land noch so manches Unglück angerichtet. Trotzdem muß man anerkennen, daß die grundsätzlichen Punkte des Religionsfriedens, der zwei Jahre nach dem Tod Moritz' von Sachsen geschlossen werden sollte, in den Verhandlungen des Kurfürsten mit König Ferdinand in Passau erarbeitet worden sind.

Karl V. war nach dem Mißerfolg von Metz tief niedergeschlagen in die Niederlande heimgekehrt; aber schon bald hatte er seine Tatkraft wiedergefunden. Eine alte Tradition aufgreifend, entwarf er ein neues Heiratsprojekt. Noch einmal bewahrheitete sich das alte Sprichwort: *Bella gerant alii, tu felix Austria nube* – Andere mögen Kriege führen, du, glückliches Österreich, heirate. Im Jahr 1554 gelang es dem Kaiser, den Infanten Philipp mit der um elf Jahre älteren Mary von England zu verheiraten, die nach dem frühen Tod des jungen Königs Edward VI. Erbin der britischen Krone geworden war. Zeitgenössischen Dokumenten zufolge scheint es sich bei der 38jährigen Prinzessin tatsächlich um eine Liebesheirat gehandelt zu haben, während die Briefe des Kaisers an seinen Erben beweisen, daß Philipp dieses Opfer einzig und allein als einen Dienst an der Religion und der Reichspolitik auf sich nahm. Trotz dieser wenig günstigen Aussichten war die Ehe, die nur vier Jahre bestand, glücklich. Das eigentliche Ziel, die Errichtung eines atlantischen Reiches des Hauses Habsburg, wurde freilich nicht erreicht, denn Mary blieb kinderlos. Philipp war es gelungen, in England als Prinzgemahl anerkannt zu werden, trotz der Schwierigkeiten, die sich aus dem katholischen Glauben der Königin und ihrer nunmehrigen Beziehung zu Spanien ergaben. Wahrscheinlich beruhte dieser anfängliche Erfolg in der Hauptsache darauf, daß die Reformation in England nicht – wie in Deutschland – eine Angelegenheit des Volkes, sondern vielmehr eine Laune Heinrichs VIII. war. Die *High Church* duldete keine revolutionären Leidenschaften, wie sie die kleinen evangelischen Sekten beseelten, und stand diesen mit derselben Feindseligkeit gegenüber wie die katholische Kirche. Der Anglikanismus faßte übrigens erst nach dem Tod Marys Wurzel. Erst unter Elisabeth wurden die Katholiken wie auch die Angehörigen evangelischer Sekten grausam verfolgt. Die offizielle Propaganda belegte die tote Mary mit dem Beinamen *Bloody*, „die Blutige", in der Hoffnung, auf diese Weise die ungesetzliche Nachfolge und die Unduldsamkeit Elisabeths zu rechtfertigen.

Hätten Philipp und Mary Nachkommen gehabt, so hätte das unberechenbare Folgen nach sich gezogen. Die Anhäufung von Kronen und Staaten zugunsten des Hauses Habsburg hätte diesem eine entscheidende Überlegenheit über seine kontinentalen Gegner gesichert und die Küsten des Reiches geschützt. Auch die Geschichte der Länder in Übersee hätte einen anderen Verlauf genommen. Seit den dreißiger Jahren des 16. Jahrhunderts querten auch britische und französische Seefahrer den Atlantik. Dieser Konkurrenz gegenüber waren weder Spanien noch Portugal stark genug, um nördlich des Golfs von Mexiko ihre Rechte zu verteidigen, die sich immer noch auf den Schiedsspruch Alexanders VI. gründeten. Man kann sich nur schwer die ungeheuren Perspektiven vorstellen, die sich England und Spanien eröffnet hätten, wenn sie geeint gewesen wären und folglich die Länder jenseits der Meere – vom Sankt-Lorenz-Strom bis zum Kap Horn – einer einzigen Krone zugehört hätten. Man kann die Gefühle des alternden Kaisers verstehen, der einen Augenblick lang glauben durfte, nach so vielen glänzenden Siegen und so vielen Schicksalsschlägen werde sich nunmehr ein grandioses Werk vollenden. Die Enttäuschung kam bald und traf ihn hart. Seit 1555 war er sicher, daß der englisch-spanischen Ehe kein Erbe bestimmt war. Möglicherweise ließ diese Enttäuschung wie auch die Niedergeschlagenheit des Kaisers über den Reichstag zu Augsburg, 1555, den Plan reifen, sich aus dem öffentlichen Leben zurückzuziehen.

Abdankung und letzte Zuflucht

Es ist nicht leicht, den genauen Augenblick festzulegen, in dem Karl zum erstenmal den Plan faßte, noch zu Lebzeiten die Sorge um die Staatsgeschäfte aus der Hand zu geben und seine letzten Tage in kontemplativer Zurückgezogenheit zu verbringen. In einem vom 17. Dezember 1552 datierten Schreiben bemerkte der Bischof von Arras: „Der Kaiser spricht davon, alles aufzugeben und sich nach Spanien zurückzuziehen." Dieser zweideutige Ausdruck könnte auch nur einem Anfall von Niedergeschlagenheit wegen der Wendung, welche die Ereignisse bei der Belagerung von Metz genommen hatten, zuzuschreiben sein; aber es klingt doch schon etwas viel Ernsteres und Endgültigeres durch.

Bereits im Jahr 1550 hatte der Kaiser auf einer Rheinfahrt von den Niederlanden nach Deutschland begonnen, in ruhigen Stunden an Bord seine Erinnerungen zu diktieren. Sein Privatsekretär, Wilhelm van Male, der bis zum Tod des Kaisers in dessen Umgebung blieb, überarbeitete die Notizen nach dem Diktat Karls V. Wahrscheinlich standen ihm auch noch andere Schriften, vor allem die Kriegstagebücher, zur Verfügung. Karl wollte nicht über die Vergangenheit nachgrübeln; die Geschichte seines Lebens ist auch keine Verteidigungsschrift, sie enthält keinerlei Rechtfertigung seiner Person oder seiner Beweggründe, sondern wollte allem Anschein nach nur festhalten, wie die Dinge sich tatsächlich abgespielt hatten. Heutzutage ist es bei vielen Akteuren des öffentlichen Lebens Brauch geworden, eine Autobiographie zu verkaufen, ehe noch etwas Nennenswertes geleistet wurde. Wir können daher nur schwer verstehen, daß man im Zeitalter Karls V. seine Erinnerungen nur deshalb niederschrieb, um vom Alltag Abschied zu nehmen und in der Stille, die der Reise nach dem Jenseits vorangeht, die Höhen und Tiefen des öffentlichen Wirkens neu zu bewerten. Wir dürfen daher mit Recht annehmen, daß der Kaiser, etwa vom Jahr 1550 an, sich zumindest in seinem Unterbewußtsein mit der Absicht trug, zu Lebzeiten sein Haus zu bestellen und sich aus der aktiven Politik zurückzuziehen.

Die Entscheidungen des Reichstags zu Augsburg, für die Karl nicht mehr die Verantwortung übernehmen wollte und gegen die er feierlich Protest einlegte, waren zweifellos der letzte Anstoß für die Abdankung des Kaisers. Der Augsburger Religionsfriede gründete sich auf das Nebeneinander beider Konfessionen, die im Reich wie vor dem Reichstag absolute Gesetzesgleichheit erfahren sollten. Der Grundsatz *Cuius regio, eius religio* wurde feierlich verkündet und gestattete jedem Landesfürsten, das Gewissen seiner Untertanen zu vergewaltigen. Eine derartige Entscheidung war untragbar für einen Mann, dessen sittliche Bildung auf das Ideal Hadrians von Utrecht und Erasmus' von Rotterdam zurückging. Außerdem war es in den Augen des Kaisers unzulässig, daß der Diebstahl von Kirchengut, durch den skrupellose Fürsten sich unter dem Vorwand einer Bekehrung zum neuen Glauben bereichert hatten, sanktioniert wurde. Karl stand gegen diese Entscheidungen auf, weil er voraussah, daß dadurch „unsere wahre alte christliche und katholische Religion beleidigt, verletzt, geschwächt oder beschwert würde".

König Ferdinand hatte in Augsburg nachgegeben, weil er, von der Türkengefahr bedrängt, sich die Unterstützung der protestantischen Fürsten sichern wollte. Überdies fühlte er sich nicht stark genug, allein den Kampf fortzusetzen, falls sein Bruder sich von den Angelegenheiten des Reiches zurückzog. Der Jüngere – mehr zu Kompromissen geneigt – besaß nicht die Ruhe und Ausdauer, mit der Karl dreißig Jahre lang den Kampf um die religiöse Einheit durchgestanden hatte. Um gegen den Willen der Protestanten die Anerkennung der *reservatio ecclesiastica* durchzusetzen, die verhindern sollte, daß weiterhin Kirchengüter säkularisiert wurden, machte Ferdinand in der *Declaratio Ferdinandea* das große

Zugeständnis, daß die protestantischen Untertanen in den katholischen Staaten nicht gezwungen werden sollten, zum alten Glauben zurückzukehren. Die beiden in Augsburg getroffenen Verfügungen wurden freilich häufig nicht eingehalten und gaben Anlaß zu neuen Religionskriegen, die erst mit dem Westfälischen Frieden ein Ende nahmen.

Am 6. Juni 1554 setzte der Kaiser zum letztenmal die Thronfolge fest, als er noch hoffte, daß der Ehe Philipps mit Mary von England ein Nachkomme beschieden sein werde. Für Spanien beschloß er, das Recht der Erstgeburt streng beizubehalten: Don Carlos, der Sohn Philipps, sei Erbprinz mit allen Rechten. Die Kinder aus der englischen Heirat hingegen sollten ihrem Vater in den Niederlanden folgen. Karl hoffte, dadurch eine mächtige Union zu schaffen, wie sie im Laufe der Geschichte nur kurze Zeit, unter Wilhelm III. und Mary von England, bestand. Burgund schließlich sollte das Bindeglied zwischen den Besitzungen des Hauses Habsburg sein.

1554 mußte der Kaiser noch einmal ins Feld ziehen. Die Franzosen waren in die Niederlande eingefallen. Das bemerkenswerteste Ereignis dieses Verteidigungskampfes war der Entsatz von Renty am 15. August 1554. Obwohl er leidend war, übernahm der Kaiser das Kommando. Es war seine letzte Kriegstat. Als später ein Maler, der diesen Sieg im Bild festhalten sollte, von einer Flucht der Franzosen sprach, wies Karl ihn zurecht: Er dürfe einen völlig geordneten Rückzug nicht als „Flucht" bezeichnen. Selbst in den kleinsten Einzelheiten legte er Wert auf historische Wahrheit.

In Italien hatten die Kaiserlichen nach zahlreichen Wechselfällen schließlich Siena erobert – ein Sieg, der das Gleichgewicht der Kräfte auf der Halbinsel wiederherstellte. Hingegen kündigten sich nach 1555 neue politische Schwierigkeiten an, als Paul IV. aus dem Haus Caraffa den Thron Petri bestieg. Er war ein noch gefährlicherer und hartnäckigerer Gegner der Habsburger als Clemens VII. und Paul III.

In der Geschichte der Päpste gilt Paul IV. als Übergangspapst. Er war kein Renaissancepapst mehr, weltlich, ehrgeizig, den Freuden des Lebens nachjagend, sondern ein Vertreter der Gegenreformation, die bereits das Barock ankündigte. Er war fromm, von religiösem Eifer beseelt, ein Anhänger der Reformbestrebungen, aber auch von politischem Haß erfüllt, noch unfähig, sich vom Machtrausch der vergangenen Ära frei zu machen. Die Mittel, deren der Papst sich gegen den Kaiser bediente, die Intrigen, um den Franzosen die Vorherrschaft in ganz Italien zu sichern, und der schneidende Ton, in dem er zu Karl V. sprach, zwangen den Herrscher, Herzog von Alba in einer Sondermission an den päpstlichen Hof zu entsenden. Im Namen des Kaisers gab Alba in Rom zu wissen, daß der Monarch entschlossen sei, dem Verhalten der Kurie ein Ende zu machen, falls Seine Heiligkeit nicht stark genug sei, selbst die Kardinäle zur Ordnung zu rufen. Es zählt wohl zu den paradoxesten Erscheinungen im gesamten Leben des Herrschers, daß er, der so viel getan hatte, um das Papsttum als universelle Institution zu erhalten, die Päpste zu seinen erbittertsten Feinden zählte und bis an die Schwelle des Todes meist mit dem jeweiligen Oberhaupt seiner Kirche politisch und persönlich in schlechtem Einvernehmen lebte.

Am 13. April 1555 starb Johanna, die Wahnsinnige. Erst von diesem Augenblick an war Karl der alleinige Gebieter über Spanien.

Am 22. Oktober desselben Jahres trat der Kaiser als Souverän des Ordens vom Goldenen Vlies zurück. Das war der erste Akt einer langen Reihe von Zeremonien, bei welchen der Kaiser nacheinander auf seine Rechte verzichtete und seine Funktionen niederlegte. Die Ordenskapitel hatten wiederholt und sehr oft fast grausam am Kaiser Kritik geübt und ihm seine Unentschlossenheit, seine Langsamkeit, respektive das, was sie für Mangel an Eifer hielten, vorgeworfen. Es gehörte freilich zu den Privilegien der Ritter dieser erlesenen Gemeinschaft, über den Herrscher urteilen zu dürfen. Karl hatte den Tadel stets ohne Zorn hingenommen, ganz im Gegensatz zu der heftigen Reaktion Margaretes, als die Herren vom Goldenen Vlies, der junge Neffe an der Spitze, gegen die

Verhaftung von Don Manuel Einspruch erhoben. Die rege Tätigkeit des Kaisers im Verlauf des Sommers 1555 hatte seinen Entschluß, abzudanken, zweifelhaft erscheinen lassen; aber der Akt vom 22. Oktober bewies der ganzen Welt, daß seine Entscheidung unwiderruflich war.

Drei Tage später, am 25. Oktober, legte er im großen Saal des Brüsseler Schlosses die Regierung der Niederlande in die Hände König Philipps. Karl erschien im Trauergewand, umgeben von den Rittern des Goldenen Vlieses, den Gouverneuren und Ratgebern. Er stützte sich auf Wilhelm von Oranien – eine Geste, die sich im Licht der kommenden Ereignisse als symbolisch erwies. Die Königinnen Eleonore und Maria, der Herzog von Savoyen, Erzherzog Ferdinand von Österreich und Herzogin Christine von Lothringen wohnten dem feierlichen Akt bei. Zu Beginn verkündete einer der Räte, Philibert, den kaiserlichen Entschluß. Dann sprach Karl. Auf einem Stückchen Papier, das er in der Hand hielt, hatte er einige Daten und Punkte notiert. Mit Hilfe dieser kleinen Gedächtnisstütze gab er einen Überblick über sein ganzes Leben. Er erinnerte, daß er vor 40 Jahren in diesem selben Saal großjährig erklärt worden war; später hatte er die Nachfolge seiner beiden Großväter angetreten, die Nachfolge Ferdinands in Spanien und Maximilians im Reich; er wies darauf hin, daß die schwersten Bedrohungen, gegen die er ankämpfen mußte, die Spaltung der Christenheit und die immer wieder erneuerten Bündnisse seiner Feinde waren, gegen die er seine Lande verteidigen mußte. Dann zählte er seine Reisen auf: neunmal war er in Deutschland gewesen, sechsmal in Spanien, viermal in Frankreich, zweimal in England und zweimal in Afrika. Die Fahrt nach Spanien, auf die er sich nun vorbereite, werde die letzte sein. Schmerzerfüllt vermerkte er, er könne weder seinem Haus noch seinen Staaten den Frieden hinterlassen, den er im Laufe einer vieljährigen Regierungszeit zu erlangen getrachtet habe. Er habe sich niemals Ruhe gegönnt und oft sein Leben aufs Spiel gesetzt. Nun sei er am Ende seiner Kraft und habe sich bereits mehr als einmal dem Tode nahe gefühlt. Dann kam er noch einmal auf den Versuch seiner Feinde zu sprechen, ihn in Innsbruck gefangenzunehmen, und auf die Belagerung von Metz, deren unglückseliges Ende die schmerzlichste Erinnerung zu sein schien, die er in seine Abgeschiedenheit mitnahm. Wiederum beharrte er darauf, der Mißerfolg dieses Unternehmens sei durch die Ungunst der Witterung bedingt gewesen. Wenn man vergleicht, mit welcher Schlichtheit Karl V. für gewöhnlich seine Fehler zugab, dann legt dieser Absatz den Gedanken nahe, daß der Kaiser einen seiner Getreuen, den Herzog von Alba, entlasten wollte, dem man die schlechte Führung des Feldzugs zum Vorwurf machte. Erfolg und Mißerfolg liegen in der Hand des Allmächtigen, fuhr der Kaiser fort, und er danke Gott, daß er ihm so oft geholfen habe.

Abschließend betonte er nochmals, nur seine Erschöpfung veranlasse ihn, seine Länder König Philipp, und das Reich König Ferdinand zu übergeben. Er bat seinen Sohn, dem Glauben der Väter treu zu bleiben und stets für Frieden und Recht einzutreten. Er gab zu, daß er sich oft geirrt habe, und nannte Jugend, Eigensinn und Schwäche die Hauptursachen seiner Fehlurteile. Die letzten Worte waren die ergreifendsten: Er habe niemals willentlich das Recht eines Menschen verletzt; falls es doch geschehen sei, bitte er um Verzeihung. Erst nach diesen Worten sank er erschöpft auf den Thron zurück.

Die Anwesenden konnten ihre Bewegung nicht länger verbergen; die Damen des Gefolges weinten. Auch über das frühzeitig gealterte Antlitz des Kaisers liefen Tränen. Er entschuldigte sich, daß er seine Rührung zeige. König Philipp warf sich ihm zu Füßen und versprach, niemals die Worte zu vergessen, die sein Vater soeben gesprochen hatte. Philipp blieb diesem Schwur treu; die Geschichte kennt nur wenige Söhne, die so wie er dem Beispiel des Vaters folgten, sein Andenken in Ehren hielten und ihm über den Tod hinaus gehorchten. Nachdem Karl seinen Sohn umarmt hatte, entschuldigte Philipp sich, daß er die Landessprache nicht gut genug beherrsche, und ließ den Bischof von Arras in seinem Namen eine Erklärung verlesen. Es war wie eine peinliche Vorhersage künftiger Schwierigkeiten: Der neue Herr über Burgund war nicht wie Karl in diesem Land geboren und erzogen worden und verfügte daher nicht über das tiefe Verständnis, das seinen Vater ausgezeichnet hatte. Dann war die Reihe an Königin Maria, Abschied zu nehmen, denn sie wollte ihren Bruder nach Spanien begleiten. Der Kaiser dankte ihr für ihre treuen Dienste.

Der Historiker Karl Brandi verweist zu Recht auf die historische Einmaligkeit dieser Szene; aber in seinem Versuch, sie als Ausdruck der Hochrenaissance zu erklären, kann man ihm kaum folgen. Seine Schlußfolgerung enthält nur die halbe Wahrheit. In dieser Abdankungszeremonie tönt das christliche Mittelalter nach und klingt die künftige Frömmigkeit des Barocks an, so daß es schwerfällt, sie als ein typisches Renaissanceereignis zu verstehen. In Wirklichkeit ist das Geschehen in Brüssel in erster Linie für die Hauptgestalt, für Karl V., charakteristisch, für die innere Kraft, die ihn einen eigenen Stil finden ließ, ebenso wie für die große Wende jener Zeit, die er selbst gestalten half.

Die Verzichterklärung auf Kastilien, Aragon, Sizilien und die Neuen Indien erfolgte einige Monate später, am 16. Januar 1556. Der Staatsakt fand in den Gemächern des Kaisers vor einem kleinen Kreis statt. Diesmal betonte der Herrscher – eine für ihn typische Reaktion –, daß man im Alter Gott in der Einsamkeit besser dienen könne. Als er König Philipp eine Kassette mit seinem Testament und seinen Instruktionen überreichte, fügte er hinzu, er werde den Rest seines Lebens nützen, um für seine Sünden Buße zu tun und sein Gewissen in Ordnung zu bringen. Philipp wurde in ganz Spanien feierlich zum König ausgerufen. Don Carlos, noch ein Kind, huldigte dem abwesenden Vater; während man das königliche Banner über sein Haupt hielt, rief er: *Castilla, Castilla, por el Rey Don Felipe!*

In diesen Tagen empfing der Kaiser in einer der letzten Audienzen den Admiral von Frankreich, Gaspar de Coligny, der ihm sein Beglaubigungsschreiben überreichte. Coligny fiel später als Opfer der Religionskriege, die Frankreich vielleicht hätte vermeiden können, wenn es den Kaiser nicht mit aller Macht an der Wiederherstellung der Einheit des Glaubens in Deutschland gehindert hätte. In diesem Gespräch brachte Karl noch einmal, wie schon in seiner Jugend, zum Ausdruck, er sei stolz darauf, ein Nachkomme der Valois zu sein.

Erzherzog Maximilian, der mit Maria vermählt war, der Tochter Karls – durch die also die österreichischen und die lothringischen Habsburger in weiblicher Linie von dem großen Herrscher abstammen –, kam mit seiner Gemahlin aus den Niederlanden, um vom Kaiser Abschied zu nehmen. Karl hätte gerne auch seinen Bruder Ferdinand noch einmal gesehen, aber das war nicht möglich, und so kam es, daß er mit einem Schreiben vom 12. September 1556 dem römischen König die Kaiserwürde übertrug. Die Kurfürsten nahmen die Abdankung nicht zur Kenntnis und proklamierten Ferdinand erst im Feber 1558 zum gewählten Kaiser.

Am 28. August 1556 trennte Karl sich in seiner Geburtsstadt Gent von Philipp. Sie sollten einander nicht mehr wiedersehen. Eine Flotte von 56 Seglern brachte den Kaiser und sein Gefolge nach Spanien; am 28. September ging man in dem kleinen Hafen Laredo vor Anker. Auf ausdrücklichen Wunsch des Kaisers durfte außer dem Infanten Don Carlos niemand zur Begrüßung kommen. Von Laredo begab der Monarch sich auf Schloß Jarandilla. Am 25. November – der Herbst war außergewöhnlich mild und noch blühten die Blumen – betrat Karl zum erstenmal das Kloster der Hieronymiten in Yuste, westlich von Toledo. Das Landhaus, das er sich hatte erbauen lassen, war noch nicht vollständig eingerichtet, aber bereits am 5. Feber 1557 konnte der Kaiser mit seinem kleinen Hofstaat für ständig dort Wohnung nehmen.

Viele Legenden ranken sich um diesen letzten Aufenthalt, und die Geschichte konnte sich nicht vollständig von ihnen frei machen, obwohl uns über diese letzte Lebensphase

Karls V. überreiche authentische Quellen zur Verfügung stehen. Die Mönche haben die Gewohnheiten des Herrschers bis in jede Kleinigkeit festgehalten; zahlreiche Briefe seiner Umgebung sowie die persönliche Korrespondenz Karls vermitteln uns ein getreues Bild seiner Lebensweise und der Gedanken, die ihn vor allem beschäftigten.

Karl V. lebte in Yuste weder als Mönch noch als Einsiedler. Er war auch kein Büßer, der sich kasteite und Gewissensqualen litt; er beschäftigte sich auch nicht ausschließlich mit seiner großen Uhrensammlung, obwohl erzählt wurde, daß sein Uhrmacher, der die Uhren einstellen mußte, ihn jeden Morgen als erster zu sehen bekam. Das sind Fabeleien schlecht informierter oder böswilliger Chronisten. In Wirklichkeit führte Karl in seinem Landhaus das Dasein eines Grandseigneurs, der nach einem stürmischen Leben und Jahren ständiger Spannung nun wünschte, in der Stille auszuruhen, seinen Neigungen nachzugehen und die kleinen Freuden, die das Leben ihm noch bieten konnte, zu genießen.

Das Wohnhaus hatte nur ein Stockwerk, das wie das Erdgeschoß in vier große Räume unterteilt war, in denen mit Geschmack ausgewählte Kunstwerke standen. Mit den großen Sälen der Paläste jener Zeit konnte man diese Gemächer freilich nicht vergleichen. Das Landhaus war ein typischer Renaissancebau: ein einfacher geometrischer Grundriß, keine unnützen Ecken, kein überflüssiger Zierat. Es stand mitten im Garten; ein Flügel schloß an das Kloster an, so daß der Kaiser von seinem Zimmer aus den Hauptaltar der Kirche sehen, dem Gottesdienst folgen und dem Gesang der Mönche lauschen konnte.

Der Tag begann mit einer heiligen Messe für die verstorbene Kaiserin, woran der Kaiser nicht in der Kirche teilnahm. Er erhob sich erst gegen zehn Uhr, wie es den spanischen Gewohnheiten entsprach. Seine Diener halfen ihm beim Ankleiden. Karl verbrachte den Tag mit Lektüre oder im Gespräch mit seinem Sekretär und Vorleser Wilhelm van Male. Oft ging er unter den Bäumen oder im Blumengarten spazieren, plaudernd oder meditierend. Hatte er am Morgen kommuniziert, dann nahm er auch am Hochamt teil. Nachmittags hörte er gerne eine Predigt.

Selbstverständlich empfing er auch Besuch von auswärts. Im allgemeinen liebte er jedoch nicht, gestört zu werden, sondern freute sich an der Einsamkeit, der schönen Landschaft und der klösterlichen Stille. Sein Hofstaat umfaßte etwa fünfzig Personen, wovon jedoch nur wenige täglich mit ihm Fühlung hatten.

Fast ständig war der Kaiser von seinem Arzt, dem Flamen Dr. Mathys, seinem Vorleser van Male, seinem Sekretär Martin de Gaztelu und schließlich seinem Beichtvater Juan de Reglas umgeben.

Diesen letzteren, einen Sohn armer Bauern, hatten anfangs schwere Zweifel geplagt, ob er mit seinem engen Horizont den großen Problemen, die den Kaiser beschäftigten, gewachsen sein werde. Karl beruhigte ihn: Kurz nach seiner Abdankung habe er alle Gewissensfragen aus seiner Herrscherzeit mit seinen Beichtvätern in Brüssel besprochen. Er habe die Absolution erhalten und ein für allemal unter die Vergangenheit einen Strich gemacht. Juan müsse sich nur mit den Sünden befassen, die der Kaiser von nun an in seiner Zurückgezogenheit begehen könne. Trotzdem verfolgte ihn eine Frage: Hatte er den Häresien nicht zu spät und mit zuwenig Energie Widerstand geleistet? Immer noch fühlte er sich für die Spaltung der Kirche in Deutschland verantwortlich. Die Briefe, die der Kaiser seinen nächsten Anverwandten sandte, Philipp und seinen Schwestern Eleonore und Maria, zeigen, wie sehr diese Frage ihn quälte.

Andere Vorwürfe, die Karl sich gemacht haben mag, sind nicht so eindeutig bezeugt. Angeblich klagte er sich an, daß er aus Liebe zu seinem Sohn nach dem Tod der Kaiserin Isabella nicht wieder heiraten wollte und daraus Sünden erwuchsen. Eine so strenge Selbstkritik ist wenig wahrscheinlich, denn hinsichtlich der Fleischessünden herrschte damals eine sehr weitherzige Einstellung. Übrigens lobt der katholische Kirchenhistoriker Joseph Lortz Karls Reinheit der Sitten und sein beispielhaftes Eheleben; im Hinblick auf die Fehltritte fügt er hinzu, daß der Monarch in puncto christlicher Moral die Mehrzahl seiner Zeitgenossen, Protestanten wie Katholiken, Geistliche wie Laien, weit überragt habe.

Majordomus des Kaisers war Luis Mendez de Quijada, Herr von Villagarcia. Seine Gemahlin, Doña Magdalena Uloa, sorgte für Jeronimo, den Sohn des Kaisers und der Barbara Blomberg. Im Glauben, er sei einer Liebschaft ihres Gemahls mit einer Deutschen entsprossen, hielt sie ihn wie ihr eigenes Kind. Sie hing sehr an dem blondlockigen, blauäugigen Knaben. Als sie ihrem Gemahl nach Yuste folgte, kam der nunmehr zwölfjährige Jeronimo als Page in das Gefolge des Kaisers; gewiß nicht ohne dessen Zustimmung. Der alternde Mann fand Wohlgefallen an dem Kind; das Geheimnis der hohen Geburt wurde gelüftet, und von nun an hieß Jeronimo offiziell Don Juan de Austria.

Ein Gast, mit dem Karl oft und lange sprach, war der Jesuit Francisco de Borgia, Herzog von Gandia, ehemals Kammerherr der Kaiserin Isabella. Möglicherweise hat dieser treue Diener Gottes Karl geraten, die Abfassung seiner *Memoiren* mit dem Jahr 1549 abzubrechen. Auf die Frage des Kaisers, ob es sündhaft sei, sich mit der Vergangenheit zu befassen und seine eigenen Großtaten zu schildern, soll Borgia geantwortet haben, jede Anhänglichkeit an Gewesenes komme der Abgötterei gleich. Und er fügte hinzu: „Heute und hier ist Gott gegenwärtig."

Die Königinnen Eleonore und Maria kamen gleichfalls gelegentlich nach Yuste. Karl versuchte, Maria zu überzeugen, sie müsse wiederum die Regentschaft über die Niederlande übernehmen. Sie lehnte ab. Der Kaiser handelte freilich genauso, als sein Sohn ihn bat, die Einsamkeit zu verlassen und wieder in die aktive Politik zurückzukehren. Päpstliche Intrigen und ein drohendes neues Bündnis zwischen dem Heiligen Stuhl und Frankreich beunruhigten Philipp und bedrückten ihn. Der Kaiser hingegen meinte, die Gefahr sei nicht so groß und ein glücklicher Ausgang sicher. Die Zukunft gab ihm recht.

Im Jahr 1557 gelang es Philipp, Saint-Quentin einzunehmen. Trotzdem machte der Kaiser ihm Vorwürfe, daß er nicht in freier Feldschlacht gekämpft habe. Am 13. Juli 1558 siegte der Graf von Egmont bei Gravelingen über die Franzosen und entschied damit den Kampf um das flämische Grenzland zugunsten Spaniens. In Italien eroberte der Herzog von Alba die päpstlichen Festungen. Der Kaiser war ernstlich erzürnt darüber, daß Philipp auf die Forderungen des Papstes einging, ihm die eroberten Ortschaften zurückgab und ihn sogar um Verzeihung bat.

Im Verlauf des Jahres 1557 erfreute sich der Kaiser besonders guter Gesundheit und bester seelischer Verfassung. Er freute sich an der schönen Landschaft und an den Baumgruppen, den Zedern, Kastanien-, Orangen- und Zitronenbäumen, die seinen Landsitz umgaben. Das leuchtende Grün der Blätter tat seinen Augen gut; oft unternahm er dort kurze Spaziergänge. An die Bewohner der benachbarten Dörfer teilte er große Almosen aus, obwohl seine Umgebung klagte, daß die Bauern oft die Schweizer Kühe des Hofes stahlen und Steine in den Garten warfen. Er hatte auch Ärger mit der spanischen Finanzverwaltung, die sich erst nach wiederholten Reklamationen bereit erklärte, die Apanage von 20.000 Dukaten, die für den Unterhalt des kaiserlichen Hofstaats vorgesehen war, zu zahlen.

Die Bibliothek des Monarchen und die Berichte aus seiner Umgebung vermitteln uns ein sehr genaues Bild seiner wissenschaftlichen und literarischen Interessen in Yuste. Er las – oder ließ sich vorlesen – die philosophischen und theologischen Werke von Boëthius und dem heiligen Augustinus wie auch die Schriften der spanischen Mystiker. Mit kritischem Interesse las er auch die Erinnerungen des Franzosen Philippe de Commynes und fand sichtlich Gefallen an der Offenheit des Verfassers. In seiner Bibliothek stand auch eines seiner Lieblingsbücher, der „Cortegiano“ von Balthasar Castiglione. Die klassischen Meister, wie Cäsar, Polybius, Tacitus und Thukydides hatte er stets ebenso zur Hand wie die Ritterromane, die die Großtaten Karls des Kühnen verherrlichten. Mit Hilfe seiner Bücher über Astronomie und seiner Weltkarten verfolgte der Kaiser auch gerne seine eigenen Marschrouten, die ihm seine Reisen und Feldzüge ins Gedächtnis riefen.

Nach einem sehr harten Winter brachte der Sommer 1558 große Hitze und Trockenheit; in der Umgebung des Kaisers gab es Krankheits- und Todesfälle. Es ist nicht sehr wahrscheinlich, daß die Todeskrankheit Karls auf diesen klimatischen Verhältnissen beruhte, um so weniger, als die Berichte zu sagen wissen, daß Karl sich während der ärgsten Hitzewelle meist recht gut fühlte. Im Verlauf des Monats August ließen seine Kräfte immer mehr nach, und am Abend des 31. – den Nachmittag hatte er auf der Terrasse verbracht – klagte er über Unwohlsein: *Malo me siento*, sagte er. Der Bericht über diesen Tag, der in der Folge falsch ausgelegt wurde, trug Schuld am Entstehen jener Legende, der Kaiser habe befohlen, daß zu seinen Lebzeiten ein Requiem für ihn gelesen werde, und habe selbst daran teilgenommen. In Wirklichkeit handelte es sich um eine Seelenmesse für Vater und Großvater.

Vom 1. September an war Karl bettlägerig. Sein Gesundheitszustand wurde immer bedenklicher, so daß Quijada den Erzbischof von Toledo, Carranza, rufen ließ, damit er dem Kaiser die Krankenölung erteile. Der Kranke war bei vollem Bewußtsein und nahm an der feierlichen Handlung mit demselben Ernst und demselben Interesse teil, die er der katholischen Liturgie stets entgegengebracht hatte. Er schrieb genau vor, in welcher Reihenfolge die Psalmen und Gebete gesprochen werden sollten. Dann sandte er Luis Quijada mit einer letzten Botschaft zu seinem Sohn, den er bat, er möge seinen Dienern Wohlwollen erweisen und vor allem den Barbier Gila in seine Dienste nehmen.

Am 20. September verschlechterte sich der Zustand des

Kaisers. Für seine Umgebung und auch für ihn gab es keinen Zweifel mehr: der Tod nahte, es ging nur noch um Stunden. Erzbischof Carranza tröstete den Sterbenden und versicherte ihm, durch das Leiden Christi am Kreuz werde er Vergebung seiner Sünden und das ewige Leben erlangen. Die anwesenden Mönche waren bestürzt über dieses Wort, das ihrer Ansicht nach einen lutherischen Akzent enthielt und an das *sola fide* des deutschen Reformators erinnerte. Dieser Vorfall sollte später noch eine wichtige Rolle spielen, als man Carranza wegen Häresie den Prozeß machte; der Erzbischof beendete sein Leben in den Gefängnissen der Inquisition. Der Kaiser selbst hatte dieser Institution wohl zu weitreichende Machtbefugnisse verliehen, die sich letzten Endes gegen seine eigene Person wandten. So mußte Karl zum Beispiel eine Sondererlaubnis der Inquisition einholen, um in Yuste eine französische Übersetzung der Bibel verwenden zu dürfen!

Abwechselnd mit Carranza stand Bruder Villalba dem sterbenden Kaiser bei. Er sprach ihm von dem Tagesheiligen, dem Apostel Matthäus, und erinnerte ihn daran, daß dieser der Bruder des Matthias war, des Patrons seines Geburtstages. Diese beiden großen Fürbitter würden ihn durch den Tod ins ewige Leben geleiten. In den ersten Stunden des 21. September 1558 starb der Kaiser; sein letztes Wort war: „Jesus."

Kein Historiker vermag in das Geheimnis einzudringen, was den Sterbenden in seinen letzten Stunden bewegt haben mag. Vielleicht hat Karl Burckhardt nicht unrecht, wenn er – mehr seiner Phantasie als der Überlieferung folgend – über die letzten Akkorde der Lebenssymphonie Karls V. schreibt:

„Die Summe, die Karl bis zu seinem Tode sinnend und prüfend zog, hieß wohl: Vergeblichkeit. Jede ihrer Niederlagen hatte seine Feinde gestärkt. Der Kaiser saß in seinen letzten Wochen oft im Abendfrieden der Gärten und betrachtete das Bild, die Gloria Tizians, das himmlische Gericht, auf welchem er, eingegliedert in das Ebenmaß einer ungeheuren

Hierarchie, in flehender Gebärde, alle Verantwortung auf sich nehmend, vor Gottes Thron erscheint. Vielleicht war ihm in Augenblicken bewußt, daß die Saat aller Taten aufgeht, aber anders als auf den Feldern der Erde, ohne Gewißheit von Zeit und Ort und vertrauter Gestalt, irgendwo, irgendwann, und in Formen, die wir uns nicht ausdenken können.“

KAPITEL X

PERSÖNLICHKEIT UND HISTORISCHE ERSCHEINUNG

Imago Imperatoris

Als König Philipp II. seinen Vater zu überzeugen versuchte, er solle aus der Abgeschiedenheit von Yuste wieder auf den Schauplatz der Politik zurückkehren, schrieb er ihm, daß es genüge, wenn der Kaiser sich in der Öffentlichkeit zeige und seinen Entschluß bekanntgebe, wenigstens einen Teil seiner Tätigkeit wieder aufzunehmen, um die Ordnung in der Welt wiederherzustellen. Mit einem Schlag wäre alles gewonnen. Zu dem Zeitpunkt, da König Philipp diesen Brief absandte, war er bereits dreißig Jahre alt. Die Geschichte seines Lebens bewies, daß er überlegenen Geist und großen sittlichen Mut besaß. In den Beziehungen zu seinem Vater blieb er jedoch stets der gehorsame Sohn, des Abstands bewußt, der ihn von der großen und einzigartigen Persönlichkeit dessen trennte, der – nicht nur für ihn – Urbild eines Kaisers war.

Die außerordentliche Strahlkraft Karls V. ist um so bemerkenswerter, als er keineswegs eine imposante Gestalt besaß, wie es sich das Volk von einem Kaiser erwartet. Seine Rüstungen, die wir noch in vielen europäischen Sammlungen sehen können, waren für einen eher klein gewachsenen Mann von zarter, schmaler Figur, fast wie für einen Jüngling gearbeitet. Überdies entsprach er gewiß nicht dem männlichen Schönheitsideal und hatte nichts Pompöses und Theatralisches an sich, wodurch die anderen Fürsten jener Zeit sich auszuzeichnen pflegten. Der Unterschied springt ins Auge, wenn wir die Bilder des Kaisers mit jenen eines Franz I., Heinrich VIII., Moritz von Sachsen oder auch mit den Gemälden der Renaissancepäpste vergleichen.

Die Schlichtheit Karls V. schloß jedoch weder Würde noch Eleganz aus. Das zeigt uns das erste Bildnis, das Tizian von ihm malte und das den Souverän in vornehmem Gewand, eine Dogge zur Seite, zeigte; oder auch die Bilder, auf denen er in schlichtes Schwarz gekleidet ist, schon ein wenig gebeugt und den Patriziern von Brüssel und Augsburg ähnlich; schließlich das prachtvolle Gemälde am Abend der Schlacht bei Mühlberg. Alle diese Bildwerke, obwohl zu verschiedenen Zeiten und unter ganz verschiedenen Umständen gemalt, weisen dieselben charakteristischen Züge auf: Das Gesicht ernst, der Blick – fast könnte man sagen abwesend – nach innen gekehrt und gedankenvoll; das genaue Gegenteil eines Abbildes, wie die Renaissancemachthaber es im allgemeinen der Nachwelt bewahren wollten.

Die Jugendbildnisse lassen die Hauptmerkmale Karls klar erkennen: das stark vorgeschobene Kinn und den offenen Mund. Dieses Erbteil, das auf Zimburgis von Masovien zurückzugehen scheint, entwickelte sich auf Grund der vielen Verwandtenheiraten bis zu einem Grad, daß es in den folgenden Generationen des Hauses Habsburg schon beinahe zur Karikatur wurde. Mit den Söhnen Leopolds I. verschwand es fast vollständig. Der Bart, den Karl als Erwachsener trug und den er bis zum Tode beibehielt, sollte wenigstens zum Teil diesen wenig schmeichelhaften Zug verdecken.

Die Veränderungen in der äußeren Erscheinung und in der Kleidung waren nicht mit der tiefen Zäsur in Karls Leben verbunden, die mit dem wichtigsten Datum seiner Regierungszeit zusammenfällt: der Krönung. Von diesem Augenblick an nahm seine Ausstrahlung zu. Die Entwicklung, die mit dem Reichstag zu Worms eingesetzt hatte, wuchs immer stärker an bis zum Triumph bei Mühlberg. Die Würde des Kaisers, seine Klugheit, seine Standhaftigkeit und seine in einer langen Regierungszeit gewonnene unvergleichliche Erfahrung zogen alle in ihren Bann. Diese Geisteshaltung formte ihn. Die Welt sah nicht mehr einen unentschlossenen und unerfahrenen jungen Mann in ihm, sondern einen echten Herrscher, der über jene ungreifbare, aber tatsächliche Macht verfügte, die man als rechtmäßige Autorität bezeichnet. Daran änderten auch die Flucht aus Innsbruck und die Niederlage bei Metz nichts. Über einen wahren Kaiser können

Schicksalsschläge und Unglück kommen, ohne daß es seine Autorität schmälert; er bleibt, was er ist. Der Usurpator hingegen ist immer verwundbar.

Die Kluft, die Karl V. von seinesgleichen auf den Thronen Europas und insbesondere von den Reichsfürsten trennte, wurde immer größer. Daran trugen weniger die Meinungsverschiedenheiten Schuld als vielmehr die unterschiedliche Auffassung von der eigentlichen Aufgabe eines Herrschers. Der amerikanische Historiker Hajo Holborn meint, Karl habe „tiefe Verachtung für die Fürsten empfunden, und das Wissen um ihre Verderbtheit hat seine Siegeszuversicht außerordentlich gestärkt. Mit heldenafter Geduld wartete er auf die Stunde des Triumphes, denn er wußte, daß sie unvermeidlich kommen mußte".

Der hervorstechendste Charakterzug des Kaisers, wie er aus seinen Schriften und Taten hervorgeht, war zweifellos seine Selbstbeherrschung, daß er jedes seiner Gefühle absolut in der Hand hatte. Im Laufe eines langen Lebens in der Öffentlichkeit, wo jedes Geschehnis und jede Geste sorgfältig von den Zeitgenossen festgehalten wurde, zeigte er nur bei äußerst seltenen Gelegenheiten Zorn oder Verachtung. Willenskraft und Geduld verbanden sich mit absolutem Vertrauen auf Gott, das ihn niemals verließ. Das machte ihn fähig, alle Widerwärtigkeiten zu ertragen, die er als Willen des Allmächtigen hinnahm. Herr über sich selbst, konnte er auch andere beherrschen. Es heißt, daß er am ganzen Körper zitterte, wenn man ihm die Rüstung anlegte, aber daß dieses Zeichen der Schwäche verschwand, sowie er den Turnierplatz betrat oder zum Stierkampf in die Arena hinabstieg, und ganz besonders, wenn er an der Spitze seiner Truppen in die Schlacht zog. Während der Schlacht befand er sich stets bei der Vorhut oder im dichtesten Kampfgetümmel. Doch niemals erwähnte er in schriftlichen oder mündlichen Berichten seine Taten, sondern beschränkte sich ausschließlich auf die objektiven Ergebnisse. Noch viel mehr: Karl hatte seinen Chronisten untersagt, seine persönliche Tapferkeit und seine

Waffentaten zu besingen. In seinen Augen war es nicht der Mühe wert, sie festzuhalten.

Über das Innenleben des Kaisers besitzen wir nur wenige Dokumente. Wäre er dem Stil seines Jahrhunderts gefolgt, dann hätten seine Memoiren ihn als den Herrn der Welt dargestellt, siegreich in zahllosen Schlachten, mit unzähligen Kronen geschmückt, ein weiser und gelehrter Fürst, ein großer Redner. Nichts davon. Seine Berichte sind eine ausgezeichnete Quelle, um den Zusammenhang der Ereignisse zu begreifen. Sie geben einen genauen und detaillierten Überblick über die Feldzüge des Kaisers und sind für den Historiker unentbehrliche Dokumente. Aber über Lieben und Leiden steht nichts darin; seine Gedanken, seine Freuden und seine Mühsal zeichnete Karl V. nicht auf. Die Erinnerungen des Kaisers könnten von einem uninteressierten Zeugen, einem Beobachter verfaßt sein, der um alle Einzelheiten weiß, dessen persönliche Gefühle aber keine Rolle spielen.

Wenn man die Schriften, die der Herrscher uns hinterlassen hat, unvoreingenommen liest, dann findet man ohne allzu große Schwierigkeiten den Schlüssel zu dem, was man das Geheimnis Karls V. genannt hat. Der nahezu unmenschliche Abstand dem eigenen Schicksal gegenüber kam aus dem bewußten Bemühen, das Amt vor die Person zu stellen. Atavismus und die Schulung vor allem durch Hadrian, Dr. Mota und später Gattinara hatten ihm eine grenzenlose Achtung vor der Würde, mit der er bekleidet worden war, eingeflößt, und er hielt es für seine Pflicht, den einfachen Sterblichen zu übergehen, der eine ewige Krone trug. Fest davon überzeugt, daß er als Mensch niemals diesem Ideal gerecht werden könne, legte er sich eiserne Selbstbeherrschung auf und trachtete, alles rein Menschliche bis in seine Briefe hinein auszuschalten. In seinen eigenen Augen war er nicht länger mehr Karl von Burgund, sondern der Kaiser nur, der niemals stirbt.

Dank der Briefe an seine Geschwister können wir die politischen Pläne Karls V. bis zu ihrem Ursprung zurück verfolgen. Seine Arbeitsmethode entstammte der Schule Hadrians von Utrecht; auch von Gattinara hatte er viel gelernt. Stand er vor einem Problem, dann analysierte er es zunächst, suchte den Weg, der zum Ziel führen sollte, wog das Für und Wider in der Bereitschaft, Einwände anzunehmen und zu prüfen, um schließlich seine Entscheidung zu treffen. Im Verlauf der Verhandlungen jedoch verriet er niemals, was in ihm vorging, selbst dann nicht, wenn er wochen- und monatelang kämpfen mußte, um zu einem Schluß zu gelangen.

Wir wissen, daß Karl V. ein Freund der Künste war. Wie der Großteil seiner Familie liebte er die Musik. In Yuste lauschte er gerne den Kirchengesängen und wußte bald die Stimmen der Mönche so genau zu unterscheiden, daß er am Abend lächelnd dem oder jenem Pater sagen konnte, in welchem Augenblick und bei welchem Teil der Liturgie er falsch intoniert hatte. In der Malerei war Karl ein Laie, verstand aber viel davon, wie seine Vorliebe für Giorgione und Tizian beweist. Oft ließ er sich Bilder aus seiner Sammlung nach San Yuste bringen und betrachtete sie lange und ausführlich in jedem Detail. Er konzentrierte sich so sehr auf dieses Studium, daß Arzt wie Beichtvater ihm davon abrieten, aus Angst, er könnte sich überanstrengen. Von Karl V. und Tizian erzählte man sich dieselbe Anekdote wie von Maximilian und Dürer. In beiden Fällen soll der Kaiser den Pinsel, der dem Meister entfallen war, aufgehoben haben mit den Worten, der Künstler sei im Reiche des Geistes ein Fürst und folglich dem Herrscher ebenbürtig. Die Beziehungen des Kaisers zur Kunst hatten jedoch niemals etwas Theatralisches. Nach seinem im Grunde mittelalterlichen Denken war die künstlerische Darstellung in erster Linie ein Gottesdienst und nicht, wie für die Humanisten und die Mäzene der Renaissance, die Apotheose des Menschen auf dem Gipfel der Vollendung. Auf derselben Linie liegt folgerichtig auch die tiefe Religiosität Karls V. Es ist schwer zu unterscheiden, inwieweit diese Haltung auf das Erbe der Ahnen und auf die Erziehung zurückgeht und was er sich selbst erarbeiten mußte. Aber unleugbar haben die Erziehung in den Niederlanden, der Einfluß Hadrians von

Utrecht und durch Hadrian der „devotio moderna" sowie spätere Studien seinem Denken viele Züge des erasmischen Humanismus eingeprägt. Das war der Grund für die Kritik, die von seiten der Kirche an ihm geübt wurde, deren konservativste Elemente dem Kaiser vorwarfen, selbst nicht ganz immun gegen die Reformation und häretische Tendenzen zu sein. Im Gegensatz dazu nennt der Historiker Joseph Lortz Karl den einzigen echten katholischen Rivalen Luthers hinsichtlich einer Erneuerung der Kirche. Er schließt sich voll und ganz dem Urteil Balthasar Castigliones an, der erklärt hatte, der Kaiser sei der beste Christ, dem er jemals unter den Laien wie unter dem Klerus begegnet sei. Lortz geht so weit, zu sagen: „Wenn man von den Heiligen und Büßern absieht, dann war Karl zu seiner Zeit der beste Diener der Kirche."

Den Kampf um die kirchliche Einheit begann Karl – trotz der zahlreichen politischen Auswirkungen – auf Grund seines eigenen persönlichen christlichen Glaubens. In religiösen Dingen konnte er sich gar keine andere Haltung vorstellen als die Unterordnung der politischen Ziele unter das bedeutend wichtigere Gesetz: die Verteidigung des Väterglaubens und damit die Verteidigung der einen und wahren katholischen Kirche. In dieser Hinsicht ist das Urteil des Protestanten Leopold von Ranke bedeutsam: „Herrscher wie der König von England konnten an ein Schisma denken; von einer solchen Idee wurde der Kaiser nicht einmal versucht. Seine Autorität trug von Anfang an kirchlichen Charakter; nur in dessen Ausübung fand sie ihre wahre Bedeutung."

Man kann nicht bestreiten, daß die unmittelbaren Ziele und grundlegenden Ideen Karls zu wiederholten Malen der Reformation bedeutend näherstanden als bestimmten Elementen der Kurie. Tatsächlich weigerte die Kurie sich meist, jenen Reformatoren, die zu einer echten Erneuerung gelangen und den Mißbräuchen ein Ende setzen wollten, Zugeständnisse zu machen. Sie widersetzte sich auch zu lange der Einberufung eines Konzils. Objektiv muß man aber anerkennen, daß diese unselige Haltung mitunter die – durch historische

Erfahrungen gerechtfertigte – Sorge widerspiegelte, daß Kirchenversammlungen in Krisenzeiten Gefahr laufen, noch größere Verwirrung zu stiften und im Schisma zu enden. Trotz zahlreicher Enttäuschungen blieb Karl stets überzeugt, die Lösung des Konflikts könne nur darin bestehen, daß alle, die sich vorübergehend vom katholischen Glauben getrennt hatten, in den Schoß der Kirche zurückkehrten.

Hiezu meint Ranke: „Sein oberstes Ziel war zweifellos politisch, aber seinem Wesen nach religiös im katholischen Sinn des Wortes. Das ermöglichte ihm, sich unabhängig von den Launen und Gefühlen des Volkes ein Urteil zu bilden." Holborn stellt fest, daß Karl sich niemals von leidenschaftlichen Gefühlen leiten ließ. „Auf seinem politischen Schachbrett war kein Platz für Gemütsbewegungen." So erlangte er jene große innere Unabhängigkeit angesichts der Zeitströmungen und des sogenannten „Zeitgeistes". Dank dieser Haltung scheint er die Ereignisse oft mit dem Hebel des Archimedes gelenkt zu haben, und sein Ansatzpunkt lag weit außerhalb dieser Welt.

Die Religion war für Karl aufs engste mit der Achtung vor dem Gesetz verbunden. Das Gesetz schien ihm heilig und selbst vom Begriff des Reiches untrennbar; deshalb legte er die auf seine Münzen geprägten Worte „Wie die Sonne den Himmel regiert, so regiert der Kaiser die Erde" nicht als Ausdruck unbegrenzter Macht aus, sondern im Gegenteil, als Verleihung einer richterlichen Gewalt, die sich auf das Naturrecht gründete. Im Gegensatz zum Großteil seiner Zeitgenossen ließ er sich von derlei Überlegungen zutiefst beeinflussen und glaubte fest an den Königsspruch der Wisigoten: *Rex eris si recta facis; si autem non facis non eris* – Handelst du gerecht, wirst du König sein, wenn nicht, wirst du nicht König sein. Derselbe Gedanke findet übrigens in der Devise auf der Eisernen Krone der Lombardei Ausdruck: *recta tueri.* Unter Entscheidungen, die er aus politischem Opportunismus treffen mußte, litt Karl selbst sehr, besonders unter Bündnissen mit Menschen wie Albert Alcibiades von Brandenburg, den er aus ganzem Herzen verachtete. Wir wissen auch um das sorgenvolle Interesse am Schutz des Rechts und der Gerechtigkeit in den amerikanischen Ländern. In dieser Hinsicht gehörte es zu den schwersten Enttäuschungen, daß er sehen mußte, wie Las Casas, dem er volles Vertrauen geschenkt hatte, sich gegen Ende seines Lebens in eine destruktive Haltung verrannte, statt unermüdlich an der Beseitigung der vorhandenen Mißstände zu arbeiten. Solche Gedanken beschäftigten Karl bis zu seinem Tod. So befahl er noch in den letzten Tagen seines Lebens die erneute gründliche Überprüfung eines alten Streitfalles: die Legitimität seines Rechtsanspruches auf das Herzogtum von Parma.

Hinsichtlich des Charakters Karls bemerkte Kardinal Contarini, das Temperament des Kaiser zeige wohl einige sanguinische Elemente, dominierend seien aber die melancholischen. Mangels eines Gesamtüberblicks über das Leben Karls V. scheinen viele seiner Zeitgenossen seine Schweigsamkeit für Resignation, seinen Ernst für Schwermut gehalten zu haben. Der Lebensweg des Kaisers bis zu seiner Abdankung und noch mehr die letzten Tage in Yuste zeigten, daß Karl als wahrer Christ das Leben bejahte. Er konnte sich an der Natur, an den Künsten erfreuen, er liebte die Philosophie und die Wissenschaften; er wußte weibliche Schönheit zu würdigen, die strahlende Pracht kirchlicher und weltlicher Feste wie auch die Nervenanspannung bei jeder Mutprobe, in Kampf und Gefahr. Karl Brandi spricht von der sonderbaren inneren Geschlossenheit seines Lebensringes. Das ist um so erstaunlicher, als der Kaiser nicht dem Lebensstil der Renaissancemenschen folgte, sondern gegen seine Zeit lebte, gleichzeitig Erbe geschwundener Traditionen und Künder eines Ideals, für das seine Zeitgenossen noch nicht reif waren.

Manche Urteile über Karl V. sind von religiösem und nationalistischem Haß diktiert, nicht zu reden von den pseudohistorischen Schlagworten, die eine parteiische Sicht der Vergangenheit widerspiegeln. Es lohnt nicht die Mühe, mit ihrer Analyse Zeit zu verlieren.

Man hat dem Kaiser vor allem vorgeworfen, in seiner Politik vor dem Schmalkaldischen Krieg ein falsches Spiel getrieben zu haben. In Wirklichkeit war Karl, wie jeder Herrscher, gezwungen, seine militärischen Vorbereitungen geheimzuhalten. Außerdem war er bis zum Beginn des Krieges bereit, auf den Gebrauch der Waffen zu verzichten, wenn die Fürsten einem vernünftigen Frieden zugestimmt hätten. Karl hat niemals einen Verbündeten fallenlassen oder verraten. Lortz erklärt, der wichtigste Unterschied zwischen ihm und der Mehrzahl seiner Zeitgenossen, die Päpste nicht ausgenommen, liege in der Treue des Kaisers. Im Falle eines Pflichtenkonfliktes stand der Eifer für Gott und den christlichen Glauben eindeutig an erster Stelle.

Von diesem Gesichtspunkt aus kann man der Ansicht Burckhardts, Karl müsse sein Leben als tragisch und vergeblich empfunden haben, nicht ohne Vorbehalt zustimmen. Die Schriften des Kaisers liefern den Gegenbeweis, denn hier stoßen wir oft auf die Bemerkung, alles, was Gott tue, sei wohlgetan. Karl nahm also die Schicksalsschläge hin, auch wenn er sie nicht verstand, weil er der göttlichen Weisheit vertraute. Freilich, sein Hauptziel, das er von 1520 bis 1555 verfolgte, erreichte er nicht. Und man kann sogar annehmen, daß verschiedene Gedankengänge, die Ranke Jahrhunderte später zum Ausdruck brachte, ihm keineswegs fremd waren:

„Es scheint unvermeidlich, daß ein Fürst von der Tradition, der Weltstellung und der Ideologie Karls sich Ziele zumaß, wie jene, die er sich stellte. Die Energie, die er bewies, sein persönliches Talent und die Irrtümer, die seine Gegner begingen, hatten ihm erlaubt, auf dem eingeschlagenen Weg erstaunlich weit zu kommen. Die Gewalt der Umstände jedoch hinderte ihn, sein Ziel zu erreichen.

Er verteidigte Ideen wie die Einheit der Christenheit, die in der Meinung der Menschen noch lebendig, in Wirklichkeit aber schon so geschwächt waren, daß sie weder die einen noch die anderen mehr beherrschten."

Dieser Hinweis bringt ein Charakteristikum des Kaisers

deutlich zum Ausdruck: daß er sich vom Zwang seines Jahrhunderts frei machte. Die Zeit war noch nicht reif für Ideen, die sie überholt glaubte. Sie versetzte daher den Kaiser in die Epoche des ,,barbarischen Mittelalters", das man bald schon ,,das finstere" nannte. Der Dünkel der Hochrenaissance, die sich als eine *nova aetas* erachtete, als direkte Fortsetzung der klassischen Antike, hinderte sie, dem Gedankengang eines Kaisers zu folgen, der nicht Sklave der vorherrschenden Ideen war, sondern als Politiker, als Soldat und vor allem als Träger des höchsten nichtkirchlichen Amtes der Christenheit die Verpflichtung fühlte, weiter in die Zukunft zu schauen als seine Zeit. Betrachtet man die Dinge in dieser Perspektive, dann muß man sich fragen, ob die eigentliche Tragik nicht in der Zeit selbst lag und nicht, wie eine irrige Deutung es wollte, ein persönliches Drama des Kaisers war. Karl besaß tatsächlich einen unerschütterlichen Glauben, Vertrauen zu Gott und tiefstes Verständnis für alles Bleibende in der Weltgeschichte, die für ihn die Verwirklichung des göttlichen Willens war. Dank dieser Einstellung war er sich gewiß all dessen bewußt, was der Dichter Grillparzer über das Haus Habsburg aussagen sollte: ,,Mein Haus wird bleiben, immerdar, ich weiß, weil es mit eitler Menschenklugheit nicht dem Neuen vorgeht oder es begleitet, nein, weil es, einig mit dem Geist des Alls, durch klug und scheinbar unklug, rasch und zögernd, den Gang nachamt der ewigen Natur, und in dem Mittelpunkt der eignen Schwerkraft der Rückkehr harrt der Geister, welche schweifen."

Carl J. Burckhardt schreibt:

,,Erschütternder Augenblick, in welchem Karl erfährt, daß sein eigener Beichtvater, sein geistlicher Führer und Berater, dem neuen Glauben anhängt, als er gewahr wird, daß kranke Erben ihm auf dem Thron folgen werden, als er erkennen muß, daß die Kinder seiner schwachen Stunden – Margarete von Parma, die spätere Regentin der Niederlande, und der Sohn der Regensburgerin, Don Juan de Austria, der einst den Seesieg von Lepanto erfechten soll – begabt sind mit dieser

Frische und Tatkraft, die einst ihn selbst erfüllten, als er noch der beste Reiter und Fechter des burgundischen Hofes war."

Wenn Karl in ähnlichen Augenblicken zutiefst bewegt war, dann nicht, weil er an der Barmherzigkeit Gottes verzweifelte, sondern in Bewunderung für die wunderbaren Wege der Vorsehung. Die Devise der Gesellschaft Jesu: *Omnia ad maiorem Dei gloriam* – Alles zur größeren Ehre Gottes – erfüllte seine Gedankenwelt und vereinte sich mit dem Leitmotiv des heiligen Benedikt: *ut in omnibus glorificetur Deus* – daß Gott in allem verherrlicht werde –, in allem, auch im Unglück, im Unverständlichen, ja in dem, was vom menschlichen Standpunkt aus widersinnig scheint. Gott schreibt gerade, selbst auf krummen Zeilen – diese Eigenschaft Gottes, von der Renaissance ignoriert, wurde im Barock neu entdeckt, in jener Zeit, da die Kirche den Weg zum tiefen Glauben des Mittelalters wiederfand. Noch vor dieser Erneuerung hatte Karl jedoch voll und ganz nach dieser Wahrheit gelebt; niemals scheint er daran gezweifelt zu haben. Es ist gewiß kein Zufall, daß kein einziger der großen Dramatiker der Weltliteratur jemals sein Leben zum Gegenstand einer Tragödie wählte. Als Mensch, als historische Erscheinung war er keine tragische Figur, sondern Abbild des Kaisers: *imago imperatoris.*

KAPITEL XI

AUS DER SICHT DER JAHRHUNDERTE

Der unsterbliche Kaiser

Eine Epoche des religiösen und nationalen Niedergangs verfälscht nur allzu leicht das Geschichtsbild. Das geschah in Deutschland mit der Veröffentlichung der *Magdeburger Zenturien.* Diese erste große Kirchengeschichte, von den Protestanten zwischen 1559 und 1574 herausgegeben, ist ein tendenziöses Werk und stellt sich zum Reichsgedanken ebenso in Gegensatz wie zur römisch-katholischen Kirche. Der Einfluß der *Magdeburger Zenturien* auf das politische Denken in Deutschland war aber so stark, daß er noch im 19. Jahrhundert Widerhall fand und wir ihren grundlegenden Bestrebungen häufig in der antiösterreichischen Haltung der preußischen Historiker begegnen. Dennoch muß man sagen, daß von allen katholischen Staatsmännern des 16. Jahrhunderts einzig Karl V. auch von diesen Historikern niemals unter einem vollständig feindseligen Gesichtspunkt dargestellt worden ist. Durch die verzerrende Brille des Vorurteils betrachtet, wird er im schlimmsten Fall als Spanier gesehen, der sich von seinem deutschen Ursprungsland abgewandt habe, um ein Knecht des römischen Papstes zu werden.

Lassen wir diese absurde Behauptung beiseite, da die Tatsache, daß Karl und der Papst nur sehr selten eine gemeinsame Front bildeten, erst vor verhältnismäßig kurzer Zeit wiederentdeckt worden ist.

„Der Protestantismus", schreibt Lortz, „hat in den entscheidenden Entwicklungsjahren niemals fühlbarere Hilfe von außen erhalten als durch bestimmte Maßnahmen der Päpste – die in religiöser und kirchlicher Hinsicht unbestreitbar seine Todfeinde waren – und auch durch die Unterstützung des Allerchristlichsten Königs von Frankreich."

Man darf auch nicht vergessen, daß die protestantische Geschichtsschreibung sich bis in die jüngste Zeit in einer zwiespältigen Lage befand, wenn sie die Persönlichkeit und das Lebenswerk des Kaisers beurteilen sollte. War sie guten Glaubens, dann mußte sie zugeben, daß die nationale Entwicklung in Deutschland viel glücklicher verlaufen wäre, wenn Karl seine Absichten verwirklicht hätte. So sagt Johannes Haller, der letzte bedeutende protestantische Vertreter der Reichsgeschichte, zum Thema Karl V.:

„Wenn wir uns die Geschichte wünschen dürften, wie sie unseren Bedürfnissen entspräche, so würden wir sagen: das Umgekehrte wäre unter mehr als einem Gesichtspunkt besser gewesen. Ein dauernder Sieg Karls V. hätte die Einheit des Reiches im Innern gestärkt, seine Macht nach außen wiederhergestellt und damit die ernsten Gefahren verscheucht, die der Nation in Ost und West mehr als je drohten. Mancher wird finden, daß, wenn es sich um Wiederherstellung staatlicher Einheit handelte, auch die Unterdrückung des Protestantismus hätte in Kauf genommen werden sollen."

Scheinbar fürchtete der Autor, er habe sich von seinen Gedanken zu weit fortreißen lassen, und wollte sich später in den Augen der Leser rechtfertigen. Deshalb fügte er hinzu, so wie die Dinge lagen, hätte ein Sieg Karls die Unterwerfung Deutschlands unter Spanien bedeutet; das aber wäre ein zu hoher Preis für die Einheit des Reiches gewesen.

Doch nicht nur den deutschen Historikern machte es Mühe, das politische Phänomen Karl V. voll zu erfassen. Französische und englische Autoren haben ihn unter nationalen Vorzeichen betrachtet, die ihm fremd waren. Sogar André Maurois mit seinem tiefgründigen Verständnis für Geschichte nennt die Epoche Franz' I. und seiner Nachfolger eine Zeit des Kampfes, in der Frankreich dem deutschen Druck ausgesetzt war. Wie anfechtbar dieser Ausspruch ist, fällt ins Auge, wenn man bedenkt, daß bis zum Pyrenäenfrieden die angeblich deutsche Welt auf militärischer Ebene von Spanien verkörpert wurde. Ein Experte für Wirtschaftsentwicklung wie Karl Wilhelm Nitzsch kommt der Wahrheit schon bedeutend näher. Er schreibt:

„In Karl V. vereinigten sich die wichtigsten Interessen der damaligen Kultur – die Leitung der ozeanischen Eroberungen, die Regelung des indisch-amerikanischen Verkehrs, die brennenden Fragen der kirchlichen Reformation und des Türkenkrieges.“ Aber erst in unserer Zeit ist es dem Geschichtsschreiber möglich, der Persönlichkeit, dem Lebenswerk und der fortwirkenden Bedeutung Karls V. als einer Verkörperung des Reichsgedankens, der zu den Archetypen der Menschheit gehört, Gerechtigkeit widerfahren zu lassen.

Royall Tyler und Alexander von Randa fügen noch hinzu, daß im Verlauf des Jahrtausends zwischen Karl dem Großen und Napoleon kein anderer Herrscher für die Christenheit größere Bedeutung hatte als Karl V.; denn seine Taten haben in Europa wie in Amerika Spuren hinterlassen, die selbst auf die Gegenwart noch Einfluß nehmen.

Diese Bemerkung gilt besonders für Spanien. Bald nach dem Aussterben der älteren Linie der Habsburger ging es mit dem Land rasch bergab: Die Schrecken des Bürgerkrieges hinterließen tiefe Spuren; die wirtschaftliche Entwicklung war bis vor rund 25 Jahren so weit zurück, daß sie über das Niveau der Feudalzeit kaum hinausreichte. Deshalb hat sich in Spanien das Gedächtnis der Zeiten seiner Größe unter den Habsburgern lebendig erhalten. Der Doppeladler, das Signum Karls V., die Gebäude, die er in Toledo, Granada und zahlreichen anderen Städten errichten ließ, und vor allem die Verkörperung des abendländischen Reichsgedankens in den Steinen des Escorial – das sind Denkmäler der Vergangenheit, von denen heute noch eine echte Kraft ausstrahlt. Der Kulturhistoriker Hans Sedlmayr verweist auf die ergreifende Parallele zwischen dem Escorial und den großen kaiserlichen Klöstern der Barockzeit, wie Melk, Klosterneuburg und Göttweig. Der strenge Renaissancebau, den Philipp II. am Südhang des Guadarramagebirges errichten ließ, und die Stifte auf den lächelnden Hügeln der Donauufer haben auf den ersten Blick nichts miteinander gemein. Dennoch, die Idee der Einheit von Kirche und Staat, die Synthese von

Kloster, Schloß, Forschungszentrum und Residenz, die Verquickung von Königsgruft und Wohnstätte im Dienst der Lebenden – wie Philipp II. es im Escorial verwirklicht und Karl VI. es für Klosterneuburg geplant hat – haben zwischen dem habsburgischen Spanien und dem habsburgischen Österreich eine geistige Brücke geschlagen.

Karl V. war der Begründer des modernen Spanien. Er hinterließ der Iberischen Halbinsel ein Erbe, auf das die Spanier ganz von selbst zurückgriffen, als die Generation von 1898 den Weg einschlug, der sie aus ihrer Isolierung, aus ihrer oft verhängnisvollen Absonderung herausführen und ihnen eine neue Aufgabe in der Geschichte zuweisen sollte. Man braucht nur Unamuno oder Salvador de Madariaga zu lesen, um auf jeder Seite zu erkennen, daß die Idee des neuen Spanien dort einsetzt, wo Karl V. und Philipp II. ihr Werk abbrechen mußten.

Es wäre jedoch falsch, dieses historische Phänomen auf das europäische Spanien zu beschränken. Für den Kaiser – das dürfen wir nicht vergessen – gab es keine Grenzen in unserem heutigen Sinn. Für ihn war Spanien nicht auf die Halbinsel beschränkt, sondern umfaßte die ganze Welt der *Hispanidad*, die Philippinen ebenso wie Spanisch-Amerika.

Es ist daher durchaus nicht überraschend, daß der Beginn unseres Jahrhunderts das Signal für eine Erneuerung des spanischen Geistes im weitesten Sinn des Wortes gab. Die Schriften Madariagas rücken die Größe dieser Geschichts- und Kulturgemeinschaft ins rechte Licht. Seither wurde der Begriff der *Hispanidad* beiderseits des Altlantik wiederum zum Leitgedanken. Der Einfluß, den sie berufen ist, auf die Ereignisse auszuüben, befindet sich – wenn keine Weltkatastrophe eintritt – erst im Anfangsstadium.

Die Entdeckungen der spanischen Conquistadoren in Mittel- und Südamerika und im Stillen Ozean sowie die Gründung von Niederlassungen seitens der großen Handelshäuser hätten an sich nicht genügt, um eine politische Realität erstehen zu lassen. Erst der Reichsgedanke Karls in Verbindung mit dem missionarischen Eifer der religiösen Orden löste eine Entwicklung aus, die erst im Verlauf der letzten Jahrzehnte von den ibero-amerikanischen und spanischen Geschichtsschreibern in ihrem ganzen Umfang erkannt wurde. Hier müssen wir nochmals die bedeutende Arbeit Alexander von Randas, „Das Weltreich", erwähnen. Dieses Werk nimmt einen ganz besonderen Platz ein, vor allem, weil es die schöpferische Kraft Karls V. wieder aufgespürt hat, wie sie in zeitlich und räumlich weit auseinanderliegenden historischen Taten zutage trat. Das war vor allem bei der zutiefst christlichen Sozialpolitik der Fall, die im Kronreich der Anden eingeführt wurde, im lateinamerikanischen Barock, in dem Leitgedanken bei der Erhebung der südamerikanischen Völker gegen ein Mutterland, das seine Sendung verraten hatte. Wenn im Laufe unseres Jahrhunderts die spanische Sprache und die spanische Kultur, wenn die enge Beziehung zwischen den Völkern der Halbinsel und den Schwesternationen in Mittel- und Südamerika wiederum mit dem angelsächsischen Commonwealth in Wettstreit treten können und die Brücke über den Südatlantik wieder an politischer Aktualität gewinnt, so ist das nur eine Fortsetzung dessen, was im 16. Jahrhundert unter Karl V. begonnen hat. Die Gespräche des Kaisers mit Las Casas, seine Neuen Gesetze, seine Sorge um die Länder in Übersee, die er niemals gesehen und von denen er doch eine sehr genaue Vorstellung hatte, scheinen uns heute wieder so nahe, als trenne keine traurige Periode des Niedergangs und Verfalls uns von der Zeit des großen Herrschers.

Aber sogar in Deutschland, wo die Pläne Karls V. zumindest nach außen hin gescheitert waren, ist sein Kampf um die religiöse Einheit, um die Eintracht der Christen und die Erneuerung des Reiches wieder zu neuem Leben erwacht. Die Entwicklung der deutschen Verfassung trat unter Karl V. mit der Einführung des „Reichsregiments" in eine entscheidende Phase. Es war nicht Schuld des Kaisers, sondern eine Folge des Unverständnisses, ja des Verrates seitens der Fürsten – worüber die Historiker sich übrigens einig sind –, daß seinen

Ideen eine harmonische Entwicklung versagt blieb. Ein vor kurzem erschienenes Buch über die moderne deutsche Geschichte, das bereits erwähnte Werk des Amerikaners Holborn, erinnert daran, daß Melanchthon vor dem Schmalkaldischen Krieg die militärischen Aussichten der Protestanten für äußerst günstig ansah, in den Sternen jedoch Vorzeichen einer großen Niederlage zu lesen meinte. Holborn fügt hinzu: „Diese Sterne befanden sich in Wirklichkeit im Herzen der Menschen, die der Größe ihrer historischen Aufgabe nicht gewachsen waren." Karl V. wollte die Verantwortung für den Religionsfrieden zu Augsburg nicht mehr persönlich auf sich nehmen, weil er den Fortbestand des Schismas nicht urkundlich bestätigen wollte; dennoch war er es, der die Vorbedingungen schuf für jenen Zustand, den man mit einem modernen Ausdruck als friedliche Koexistenz der abendländischen Christenheit bezeichnen könnte.

Die Tragweite der Kirchenpolitik des Monarchen ragt über die Zeit und den Raum Karls V. weit hinaus. Ohne Übertreibung kann man sagen, daß ohne den Kaiser und sein unermüdliches Drängen das Konzil niemals einberufen worden wäre, da es sowohl beim Papst und bei der Kurie wie auch auf protestantischer Seite auf größten Widerstand stieß. Zu Beginn seiner öffentlichen Tätigkeit hatte Luther den verhängnisvollen Grundsatz aufgestellt, daß selbst das Konzil keine absolute Autorität darstelle; nur dem persönlichen Gewissen komme das Recht auf die letzte Entscheidung zu. Es war nicht sehr logisch, daß der Reformator gleichzeitig seine eigene Erleuchtung als objektiven Maßstab hinstellte, an den die anderen sich halten sollten. Karl hingegen hielt gegen Stürme und Fluten an dem Plan eines Allgemeinen Konzils fest. Bis zum Ende hoffte er, mit Geduld die protestantischen Fürsten und Theologen so weit zu bringen, daß sie nicht nur beratschlagten, sondern auch die auf diese Weise getroffenen Entscheidungen anerkannten. Auf Grund der Haltung Pauls III. schlug das endlich einberufene Konzil einen ganz anderen Weg ein, als der Kaiser es gewünscht hatte. Die Bedeutung dieser Kirchenversammlung für die Ökumene wurde jedoch durch die Unterbrechung der Sessionen in Trient sehr abgeschwächt; und als schließlich der Papst gegen den Kaiser Schritte unternahm, die von rein politischen Interessen diktiert waren, trug das stark dazu bei, den grandiosen Sieg der Armee hinfällig zu machen.

Karl V. erlebte auf Erden nicht mehr die Freude, zu sehen, wie es in der dritten Phase des Konzils zum Umschwung kam. Nunmehr drängte der Reformwille mit unwiderstehlicher Gewalt ans Licht, trotz allen Schweigens an höchster Stelle. Karl kommt die Ehre zu, Vater jener tiefen Erneuerung der Kirche genannt zu werden, die man als Gegenreformation bezeichnet. Man darf dieses Wort jedoch nicht in jenem Sinn verstehen, den die üppige Phantasie und das Vorurteil gewisser Historiker ihm verliehen und dadurch die Bedeutung dieser in erster Linie geistigen Bewegung völlig verfälscht haben. Trotz seiner Strenge hatte Karl niemals erzwungene Bekehrungen in Erwägung gezogen. Er wünschte eine Erneuerung der Kirche, die dieser eine unwiderstehliche Anziehungskraft auf Menschen guten Willens verleihen sollte. Auf diese Weise wollte er in den Seelen jene machtvollen religiösen Kräfte frei machen, die der Schöpfer in sie hineingelegt hat. Die Bestrebungen des Kaisers trugen später dazu bei, die europäische Barockkultur aufblühen zu lassen, die bald den rein katholischen Raum überschritt und zu einem neuen Band zwischen den Christen wurde.

Das Zweite Vatikanische Konzil hat unserer Epoche seinen Stempel aufgedrückt: Die Kirche betritt einen neuen Weg, der letzten Endes zu jenem Ziel führen könnte, das Karl sein ganzes Leben lang verfolgte. Die Gestalt dieses großen Repräsentanten der Einheit der Christen erhebt sich daher heute ganz von selbst aus dem Dunkel einer fernen Vergangenheit, um einer ruhelosen Menschheit als Beispiel zu dienen. Hier liegt einer der entscheidendsten Punkte für die enge Beziehung zwischen Karl V. und der zweiten Hälfte des 20. Jahrhunderts. Leopold von Ranke sagte über den Kaiser:

„Für eine Kirche von politisch-religiöser Einheit, die ganze abendländische Welt umfassend, wie er sie gedacht, war kein Raum mehr in Europa. Der Gedanke selbst ist niemals wieder so lebendig in die Seele eines Menschen gekommen, wie Karl V. ihn hegte . . ."

Der protestantische Historiker, der einem Jahrhundert angehörte, in dem der nationale Gedanke allzuoft den Glauben der Väter ersetzte, tröstete sich mit der Vorstellung, daß eine andersgeartete Gemeinschaft an die Stelle der Religion getreten sei: „Zuletzt ist der gleichartige Fortschritt der europäischen Kultur und Macht an die Stelle der kirchlichen Einheit getreten."

Heute liegt die Größe Europas in Trümmern. Das System der Nationalstaaten hat sich als unheilvoller, fast tödlicher Irrtum herausgestellt. Die europäischen Bürgerkriege und zwei Weltbrände haben den Erdteil an den Rand des vollständigen Zusammenbruchs geführt. Ein riesiger Angriff wurde entfesselt und machte sich unsere Schwäche zunutze. Mit ihrem bis an die Spitze getriebenen Antikolonialismus, mit dem Aufstand der jungen Völker – vom Kommunismus offen unterstützt oder doch zumindest ausgewertet –, wird diese Bewegung zu einer ernsthaften Bedrohung der Menschheit des 20. Jahrhunderts. Die europäische Zivilisation hat ihrerseits, der doppelten Kontrolle des christlichen Gewissens und einer übernationalen Gemeinschaft entwachsen, neben unbestreitbaren Wohltaten auch jene Mittel geschaffen, die zu einem kollektiven Selbstmord der Völker führen können.

Doch eine Reaktion zeichnet sich bereits ab: Der Begriff Europa ist wieder im Kommen; man fängt an, aufs neue die Wechselbeziehung zwischen religiösen Kräften und politischen Ideen zu begreifen und auch die Notwendigkeit, die Wirtschaftsgemeinschaften und Zollunionen auf einer soliden sittlichen Grundlage zu errichten.

Es ist nicht überraschend, daß Burgund – wo Karl geboren und erzogen wurde, wo er dessen besonderes Verfassungsrecht kennenlernte, wo er Kultur und Geist des Landes in sich aufnahm, um sie nach Spanien, Deutschland und Italien zu tragen – in unseren Tagen wiederum zu einem Kernstück der europäischen Annäherung wird. Wie von selbst fiel die Wahl auf Burgund, als es galt, den Sitz übernationaler Organisationen zu bestimmen: Montanunion, Gemeinsamer Markt, Euratom und Europarat.

Das Kreuzfahrerideal in seiner alten Form ist nicht mehr zeitgemäß, aber die Tradition der burgundischen Ritterschaft, die im Orden vom Goldenen Vlies ihren schönsten Ausdruck fand, hat nichts von ihrer Bedeutung eingebüßt. Den Wahnsinn eines Atomkrieges werden wir nicht einfach durch ein Gleichgewicht der Zerstörungskräfte beiderseits des Eisernen Vorhangs verhindern; hier kann einzig und allein ein geistiges und sittliches Gegengewicht wirksamen Widerstand leisten, wenn wir uns der Grenzen bewußt sind, die Glaube und Liebe der Ausbreitung einer mechanistischen und materialistischen Zivilisation setzen.

Karl V. verkörperte diese Werte. Er kämpfte voll Mut für eine gerechte Ordnung auf Erden und anerkannte die dem menschlichen Willen gesetzten Grenzen. Seine Auffassung von Kaiserwürde und Reich mag auf den ersten Blick an die Institutionen seiner Zeit gebunden und daher überholt erscheinen. In Wirklichkeit entspricht sie den Grundprinzipien, die der menschlichen Natur eingewurzelt sind und die jede Generation, jede Epoche wieder aufgreifen und in entsprechender Form verwirklichen muß. Als historische Gestalt war Karl V. der Vergänglichkeit anheimgegeben; von seinem Leben hier auf Erden blieb nur ein wenig Staub in einem Marmorsarkophag im Escorial. Aber als Repräsentant eines ewigen Ideals lebt der Kaiser mehr als 400 Jahre nach seinem Tod noch unter uns fort: nicht nur als Ahnherr Europas, sondern die Richtung weisend in künftige Jahrhunderte.

DAS 15. JAHRHUNDERT

DIE WICHTIGSTEN EREIGNISSE

DAS REICH	BURGUND	FRANKREICH	ENGLAND	SPANIEN
1346–1378 Kaiser Karl IV., aus dem Haus Luxemburg. Sein Schwiegersohn, Rudolf IV. von Österreich, sichert seinem Herzogtum dank dem *Privilegium maius* Sonderrechte.	**1363** Johann II. der Gute von Frankreich (1350 bis 1364) belehnt seinen jüngeren Sohn, Philipp den Kühnen, mit dem Herzogtum Burgund. **1363–1404** Philipp der Kühne.	**1339–1453** „Mehr als hundertjähriger Krieg" zwischen Frankreich und England.		
1378 Wenzel (der Faule) von Böhmen, König von Deutschland; von den Kurfürsten abgesetzt.	**1369** Heirat Philipps des Kühnen mit der Erbin der Grafschaften Flandern und Burgund.			

DAS REICH	BURGUND	FRANKREICH	ENGLAND	SPANIEN
1400–1410 König Ruprecht von der Pfalz, aus dem Haus Wittelsbach.	**1404–1419** Johann ohne Furcht. Durch Heirat mit Jacqueline von Hennegau-Holland gelangt Johann von Brabant in den Besitz dieser Gebiete; er dehnt seinen Einflußbereich auf das Bistum Lüttich aus.			
1410–1437 König Sigismund, aus dem Haus Luxemburg.	**1407** Johann läßt Ludwig von Orléans, Bruder Karls VII. von Frankreich, ermorden.			
1414–1418 Konzil von Konstanz.	**1416** Johann erkennt Heinrich V. von England als König von Frankreich an.	**1415** Sieg Heinrichs V. über die Franzosen bei Azincourt.		

DAS REICH	BURGUND	FRANKREICH	ENGLAND	SPANIEN
1419–1436 Hussitenkriege in Böhmen.	**1419** Johann auf der Brücke von Montereau vom Gefolge des Dauphins ermordet. **1419–1467** Philipp der Gute. **1420** Vertrag von Troyes mit England (mit Zustimmung der Königin Isabeau): Dauphin von der Erbfolge ausgeschlossen; Heinrich V. als König von Frankreich anerkannt. **1421–1428** Erwerbung der Grafschaft Namur durch Kauf und Seelands durch Waffengewalt.	**1429** Erstes Auftreten der Jungfrau von Orléans.		

DAS REICH	BURGUND	FRANKREICH	ENGLAND	SPANIEN
	1430 Erwerbung Limburgs und Brabants durch Erbschaft.			
	1431 Gründung des Ordens vom Goldenen Vlies.	**1431** Martyrium der Jungfrau von Orléans.		
1438–1439 Albrecht II. von Österreich, deutscher König: erbte nach Sigismund Böhmen und Ungarn. Das Haus Habsburg kann beide Kronen nicht halten; 1457 stirbt der nachgeborene Sohn Albrechts, Ladislaus Postumus.	**1435** Frieden von Arras: Frankreich tritt Burgund die Städte an der Somme ab.	**1439** Einführung der ersten direkten Steuer: „taille royale“.		

DAS REICH	BURGUND	FRANKREICH	ENGLAND	SPANIEN
1440–1493 Kaiser Friedrich III., aus der jüngeren Linie des Hauses Habsburg.	**1443–1462** Erwerbung Luxemburgs; im Einverständnis mit der Kurie gelangen die Bistümer Cambrai, Lüttich und Utrecht unter burgundischen Einfluß. **1467–1477** Karl der Kühne (geboren 1433).	**1445** Aufstellung von 15 berittenen Ordonnanzkompanien. **1461–1483** Ludwig XI., der Begründer des königlichen Absolutismus in Frankreich.	**1455–1485** Rosenkrieg zwischen Lancaster (rote Rose) und York (weiße Rose); Ausrottung eines Großteils des normannischen Adels. **1461–1483** Edward IV., aus dem Haus York.	

DAS REICH	BURGUND	FRANKREICH	ENGLAND	SPANIEN
1475 Übereinkommen zwischen Friedrich III. und Karl dem Kühnen von Burgund hinsichtlich der Vermählung Erzherzog Maximilians mit Maria von Burgund.	**1468** Vermählung Karls des Kühnen mit Margarete von York. Lösung der Lehensbande, die Burgund noch an Frankreich binden; Schaffung eines burgundischen Berufungsgerichtes; Erwerbung von Geldern und Lüttich; Vertreibung des Herzogs René II. von Lothringen. **1476** Sieg der Schweizer über Karl den Kühnen bei Grandson und bei Murten.			**1469** Vermählung Ferdinands von Aragon mit Isabella von Kastilien (der Schwester König Heinrichs IV. von Kastilien). **1474** Tod Heinrichs IV., des letzten Königs von Kastilien aus dem Haus Trastamara. Ihm folgt seine Schwester Isabella auf dem Thron.

DAS REICH	BURGUND	FRANKREICH	ENGLAND	SPANIEN
1477 Vermählung Maximilians von Österreich mit Maria von Burgund.	**1477** Tod Karls des Kühnen in der Schlacht bei Nancy.			
1478 Geburt des Erzherzogs Philipp.				
1479 Sieg Maximilians bei Guinegate.				**1479–1516** Ferdinand König von Aragon. Durch seine Vermählung mit Isabella kommt es *de facto* – aber nicht *de iure* – zu einer Union zwischen Kastilien und Aragon.
1480 Geburt der Erzherzogin Margarete.				
1482 Tod Marias von Burgund.		**1483–1498** Karl VIII. (anfangs unter der Vormundschaft der Regentin, seiner Schwester Anna).	**1483** Edward V. **1483–1485** Richard III.; gefallen in der Schlacht bei Bosworth.	

DAS REICH	BURGUND	FRANKREICH	ENGLAND	SPANIEN
1486 Wahl Maximilians zum Römischen König. **1490** Tod des Königs Matthias Corvinus von Ungarn. Maximilian gewinnt Wien von den Ungarn zurück. **1491** Frieden zu Preßburg: Wladislaus II. (aus dem Haus der Jagellonen) gesteht dem Haus Österreich das Nachfolgerecht in Ungarn und Böhmen zu.	**1491–1506** Philipp der Schöne.	**1488** Heirat Karls VIII. mit Anna, der Erbin der Bretagne.	**1485–1509** Heinrich VII., aus dem Haus Tudor.	**1492** Einnahme Granadas. Entdeckung Amerikas.

DAS REICH	BURGUND	FRANKREICH	ENGLAND	SPANIEN
1495 Reichstag zu Worms: Versuch, eine Reichssteuer einzuführen (*Gemeiner Pfennig*); Schaffung des *Reichskammergerichtes.*	**1496** Vermählung Erzherzog Philipps mit Johanna von Kastilien und Margaretes von Österreich mit dem Infanten Don Juan.	**1494** Marsch auf Neapel; ein Bündnis zwischen Kaiser, Papst, Mailand, Venedig und Spanien zwingt die Franzosen zum Rückzug.		**1496** Doppelhochzeit der Kinder Isabellas und Ferdinands, Johanna und Juan, mit den Kindern Kaiser Maximilians, Philipp und Margarete.
	1497 Tod des Infanten Juan.	**1498–1515** Ludwig XII., aus dem Haus Orléans.	**1509–1547** Heinrich VIII., aus dem Haus Tudor.	

DAS ZEITALTER KARLS V.

1500

Geburt Karls V. in Gent (24. Februar).

Cabral entdeckt Brasilien.

1501

Einnahme Neapels durch die Franzosen.

Abkommen über die künftige Heirat Karls mit Claude, der Tochter Ludwigs XII.

1502

Bauernaufstand im Bistum von Speyer (Bundschuh).

Gründung der Universität Wittenberg durch den Kurfürsten von Sachsen.

Geburt Erzherzog Ferdinands (Kaiser Ferdinand I.) in Alcalá.

Gründung der *Casa de la Contracion* in Sevilla zur zentralen Leitung des Handels mit Übersee.

1504

Tod der Königin Isabella von Kastilien; Kardinal Ximenes wird Regent von Kastilien.

Tod Philiberts von Savoyen, des zweiten Gemahls Margaretes von Österreich-Burgund, Tochter Kaiser Maximilians I.

Vertreibung der Franzosen aus Neapel durch die Spanier (Gonzalvo de Cordoba).

1505

Spanien erwirbt Neapel.

Heirat König Ferdinands von Aragon mit Germaine de Foix, einer Nichte Ludwigs XII. von Frankreich.

Martin Luther (1483–1546) tritt in das Kloster der Augustinereremiten in Erfurt ein.

1506

Tod Philipps des Schönen von Österreich-Burgund; Königin Johanna von Kastilien von Melancholie befallen; Wilhelm von Croy, Herr von Chièvres, mit der Regierung Flanderns betraut.

Beginn der Rekonstruktion der Basilika St. Peter zu Rom.

1507

Kaiser Maximilian betraut Erzherzogin Margarete mit der Regentschaft über Burgund und der Erziehung Karls.

1508

Kaiser, Papst, Spanien und Frankreich schließen sich in der Liga von Cambrai gegen Venedig zusammen.

Heirat Karls mit Mary von England in Aussicht genommen (nach dem Bruch seiner Verlobung mit Claude von Frankreich durch die Franzosen).

Kardinal Ximenes gründet die Universität Alcalá de Henares.

Luther verläßt Erfurt und läßt sich in Wittenberg nieder.

1509

Tod Heinrichs VII. von England.

1509–1547

Heinrich VIII. aus dem Hause Tudor König von England; Gemahl Katharinas von Aragon. Sein Berater ist Kardinal Thomas Wolsey.

1510

Reise Luthers nach Rom.

1511

Bildung der Heiligen Liga (Kaiser Maximilian, Ferdinand von Aragon und Heinrich VIII. von England) gegen Frankreich.

Wiedereroberung Navarras durch die Spanier.

1512

Reichstag zu Köln: Teilung des Reiches in zehn Kreise zur Wahrung des inneren Friedens.

Luther Doktor der Theologie und Professor in Wittenberg.

1513

Zweiter Sieg Kaiser Maximilians bei Guinegate.

Tod Papst Julius' II. von Medici. Plan einer etwaigen Bewerbung des Kaisers um den Thron Petri; Wahl Leos X. (1513–1521).

Balboa erreicht die pazifische Küste.

1514

Bauernaufstand in Württemberg *(Der arme Konrad)*.

Festnahme des Anführers der kastilischen Gruppe in Burgund, Don Juan Manuel, auf Befehl der Erzherzogin Margarete.

Vermählung Prinzessin Marys von England mit Ludwig XII. von Frankreich.

1515

Erzherzog Karl wird großjährig erklärt.

Tod Ludwigs XII.

1515–1547

Franz I. aus dem Haus Orléans-Angoulême König von Frankreich.

1515

Sieg Franz' I. über die Schweizer bei Marignano; Einnahme von Mailand.

Doppelhochzeit des Hauses Habsburg mit den Jagellonen: Ludwig von Ungarn und Böhmen vermählt sich mit Erzherzogin Maria (Enkelin Maximilians), Erzherzog Ferdinand (vertreten durch seinen Großvater Maximilian) mit Anna von Böhmen.

1516

Tod Ferdinands von Aragon (28. Januar); Erbfolgeverhandlungen (Johanna, Karl oder Ferdinand?).

Ende der Belagerung der Festung Peñon bei Algier durch den Sieg Diego de Veras; der spanische Versuch, Algier einzunehmen, mißglückt.

Konkordat zwischen Frankreich und dem Heiligen Stuhl: gegen Leistung jährlicher Zahlungen verzichtet der Papst auf sein Recht, Bischöfe zu ernennen.

Thomas Morus veröffentlicht sein Werk *Utopia*.

Erasmus von Rotterdam gibt das Neue Testament in griechischer Sprache mit lateinischer Übersetzung heraus (von Luther verwendeter Text).

1517

Ankunft Karls in Spanien.

Anschlag der 95 Thesen Luthers, die sich vor allem gegen den Ablaßhandel richten (31. Oktober): Beginn seines Kampfes gegen die Kirche.

Karl trifft in Tordesillas mit seiner Mutter Johanna und seiner jüngsten Schwester Katharina zusammen (4. November).

Tod des Kardinal-Regenten Ximenes de Cisneros in Roa (8. November).

Die Türken erobern Ägypten.

1518

Karl in Katalonien; Ernennung Mercurino Gattinaras zum Großkanzler von Burgund.

Ulrich Zwingli (1484–1531) nimmt in Zürich den Kampf gegen die katholische Kirche auf.

Streitgespräch zwischen Luther und Kardinal Cajetan in Augsburg.

Philipp Melanchthon Professor in Wittenberg.

1519

Tod Kaiser Maximilians I. (12. Januar); Kampf um die Nachfolge im Reich; aussichtsreichste Kandidaten: Franz I. von Frankreich und Karl von Österreich-Burgund.

Einstimmige Wahl Karls in Frankfurt (28. Juni).

Karl erhält in Spanien die Nachricht von der Wahl (6. Juli).

Karl in Barcelona vor den katalonischen Landständen; Beginn der Unruhen in Valencia.

Disputation zu Leipzig: Luther verteidigt gegen Eck seine These, daß ein Konzil nicht unfehlbar sei.

Herzog Ulrich von Württemberg durch den *Schwäbischen Bund* aus seinem Land verjagt; Österreich erwirbt Württemberg.

Beginn der Expedition des Hernando Cortez in Mexiko.

Ferdinand Magellan bricht von Spanien zur Erdumseglung auf.

Tod Leonardo da Vincis (Leonardo verbrachte seine letzten Lebensjahre am französischen Hof).

1520

Auf Rat des Dominikaners Antonio Montesinos erläßt Karl die *Gesetze von Burgos* zum Schutz der Indianer.

Abreise Karls aus Spanien (26. Mai), nachdem er in La Coruña von den Cortes namhafte Geldbeträge erhalten hatte.

Ernennung Hadrians von Utrecht, Kardinals von Tortosa, zum Regenten von Kastilien.

Beginn des Aufstandes der *Comuneros.*

Bildung der *Heiligen Junta* durch die aufständischen *Comuneros* (29. Juni).

Anerkennung der Germania von Valencia durch den Kardinal-Regenten.

Luther im Kirchenbann (er verbrennt die päpstliche Bulle); Luther veröffentlicht drei Broschüren, um seine Lehre zu verbreiten.

Tod Raffaels.

Regierungsantritt Solimans des Prächtigen (1520–1566).

1521

Reichstag zu Worms; Rede Luthers vor dem Kaiser und den Reichsständen (18. April); Edikt von Worms gegen die Lehre Luthers, der Reformator im Reichsbann; Entführung Luthers auf die Wartburg durch den Kurfürst von Sachsen.

Übergabe der habsburgischen Erbländer in Deutschland an Ferdinand I.

Niederlage der *Comuneros* bei Villalar (24. April); Gefangennahme und Hinrichtung von Juan de Padilla.

Niederlage der Germania von Valencia in Oropesa und Almenara (18. Juli); Ende des Aufstandes.

Tod Wilhelm von Croys, Herrn von Chièvres, Erzieher und Ratgeber Karls.

Einnahme Belgrads durch die Türken.

Erasmus von Rotterdam läßt sich in Basel nieder.

Tod Papst Leos X.

1522

Wahl Hadrians von Utrecht zum Papst (Hadrian VI.).

Spanischer Sieg über die Franzosen bei Bicocca; Einnahme von Genua durch Pescara und Colonna.

Reichstag zu Nürnberg; zum erstenmal ablehnende Haltung der deutschen Fürsten gegen das Wormser Edikt.

Rückkehr Luthers nach Wittenberg; Wiederherstellung der von den Sektierern gestörten Ordnung (Karlstadt); Veröffentlichung der Lutherschen Übersetzung des Neuen Testaments.

Aufstand und Terror auf Mallorca.

Cortez beendet seine Eroberung Mexikos.

Rückkehr Kapitän Elcanos nach Spanien auf dem einzigen übriggebliebenen Schiff der Magellan-Expedition.

Nach heroischer Verteidigung Übergabe von Rhodos an die Türken; die Ritter des Johanniterordens verlassen die Insel.

1523

Verkündigung der 68 Glaubensartikel von Zwingli (radikalere Thesen als jene Luthers).

Tod Papst Hadrians VI.; Wahl Clemens' VII. von Medici (1523–1534).

Tod Ulrich von Huttens auf der Insel Ufenau.

Tod Franz' von Sickingen; Ende des Krieges der Ritter gegen die Landesfürsten.

Wiederherstellung des Friedens auf Mallorca (3. Juni); Hinrichtung Joannot Coloms und seiner Gefährten im Schloß Bellever.

1524

Großer Bauernkrieg in Deutschland („Zwölf Artikel" der Schwäbischen Bauernschaft).

Schmähschrift Luthers gegen die Bauern.

1525

Sieg der kaiserlichen Armee über die Franzosen bei Pavia (24. Feber); Franz I. gefangengenommen.

Auflösung der aufständischen Bewegung unter Thomas Münzer (Thüringen) nach der Niederlage bei Frankenhausen.

Luther veröffentlicht seine Schrift *De servo arbitrio* gegen Erasmus; Bruch zwischen Reformation und Humanismus.

Schaffung des Indienrates durch Karl V.

Säkularisierung des Deutschen Ordens durch den Großmeister Albrecht von Brandenburg; Preußen wird weltliches Herzogtum unter der Lehenshoheit Polens.

1526

Frieden von Madrid zwischen Karl V. und Franz I.

Reichstag zu Speyer: zunehmender Widerstand der Reichsstände gegen das Wormser Edikt.

Vermählung Karls V. mit Infantin Isabella von Portugal. Wiederaufleben des Krieges gegen Frankreich, da der aus der Gefangenschaft entlassene Franz I. sich weigert, den Friedensvertrag anzuerkennen; Bildung der Liga von Cognac (Frankreich, Papst, Florenz und Venedig) gegen den Kaiser.

Sieg der Türken bei Mohács: Tod Ludwigs II. von Böhmen und Ungarn; laut Erbvereinbarung kommen Böhmen und der westliche Teil Ungarns an Ferdinand von Österreich; Siebenbürgen (türkisches Protektorat) weigert sich, das Königreich der Habsburger anzuerkennen.

1527

Geburt des Infanten Philipp von Spanien (Philipp II.).

Geburt des Erzherzogs Maximilian von Österreich (Maximilian II.).

„Sacco di Roma" durch die vom Connétable von Bourbon befehligten kaiserlichen Söldner; Tod des Connétables; Clemens VII. Gefangener in der Engelsburg.

Beginn der Reformation in Schweden (Gustav Wasa).

Gründung der Universität Marburg.

Tod Nikolaus Machiavellis.

1528

Vermittlung Heinrichs VIII. von England im Krieg gegen den Kaiser.

Vereinbarung zwischen Karl und den Augsburger Welsern hinsichtlich der Entwicklung von Venezuela (Klein-Venedig).

Geburt Marias, der Tochter Karls und Isabellas: künftige Gattin Maximilians II. und daher Ahnherrin des Hauses Habsburg-Lothringen.

Gründung der Universität Straßburg.

1529

Erste Türkenbelagerung Wiens: der Versuch Solimans II., die Stadt einzunehmen, mißlingt.

Damenfrieden zu Cambrai durch Erzherzogin Margarete von Österreich-Burgund und Königinmutter Louise von Frankreich.

Reichstag zu Speyer: Erneuerung des Wormser Edikts; Protest der evangelischen Stände (daher die Bezeichnung „Protestanten").

Religionsgespräche Luther-Zwingli auf Schloß Marburg.

Veröffentlichung des Lutherschen Katechismus.

1530

Kaiserkrönung Karls V. durch den Papst in Bologna.

Reichstag zu Augsburg (Juni bis September): *Confessio Augustana, Confutatio.*

Tod des Großkanzlers Mercurino Gattinara.

Tod der Regentin Erzherzogin Margarete.

Tod des Kardinals Wolsey.

Dekret der Kaiserin Isabella verbietet die Versklavung der Eingeborenen in der Neuen Welt.

1531

Wahl und Krönung Ferdinands, Königs von Böhmen und Ungarn, zum Römischen König; Einspruch des Kurfürsten von Sachsen.

Gründung des Bundes evangelischer Fürsten zu Schmalkalden.

Tod Zwinglis in der Schlacht bei Kappel gegen die katholischen Schweizer Eidgenossen.

Ernennung der Königinwitwe Maria von Ungarn zur Regentin der Niederlande.

Beginn der Unterwerfung Perus durch Francisco Pizarro.

1532

Nürnberger Religionsfriede: allen Glaubensbekenntnissen wird bis zum Konzil freie Ausübung des Kultes garantiert.

Vormarsch der Türken auf Wien; Vorrücken der kaiserlichen Armee unter Karl und Ferdinand; Soliman weicht der Schlacht aus.

1533

Vertrag zwischen Soliman und Ferdinand von Ungarn.

Beginn des Aufstandes der Wiedertäufer in Münster.

Tod Lodovico Ariostos in Ferrara.

1534

Tod Clemens' VII.; Wahl Pauls III. aus dem Haus Farnese (1534 bis 1549).

Trennung Englands von der Römischen Kirche.

Vollendung der Lutherschen Bibelübersetzung.

Rückkehr Ulrichs von Württemberg in sein Land mit Hilfe der protestantischen Fürsten.

1535

Feldzug des Kaisers gegen Chaireddin Barbarossa; Sieg bei La Goletta, Eroberung von Tunis; Befreiung zehntausender Christensklaven.

Einnahme von Münster durch die Truppen des Fürstbischofs, Massakrierung der Wiedertäufer.

Thomas Morus hingerichtet.

Tod Francesco Sforzas (Mailand geht später an Philipp über).

Gründung von Buenos Aires.

1536

Wiederaufnahme des Krieges gegen Frankreich; Bündnis Franz' I. mit den Türken.

Cortez entdeckt Kalifornien.

Tod des Desiderius Erasmus von Rotterdam.

1537

Weigerung der evangelischen Reichsstände, an dem vom Papst einberufenen Konzil teilzunehmen.

1538

Waffenstillstand zu Nizza zwischen Karl V. und Franz I., Begegnung der beiden Monarchen in Aigues-Mortes.

Gründung der Heiligen Liga der katholischen Fürsten in Nürnberg.

1539

Tod der Kaiserin Isabella.

1540

Päpstliche Approbation der Gesellschaft Jesu, gegründet von Ignatius von Loyola (1491 bis 1556) 1534.

1541

Fehlschlag des Kriegszugs Karls V. gegen Algier.

Reichstag zu Regensburg: *Interim.*

Tod des Theophrastus Bombastus Paracelsus.

1542

Frankreich beginnt den vierten Krieg gegen Karl V.; Verbündete der Franzosen: Türkei, Dänemark und der Herzog von Cleve; Verbündeter Karls: England.

Reichstag zu Nürnberg.

Mißglückter Versuch, die Diözese Köln zu säkularisieren.

Beginn der Kolonisierung in Chile.

Neue Gesetze zum Schutz der

Indianer (Bartolomé de Las Casas).

1543

Ernennung des Infanten Philipp zum Regenten Spaniens; Heirat Philipps mit der Infantin Maria von Portugal.

Begegnung Karls V. mit Papst Paul III. (Alessandro Farnese) in Busseto.

Gefährdung der Niederlande infolge der französischen Offensive.

Fortsetzung des Reichstags zu Nürnberg.

Sieg der Kaiserlichen über den Herzog von Cleve.

Tod des Nikolaus Kopernikus.

1544

Reichstag zu Speyer: Genehmigung der Geldmittel für den Krieg gegen Frankreich.

Feldzug unter dem persönlichen Kommando des Kaisers; große militärische Erfolge; Vormarsch bis zur Marne und in Richtung Paris.

Frieden zu Crépy: Franz I. verzichtet auf seine Bestrebungen um die burgundischen und italienischen Besitzungen des Hauses Habsburg.

1545

Beginn des Konzils von Trient.

Geburt des Infanten Don Carlos, Sohn Philipps; Tod seiner Mutter, der Infantin Maria.

1546

Tod Martin Luthers.

Beginn des Schmalkaldischen Krieges; Moritz von Sachsen auf seiten des Kaisers.

Karl V. in Regensburg.

Donaufeldzug: endet ohne größere Schlacht mit einem strategischen Sieg des Kaisers.

1547

Feldzug an der Elbe: Sieg des Kaisers bei Mühlberg (24. April); Gefangennahme Friedrichs von Sachsen; Unterwerfung Philipps von Hessen; Teilung der Länder des Hauses Wettin, die Kurfürstenwürde geht auf die Albertinische Linie über (Moritz von Sachsen).

Tod Franz' I. von Frankreich. Thronbesteigung Heinrichs II. (1547–1559).

Tod Heinrichs VIII. von England. Edward VI. (1547–1553) besteigt den Thron.

Verlegung des Konzils von Trient nach Bologna.

Verschwörung des Fiesco zu Genua gegen den Dogen Andréa Doria.

1547–1548

Reichstag zu Augsburg: neues *Interim* („Reichstag in Waffen").

1549

Tod Papst Pauls III.; Wahl Julius' III. (1550–1555).

1550

Magdeburg im Reichsbann; Exekution des Bannspruchs durch den Kurfürsten Moritz von Sachsen.

1551

Rückkehr des Konzils nach Trient.

Abfall des Kurfürsten Moritz von Sachsen; neuerlicher Aufstand der mit Frankreich verbündeten protestantischen Fürsten.

1552

Vertrag von Chambord zwischen Heinrich II. von Frankreich und den protestantischen Reichsfürsten: Abkommen über die Abtretung der Bistümer Metz, Toul und Verdun an Frankreich.

Vormarsch des Kurfürsten Moritz von Sachsen gegen Innsbruck; der Kaiser zur Flucht gezwungen.

Vertrag von Passau zwischen König Ferdinand und den aufständischen Fürsten.

Karl belagert Metz; Sieg der Franzosen.

1553

Sieg des Kurfürsten Moritz von Sachsen bei Sievershausen über Albrecht Alcibiades von Brandenburg; der Sieger fällt auf dem Feld der Ehre.

Tod Edwards VI. von England; Thronbesteigung seiner Halbschwester Mary (genannt die „Katholische" oder auch die „Blutige", weil sie versuchte, das englische Volk zur römischen Kirche zurückzuführen).

Tod des Malers Lukas Cranach (ein Madonnenbildnis dieses Meisters begleitete Karl V. auf allen seinen Reisen und Feldzügen; es befindet sich heute im St.-Jakobs-Dom in Innsbruck).

Tod des Dichters François Rabelais.

1554

Karl tritt das Königreich Neapel an seinen Sohn Philipp ab; Vermählung Philipps mit Königin Mary von England (die Ehe bleibt kinderlos).

1555

Tod der Königin Johanna.

Tod Papst Julius' III.; Wahl von Marcellus und, nach dessen unerwartetem Tod, von Paul IV. Caraffa (1555–1559).

Augsburger Religionsfriede: Prinzip des *Cuius regio, eius religio;* den Anhängern des anderen Bekenntnisses wird die Auswanderung gestattet. *Reservatio ecclesiastica* (die geistlichen Reichsstände, die zu der neuen Lehre übergehen, müssen auf ihre Herrscherrechte verzichten); dieser Grundsatz durch die *Declaratio Ferdinandea* eingeschränkt (keine rückwirkende Anwendung der Reservatio ecclesiastica); Gleichberechtigung der Kulte in den kaiserlichen Städten, wo beide Glaubensbekenntnisse vertreten sind.

Karl V. überträgt seinem Sohn Philipp die Regierung der Niederlande.

1556

Abdankung Karls V.; Nachfolge im Reich: Ferdinand I. und die jüngere österreichische Linie des Hauses Habsburg; Nachfolge in Spanien, Italien, den Niederlanden und den Gebieten in Übersee: Philipp II.

Karl zieht sich in ein Landhaus auf dem Grundbesitz des Klosters Sankt Hieronymus in Yuste zurück.

1557

Sieg der burgundisch-spanischen Armee über die Franzosen bei Saint-Quentin.

1558

Sieg des Grafen Egmont bei Gravelingen über die Franzosen.

Tod der Königin Mary; Thronbesteigung Elisabeths I. von England (1558–1603).

Tod Karls V. (21. September).

Tod der Königin Maria von Ungarn, Regentin der Niederlande (18. Oktober).

1563

Ende des Konzils von Trient: Reform der katholischen Kirche und Beginn der sogenannten Gegenreformation.

1571

Seeschlacht von Lepanto: entscheidender Sieg über die Türken, errungen von Don Juan de Austria (außerehelicher Sohn Karls V. und der Barbara Blomberg) an der Spitze einer spanischen, venezianischen und päpstlichen Flotte.

1574

Überführung des Leichnams Karls V. durch Philipp II. in die Krypta der Kirche zum hl. Laurentius im Escorial.

AHNENTAFELN

Die Häuser Valois und Orléans (Angoulême)

Karl V., König von Frankreich, † 1380

- Karl VI., † 1422
  - Karl VII., † 1461
    - Ludwig XI., † 1483
      - Karl VIII., † 1498 vermählt mit Anna v. d. Bretagne, † 1514
      - Johanna vermählt mit Ludwig XII.
- Ludwig Herzog von Orléans, † 1422
  - Karl, † 1465
    - Ludwig XII., König von Frankreich, † 1515, vermählt mit:
      1. Johanna von Frankreich (Tochter Ludwigs XI.)
      2. Anna von der Bretagne
      3. Maria Tudor
      - Claudia (vorerst Karl V. versprochen, dann mit Franz I. vermählt)
  - Johann, † 1467
    - Karl Graf von Angoulême, † 1496 vermählt mit Louise von Savoyen
      - Margarete (die „Margarete der Margareten“) vermählt mit Heinrich von Navarra
        - Johanna d'Albret
          - Heinrich IV. (Haus Bourbon)
      - Franz I., König von Frankreich, † 1547 vermählt mit:
        1. Claudia von Frankreich (Tochter Ludwigs XII.)
        2. Eleonore von Österreich
        - Heinrich II., † 1559, vermählt mit Katharina von Medici

Das Haus Tudor

Heinrich VII. (Lancaster), † 1509, vermählt mit Elisabeth von York

Heinrich VIII. † 1547 vermählt mit: 1. Katharina von Aragon, † 1536 2. Anne Boleyn 3. Jeanne Seymour 4. Anna de Cleve 5. Catherine Howard 6. Catherine Parr	Margareta vermählt mit Jakob IV. von Schottland (Stuart)	Mary vermählt mit: 1. Ludwig XII. von Frankreich 2. Charles, Herzog von Suffolk

Kinder Heinrichs VIII.:

1. Maria † 1558 vermählt mit Philipp II. von Spanien	2. Elisabeth † 1603 1558 Königin von England	3. Eduard VI. †1553

Heiraten der Habsburger um 1500

Kaiser Maximilian I., vermählt mit:
1. Maria von Burgund, † 1482
2. Anna von der Bretagne (Ehe geschlossen 1490, annulliert 1491)
3. Bianca Maria Sforza, † 1510

Kinder aus erster Ehe:

Philipp, 1478 bis 1506
vermählt mit Johanna von Aragon und Kastilien, † 1555

Margarete, 1480 bis 1530
vermählt mit:
1. Karl VIII. von Frankreich (annulliert)
2. Juan von Aragon und Kastilien, † 1497
3. Philibert von Savoyen, † 1504
Regentin der Niederlande

Kinder Philipps:

Eleonore
1498 bis 1558
vermählt mit:
1. Emanuel von Portugal
2. Franz I. von Frankreich

Karl V.
1500 bis 1558
vermählt mit Isabella von Portugal, † 1539

Elisabeth
1501 bis 1526
vermählt mit Christian II. von Dänemark

Ferdinand I.
1504 bis 1564
vermählt mit Anna von Böhmen und Ungarn

Maria
1505 bis 1558
vermählt mit Ludwig II. von Böhmen und Ungarn, † 1526
Regentin der Niederlande

Katharina
1507 bis 1578
vermählt mit Johann III. von Portugal

Kinder Karls V.:

Philipp II., 1527 bis 1598, vermählt mit:
1. Maria von Portugal, † 1545
2. Maria Tudor, † 1558
3. Elisabeth von Valois, † 1568
4. Anna Maria von Österreich, † 1580

SPANISCHE LINIE DER HABSBURGER

Maria
1528 bis 1603
vermählt mit Maximilian II.

Kinder Ferdinands I.:

Maximilian II.
1527 bis 1576
vermählt mit Maria, Tochter Karls V.

(Maria und Maximilian II.:) Linie 1619 ausgestorben

Karl
† 1590
vermählt mit Maria Anna von Bayern

ÖSTERR. LINIE DER HABSBURGER

Französische Ansprüche auf das Herzogtum Mailand

Giovanni Galeazzo Visconti, erster Herzog von Mailand, † 1402

Valentina, † 1408
vermählt mit Ludwig Herzog
von Orléans, † 1407
(Sohn Karls V. von Frankreich
und Bruder Karls VI. von Frankreich)

- Karl
  Herzog von Orléans
  † 1465
  - Ludwig XII.
    von Frankreich
    † 1515
- Johann
  Graf von Angoulême
  † 1467
  - Karl
    Graf von Angoulême
    † 1496
    - Franz I.
      von Frankreich

Giovanni Maria, † 1412

Philipp Maria, † 1447

- Bianca Maria
  † 1468
  (natürliche Tochter)
  vermählt mit Francesco Sforza

zwei Linien des Hauses
Sforza-Visconti ausgestorben:

1. mit Francesco Sforza
† 1511

2. mit Francesco Sforza
† 1535
vermählt mit
Christine von Dänemark
(Nichte Karls V.)

Philipp von Spanien
mit dem Herzogtum Mailand belehnt

DIE VORFAHREN KARLS V.

Haus Habsburg

Guntram der Reiche (um 973)

Lanzelin, ca. 945–991, vermählt mit Luitgard, Tochter des Grafen Eberhard vom Thurgau

Radbot, vermählt mit Ita von Lothringen

Werner II., Graf von Elsaß, um 1055, † 1096

Otto, Graf von Elsaß, um 1060, † 1111

Werner III., Landgraf von Elsaß, † 1167

Albrecht, † 1199, vermählt mit Ita von Pfullendorf

Rudolf, † 1232, vermählt mit Agnes, Tochter Gottfrieds von Stauffen

Albrecht, † 1240, vermählt mit Helwide, Tochter und Erbin Ulrichs III. von Kyburg

Rudolf, 1218–1291, 1273 dt. König, vermählt mit Gertrud (Anna) von Hohenberg

Albrecht I., 1248–1308, 1282 Herzog von Österreich, 1298 dt. König, vermählt mit Elisabeth, Tochter Meinhards von Tirol

Albrecht II., 1298–1358, vermählt mit Jeanne de Ferrette

Leopold III., 1351–1386 (gefallen in der Schlacht bei Sempach), vermählt mit Viridis de Visconti

Ernst der Eiserne, 1377–1424, vermählt mit Cymburgis von Masovien

Friedrich III., 1415–1493, 1440 dt. König, 1452 Kaiser, vermählt mit Eleonore von Portugal

Maximilian I., 1459–1519, 1486 König, 1508 Kaiser, vermählt mit Maria von Burgund (1457–1482)

Philipp der Schöne, 1478–1506, vermählt mit Johanna von Aragon und Kastilien (1479–1555)

Karl V., 1500–1558, vermählt mit Isabella von Portugal († 1539)

Haus Valois-Burgund

Philipp II. August, † 1223
Ludwig VIII., † 1226
Ludwig IX., der Heilige, † 1270
Philipp III., König von Frankreich, † 1285
Karl Graf von Valois, † 1325
Philipp VI. Valois, König von Frankreich, † 1350
Johann II., der Gute, König von Frankreich, † 1364
Philipp der Kühne, † 1404, vermählt mit Margarete von Flandern
Johann von Burgund, † 1419, vermählt mit Margarete von Holland
Philipp der Gute, † 1467, vermählt mit Isabella von Portugal
Karl der Kühne von Burgund, † 1477, vermählt mit Margarete von York
Maria von Burgund, 1457–1482, vermählt mit Maximilian I.
Philipp der Schöne, 1478–1506, vermählt mit Johanna von Aragon und Kastilien
Karl V., 1500–1558

NOMENKLATUR DER IN DIESEM BUCH ERWÄHNTEN HISTORISCHEN PERSÖNLICHKEITEN

Acuña Antonio, Bischof von Zamora
Adolph von Nassau (um 1250 bis 1298), dt. König von 1292 bis 1298
Adorno Antonio, Doge von Genua
Adrian von Utrecht (1459 bis 1523), Erzieher Karls V., Papst von 1522 bis 1523 (Hadrian VI.)
Aeneas Sylvius Piccolomini, s. Pius II.
Alba, Fernando Alvarez von Toledo, Herzog von Alba, Heerführer und span. Staatsmann (1507 bis 1581)
Albrecht Alcibiades, Markgraf von Brandenburg-Kulmbach (1522 bis 1557)
Albrecht von Brandenburg, Erzbischof und Kurfürst von Mainz (1490 bis 1545)
Albrecht I. (um 1250 bis 1308), Herzog von Österreich, dt. König von 1298 bis 1308, Sohn Rudolfs I., ermordet von seinem Neffen, Johann „Parricida“
Albrecht II. (1397 bis 1439), Herzog von Österreich, dt. König von 1438 bis 1439
Albrecht V. (1528 bis 1579), Herzog von Bayern von 1560 bis 1579, Gemahl Annas von Böhmen und Ungarn
Albrecht VI. (1418 bis 1463), Herzog von Österreich von 1446 bis 1463, Bruder Kaiser Friedrichs III.
Aleander Hieronymus (1480 bis 1542), italienischer Humanist und Diplomat des Hl. Stuhles, Verfasser des Wormser Edikts
Alexander VI., Rodrigo de Borgia (1431 bis 1503), Papst von 1492 bis 1503
Alexander von Medici, 1531 Herzog von Florenz, ermordet 1537
Amsdorf, Nikolaus von (1483 bis 1565), luth. Theologe
Anchiata, Juan de, span. Adeliger, Erzieher Karls V.
Anna von Böhmen und Ungarn (1528 bis 1590), Tochter Ferdinands I., Gemahlin Albrechts V. von Bayern (1543)
Anna von Österreich (1549 bis 1580), Königin von Spanien, Tochter Maximilians II. und der Maria von Österreich, vierte Gemahlin Philipps II.

Aragon, Juan de, span. Ritter
Arras, Matthias von, erster Baumeister des St.-Veits-Domes in Prag, gebürtig aus Arras.
Artus, legendärer König, Zentralgestalt zahlreicher Heldenlieder des Mittelalters
Atatürk, Mustafa Kemal Pascha (1879 bis 1938), Heerführer und türkischer Staatspräsident

Balançon, Joachim von Ryl, Herr auf Balançon, Reichsritter
Balboa, Vasco Nuñez de (1475 bis 1517), Conquistador
Ball John, einer der Anführer des Aufstandes der Lollarden in England (1381)
Bazan, Alvaro de, span. Admiral, eroberte 1531 Tlemsen
Beaurain Ferry, Herr auf Roeulx, gestorben 1524
Bedford, John Plantagenet, Herzog von Bedford (1389 bis 1435), dritter Sohn Heinrichs IV. von England, Bruder Heinrichs V.
Berlichingen, Götz von (1480 bis 1562), fränkischer Ritter
Blomberg Barbara (um 1527 bis 1597), Regensburger Bürgerin, Geliebte Karls V., Mutter Don Juans de Austria
Boccaccio Giovanni (1313 bis 1375, ital. Dichter
Bockelson (Beukelszoon), gen. Johann von Leiden (1509 bis 1536), Anführer der Wiedertäufer in Münster
Bodenstein Andreas, genannt „Karlstadt“ (um 1480 bis 1541), evang. Theologe
Borgia, hl. Franz von, Herzog von Gandia (1510 bis 1572), General der Gesellschaft Jesu
Bouton Claude, burgund, Ritter, Verfasser des „Damenspiegels“
Brandi Karl (1868 bis 1946), dt. Historiker
Breydel Jan, fläm. Heerführer in der Schlacht bei Courtrai (1302)
Brinckmann, Albert Erich (geb. 1881), dt. Kunsthistoriker
Bucer Martin (1491 bis 1551), elsäss. Reformator
Büren, Egmont Floris, Herr auf Isselstein (gest. 1539), Ratgeber Karls V.

Büren Maximilian (gest. 1550), kaiserl. General, Sohn des Egmont Floris
Burckhardt, Carl Jakob (geb. 1891), Schweizer Historiker und Diplomat

Caboto Giovanni, engl. John Cabot (1420 bis 1498), ital. Seefahrer, Erforscher des nordamerikanischen Festlandes
Caboto Sebastiano (1472 bis 1557), Sohn des Giovanni Caboto, Seefahrer und Schöpfer einer Weltkarte
Cajetan Jacobus, Ordensname: Thomas de Vio (1469 bis 1534), Kardinal, General der Dominikaner, Ratgeber Klemens' VII., einer der bedeutendsten kath. Theologen zur Zeit der Reformation
Calvin Johann (1509 bis 1564), Reformator
Capistranus, hl. Johannes (1386 bis 1456), OFM, Prediger
Carlos, Don (1545 bis 1568), ältester Sohn Philipps II.
Carranza Bartolomé (1503 bis 1576), OP, Erzbischof von Toledo, span. Theologe
Castiglione Baldassarre (1478 bis 1529), ital. Staatsmann und Humanist
Castro, Diego de, span. Adeliger
Chaireddin, gen. Barbarossa (um 1467 bis 1546), türk. Admiral, Herr von Algier und Tunis, Pirat
Chelczizky Petr (um 1390 bis 1460), rel. Anführer der Hussiten
Chièvres, Guillaume de Croy, Seigneur de Chièvres, Herzog von Aerschot (1458 bis 1521), Ratgeber Karls V.
Christian II., König von Dänemark (1481 bis 1559), Schwager Karls V.
Christine, Herzogin von Lothringen, Tochter Christians II. von Dänemark und Isabellas, der Schwester Karls V., gest. 1545
Claudia, Königin von Frankreich (1499 bis 1524), Gemahlin Franz' I.
Claudia von Charolais, Gemahlin Heinrichs von Nassau
Cobos, Francisco de los, Staatssekretär Karls V.

Coligny, Gaspard de, Seigneur de Châtillon (1519 bis 1572), Hugenottenführer in der Bartholomäusnacht
Colom Joannot, Anführer des Aufstandes in Valencia
Colón, Don Diego (um 1480 bis 1526), ältester Sohn des Christoph Columbus, Vizekönig der „Neuen Indien" (1520)
Colonna Prospero, kaiserl. und päpstl. Heerführer
Colonna Vittoria, Witwe Pescaras
Columbus Christoph (um 1446 bis 1506), Entdecker Amerikas (1492)
Comingues, Philippe de (1447 bis 1506), franz. Historiker
Contarini Gasparo (1483 bis 1542), Kardinal, venezian. Gesandter beim Reichstag zu Worms
Cordoba, Gonzalvo Hernandez de (1443 bis 1515), span. Heerführer
Cortez Hernando (1485 bis 1547), Eroberer und Gouverneur von Mexiko
Croy Adrien, Seigneur des Beaurain, kaiserl. Diplomat

Dante Alighieri (1265 bis 1321)
David von Burgund, Bischof von Utrecht, natürlicher Sohn Philipps des Guten von Burgund
Delbrück Hans (1848 bis 1929), dt. Historiker und Politiker
Diaz Bartolomeu (um 1450 bis 1500), portugies. Seefahrer
Doria Andrea (1466 bis 1560), genues. Adeliger, später Admiral Karls V.
Dürer Albrecht (1471 bis 1528)

Eck Johannes, eigentl. Joh. Maier (1486 bis 1543), kath. Theologe
Eck, Leonhard von (1480 bis 1550), bayer. Kanzler
Eduard VI. (1537 bis 1553), König von England seit 1547, Sohn Heinrichs VIII.
Egmont Floris, Herr auf Isselstein, Vertreter des engl. Königs am Hof des jungen Karl
Egmont, Johannes Graf von (gest. 1528)

Egmont, Karl von, Herzog von Geldern und Jülich, gest. 1538
Egmont, Lamoral Graf von (1522 bis 1568), niederländ. Adeliger, General der Kavallerie unter Philipp II., wegen Hochverrats hingerichtet
Ehinger Ambrosius, auch Dalfinger gen. (um 1500 bis 1533), geb. in Konstanz, Gouverneur von Venezuela
Ehinger Heinrich, Bruder des Ambrosius E., Kaufmann aus Konstanz, Agent der Welser in Venezuela
Elcano Sebastiano, Kommandant der „Victoria“
Eleonore, Kaiserin (1436 bis 1476), Tochter Eduards von Portugal, Gemahlin Kaiser Friedrichs III.
Eleonore (1498 bis 1558), Schwester Karls V., Gemahlin Emanuels I. von Portugal (1519 bis 1521) und Franz' I. von Frankreich (1530 bis 1547)
Elizabeth I. (1533 bis 1603), Königin von England (1558 bis 1603), Tochter Heinrichs VIII. und der Anne Boleyn
Enriquez Fadrique, kastil. Admiral zur Zeit des Comuneros
Erasmus von Rotterdam (1465 oder 1466 bis 1536), Humanist
Espinal, Fray Alfonso de, Missionar in Amerika
Eyck, Hubert van (um 1370 bis 1426), niederländ. Maler
Eyck, Jan van (um 1390 bis 1441), niederländ. Maler

Farnese Alessandro (1520 bis 1589), Sohn des Pier Luigi Farnese, Kardinal und päpstlicher Legat am Hof Karls V.
Farnese, Pier Luigi (1503 bis 1547), Herzog von Parma und Piacenza, Sohn des Alessandro Farnese (später Paul III.), Gegner Karls V.
Federmann Nikolaus (gest. 1542), dt. Konquistador, Offizier des Gouverneurs von Venezuela, Ambrosius Ehinger
Ferdinand II. (1452 bis 1516), König von Aragon (1479 bis 1516), Großvater Karls V.
Ferdinand I. (1503 bis 1564), röm. Kaiser (1556 bis 1564), Bruder Karls V.
Ferramosca (Fieramosca) Cesare, Bevollmächtigter des Vizekönigs von Neapel, Charles de Lannoy

Flacius (eigentl. Vlacich) Matthias, gen. „Illyricus" (1520 bis 1575), luth. Theologe
Fonseca, Antonio da, General
Franck Sebastian (1499 bis 1542), Humanist
Franz I. (1494 bis 1547), König von Frankreich (1515 bis 1547)
Franz Xaver, hl. (1506 bis 1542), SJ, der „Apostel Asiens"
Fregoso, Doge von Genua
Friedrich II. von Hohenstaufen (1194 bis 1250), röm. Kaiser (1212 bis 1250)
Friedrich der Schöne (um 1286 bis 1330), Sohn Albrechts I., Gegenspieler König Ludwigs von Bayern (1314 bis 1330)
Friedrich III. (1415 bis 1493), Herzog von Österreich, dt. König (1440 bis 1493), als letzter der röm. Kaiser in Rom gekrönt
Friedrich I. von Dänemark (1471 bis 1533), vom jütländ. Adel zum Gegenkönig gegen Christian II. gewählt
Friedrich II., der Weise (1482 bis 1556), Kurfürst von der Pfalz (1544 bis 1556)
Friedrich III., der Weise (1463 bis 1525), Kurfürst und Herzog von Sachsen (1486 bis 1525)
Frundsberg, Georg von (1473 bis 1528), dt. Landsknechtführer im Dienst des Kaisers
Fuchs, Walter Peter, Historiker
Fürstenberg, Friedrich II., Graf von (gest. 1559)
Fugger, Augsburger Patriziergeschlecht, später Grafen, dann Herzöge, Geldgeber der Habsburger
Futter Cyril, engl. Militärhistoriker

Gaismair Michael, Anführer des Bauernaufstandes in Tirol
Gand, Petrus de, Conquistador
Gand, Robert de, unter der Leitung von Adrian von Utrecht einer der Erzieher Karls V.
Gasca, Pedro de la, Missionar in Amerika
Gattinara, Mercurino de (1465 bis 1530), Kardinal, Großkanzler Karls V. seit 1518

Gayotte Pierre, mod. franz. Historiker
Gaztelu, Martin de, Sekretär Karls V.
Germaine de Foix (1488 bis 1538), zweite Gemahlin König Ferdinands von Aragon
Geyer Florian (gest. 1525), fränk. Ritter, Führer im Bauernaufstand
Gheenst, Johanna van der, Geliebte Karls V., vermeintliche Mutter der Margareta von Parma
Gila, persönl. Barbier Karls V.
Gonzaga Ferrante, Graf von Guastalla, Vizekönig von Sizilien, Gouverneur von Mailand
Gottfried von Bouillon (um 1060 bis 1100), Herzog von Niederlothringen, Herzog des Hl. Grabes
Granvelle, Nicolas Perrenot de (1468 bis 1550), Minister und Ratgeber Karls V., Vater des Antoine de Granvelle
Granvelle, Antoine Perrenot de (1517 bis 1586), Bischof von Arras, Kardinal, Staatsmann unter Karl V. und Philipp II.
Gropper Johann, kath. Theologe, Vertreter der kath. Gruppe beim Regensburger Reichstag
Guatemozin (1495 bis 1525), letzter Herrscher der Azteken
Gutenberg Johann, eigentl. Johann Gensfleisch (um 1400 bis 1468), Erfinder der Buchdruckerkunst

Hassan Aga, Abgesandter des Chaireddin Barbarossa in Algier
Heinrich II. von Braunschweig (1489 bis 1568), Herzog von Braunschweig-Wolfenbüttel (1514 bis 1568), Bundesgenosse des Kaisers während des Schmalkald. Krieges
Heinrich V. (1387 bis 1422), König von England (1413 bis 1422), Regent von Frankreich 1420, siegte bei Azincourt
Heinrich VIII. (1491 bis 1547), König von England (1509 bis 1547)
Heinrich II. (1519 bis 1559), König von Frankreich (1547 bis 1559), Sohn Franz' I. und der Claudia von Frankreich
Heinrich VI. von Hohenstaufen (1165 bis 1197), röm. Kaiser (1190 bis 1197)

Heinrich VII. von Luxemburg (1275 bis 1313), röm. Kaiser (1308 bis 1313)

Heinrich von Nassau, Graf von Dillenburg (1483 bis 1538), General und Kammerherr Karls V.

Heinrich der Seefahrer, Infant von Portugal (1394 bis 1460), vierter Sohn König Johannes' I. von Portugal, Begründer der portugiesischen Kolonialmacht

Held Matthias, Vizekanzler des Reiches

Heller Erich, dt.-amerik. Essayist

Hipler Wendel, vormals Schreiber in hohenlohischem Dienst, politischer Anstifter der Horde vom Odenwald zur Zeit der Bauernkriege

Hofmann Melchior (gest. 1543 oder 1544), Wiedertäufer

Holborn Hayo, amerikan. Historiker

Horuk (Arudch), gen. Barbarossa (1473 bis 1518), erster türk. Herrscher in Algerien, Bruder des Chaireddin Barbarossa, Pirat (auf dem Schlachtfeld gefallen 1518)

Huizinga Johan (1872 bis 1945), niederländ. Historiker

Hunyadi János (1385 bis 1456), ungar. Heerführer und Staatsmann

Hus Jan (um 1369 bis 1415), tschech. Reformator

Hutten, Ulrich von (1488 bis 1523), Humanist

Ignatius von Loyola (um 1491 bis 1556), span. Offizier, Gründer der Gesellschaft Jesu

Isabella die Katholische (1451 bis 1504), Königin von Kastilien (1474 bis 1504), Gemahlin Ferdinands II. von Aragon, Großmutter Karls V.

Isabella von Dänemark (1501 bis 1526), Gemahlin Christians II. von Dänemark, Schwester Karls V.

Isabella, Kaiserin (gest. 1539), Tochter des Alphonso von Portugal, Gemahlin Karls V.

Jagellonen, litauisch-poln. Dynastie, benannt nach Jagello, Großfürst von Litauen und König von Polen (1386 bis 1434)

Johann II. (1397 bis 1479), König von Aragon (1458 bis 1479), Vater Ferdinands II. von Aragon

Johann von Aragon (1478 bis 1497), einziger Sohn Ferdinands II. von Aragon und Isabellas der Katholischen

Johann Ohnefurcht (1371 bis 1419), Herzog von Burgund (1404 bis 1419), ermordet

Johann von Burgund, Bischof von Cambrai, Bruder Philipps des Guten von Burgund

Johann II., der Gute (1319 bis 1364), König von Frankreich (1350 bis 1364)

Johann III. Sobieski (1624 bis 1696), König von Polen (1674 bis 1696), siegte über die Türken bei Chotin und in der Schlacht vom Kahlenberg

Johann I. (1357 bis 1433), König von Portugal (1385 bis 1433)

Johann der Beständige (1468 bis 1532), Kurfürst von Sachsen (1525 bis 1532)

Johann Friedrich der Großmütige (1503 bis 1554), Kurfürst von Sachsen (1532 bis 1547), verlor die Schlacht bei Mühlberg

Johann Parricida, Herzog in Schwaben (1290 bis 1313)

Johanna die Wahnsinnige (1479 bis 1555), Königin von Kastilien, Gemahlin Philipps des Schönen von Habsburg, Mutter Karls V. und Ferdinands I.

Jost Fritz, einer der Anführer bei der Erhebung des Bundschuhs (1531)

Juan de Austria (1547 bis 1578), Admiral, natürlicher Sohn Karls V. und der Barbara Blomberg

Julius III., Giovanni Maria del Monte (1487 bis 1555), Papst (1550 bis 1555)

Karl von Angoulême, dritter Sohn Franz' I., seit 1536 Herzog von Orléans, gest. 1545

Karl der Kühne (1433 bis 1477), Herzog von Burgund (1467 bis 1477)

Karl II., der Kahle (823 bis 877), fränk. König (840 bis 877), jüngerer Sohn Ludwigs des Frommen

Karl VII., der Siegreiche (1403 bis 1461), König von Frankreich (1422 bis 1461)
Karl V. Leopold, Herzog von Lothringen (1643 bis 1690), kaiserl. Feldherr, befreite 1683 Wien von den Türken
Karl IV. Wenzeslaus von Luxemburg (1316 bis 1378), röm. Kaiser (1346 bis 1378)
Karl der Große (742 bis 814), König der Franken (768 bis 814), röm. Kaiser (800 bis 814)
Katharina von Aragon (1485 bis 1536), erste Gemahlin Heinrichs VIII.
Katharina von Portugal (1507 bis 1578), Gemahlin Johanns II., König von Portugal, jüngste Schwester Karls V.
Katziano
Klemens VII., Giuliano dei Medici (1478 bis 1534), Papst (1523 bis 1534)
Knut I., der Große (um 995 bis 1035), König von Dänemark, England und Norwegen (1018 bis 1035)
Koninck, Pieter de, fläm. Heerführer in der Schlacht bei Courtrai (1302)

Ladislaus V. Posthumus (1440 bis 1457), König von Ungarn
Lang Matthias, Bischof von Gurk, Erzbischof von Salzburg
Lanuza, Juan de, Ratgeber am aragon. Hof
Las Casas, Bartolomé de (1474 bis 1566), span. Missionar in Peru und Mexiko, trat für die Indianer ein
Laso de la Vega, Pedro, span. Adeliger
Leo X., Giovanni de' Medici (1475 bis 1521), Papst (1513 bis 1521), zweiter Sohn des Lorenzo il Magnifico
Leopold III., Herzog von Österreich (1351 bis 1386)
Leyva Antonio, kaiserl. General
Loaysa, Garcia de (1479 bis 1546), Kardinal von Sevilla, Ordensgeneral der Dominikaner, Beichtvater Karls V.
Lortz Joseph, kath. Kirchenhistoriker
Lotzer Sebastian, Kürschnergeselle, Verfasser der „Zwölf Artikel der Schwäbischen Bauernschaft"
Louise von Frankreich, Tochter Franz' I.

Louise von Savoyen, Herzogin von Angoulême (1476 bis 1531), Mutter Franz' I. von Frankreich

Ludwig IV., der Bayer (1287 bis 1347), röm. Kaiser (1314 bis 1347)

Ludwig XI. (1423 bis 1483), König von Frankreich (1461 bis 1483)

Ludwig XII. von Orléans (1462 bis 1515), König von Frankreich (1498 bis 1515)

Ludwig I., der Fromme (778 bis 840), röm. Kaiser (814 bis 840)

Ludwig I., der Deutsche (um 804 bis 876), König der Ostfranken (843 bis 876)

Ludwig II. (1506 bis 1526), König von Ungarn (1516 bis 1526)

Ludwig von Orléans (1372 bis 1407), Herzog von Orléans (1392 bis 1407), ermordet

Luther Martin (1483 bis 1546), dt. Reformator

Machiavelli Niccolò (1469 bis 1527), Staatsmann und Geschichtsschreiber

Madariaga, Salvador de, span. Schriftsteller und Diplomat

Magalhães (Magellan), Fernão de (um 1480 bis 1521), portugies. Seefahrer

Male, Wilhelm van, Schreiber und Vorleser bei Karl V.

Manrique Alfonso (gest. 1516), Bischof von Badajoz, Erzieher Karls V.

Manuel, Don Juan, kastil. Grande, Ritter vom Goldenen Vlies

Margareta von Österreich (1480 bis 1530), Generalstatthalterin der Niederlande (1507 bis 1530)

Margareta von Navarra, Königin von Navarra, Schwester Franz' I., Dichterin und Mäzen

Margareta von Parma (1522 bis 1586), Generalstatthalterin der Niederlande (1559 bis 1567), natürliche Tochter Karls V.

Margareta von York, Gemahlin Karls des Kühnen

Maria, Erzherzogin von Österreich (1528 bis 1603), Gemahlin Maximilians II., Tochter Karls V.
Maria von Burgund (1457 bis 1482), Tochter Karls des Kühnen, Gemahlin Maximilians I.
Maria von Portugal (1525 bis 1555), erste Gemahlin Philipps II., Mutter Don Carlos'
Maria von Ungarn (1505 bis 1555), Schwester Karls V., Gemahlin Ludwigs II. von Ungarn
Marliano Louis (gest. 1521), Bischof von Tuy in Spanien, ital. Humanist, Ratgeber Karls V.
Mary, Prinzessin von England, Schwester Heinrichts VIII., Gemahlin Ludwigs XII. von Frankreich
Mary Tudor, gen. Maria die Katholische (1516 bis 1558), Königin von England (1553 bis 1558), Tochter Heinrichs VIII.
Mathys Jan, Wiedertäufer aus Harlem
Mathys, Doktor, Leibarzt Karls V.
Matthias Corvinus (1443 bis 1490), König von Ungarn (1458 bis 1490)
Maurois André (geb. 1885), franz. Schriftsteller
Maximilian I. (1459 bis 1519), röm. Kaiser (1493 bis 1519)
Maximilian II. (1527 bis 1576), röm. Kaiser (1564 bis 1576), Sohn Ferdinands I.
Meinecke Friedrich (1862 bis 1954), Historiker
Meit Konrad (um 1470 oder 1480 bis nach 1544), Bildhauer
Melanchthon (Schwarzerd) Philipp (1497 bis 1560), Humanist und Mitarbeiter Luthers
Memling Hans (1433 bis 1494), niederländ. Maler
Mendoza, Antonio de (1490 bis 1553), Vizekönig von Neuspanien (1536) und Peru (1550), gen. „König der Armen"
Mendoza Diego, Vizekönig von Valencia
Mézières, Phillipe de, Ritter, einer der Vorläufer des Ordens vom Goldenen Vlies
Michelangelo Buonarroti (1475 bis 1564)
Miguel, Don, Sohn Manuels I. von Portugal und Isabellas, der Tochter Ferdinands des Katholischen

Miranda, Graf von, Ratgeber Karls V.
Montesinos, span. Missionar in Amerika
Montezuma, Aztekenfürst (gest. 1520), Schwiegervater des Guatemozin
Moritz von Sachsen (1521 bis 1553), Herzog von Sachsen seit 1541 und Kurfürst seit 1547
Mota, Dr. Pedro Ruiz, Bischof von Badajos (gest. 1521)
Muley Hassan, Herrscher von Tunis
Münzer Thomas (1489 bis 1525), Wiedertäufer und Bauernführer, religiös-sozialer Revolutionär

Navarro Pedro, Heerführer
Nietzsche Friedrich (1844 bis 1900), dt. Philosoph
Nitzsch, Karl Wilhelm (1818 bis 1880), Historiker

Orsini, Nuntius
Osorno, Graf von, Ratgeber Karls V.
Ottokar II., Přemysl (um 1230 bis 1278), König von Böhmen (1253 bis 1278)

Pack, Otto von (geb. um 1480, hingerichtet 1537), Ratgeber des Herzogs von Sachsen
Padilla, Juan de (um 1490 bis 1521), Anführer des Aufstandes der Comuneros gegen Karl V.
Paracelsus, Theophrastus Bombastus von Hohenheim (1493 bis 1541), Arzt und Philosoph
Parler Peter (1330 bis 1399), Erbauer des Veitsdoms in Prag
Paul III., Alessandro Farnese (1468 bis 1549), Papst (1534 bis 1549)
Paul IV., Gian Pietro Caraffa (1476 bis 1559), Papst (1555 bis 1559)
Pavye Michel, Beichtvater Karls V.
Pescara, Fernando de Ávalos (1489 bis 1529), General Karls V.
Pflug, Julius von (1499 bis 1564), Bischof von Naumburg-Zeitz, kath. Repräsentant beim Regensburger Reichstag

Philibert, Herr von Chaèn, Herzog von Oranien (1503 bis 1530), kaiserl. General
Philibert II., Herzog von Savoyen (1480 bis 1504), Gemahl Margaretas von Österreich
Philibert Emanuel, Herzog von Savoyen (1528 bis 1580)
Philipp der Kühne (1342 bis 1404), Herzog von Burgund (1363 bis 1404)
Philipp der Gute (1396 bis 1467), Herzog von Burgund (1419 bis 1467)
Philipp von Burgund, Bischof von Utrecht, natürlicher Sohn Philipps des Guten von Burgund
Philipp I., der Schöne, Erzherzog von Österreich (1478 bis 1506), König von Kastilien (1504 bis 1506), Vater Karls V.
Philipp II. August (1165 bis 1223), König von Frankreich (1180 bis 1223)
Philipp IV., der Schöne (1268 bis 1314), König von Frankreich (1285 bis 1314)
Philipp II. (1527 bis 1598), König von Spanien (1556 bis 1598)
Philipp I., Landgraf von Hessen (1504 bis 1567)
Philipp, Pfalzgraf
Pigafetta, Chronist der Expedition Magellans
Pistorius, Hans, der Ältere, luth. Theologe (gest. 1583)
Pius II., Aeneas Sylvius Piccolomini (1405 bis 1464), Papst (1458 bis 1464), berühmter Humanist
Pizarro Francisco (1475 bis 1541), Entdecker und Eroberer Perus
Polo Marco (1254 bis 1324), Entdecker, bereiste als erster Europäer den Fernen Osten
Poupet, Charles de, Seigneur de la Chaulx, Erzieher Karls V.

Quijada, Don Luis Mendez de, Majordomus Karls V.

Randa, Alexander von, Historiker
Ranke, Leopold von (1795 bis 1886), Historiker
Regia Juan, Beichtvater Karls V.

René von Nassau, Herr von Oranien, Sohn Heinrichts von Nassau (gest. 1544)
Renée von Frankreich (1510 bis 1575), Tochter Ludwigs XII.
Reuchlin Johann (1455 bis 1522), Humanist
Roeulx, Seigneur du, kaiserl. General
Rosenstock Hüssy, Eugen, Rechtshistoriker und Soziologe
Rossem, Martin van, Marschall von Geldern
Rudolf I. von Habsburg (1218 bis 1291), röm. Kaiser (1273 bis 1291)
Rudolf IV., der Stifter (1339 bis 1365), Herzog von Österreich (1358 bis 1365)
Ruiz de Villema, Pedro, Verfasser des „Prinzenspiegels“

Salm, Graf Nikolaus von, Verteidiger von Wien 1529, dabei tödlich verwundet
Sauvage Jean, Sieur d'Escaubeque (gest. 1518), Großkanzler
Savoyen, Herzog von
Schepper Cornelius, niederländ. Ratsherr
Schertlin von Burtenbach, Sebastian (1496 bis 1577), dt. Hauptmann
Scheufelin, Scharfrichter des Truchseß von Waldburg
Schwarzenberg, Johann von (1463 bis 1528), Humanist, Verwalter bei den Bischöfen von Bamberg, Verfasser der „Halsgerichtsordnung“ von 1507
Sedlmayr Hans (geb. 1896), Kunsthistoriker
Selim Entems, Bei von Algier
Sforza, Blanca Maria, Gemahlin Maximilians I.
Sforza Francesco, Herzog von Mailand (gest. 1535)
Sforza Maximilian, Page Karls V.
Sickingen, Franz von (1481 bis 1523), Reichsritter
Sigismund von Luxemburg (1368 bis 1437), röm. Kaiser (1410 bis 1437)
Sittich Max, Kommandant der Landsknechte bei Pavia
Sobieski Johann (1624 bis 1696), König von Polen (1674 bis 1696)
Sodernini, Kardinal

Suleiman I., der Prächtige (1495 bis 1566), türk. Sultan (1520 bis 1566)

Tärik, arabischer Heerführer, Eroberer von Spanien
Tavera, Don Juan de, Regent von Spanien
Tetzel Johann OP (1465 bis 1519), Ablaßprediger
Thomas von Aquin, hl. (um 1225 bis 1274)
Tizian Vecellio (1477 bis 1576), venezian. Maler, porträtierte wiederholt Karl V.
Tordesillas, Rodrigo de
Toscanilli, Paolo del Pozzo (1397 bis 1482), ital. Astronom
Tyler Royall, amerik. Historiker und Diplomat

Uloa Magdalena, zweite Amme des Juan de Austria
Ulrich von Württemberg (1487 bis 1550), Herzog von Württemberg (1534 bis 1550)
Unamuno, Miguel de (1864 bis 1936), span. Schriftsteller

Vaca Louis, Erzieher Karls V., später Bischof von Canaris
Valdez Jaime, span. polit. Schriftsteller
Vallorio, Juan de, revolutionärer Weber aus Salamanca
Vasquez Juan, Staatssekretär der Doña Anna, Regentin von Spanien (1557 bis 1558)
Vasto Alfonso, Marquis de (1503 bis 1546), General Karls V.
Veebe, Adolf von, niederländ. Admiral
Vega, Garcilaso de la (1503 bis 1536), span. Dichter (Sonette und Elegien)
Velazco, Iñigo de, Konnetabel von Aragon
Vera, Diego de, span. Admiral
Vermeyen, Jan Cornelius (1500 bis 1559), niederländ. Maler und Kupferstecher
Villabla Fray
Villena, Pedro Ruiz de, Ratgeber am Gerichtshof von Valladolid
Vittoria, Francisco de (1483 bis 1546), span. Jurist und Spezialist für Völkerrecht („De iure gentium“)

Waldburg, Georg III., Truchseß von (1488 bis 1531), Feldhauptmann des Schwäbischen Bundes
Walther von der Vogelweide (um 1170 bis 1230), Minnesänger
Wat Tyler, Anführer beim Aufstand der Lollarden in England (gest. 1381)
Weeze, Johann von, Erzbischof von Lund
Welser, Augsburger Patrizier, Großkaufleute
Wenzel IV., dt. König (1376 bis 1400), König von Böhmen (1378 bis 1419)
Wied, Hermann, Graf von (1477 bis 1552), Erzbischof und Kurfürst von Köln (1515 bis 1547), trat zum Protestantismus über und mußte 1547 die Kurfürstenwürde zurücklegen
Wiede Adrian, burgund. Ratsherr, Erzieher Karls V.
Wilhelm I., Herzog von Oranien, Graf von Nassau (1535 bis 1584), Gouverneur der Niederlande
Wilhelm III. von Oranien (1650 bis 1702), König von England, Schottland und Irland (1689 bis 1702)
Wilhelm, Herzog von Cleve, Jülich und Berg (1516 bis 1592), erbte 1538 das Herzogtum Geldern
Wilhelm von Straßburg, Bischof
Wolsey Thomas (1475 bis 1530), engl. Kardinal und Kanzler
Wullenwever Jürgen (1488 bis 1537), hanseatischer Staatsmann, Bürgermeister von Lübeck
Wyclif John (1328 bis 1384), engl. Vorläufer der Reformation

Ximenes de Cisneros (1436 bis 1517), Erzbischof von Toledo, span. Staatsmann

Zápolya Johann (1487 bis 1540), König von Ungarn (1526 bis 1540), Woiwode von Siebenbürgen
Zenete, Marquis de
Zwingli Ulrich (1484 bis 1531), Schweizer Reformator

QUELLEN UND BIBLIOGRAPHIE

Über die Geschichte Karls V. besitzen wir eine beträchtliche Anzahl von Quellen. Der Kaiser herrschte über Burgund, Italien und Deutschland. Unaufhörlich reiste er von einem Land ins andere. Durch Kriege und Heiratspolitik stand er dauernd in Verbindung mit Frankreich und England; sein Einfluß reichte bis jenseits der Meere, und dank seiner Mittelmeerpolitik kam er mit der Welt des Islams in Berührung.

Es ist daher nicht verwunderlich, daß in hunderten Berichten und Dokumenten jener Zeit von ihm die Rede ist. Außerdem versuchten die damaligen Chronisten, vor allem Sandoval, eine Biographie über ihn zu verfassen. Die Staatsdokumente und diplomatischen Akten, in denen sich das Lebenswerk des Kaisers widerspiegelt, sind unzählbar und über alle Archive Europas verstreut; viele davon sind zweifellos von den Historikern noch gar nicht entdeckt worden. Schließlich hat uns der Kaiser selbst zahlreiche Schriften hinterlassen: Briefe, Notizen, Pläne und seine kleine, zum Teil mit eigener Hand verfaßte, zum Teil diktierte Autobiographie. Umfang und Bedeutung seines Briefwechsels haben wir bereits erwähnt.

Wenn man über Karl V. schreiben will, liegt die Schwierigkeit nicht im Auffinden der Quellen, sondern in der Auswahl unter der erdrückenden Masse von zugänglichen Dokumenten. Hingegen gibt es jedoch nur wenige Spezialstudien, die eine kritische Wertung der Quellen ermöglichen. Schon Alfred Morel-Fatio hat in seiner *Historiographie de Charles Quint* diesen Mangel beklagt. Der gelehrte und außerordentlich gewissenhafte Autor meinte, er bewundere jeden Historiker, der den Mut habe, eine Biographie des Kaisers in Angriff zu nehmen, noch ehe man in die Vielzahl der Quellen ein wenig Ordnung bringen konnte. Diese Bemerkung galt vor allem der Arbeit Hermann Baumgartens, die vier Bände umfassen sollte, von denen jedoch nur drei von 1885 bis 1892 erschienen.

Im Vergleich zu diesem Quellenreichtum sind die historischen Arbeiten über Karl V. viel weniger zahlreich, als man erwarten könnte. Erst im 20. Jahrhundert begann man sich für den Kaiser zu interessieren. Armstrong machte 1902 mit seinen Werken den Anfang, und die Arbeiten über Karl gipfelten schließlich in den bemerkenswerten Studien von Peter Rassow und der großen Biographie von Karl Brandi. Meiner Ansicht nach hat Rassow die Persönlichkeit Karls V. am tiefsten ergründet. Die Schriften Brandis enthalten viel verschleierte Kritik am Regime und an Hitler selbst. Man darf nicht vergessen, daß sein Buch erschien, als Hitler am Höhepunkt seiner Macht stand. Die Tatsache, daß diese Biographie, obwohl sie für die breite Öffentlichkeit zu schwierig ist, zwischen 1937 und 1942 vier Auflagen erlebte, zeigt, welchen Platz sie in der deutschen

Literatur einnimmt. Die Intellektuellen hatten es sich zur Gewohnheit gemacht, aus einer bedrückenden Gegenwart in die Geschichte zu flüchten und ihre feindselige Haltung gegen die herrschende Macht durch ein besonderes Interesse für jene Persönlichkeiten zu bekunden, die zu den Idealen des Nationalsozialismus im Gegensatz standen. Anderseits mußte jeder Autor, der auf diese Weise politischen Einfluß ausüben wollte, sehr vorsichtig sein und durfte seine Ansichten nicht allzu direkt äußern.

Nach dem Zweiten Weltkrieg nahm das Interesse für Karl V. einen neuerlichen Aufschwung. Die Idee vom geeinten Europa rief die Erinnerung an den letzten Herrscher des Heiligen Römischen Reiches wach, der für die Einheit des christlichen Abendlandes gekämpft hatte. Während der letzten Jahre kam noch das leidenschaftliche Interesse für das Konzil und die Kirchenreform hinzu; Karl V. hatte ja sein Leben lang auf ein großes Konzil hingearbeitet, so daß man ihn als Vater, wenn nicht als die treibende Kraft der Kirchenreform des Konzils von Trient bezeichnen darf. Außerdem wendet sich zu einem Zeitpunkt, da die Geschichte – die bis jetzt nur von den europäischen Nationalstaaten und den USA gemacht wurde – in die Ära der Weltgeschichte eintritt, die Aufmerksamkeit wie von selbst der Politik der Habsburger im 16. Jahrhundert zu, die Alexander Randa in seinen Werken so glänzend dargestellt hat. Und schließlich darf man auch nicht vergessen, daß das Studium der Hintergründe des Zeitalters Karls V. dank der modernen Forschungsmethoden der Kultur-, Geistes-, Sozial- und Wirtschaftsgeschichte sehr erleichtert wurde. In diesem Zusammenhang muß vor allem Johan Huizinga mit seinem Werk *Herbst des Mittelalters* genannt werden, einer grundlegenden Arbeit für jeden, der in die Geschichte Burgunds tiefer eindringen will. Erstaunliches Verständnis für die Person des Herrschers beweist der amerikanische Autor Royall Tyler, während Auswahl und Darbietung der Ikonographie in dem großen Werk des Doyens der belgischen Historiker, Charles de Terlinden, unentbehrlich sind für jeden, der jenseits der Fakten und Dokumente den Menschen zu sehen sucht.

Allen, P. A., The Age of Erasmus. Oxford 1914.
Andreas, Willy, Deutschland vor der Reformation. Eine Zeitenwende. Stuttgart 1948.
Andres, Marcos T., Vitoria y Carlos V en la soberania hispano-americana, in: Acta Salmanticensia, Band I, Nr. 1.
Armstrong, Edward, The Emperor Charles V. London 1910.
Babelon, Jean, Charles Quint. Paris 1947.
Balesteros y Bereta, A., Historia de España, IV/1, 1943.
Bataillon, Marcel, Erasme et l'Espagne. Paris 1937.
Baumgarten, Hermann, Karl V. und die deutsche Reformation, 1889.
Bradford, William, Correspondence of the Emperor Charles V and his Ambassadors. London 1850.
Brandenburg, Erich, Kaiser Karl V. 1922.
Brandi, Karl, Kaiser Karl V., Werden und Schicksal einer Persönlichkeit und eines Weltreiches. Bd. I, München 1942; Bd. II, Quellen und Erörterungen, 1941.
Burckhardt, Carl J., Gedanken über Karl V. München.
Champion, Pierre, Le Règne de François Ier, Paris 1935.
Cossio, Francisco de, Carlos V. Madrid 1941.
Ferdinandy, Michael von, Karl V. Tübingen 1964.
Fiedler, J., Relationen venetianischer Botschafter über Deutschland und Österreich im 16. Jahrhundert, in: Fontes Rerum Austriacarum, XXX, 1870.
Franz, Günther, Der deutsche Bauernkrieg. Darmstadt 1956.
Gachard – Piot, Collection des Voyages des Souverains des Pays-Bas. Bd. III. Expédition à Tunis. Brüssel 1881/82.
Gachard, P., Correspondance de Charles Quint et d'Adrien VI. 1859.
Garcia-Ontiveros, Eduardo, La Politica norteafricana de Carlos I. Madrid 1950.
Granvelle, Cardinal de, Papiers d'Etat, herausgegeben von Ch. Weiss, Bd. 1841–1852.
Häbler, Konrad, Geschichte Spaniens unter den Habsburgern. Gotha 1907.
Hare, Christopher, A Great Emperor, Charles V (1519–1558). London 1927.
Heidrich, Paul, Karl V. und die deutschen Protestanten am Vorabend des Schmalkaldischen Krieges. Frankfurt 1911.
Henne, Alexandre, Histoire de Belgique, Bd. III, Brüssel 1907.
Herre, Paul, Barbara Blomberg. 1909.
Höfler, Constantin von, Zur Kritik und Quellenkunde der ersten Regierungsjahre Kaiser Karls V. Wien 1876.
Huizinga, Johan, Erasmus. 1936.
– Herbst des Mittelalters. 1952.

Illescas, Gonzalo de, Carlos Quintos en Tunis. Madrid (um 1550).
Lanz, Karl, Korrespondenz des Kaisers Karl V. 4 Bde., Leipzig 1844–1846.
– Staatspapiere zur Geschichte des Kaisers Karl V. 1854.
Lehnhoff, Otto, Die Beichtväter Karls V. Gött. Diss. Alfeld, 1933.
Leva, Giuseppe di, Storia documentata di Carlo V in correlazione all'Italia. 5 Bde., Venedig 1863–1894.
Lopez de Gómara, Francesco, Annals of the Emperor Charles V. Oxford 1912.
Lortz, Joseph, Die Reformation in Deutschland. 2 Bde., 1949.
Male, G. van, Lettres sur la vie intérieure de Charles Quint.
Menendez Pidal, Ramon, Idea imperial de Carlos V. Madrid 1940.
Mexia, Pedro, Historia de Carlos Quinto. 1530. Neu herausgegeben Madrid 1940.
Mignet, François, Rivalité de François Ier et de Charles Quint. Paris 1876.
Morel-Fatio, Alfred, Historiographie de Charles Quint. Mémoires de Charles Quint. Bibliothèque de l'Ecole des Hautes Etudes, 202. Fasz., Paris 1913.
Pastor, Ludwig von, Die Reunionsbestrebungen während der Regierung Karls V. Freiburg i. Br. 1879.
Pirenne, Henri, Histoire de Belgique. 3 Bde., 1907.
Ranke, Leopold von, Die Osmanen und die spanische Monarchie. Berlin 1837.
– Die römischen Päpste, ihre Kirche und ihr Staat im 16. und 17. Jahrhundert. 3 Bde., 1900.
– Deutsche Geschichte im Zeitalter der Reformation. 6 Bde., 1925/26.
Rassow, Peter, La Primera Firma de Carlos V, in: Investigación y Progreso. Madrid 1927.
– Die Chronik des Pedro Giron und andere Quellen zur Geschichte Kaiser Karls V. Breslau 1929.
– Die Kaiser-Idee Karls V., dargestellt an der Politik der Jahre 1528–1540. Berlin 1932.
– Die politische Welt Karls V. München 1946. Titel der spanischen Übersetzung: El Mundo político de Carlos V. Madrid 1945.
– Forschungen zur Reichs-Idee im 16. und 17. Jahrhundert. Köln 1955.
– Karl V. Der letzte Kaiser des Mittelalters. Göttingen 1957.
Robertson, William, History of the Reign of the Emperor Charles the Fifth. London 1769.
Sandoval, Prudencio de, Historia de la Vida y Hechos del Emperador Carlos V. Pamplona 1618.
Schneider, Reinhold, Philipp der Zweite oder Religion und Macht. Köln 1957.

Schütz, A., Der Donaufeldzug Karls des Fünften. 1930.
Schwarzenberg, Gertrude von, Karl V. Ahnherr Europas. Hamburg 1954.
Terlinden, Vicomte Charles de, Das Goldene Vlies, in: Virtute Fideque, Festschrift für Otto von Habsburg. Wien 1965.
– Charles Quint, Empereur des Deux Mondes. Brüssel 1965.
Trevor-Davies, R., The Golden Century of Spain. 1937.
Tyler, Royall, The Emperor Charles the Fifth. London 1956.
Winker, Will, Kaiser Maximilian I. zwischen Wirklichkeit und Traum. München 1950.
Wyndham, Lewis, Emperor of the West. London 1934.

Vom selben Autor

Rudolf von Habsburg

80 Seiten / Pappband mit Glanzfolie

Mit prägnanten Strichen zeichnet der Autor ein Lebensbild Rudolfs von Habsburg, der im Jahr 1273 zum deutschen König gewählt wurde. Mit ihm übernahm das Haus Habsburg für fast sieben Jahrhunderte die Herrschaft.

Die heilige Hedwig von Schlesien und unsere Zeit

64 Seiten / Pappband mit Glanzfolie

Der gläubige Mensch als Politiker – das ist das Zentralthema dieser kurzen Abhandlung. Die Zeit der heiligen Hedwig, die Wende vom 12. zum 13. Jahrhundert, weist starke Parallelen zur Gegenwart auf. Am Wirken Hedwigs wird die verantwortliche Mitbestimmung des Christen im politischen Geschehen aufgezeigt.